Beck'sche Schw... Reihe
Band 61

Helmut Seiffert

Einführung
in die Wissenschaftstheorie

Erster Band
Sprachanalyse – Deduktion – Induktion
in Natur- und Sozialwissenschaften
(Beck'sche Schwarze Reihe, Band 60)

Zweiter Band
Geisteswissenschaftliche Methoden:
Phänomenologie – Hermeneutik und
historische Methode – Dialektik
(Beck'sche Schwarze Reihe, Band 61)

Dritter Band
Handlungstheorie – Modallogik
Ethik – Systemtheorie
(Beck'sche Schwarze Reihe, Band 270)

VERLAG C.H.BECK MÜNCHEN

HELMUT SEIFFERT

Einführung
in die Wissenschaftstheorie

Zweiter Band
Geisteswissenschaftliche Methoden:
Phänomenologie – Hermeneutik und
historische Methode – Dialektik

Achte, überarbeitete
und erweiterte Auflage

VERLAG C.H.BECK MÜNCHEN

CIP-Kurztitelaufnahme der Deutschen Bibliothek

Seiffert, Helmut:
Einführung in die Wissenschaftstheorie / Helmut
Seiffert. – München : Beck.
Bd. 2. Geisteswissenschaftliche Methoden :
Phänomenologie – Hermeneutik u. histor.
Methode – Dialektik. – 8., überarb. u. erw.
Aufl. – 1983.
    (Beck'sche Schwarze Reihe ; Bd. 61)
    ISBN 3-406-09261-6
NE: GT

ISBN 3 406 09261 6

8., überarbeitete und erweiterte Auflage. 1983
Einbandentwurf von Rudolf Huber-Wilkoff, München
© C.H.Beck'sche Verlagsbuchhandlung (Oscar Beck), München 1970
Druck: Georg Appl, Wemding
Printed in Germany

INHALTSVERZEICHNIS

DRITTER TEIL. DIE DIALEKTIK

ANHANG

VORWORT ZUR NEUBEARBEITUNG

Die Erstausgabe dieses Bandes von 1970 enthielt kein Vorwort. Der Abschnitt „Zur Einführung" vereinigte die Funktionen von Vorwort und Einleitung. Die auf den Inhalt bezogenen Teile dieser Einführung sind nunmehr in die „Einleitung" dieser Neubearbeitung eingegangen. Die Einleitung skizziert das, was 1980 noch ebenso gilt wie 1970. Aufgabe dieses Vorwortes ist es, anzudeuten, was sich seit 1970 geändert hat, und einige technische Hinweise zu geben.

Im Vorwort zum ersten Band der Neubearbeitung wurde ausgeführt, wie sich seit etwa 1970 das Gewicht des wissenschaftstheoretischen Interesses von den Fragen der „reinen Erkenntnis" auf die des „Handelns" verlagert hat (weshalb auch ein neu verfaßter dritter Band dieser Wissenschaftstheorie die Handlungstheorie, die Modallogik, die Ethik und die Systemtheorie behandelt).

Für die geisteswissenschaftlichen Methoden der Phänomenologie, der hermeneutisch-historischen Vorgehensweise und der Dialektik hat dieser Wandel weniger große Bedeutung. Denn diese Methoden setzten schon immer die Lebenspraxis, das „gelebte Leben" voraus. Der geisteswissenschaftlich Arbeitende kann seinen Gegenstand nur verstehen, weil und sofern er ihm durch seine eigene Lebenserfahrung vermittelt worden ist. Ein einfaches Beispiel: Psychologie kann nur derjenige betreiben, der aus eigener Lebenserfahrung weiß, was Gefühle, was Angst, was Liebe oder andere Seelenzustände sind. Die Hinwendung zum Handeln betrifft die Geisteswissenschaften daher insofern nur am Rande, als sie seit jeher zum Gegensatz zwischen „reinem Erkennen" und „Handeln" quer liegen.

Für die Geisteswissenschaften, vor allem für die hermeneutisch-historische Methode, ist dagegen seit 1970 ein anderer grundlegender Wandel zu verzeichnen: die Infragestellung dessen, was man seitdem abschätzig „Historismus" nennt, die Kritik an der historisch-hermeneutischen Methode, wie wir sie 1970 eingehend dargestellt haben, und der Versuch ihrer Ersetzung durch sozial-wissenschaftliche Methoden. Aus diesem Grunde wurde ein Kapitel: „Die ‚kritische Geschichtswissenschaft' der siebziger Jahre: Kritik ihrer Thesen" neu eingefügt.

Der Inhalt dieses Kapitels kann hier nicht vorweggenommen werden. Nur das wichtigste Ergebnis sei angedeutet: Überall dort, wo der „Historismus" unter diesem Namen auftritt, wird er beschimpft. Aber dort, wo er unter ganz anderer Bezeichnung, jedoch in seiner altvertrauten Grundhaltung auftritt, ist er gerade gegenwärtig hoch geschätzt: als Antikolonialismus, als Ablehnung christlich-europäischer Missionierung der Dritten Welt, als Antirassismus, als Begeisterung für „alternatives" Leben, für Folklore (Johann Gottfried Herder, einer der Begründer des Historismus, sammelte schon vor zweihundert Jahren – mit dem von ihm eingeführten Wort – „Volkslieder"), für Dialektliteratur, Regionalisierung, Stadtteilautonomie, als intensiviertes Engagement in Sozialarbeit, Jugend- und Altenarbeit, Gefängnisarbeit, als Eintreten für „Minderheiten" überhaupt, als Feminismus und so fort; in der Wissenschaft selbst als Erhebung Thomas S. Kuhns, Paul Feyerabends, Hans Peter Duerrs und anderer zu Modeautoren, in einer neuen Welle der „Exaktifizierung" der Vergangenheitsforschung (etwa in der Erschließung von Details der Sozialgeschichte in bisher nicht gekannter Genauigkeit) und in vielem anderen.

Hierbei können wir noch ganz absehen von der oberflächlichen „Rehistorifizierung" unserer gesamten Popularkultur, dem neuen Interesse für historische Literatur aller Art, dem erstaunlichen Ansturm auf Staufer-, Habsburger-, Wittelsbacher-Ausstellungen, auf historische Museen aller Art, der Flut der historischen Fernsehfilme, der Dokumentationen etwa zur Geschichte der ersten Hälfte unseres Jahrhunderts, der „Nostalgie"welle, die unterdessen schon die fünfziger und sechziger Jahre unseres Jahrhunderts als historische Objekte betrachtet.

Angesichts dieser Sachlage mutet es einigermaßen kurios an, daß ausgerechnet manche Fachhistoriker behaupten, die Beschäftigung mit der Geschichte um ihrer selbst willen, den Historismus gebe es nicht mehr oder dürfe es nicht mehr geben.

Darüber hinaus finden sich aber auch an zahlreichen anderen Stellen des Hermeneutik-Teils neue Abschnitte, so eine methodologische Kritik am neuen Verfahren der „Oral History" („mündliche Geschichte": Gewinnung von Erkenntnissen durch Tonbandinterviews), eine eingehende sprachanalytisch-historische Erörterung des Problems der „Quellenbegriffe", eine Einführung in die von französischen Historikern um die Zeitschrift „Annales" entwickelten methodischen Initiativen und schließlich eine weitgehende Neufassung des Kapitels, das dem zentralen Problem der Unterscheidung zwischen „Historischem" und „Systematischem" gewidmet ist.

Die Anmerkungen enthalten die Titel häufiger zitierter Werke in abgekürzter Form. Die gekürzten Angaben werden im Titelverzeichnis aufgeschlüsselt, das nach dem Verfasseralphabet geordnet ist. Dieses Titelverzeichnis stellt gleichzeitig eine vorläufige Bibliographie der wichtigsten Schriften zu den Themen des Bandes dar.

Der neu geschriebene dritte Band des Gesamtwerkes, der 1983 erscheint, wird ein Literaturverzeichnis zum Gesamtbereich der Wissenschaftstheorie enthalten.

Buckenhof, im Juli 1982   *Helmut Seiffert*

EINLEITUNG

I.

Wer es heute unternimmt, eine Einführung in die Wissenschaftstheorie zu versuchen, sieht sich in eine wissenschaftsgeschichtliche Situation hineinversetzt, wie sie komplizierter nicht zu denken ist.

Bis in die fünfziger Jahre unseres Jahrhunderts liefen Geistes- und Naturwissenschaften so gut wie beziehungslos nebeneinander her. In den ersten sechziger Jahren schickten sich die zunächst im Bannkreis der Naturwissenschaften erwachsenen „analytischen" Methoden an, auch solche Gebiete zu erobern, die bis dahin, zumindest in Deutschland, eindeutig Domäne der Geisteswissenschaften gewesen waren: so vor allem die Sozialwissenschaften, zum Teil aber auch bereits solche „Kulturwissenschaften", die wir stets als historisch gerichtete Geisteswissenschaften zu betrachten gewohnt waren. Die „analytische" Sichtweise machte sich anheischig, auch in ehemals geisteswissenschaftlichen Provinzen die Alleinherrschaft zu übernehmen.

Erst in allerletzter Zeit scheint dieser Siegeslauf durch eine Renaissance der nicht-analytischen Sichtweisen gehemmt zu werden. Es lassen sich hier drei Tendenzen voneinander trennen und doch in einen Gesamtzusammenhang einordnen: Die Phänomenologie zeigt, daß man in den Sozialwissenschaften mit der Analyse schematisierter, „operationalisierbarer" Sachverhalte nicht viel weiterkommt, weil sie das eigentlich Interessante, die Feinheiten „subjektiven Vermeinens" nämlich, aus der Soziologie und den anderen Sozialwissenschaften heraustheoretisiert; die Sprachkritik in Gestalt der „logischen Propädeutik" weist nach, daß die wissenschaftliche Begriffsbildung im Alltagsleben, ja, noch mehr: im alltäglichen Handeln des Menschen verankert ist und daher nicht nur logisch, sondern auch hermeneutisch begründet werden muß; und last not least hat die Studentenbewegung der sechziger Jahre ihre Zeitgenossen drastisch darüber belehrt, daß das von Hegel und

Marx begründete dialektische Denken nicht bloß Angelegenheit esoterischer wissenschaftlicher Sekten ist, sondern unüberhörbare Ansprüche an die kritische Selbstreflexion jedweden wissenschaftlichen Denkens überhaupt stellt.

Das selbstgenügsame Nebeneinander von Natur- und Geisteswissenschaften, von „nomothetischen" und „idiographischen" Disziplinen ist ohnehin vorbei. Aber auch die Spanne, während derer viele glaubten, es sei eine analytisch akzentuierte Einheitswissenschaft möglich, gehört bereits der Vergangenheit an. Wir finden uns in einer Situation, da wir „analytische" und „nichtanalytische" Wissenschaftsauffassungen miteinander zu konfrontieren haben.

„*Wissenschaftstheorie*" verstehen wir hier ganz naiv als „Theorie von der Wissenschaft überhaupt". Das ist nicht selbstverständlich, da man das Wort „Wissenschaftstheorie" heute oft benutzt, wenn man lediglich die Theorie der „analytischen" Wissenschaften meint. Diese Einschränkung ist zwar üblich, aber nicht notwendig; sofern „geisteswissenschaftliche" Vorgehensweisen wie Phänomenologie, Hermeneutik oder Dialektik auch als „Wissenschaft" bezeichnet werden können, dürfen wir das Nachdenken über sie natürlich auch „Wissenschaftstheorie" nennen. In diesem weiten Sinne also verstehen wir hier „Wissenschaftstheorie".

Auch das Wort „*analytisch*" wollen wir ganz naiv in seiner Grundbedeutung „in Bestandteile auflösend" verwenden, also nicht in einem philosophisch vorbelasteten terminologischen Sinn. Eine „analytische" Vorgehensweise ist hiernach eine solche, die ihren Gegenstand in einzelne Bestandteile auflöst und die Beziehungen dieser Bestandteile untereinander betrachtet. In diesem Sinne „analytisch" arbeiten zum Beispiel die Mathematiker, die formalen Logiker, die Sprach„analytiker", die Naturwissenschaftler, diejenigen Sozialwissenschaftler, für die ihre Wissenschaft analytischen Charakter trägt, und so fort.

Demgegenüber ist die „nichtanalytische" Vorgehensweise dadurch bestimmt, daß sie ihren Gegenstand als *Ganzheit* faßt und interpretiert; so arbeiten etwa die Phänomenologen, die Hermeneutiker und die Dialektiker.

II.

Ein für unsere Fragestellung entscheidender Unterschied zwischen der „analytischen" und der „nichtanalytischen" Wissenschaftsauffassung besteht in der Einstellung beider Richtungen zum „Leben".

Das analytische Wissenschaftsverständnis geht von folgender Überzeugung aus. Nicht alles, was der Mensch in seiner Existenz tatsächlich vorfindet, muß auch Objekt der wissenschaftlichen Forschung sein. Vielmehr ist der Bereich dessen, was Gegenstand der Wissenschaft sein kann, grundsätzlich beschränkt. Und zwar beschränkt auf diejenigen Gegenstände, welche durch die von der analytischen Wissenschaft in bestimmter Weise definierten Werkzeuge der Wissenschaft überhaupt nur erfaßbar sind.

Es gibt also nach analytischer Auffassung Probleme, die nicht Gegenstand der Wissenschaft sein können und daher – wenn überhaupt – außerhalb der Wissenschaft, in der Lebenspraxis selbst, bewältigt werden müssen – wie Ludwig Wittgenstein es voraussetzt, wenn er sagt:[1] „Wir fühlen, daß selbst, wenn alle *möglichen* wissenschaftlichen Fragen beantwortet sind, unsere Lebensprobleme noch gar nicht berührt sind." Wolfgang Stegmüller kennzeichnet diese Trennung zwischen Wissenschaft und Leben folgendermaßen:[2] „Die Lebensprobleme müssen im Leben selbst, außerhalb der Wissenschaft, bewältigt werden. So z. B. existiert kein philosophisches ‚Problem des Todes'. Was es an wissenschaftlichen Aussagen über den Tod gibt, gehört zur Biologie und nicht zur Philosophie. Wenn daneben von einem ‚existenziellen' Problem des Todes gesprochen wird, so handelt es sich nicht mehr um theoretische Fragestellungen, sondern z. B. darum, daß ich durch den Tod meiner Mitmenschen und durch die Gewißheit um den eigenen Tod erschüttert werde. Mit diesem Problem fertigzuwerden, ist eine praktische Angelegenheit; keine wie immer geartete wissenschaftliche Theorie vermag hierfür etwas zu leisten."

In Argumentationen wie diesen steckt offensichtlich ein Widerspruch. Denn: grundsätzlich kann die Wissenschaft *alles* erforschen, was es auf der Welt „*gibt*". Nun „gibt" es aber den Tod als grundlegende Erfahrung. Also können wir diese Tatsache, „daß ich durch den Tod meiner Mitmenschen und durch die Gewißheit um den eigenen Tod erschüttert werde", als möglichen Gegenstand der Wissenschaft nicht ausschalten. Es ist ein Widerspruch in sich, einerseits überhaupt von der existentiellen Bedeutung des Todes zu *reden* – andererseits jedoch im gleichen Atemzuge zu sagen: „Aber das ist natürlich kein Problem der Wissenschaft." Alles, wovon „die Rede sein" kann, kann offenbar auch zum Gegenstand wissenschaftlicher Überlegungen werden. Wenn es so ist, daß wir als Menschen faktisch durch den Tod erschüttert werden, dann muß diese Erschütterung – als etwas „Gegebenes" – auch Gegenstand der Wissenschaft sein können.

Und das ist in der Tat der Fall. Denn eben die Erforschung solcher Daseinsphänomene hat seit vielen Jahrzehnten das Arbeitsgebiet weiter Bereiche der Wissenschaft ausgemacht: nämlich jener Bereiche, die wir mit Stichwörtern wie „Phänomenologie", „Historie", „Hermeneutik", „Lebensphilosophie", „Existenzphilosophie", „Psychoanalyse", „Dialektik" und ähnlichen umschreiben. Alle die durch solche Termini bezeichneten Forschungsrichtungen gehen mit Selbstverständlichkeit von der Tatsache aus, daß wir immer schon „ein Leben leben", dessen Erfahrung in unsere Forschungstätigkeit als Gegenstand (wir erforschen Lebensgegebenheiten) und als Voraussetzung (wir verstehen diese Lebensgegebenheiten wissenschaftlich nur, weil wir selber leben) gleichzeitig eingeht.[3]

III.

Aus solchen Vorüberlegungen ergibt sich folgender Aufbau unserer „Einführung in die Wissenschaftstheorie".

Der erste Band beschäftigt sich mit den analytischen, der zweite Band mit den nichtanalytischen wissenschaftlichen Vorgehensweisen.

Bei allem Vorbehalt gegen eine einseitig analytische Ausrichtung der Wissenschaft müssen wir uns doch mit einigem Nachdruck dessen versichern, daß eine saubere analytische Entwicklung der Grundbegriffe das Fundament aller Wissenschaften ist. Es bedeutet ein unauslöschliches Verdienst der analytischen Richtung, daß sie in den letzten Jahrzehnten ein für alle zukünftige wissenschaftliche Arbeit unentbehrliches Fundament exakter Begriffsklärung gelegt hat. So berechtigt der lebenspraktische Ansatz der nichtanalytischen Wissenschaften gewesen ist – so verhängnisvoll war es, daß er den Irrationalismus gefördert und viele denkende und redende Menschen zu leerem Getön und zu nachlässiger Sprechdisziplin verleitet hat.

Wir stehen daher vor folgender Paradoxie: gerade dasjenige wissenschaftliche Denken, das stets seinen Lebensbezug betont hat, war infolge seiner vielen Menschen unverständlichen Wortmystik dem Leben am allerfernsten – und umgekehrt kann ein Denken, das sich theoretisch als vom Leben abgeschieden versteht, schon auf zwölfjährige Schüler eine unwiderstehliche Faszination ausüben, wie das an der Logik, der Mathematik und den Naturwissenschaften zu beobachten ist.

Die nichtanalytischen Lebenswissenschaften wollen zwar aufklären, reden aber oft so unverständlich, daß sie faktisch niemanden aufklären. Damit heben sie den angestrebten Effekt selber wieder auf und erreichen praktisch nicht mehr als die Wissenschaften, die diesen Anspruch gar nicht erst erheben. Was nützt eine noch so feinsinnige „Hermeneutik des Lebens", wenn ihre Manifestationen demjenigen, den sie erreichen sollen, als Phraseologie erscheinen? Aus solchen Überlegungen erschien es uns unerläßlich, im ersten Band unserer Darstellung der Wissenschaftstheorie zunächst das sprachanalytische Fundament zu legen, wobei wir uns der – selbst bereits hermeneutisch rückbezogenen – „Logischen Propädeutik" von Kamlah und Lorenzen bedient haben, die man als eine Pionierleistung für den Aufbau einer Erziehung zum „vernünftigen Reden" ansehen muß.

Sodann haben wir uns mit den Problemen der Deduktion beschäftigt, wo – angesichts des Problems des „Anfangs" – wiederum hermeneutische Momente sichtbar wurden. Und schließlich haben wir die Methode der Induktion betrachtet; zunächst in ihrer „reinen" Form in den Naturwissenschaften, und endlich in ihrer Anwendung auf die Sozialwissenschaften. Hier wurden dann allerdings die Zweifel daran, ob der soziale Bereich überhaupt analytisch behandelt werden kann, unüberhörbar.

Mit dieser offengelassenen Frage bricht der erste Band ab. Der vorliegende zweite Band behandelt die Phänomenologie, die Hermeneutik und historische Methode, schließlich die Dialektik im Hegelschen und Marxschen Sinne. Ich habe hier versucht, eben jene Begründung der Wissenschaft aus den Situationen des von uns immer schon gelebten Lebens zu entwickeln, die dem analytischen Wissenschaftler ein Buch mit sieben Siegeln zu sein scheint – und die doch jedermann selbstverständlich ist, der in der ersten Hälfte unseres Jahrhunderts geisteswissenschaftliche Disziplinen studiert hat.

IV.

Gerade hierin liegt aber auch die Fragwürdigkeit des von mir gewählten Ansatzes. Ich bekenne freimütig, daß dieser zweite Band in seinen ersten beiden Teilen über Phänomenologie und Hermeneutik den Versuch einer abschließenden Formulierung von Problemen darstellt, die mich seit meinem geisteswissenschaftlichen Studium in den vierziger und fünfziger Jahren beschäftigt haben. Eben deshalb sind sie vielleicht nicht mehr die Probleme der heute jungen Generation. So haben mir geschichtsphilosophische Diskussionen der letzten Jahre die Frage aufgeworfen, ob wir möglicherweise gar keine gemeinsame Sprache mehr sprechen: „Geschichte" wird von den Älteren im Sinne des Historismus, von den Jüngeren im Sinne des Marxismus verstanden. Von Studenten, die mit der marxistischen Geschichtsphilosophie bestens vertraut sind, wird dafür etwa das Wort „systematisch" als Gegenterminus zu „historisch", wie es allen in der geisteswissenschaftlichen Tradition von 1850 bis 1950 Aufgewachsenen geläufig ist, und das im Rahmen der vorliegenden Darstellung eine so zentrale Rolle spielt, heute zum Teil einfach nicht mehr verstanden.

Angesichts dieser Situation bedrängt mich einige Ungewißheit, wie der vorliegende Versuch in seiner Neubearbeitung, die das hermeneutische Moment eher noch schärfer herausgearbeitet hat, wohl aufgenommen werden mag. Wird man die ausführliche Behandlung der historisch-hermeneutischen Methodologie als unmaßgebliche Reminiszenz eines Autors betrachten, der eben ein wenig hinter seiner Zeit zurück ist? Oder wird im Gegenteil die eingehende Behandlung solcher Fragen an relativ exponierter Stelle – nämlich im Rahmen einer allgemeinen Wissenschaftstheorie statt in einer geschichtswissenschaftlichen Spezialveröffentlichung – einer Bereitschaft entgegenkommen, diese Dinge neu zu diskutieren? Es ist ja heute relativ wenig bekannt, daß die Geisteswissenschaften in Gestalt der historisch-philologischen Methode seit anderthalb Jahrhunderten ein Werkzeug entwickelt haben, das den analytischen Methoden an Exaktheit zumindest nicht nachsteht; ein solches Uninformiertsein ist freilich nicht unbegreiflich angesichts der Tatsache, daß die geisteswissenschaftliche Arbeitsweise weiteren Kreisen nur durch die Produktion mit Vorliebe im Allgemeinen verweilender Kulturphilosophen bekannt geworden ist.

Wie aktuell Fragen der philologisch-historischen Methode gerade auch angesichts der Diskussion innerhalb des und mit dem Marxismus sein könnten, zeigt schon die Tatsache, daß der Marxismus – mehr als alle anderen bedeutsamen Bewegungen der Geschichte, das Christentum und ähnliche Religionen ausgenommen – auf den „kanonischen" Schriften bestimmter „Klassiker" – Marx, Engels, Lenin – fußt, deren „Exegese" sich eben der Mittel bedienen muß und bedient, die von einer „bürgerlichen" Geisteswissenschaft längst entwickelt worden sind – unbeschadet der Frage, ob der Marxismus unter „Geschichte" etwas anderes versteht als der Historismus.

V.

Obwohl der vorliegende Band sich mit – im weiteren Sinne – „historischen" Problemen beschäftigt, soll er doch – im Gegensatz zu vielen anderen Darstellungen dieser Art, aber in Übereinstimmung mit der Methode des ersten Bandes – nicht geschichtlich aufgebaut sein. So stellt er beispielsweise den „Historismus" nicht selbst historisch dar (etwa durch Referate der bekannten Autoren von Vico bis Meinecke, wie nun schon so oft geschehen), sondern in seinerseits „systematischem" Aufbau.

Wer wissen will, was Husserl oder Dilthey als bestimmte Autoren gesagt haben, wird mit diesem Band also nicht auf seine Kosten kommen – so wenig wie im ersten Band, wo ja auch nicht die Rede von Frege, Wittgenstein oder Carnap als historisch lokalisierbaren Urhebern bestimmter Gedanken war, die uns dort beschäftigten.

Zu meinem eigenen Bedauern muß ich von diesem Prinzip angesichts der „Dialektik" abweichen. Es macht die Eigenart – und gleichzeitig Fragwürdigkeit – dieser Methode aus, daß sie an die Schriften bestimmter Autoren, nämlich Hegels und Marx/Engels', gebunden ist und daher nur anhand dieser Schriften dargestellt werden kann. Ich betone ausdrücklich, daß mir diese „personalistische" Behandlungsweise des Dialektik-Teils durch die Umstände aufgezwungen, daß sie nicht freiwillig von mir gewählt wurde.

ERSTER TEIL

DIE PHÄNOMENOLOGIE

EINLEITUNG

BEHAVIORISMUS
UND „LEBENS"WISSENSCHAFT

A. DER BEHAVIORISMUS

Der Behaviorismus ist die Ausprägung der empirisch-analytischen Wissenschaftsauffassung auf dem Gebiet der Psychologie und Sozialpsychologie.[1] Das Wort „Behaviorismus" kommt von englisch „behaviour", amer. „behavior" = ‚Verhalten', bedeutet also so viel wie ‚wissenschaftliche Betrachtungsweise, die auf das Verhalten abstellt'.

Die Behavioristen sagen: Bei anderen Personen (und bei Tieren) können wir nur deren äußeres Verhalten beobachten. Was das einzelne Individuum für sich in seinem Inneren erlebt und fühlt, kann nicht Gegenstand der Psychologie und Sozialpsychologie als Wissenschaften sein. Denn wir stecken in einer anderen Person ja nicht darin („man sitzt da nich inne", sagt der Norddeutsche). Was in einem Individuum vorgeht, können andere Individuen nicht prüfen.

Gegenstand der psychologischen und sozialpsychologischen Forschung kann daher – nach der Auffassung des Behaviorismus – nur das an den Äußerungen eines Menschen sein, was für die direkte Beobachtung durch andere Personen, für Meßgeräte und sonstige außerhalb des jeweiligen Subjekts liegende Instanzen zugänglich ist.

Die Verbindung zwischen diesem beobachtbaren Verhalten des Menschen und dem, was möglicherweise in ihm vorgeht, muß der Wissenschaftler durch ein besonderes wissenschaftliches Verfahren herstellen. Dieses Verfahren haben wir als Zuordnung von „operationaler Definition" und „theoretischem Konstrukt" beschrieben.[2]

Nach Auffassung der Behavioristen wäre also so etwas wie „Liebe" ein bloßes Konstrukt, nicht etwas direkt Beobachtbares. Dieses Konstrukt „Liebe" muß daher operational definiert, das heißt in Begriffe für beobachtbare Gegenstände umgesetzt werden.

Folglich wird der behavioristische Psychologe sagen: Ob ein Mensch „verliebt" ist, können wir nicht direkt, sondern nur mit Hilfe beobachtbarer Indizien feststellen. Solche Indizien können physiologischer Art sein, wie Erröten und schnellerer Puls bei einer verliebten Person, wenn sie der Person ansichtig wird, in die sie verliebt ist. Oder aber auch sozialer Art: wir beobachten, daß zwei Personen verschiedenen Geschlechts ungewöhnlich oft zusammen sind, daß sie Hand in Hand spazierengehen und so fort.[3]

Kurz: der behavioristische Psychologe oder Sozialpsychologe tut so, als ob die von ihm beobachteten Menschen mechanische Apparate seien, an denen bestimmte „Zustände" lediglich physikalisch zu beobachten seien wie Zeigerausschläge an einem Voltmeter.

Hier fällt eines auf. Daß wir in dem anderen Menschen „nicht drinsitzen", sei vorläufig zugegeben. Zumindest aber „sitzt" ja jeder Mensch jeweils *in sich selbst* „drin". Jedenfalls das einzelne Individuum selbst hat also jene Einblicke in sein eigenes Gefühlsleben, die es bei einem anderen Individuum nicht beobachten zu können vorgibt.

Wenn das für jedes Individuum gilt, so gilt es auch für den Wissenschaftler. Auch der das „Liebe" genannte Verhalten behavioristisch beobachtende Wissenschaftler ist also ein Mensch, der seit mindestens zwei Jahrzehnten auf dieser Erde lebt und daher vermutlich die gleichen Lebenserfahrungen gemacht hat, wie jeder andere Mensch auch. Es ist daher anzunehmen, daß auch der Behaviorist schon ein oder mehrere Male in seinem Leben verliebt war.

Daher hat er zu dem, was wir „Liebe" nennen, offenbar einen sehr unmittelbaren Zugang: er brauchte sich nur seine eigenen psychischen Zustände, Stimmungen, Gefühle, Erfahrungen während seines Verliebtseins zu vergegenwärtigen – und er wüßte über das, was er erforschen möchte, mit einem Schlage erheblich mehr als durch Pulsmessungen oder statistische Erhebungen über das Zusammensein von Personen.

Wenn wir ihm dies vorhalten, wird unser Behaviorist vermutlich folgendes antworten: „Selbstverständlich – ich gebe gerne zu, daß ich schon oft verliebt war und diesen Zustand aus eigener Erfahrung kenne. Aber: verliebt bin ich ja als Privatmann, nicht als Wissenschaftler. Mit meiner Wissenschaft haben meine privaten Gefühle nichts zu tun. Ich kann sie ja nicht verallgemeinern. Woher weiß ich denn, ob ‚Verliebtsein' sich bei anderen Leuten genau so abspielt wie bei mir? Und wenn schon – jedenfalls kann ich meine privaten Gefühle doch nicht in meine Wissenschaft einbringen. Das wäre ja so, als wenn ein Eisenbahner seine Lokomotive aus eigener Tasche kaufen wollte. Nein – Dienst ist Dienst, und Schnaps ist Schnaps!"

An dieser Stelle wird das Grundproblem des Behaviorismus – und damit einer naiv „positivistischen" Auffassung der Wissenschaft überhaupt – sichtbar.

Der Behaviorist trennt zwischen „Schnaps" und „Dienst", Privatleben und Beruf, persönlicher Erfahrung und Wissenschaft. Er meint, nicht Bestandteile des einen in das andere einbringen zu dürfen – so wie der Bankkassierer das Geld, mit dem er täglich umgeht, nicht als sein eigenes betrachten darf und der Bauunternehmer als Bürgermeister nicht sich selbst bei der Vergabe von Bauaufträgen begünstigen darf.

Er mißt Pulsschläge und meint so „wissenschaftlich" ermitteln zu können, was Liebe sei, während er sich doch gleichzeitig auf das bevorstehende Zusammensein mit seiner Freundin freut und daher nur in sich selbst hineinzusehen brauchte.

Wie schon der Vergleich mit dem sonstigen Berufsleben zeigt, steht hinter dem Behaviorismus und Positivismus eine ethisch durchaus achtenswerte Einstellung: man will zwei Bereiche nicht vermischen, weil man die Vermischung für moralisch unzulässig hält.[4] Jedoch kann diese strikte Trennung von „Dienst" und „Schnaps" auch in das Gegenteil umschlagen: man denke an einen Arzt, der sich weigert, einem Kranken zu helfen, weil er gerade keinen Dienst habe. Und vielleicht *ist* der Wissenschaftler ein Arzt, der immer im Dienst ist.

Wir können unsere Gegenauffassung daher wie folgt formulieren: Der Wissenschaftler kann durchaus in die Lage kommen, die von ihm gefahrene Lokomotive aus eigener Tasche bezahlen zu müssen. Denn:

1. Im Dienste der wissenschaftlichen Erkenntnis muß alles herangeholt werden, was uns als Erkenntnisquelle zugänglich ist. Wir können mögliche Quellen unserer wissenschaftlichen Einsicht nicht deshalb verstopfen, weil sie „privat" sind. Wenn daher unsere persönlichen Erfahrungen dazu beitragen können, ein wissenschaftliches Problem zu lösen, so dürfen wir nicht mit ihnen hinter dem Berge halten.

In dieser Formulierung ist das „Private" als Erkenntnisquelle Mittel zum Zweck. Wir beziehen es ein, um ein Erkenntnisziel ohne bürokratische Beschränkung in der Wahl der Erkenntnismittel zu erreichen.

2. Wir können das gleiche aber auch andersherum formulieren: so, daß das „Private" seinerseits Erkenntniszweck wird. Dann können wir sagen: Alles, was es auf der Welt „gibt", muß potentiell Gegenstand der Wissenschaft sein können. Nun „gibt" es in der Welt aber nicht nur „objektiv" Erforschbares wie den Lauf der Sterne oder chemische Reaktionen, sondern es „gibt" auch das „Leben" des Menschen mit seinen „subjektiven" Erfahrungen, Erlebnissen, Gefühlen, Wünschen, Handlungen und so fort – wie wir vorläufig und ohne besondere terminologische Bedenken hier sagen wollen. Wir können offenbar die Welt nur angemessen verstehen, wenn wir das, was die Menschen täglich tun und erfahren, als Gegenstand in unsere wissenschaftlichen Bemühungen mit aufnehmen.

Gleichzeitig aber sehen wir: es geht nicht nur um ein theoretisches Verstehen des Lebens der Menschen. Sondern: indem wir dieses Leben zum Gegenstand unserer Wissenschaft machen, bewältigen wir es ja auch besser. Wir müssen unser Leben wissenschaftlich durchschauen, wenn umgekehrt die so fundierte Wissenschaft wieder dem Leben dienen soll. Das Leben muß – wie man heute gern sagt – Gegenstand der kritischen Reflexion werden, damit es nicht dem Irrationalismus bloß „privaten" Handelns anheimfällt.[5] Die Wissenschaft darf also nicht, sich für unzuständig erklärend, einen Bereich frei lassen, der dafür dann Gegenstand unwissenschaftlicher, irrationaler Machenschaften wird.

Zwei Wissenschaftsbegriffe stehen einander also heute noch unversöhnt gegenüber:

– der „positivistische", der nur bestimmte Gegenstände unserer Welt als Gegenstände der Wissenschaft gelten läßt und alle übrigen Gegenstände vor- und außerwissenschaftlichen Auseinandersetzungen anheimgibt;

– der (im weitesten Sinne) „lebenswissenschaftliche", der die Äußerungen der menschlichen Subjektivität als grundlegend für jede wissenschaftliche Bestätigung ansieht und dadurch das Leben selbst – in doppelter Weise: als Voraussetzung und als Gegenstand der Wissenschaft – unter die Kontrolle der wissenschaftlichen Vernunft stellt. Hierin liegt das Recht der zahlreichen (im weitesten Sinne) „lebensphilosophischen" Strömungen in der Geschichte der Wissenschaft und der Philosophie, von denen wir hier nur die historistisch-hermeneutische Geschichtsphilosophie, die Psychoanalyse – und nicht zuletzt auch die *Phänomenologie* nennen wollen.

Ohne das Wort „Phänomenologie" bisher überhaupt ausgesprochen zu haben, haben wir uns einen Vorbegriff von Phänomenologie verschaffen können: ein „Phänomenologe" ist, grob gesagt, ein Wissenschaftler, der die Tatsache, daß er selbst schon einmal verliebt war, in seine wissenschaftliche Arbeit mit einbezieht.

1. KAPITEL

DIE INTERSUBJEKTIVITÄT
DES SUBJEKTIVEN

Nach diesen allgemeinen einleitenden Bemerkungen können wir unser Problem nun systematisch entwickeln.

Wie wir sahen, bestreitet der Behaviorist gar nicht, daß es subjektive Gefühle und Erlebnisse „gibt", und er bestreitet auch nicht, daß er selbst – als Privatperson – sie hat. Aber er sagt: „Meine subjektiven Gefühle können nicht Gegenstand der Wissenschaft sein. Daß ich sie habe, ist gewissermaßen reiner Zufall – meine wissenschaftliche Erkenntnis kann ich von dieser zufälligen privaten Gegebenheit nicht abhängig machen. Ich kann ja nicht einfach von meiner – völlig uninteressanten – privaten Person wissenschaftlich auf andere Personen, auf menschliche Reaktionsweisen überhaupt, schließen."

A. Beispiel: „grün"

Und der Behaviorist wird vielleicht folgendes Beispiel bringen: „Ob ein Thermometer 20 Grad zeigt, kann jedermann ablesen und damit nachprüfen. Dieser Sachverhalt ist also intersubjektiv gültig. Dagegen kann ich niemals wissen, ob eine andere Person das, was sie und ich als ‚grün' bezeichnen, genau so sieht, wie ich."

Bleiben wir bei dem Beispiel „grün".

„Grün" ist – in der Terminologie der „Logischen Propädeutik", wie wir sie im ersten Band entwickelt haben – ein *Prädikator,* das heißt ein Wort, das wir bestimmten Gegenständen in unserer Welt zusprechen können.[1] Einen Grashalm, ein Blatt, ein Feld im Frühjahr bezeichnen wir als „grün".

Nun besteht in einer bestimmten Sprachgemeinschaft, etwa der deutschen (vorsichtiger müßten wir vielleicht noch sagen: in einer Region des deutschen Sprachgebietes, etwa der südniedersächsischen oder der fränkischen), zwischen allen Individuen völlige Übereinstimmung darüber, was man als „grün" bezeichnen kann und was nicht. Niemand von uns wird das Blut als „grün" bezeichnen oder frisches Laub im Mai als „rot". Es besteht völlige Klarheit darüber, daß alle Individuen genau die gleichen Gegenstände als „grün" und nicht als „grün" bezeichnen. (Von Fällen der Farbenblindheit sehen wir dabei natürlich ab.)

Die „Extension" des Prädikators „grün" (wie wir mit einem ebenfalls im ersten Band[2] geklärten Terminus sagen können), das heißt der Bestand an Gegenständen, die wir zu Recht als „grün" bezeichnen, ist innerhalb der deutschen Sprachgemeinschaft völlig eindeutig zu bestimmen.

Aber: die Tatsache, daß wir alle dieselben Gegenstände als grün und nicht als grün *bezeichnen,* sagt noch gar nichts darüber aus, daß und ob wir alle dieselbe *Empfindung haben,* wenn wir etwas Grünes sehen. Es könnte ja sein, daß ein anderer bei „grün" dieselbe Farbempfindung hat, wie ich bei „rot", und ein dritter, wie ich bei „violett", und so fort. Das ist ein altes Problem der Erkenntnistheorie, das auch die Philosophen früherer Jahrhunderte schon beschäftigt hat.[3]

Eine nähere Überlegung zeigt uns jedoch, daß durch eine solche Annahme überhaupt kein Widerspruch zu der Eindeutigkeit der Farb-Prädikation innerhalb der Sprachgemeinschaft auftritt. Denn es kommt ja nur darauf an, daß den gleichen Bestand (die gleiche „Menge") an Gegenständen, den A „grün" nennt, auch B „grün" nennt. Selbst wenn also B „grün" so wahrnehmen sollte wie A „violett", würde das nichts daran ändern, daß auch B immer und nur dann „grün" *sagt,* wenn er ,violett' (im Sinne der subjektiven Empfindung von A) *sieht.*

Das bedeutet: „wie" jemand eine Farbe wirklich „sieht", ist tatsächlich unentscheidbar, da wir nicht in das Bewußtsein des anderen hineinsteigen können. Aber das ist auch gar nicht nötig. Denn an die Stelle einer „absoluten" Farbempfindung „Grün" tritt die Einigung der Sprechenden darüber, zwischen ihnen eindeutig bestimmten Gegenständen das Wort „grün" entweder zuzusprechen oder nicht zuzusprechen. Wir brauchen nicht zu wissen, „was"

„Grün" „wirklich" „ist" – wenn wir nur wissen, wie ich und wie jeder andere das Wort „grün" wirklich *gebrauchen*.[4]

Hier wird wieder deutlich, was wir im ersten Band schon sahen: die Sprache läßt das, was die „Dinge" „sind", völlig in der Schwebe. Es genügt ihr, wenn die Menschen sich eindeutig verständigen können.[5]

(Und auch hier gilt unser skeptischer Nachsatz: das Problem, was die Dinge „sind", ist durch die Sprachkritik nicht aufgehoben, sondern nur aufgeschoben. An unserem Beispiel gezeigt: auch im Zeitalter der Sprachanalyse kann es durchaus sinnvoll sein, über das Problem, wie jemand eine Farbe „wirklich sieht", weiter nachzudenken.[6])

Für unsere gegenwärtige Fragestellung gilt in jedem Falle folgendes: wir brauchen gar nicht zu wissen, ob wir alle die von uns „grün" genannten Gegenstände mit der gleichen Farbempfindung „Grün" sehen, wenn wir uns nur darüber verständigen können, was wir ‚grün' nennen wollen und was nicht. Selbst wenn die *Farbempfindung* „Grün" nicht intersubjektiv ist – die *Prädikation* „grün" ist es ganz gewiß.

B. Beispiel: „Zahnschmerzen"

Nehmen wir ein anderes in der Philosophie klassisch gewordenes Beispiel.[7]

Jemand sagt: „Ich habe Zahnschmerzen." Wenn jemand Zahnschmerzen hat, dann hat er diese Schmerzen ganz allein. Wir können nicht in ihn hineinsteigen und fühlen, ob er wirklich Zahnschmerzen hat.

Insofern liegt die Situation offensichtlich etwas anders, als wenn jemand zu mir sagt: „Ich erblicke ein grünes Blatt". Denn dieses Blatt kann ich ebenfalls wahrnehmen und damit nachprüfen, ob der andere a) überhaupt ein Blatt sieht und b) dieses Blatt grün ist.

Beim Zahnschmerz ist die Situation also eher schon ungefähr die, wie wenn mir jemand am Telefon sagt: „Ich sehe eine grüne

Wiese". In diesem Fall sehe ich die Wiese nicht und kann daher nicht prüfen, ob mein Ferngesprächspartner die Wahrheit sagt.

Aber: da ich selber schon einmal eine grüne Wiese gesehen habe, kann ich mir genau „vorstellen", was mein Partner sieht, wenn das, was er mir berichtet, wahr ist.

Ebenso beim Zahnschmerz. Zwar kann ich in den anderen nicht hineinsteigen. Aber: irgendwann zu einer anderen Zeit habe ich selbst ja auch Zahnschmerzen gehabt. Ich weiß also zumindest, wie es ist, wenn jemand Zahnschmerzen hat. Wenn daher der andere zu mir sagt: „Ich habe Zahnschmerzen", so kann ich mir genau „vorstellen", was er dabei empfindet – vorausgesetzt, er hat die Wahrheit gesagt.

Natürlich tritt jetzt bei dem Prädikator „Schmerz" zunächst das gleiche Problem auf wie bei dem Prädikator „grün": ich kann ja nicht wissen, ob der andere „Schmerz" genau so empfindet wie ich. Aber auch hier können wir sagen: Darauf kommt es gar nicht an. Entscheidend ist, daß wir alle in bestimmte Situationen geraten können, die wir mit dem Satz bezeichnen: „Ich habe Schmerzen" – und daß wir sie von anderen Situationen unterscheiden, in denen wir nicht sagen: „Ich habe Schmerzen".

Aber eine Schwierigkeit bleibt. Wenn jemand sagt: „Ich sehe ein grünes Blatt", so kann grundsätzlich jeder andere nachprüfen, ob er das „mit Recht" sagen kann, das heißt: ob eine beliebige andere Person ebenfalls veranlaßt werden kann, mit Recht den Satz: „Ich sehe das grüne Blatt auch" auszusprechen.

Denn die Prädikation bezieht sich hier auf einen Gegenstand, der außerhalb des Wahrnehmungsbereiches einer bestimmten Person liegt und daher von beliebigen Personen wahrgenommen werden kann. Der Schmerz hingegen liegt – als „Gegenstand" einer Prädikation – im Wahrnehmungsbereich nur einer bestimmten Person, die dadurch gegenüber allen anderen Personen „ausgezeichnet" ist (wenngleich sie auf eine solche „Auszeichnung" gern verzichten würde). Eine bestimmte Person hat hier also das „Monopol" einer bestimmten Wahrnehmung, von der alle anderen Personen zunächst ausgeschlossen erscheinen. (Anders läge es natürlich zum Beispiel mit der Aussage: „Ich habe ein Loch im Zahn". Denn dieses Loch können andere Personen ebenfalls (faktisch sogar besser) wahrnehmen. Wir stellen also hinsichtlich des „Monopolbereiches" nicht auf den Körper einer Person als solchen ab, sondern auf bestimmte „höchstpersönliche" Empfindungen wie den Schmerz.)

Für den Behavioristen stellt sich also folgendes Problem. Zwar kann eine Person jederzeit *sagen:* „Ich habe Schmerzen". Da sie aber gleichzeitig über das Monopol der unmittelbaren *Wahrnehmung* dieser Schmerzen verfügt, ist diese Aussage auf ihre Wahrheit nicht kontrollierbar. Die Person kann also auch simulieren und in Wirklichkeit gar keine Schmerzen haben. Ein grünes Blatt zu erblicken kann hingegen niemand mit Erfolg simulieren, weil diese Aussage ja sofort auf ihre Richtigkeit überprüfbar wäre.

Nun sind wir aber an dem Wendepunkt angelangt, der grundlegend ist für alles, was wir in diesem Band überhaupt abhandeln wollen.

Denn: gewiß können wir nicht in das Bewußtsein des anderen hineinsteigen, um eindeutig festzustellen, ob er wirklich Schmerzen hat.

Aber: um zu prüfen, ob der andere wirklich Schmerzen hat, steht uns ja keineswegs nur die nackte Aussage: „Ich habe Schmerzen" zur Verfügung.

So wird zunächst die sprachliche Aussage durch das *nichtsprachliche Verhalten* des Kranken ergänzt. Er wirft sich etwa auf sein Bett, er stöhnt, und er verzieht sein Gesicht zu einer Miene, deren „Ausdruck" besagt: „Ich habe Schmerzen".

Ferner: Beim *Aussprechen* des Satzes: „Ich habe Schmerzen" wirkt der *Tonfall* mit, in dem der Patient spricht. Diesen Tonfall kann ich auch am Telefon noch wahrnehmen – unabhängig von dem Wortlaut des Gesagten.

Aber weiter: der Betreffende ist vielleicht ein armer alter Rentner, der weder einen Telefonanschluß besitzt noch Besuch von anderen Personen bekommt, die ihm helfen. Dann wird er vielleicht einen Brief schreiben, in dem der Satz steht: „Mein Zahn tut mir so furchtbar weh. Ach bitte, komm doch und hilf mir irgendwie!"

Hieraus ergibt sich: Bei der Beurteilung der Frage, ob jemand wirklich Zahnschmerzen hat oder nicht, stützen wir uns niemals auf die nackte Aussage als solche, die wahr oder falsch sein kann.

Sondern wir berücksichtigen *die gesamte Situation,* in deren Zusammenhang die Behauptung: „Ich habe Zahnschmerzen" steht. Wenn wir persönlich anwesend sind, können wir das außersprachliche Verhalten des Patienten wahrnehmen und in unser Gesamtbild einbeziehen. Wenn wir telefonieren, stehen uns immerhin noch hörbare Äußerungen und der Tonfall des Gesagten zu Gebote. Aber selbst wenn wir nur einen Brief erhalten, gibt uns die sprachliche Formulierung der nackten Aussage: „Ich habe Zahnschmerzen" zusätzliche Indizien für die Echtheit und Stärke des Schmerzes.

Das bedeutet: aus allen Äußerungen, wie eine Person sie im Zusammenhang einer Schmerzsituation tut, können wir *direkt* entnehmen, daß der Betreffende offenbar wirklich Zahnschmerzen haben muß. Ich *verstehe* das aus der Gesamtsituation heraus unter Würdigung aller Indizien und Ausdrucksweisen, die ich aufnehme, und bin überzeugt, daß ich mich nicht irre und der andere nicht simuliert. Ich „durchschaue" einfach, wie sich die Sache verhält – selbst dann, wenn der andere vielleicht sogar abstreitet, daß er Zahnschmerzen habe, sein Gesamtverhalten dem aber widerspricht.

An diesem Punkte nun ist der Behaviorist unversöhnlich. Er glaubt einfach nicht daran, daß man aus dem Verständnis der Situation sichere Rückschlüsse auf das ziehen kann, was in einer anderen Person wirklich vorgeht. Er wird behaupten: „Es gibt nichts auf der Welt, was man nicht simulieren kann. Alles Berufen auf den ‚Ausdruck' des Schmerzes, den du angeblich ‚verstehst', hilft dir gar nichts."

In der Tat liegt hier ein Problem. Das weiß jeder, der Thomas Manns „Felix Krull" gelesen hat. Ohne Zweifel kann ein geschickter Schauspieler und Hochstapler alles mögliche erfinden, von dem auch erfahrene Zeugen meinen, es sei echt. (Die besondere Genialität Krulls in der Musterungsszene beruht ja darauf, daß er so tut, als ob er nur so täte, als ob er sich für wehrtauglich hielte, in Wirklichkeit aber davor zitterte, daß man seine „Gebrechen" entdecken könnte, deren „Entlarvung" dann tatsächlich zur Freistellung vom Wehrdienst führt!)

Trotzdem hat dieser Einwand nicht das Gewicht, das der Behaviorist ihm zuzuschreiben geneigt sein könnte.

Schon daß die Genialität eines Felix Krull (und seines Erfinders Thomas Mann) dazu gehört, so vollendet zu simulieren, beweist ja, daß das zumindest keine alltägliche Kunst ist. Im normalen Zusammenleben der Menschen können wir vielmehr davon ausgehen, ziemlich genau beurteilen zu können, ob jemand simuliert oder nicht.[8]

Im übrigen aber wäre es unsinnig, dauernd zu unterstellen, die Menschen simulierten bloß. Im Gegenteil ist die Wahrscheinlichkeit, daß jemand wirklich Zahnschmerzen hat, wenn er es sagt, erheblich größer als die, daß er nur so tut. Denn immer nur Simulation zu wittern wäre ja gleichbedeutend mit der Behauptung, in Wirklichkeit gäbe es Zahnschmerzen gar nicht oder nur sehr selten. Das widerspricht aber der Lebenserfahrung. Denn in der Tat gehen täglich viele Menschen zum Zahnarzt, lassen sich behandeln und geben danach zu erkennen, daß sie keine Schmerzen mehr haben. Warum also hätten sie sie erst simulieren sollen?

Fassen wir zusammen. Ob eine andere Person Schmerzen hat oder nicht, können wir aufgrund ihrer sprachlichen und nichtsprachlichen Äußerungen mit sehr hoher, an Sicherheit grenzender Wahrscheinlichkeit feststellen, *obwohl* wir nicht in das Bewußtsein dieser Person steigen können. Das liegt daran, daß wir diese sprachlichen und nichtsprachlichen Äußerungen als Ausdruck einer bestimmten gegebenen Situation „durchschauen" oder verstehen.

Die Erfahrung, daß wir eine Situation in bestimmter Weise erfassen, ist uns aus unserer Lebenspraxis so geläufig, daß wir sie uns nur durch weitere Beispiele ins Bewußtsein zu heben brauchen. So hat beispielsweise jede Versammlung mehrerer Menschen eine bestimmte „Stimmung", die wir als solche mit absoluter Sicherheit diagnostizieren können, wenn wir nur den Raum betreten. Diese Stimmung kann etwa freudig, gedrückt, übermütig, „autoritär", gespannt, gereizt, sachlich, gelöst, „anspruchslos", behaglich und anderes sein.[9] Um das festzustellen, brauchen wir keine förmlichen Verhaltensbeobachtungen zu machen, die wir dann statistisch auswerten – sondern wir „riechen" die „Atmosphäre" der Versammlung im ersten Augenblick. Wir sind sogar darauf angewiesen, eine bestimmte Versammlungsatmosphäre sofort richtig zu erfassen, da wir uns sonst „deplaciert" verhalten würden. Auch der Behaviorist verfährt in seiner Lebenspraxis so, ohne es theoretisch wahrhaben zu wollen – er muß so verfahren und immer schon verfahren sein, da er sonst gar keine Stelle an der Hochschule bekommen hätte.

C. Der Lebenszugang zu wissenschaftlichen Gegenständen

Wir stehen also vor der Tatsache, daß es außer dem angeblich allein eindeutigen Zählen und Messen noch andere Zugänge zu menschlichen Äußerungen im sozialen Bereich gibt.

Ja – wenn wir ganz kritisch sind, müssen wir sogar fragen, ob nicht die angeblich exakten Methoden des Zählens und Messens ihrerseits auf „irrationalen" Voraussetzungen beruhen. Wenn erst der Wissenschaftler A „20 Grad" abliest und dann der Wissenschaftler B vom gleichen Thermometer ebenfalls „20 Grad" – inwiefern ist das „intersubjektiv überprüfbarer", als wenn erst der eine sagt: „Ich habe Schmerz" und dann der andere? Irrtum und Täuschung wären doch auch hier möglich.

So bemerkt Stephan Strasser im Anschluß an Edmund Husserl:[10]

„Wenn etwa Einstein in seinem Laboratorium Michelson's Experimente wiederholt, und zwar mit Hilfe von Apparaten, die Kopien von Michelson's Apparaten sind, weiß er genau, was ein Instrument ist, welchen Gebrauch Menschen von Instrumenten machen [. . .] usw. Einstein weiß dies nicht auf Grund mathematischer oder naturwissenschaftlicher Einsichten; er weiß es dank seiner vorwissenschaftlichen Erfahrung. [. . .] Michelson's Instrumente [. . .] sind [. . .] so konstruiert, daß die entscheidende Wahrnehmung auf das Ablesen von Zeigerständen [. . .] beschränkt wird. Das, was auf diese Weise wahrgenommen wird: ein Zeiger auf einem Zifferblatt, ist [. . .] nichts anderes als eine Figur auf einem Hintergrund. Das Wahrnehmen erfolgt also auf ‚subjektiv-relative Weise', auch wenn das daraus resultierende Wahrnehmungsurteil eine Prämisse für naturwissenschaftliche Folgerungen bildet.

[. . .] Nehmen wir an, daß ein- und dasselbe Instrument für die Messung von A und die Messung von B verwendet wird. Um diese Handlung ausführen zu können, muß unser Physiker das Instrument identifizieren. Dieser Akt der Identifikation unterscheidet sich nun nicht wesentlich von dem einer Hausfrau, die einen Kochtopf erst auf den Herd stellt und dann denselben Kochtopf vom Herd wegnimmt."

Also: auch die exakteste Wissenschaft hat ihr Fundament letzten Endes in irgendwelchen „unexakten", vorwissenschaftlichen Alltagshantierungen. Der strenge Behaviorismus und Empirismus muß also in einen Widerspruch verstrickt werden, wenn er sich auf Voraussetzungen verwiesen sieht, die seinen eigenen Ansprüchen nicht genügen.

Daher ist es schon konsequenter, das „Alltägliche", „Unexakte" von vornherein in die Wissenschaft – als ihr Fundament und als ihren Gegenstand – mit hineinzunehmen.

Das *Durchschauen einer Situation* – und sei es nur eine so verhältnismäßig simple wie die, daß jemand Zahnschmerzen hat – ist nun der Prototyp für das, womit es die *geisteswissenschaftlichen* Methoden im weitesten Sinne zu tun haben. So wie wir aus dem gepreßten Sprechen, dem schmerzverzerrten Gesicht und dem Stöhnen einer Person mit unfehlbarer Sicherheit, ohne die Komponenten unserer komplexen Wahrnehmungsobjekte erst umständlich analysieren zu müssen, schließen können: „A hat Zahnschmerzen" – genau so können wir eine soziale Situation, einen Text, ein Kunstwerk, einen historischen Gesamtkomplex wie „das Barockzeitalter" oder „den Kapitalismus" als solche „aus dem Ausdruck", „atmosphärisch", „ganzheitlich", als „Totalität", und wie die einschlägigen Ausdrücke alle heißen, erfassen. Die „geisteswissenschaftliche" Methode, die wir hier anwenden, nennen wir je nach der Eigenart des jeweiligen Gegenstandes „phänomenologische", „historisch-philologische", „hermeneutische" oder „dialektische" Methode.

Alles in diesem Bande Abzuhandelnde bildet insofern also eine innere Einheit, als das zugrundeliegende wissenschaftliche Prinzip immer das gleiche ist.

2. KAPITEL

WAS IST PHÄNOMENOLOGIE?

„Phänomenologisch" nennen wir demzufolge eine Methode, die die Lebenswelt des Menschen unmittelbar durch „ganzheitliche" Interpretation alltäglicher Situationen versteht. Der Phänomenologe ist demnach ein Wissenschaftler, der selbst an dieser Lebenswelt durch seine Alltagserfahrungen teilhat, und der diese Alltagserfahrungen für seine wissenschaftliche Arbeit auswertet.

A. „JA, SO IST ES AUCH"

Was die Phänomenologie ist und leistet, können wir am besten von den Autoren lernen, die praktisch mit ihr gearbeitet haben – gleichgültig, ob sie nun das *Wort* „Phänomenologie" dauernd im Munde führen oder nicht. Da es uns hier nur um Wissenschaftstheorie und nicht um Philosophie im engeren Sinne geht, können wir uns guten Gewissens damit begnügen, die Bedeutung der Phänomenologie für die praktische einzelwissenschaftliche Arbeit an einfachen *Beispielen* zu erläutern, ohne uns mit der geschichtlichen Entwicklung der „Phänomenologie" genannten philosophischen Schule beschäftigen zu müssen.[1]

1. Hans Paul Bahrdt:[2]

„Wohnen ist ein Stück Kultur. Freilich: Der Begriff ‚Wohnkultur' erweckt schon wieder den Verdacht, daß etwas, das sich eigentlich als selbstverständliche Folge kultivierten Verhaltens ergeben sollte, zum Ziel besonderer Anstrengung gemacht wird: Die Kultur, ausdrücklich zum Gegenstand zielgerichteten Verhaltens gemacht, [. . .] wird [. . .] zum Hindernis für die Entfaltung der vielfältigen Verrichtungen, die zusammen das ergeben, was wir ‚wohnen‘ nennen. ‚Wohnkultur‘ kann genauso unwohnlich sein wie kalte Pracht; d. h. sie ist dann nur eine moderne Variante der kalten Pracht von gestern, also das Gegenteil von kultivierter Wohnlichkeit."

Dieses Beispiel ist uns bereits aus dem ersten Band bekannt; wir betrachteten es dort im Zusammenhang mit dem „Operationalisierungs"-Problem. Wir hatten die Schlüsselwörter „Wohnkultur" und „kultivierte Wohnlichkeit" einander gegenübergestellt und bemerkt, daß der empiristisch-behavioristische Wissenschaftler beide Begriffe mit seiner Methode und nach seiner Wissenschaftsauffassung nicht unterscheiden kann. Denn Picasso und Teak können Merkmale sowohl der „Wohnkultur" als auch der „kultivierten Wohnlichkeit" sein – und andere als solche „physikalistisch" feststellbaren Merkmale kann der Empirist nicht gelten lassen.

Der Phänomenologe setzt von vornherein anders an. Er nimmt seinen Ausgang von seiner eigenen Lebenswelt und sagt daher: „Ich habe, als immer schon in einer sozialen Umwelt lebende Person, zahlreiche Verwandte, Freunde und Bekannte, deren Wohnungen ich kenne. Viele von ihnen haben moderne Wohnungen. Aber merkwürdig: bei manchen meiner Bekannten wirkt die Wohnung trotz allen ästhetischen Aufwands irgendwie kalt, tot. Man hat das Gefühl, alles ist so arrangiert, damit jeder Besucher die Modernität und Aufgeschlossenheit der Bewohner bewundern soll. Bei anderen meiner Bekannten dagegen fühle ich mich einfach wohl. Alles hat irgendwie Hand und Fuß und ist da, weil es zu den Bewohnern paßt und weil sie es brauchen. Die Wohnung wird dem Besucher nicht aufgedrängt – aber gerade deshalb fühlt er sich in ihr heimisch. Also ‚gibt‘ es ‚Wohnkultur‘ und ‚kultivierte Wohnlichkeit‘ als ‚Phänomen‘ – denn ich als Alltagsmensch kann meine Lebenswelt in diesem Sinne interpretieren."

Hier ist ganz klar, was wir bereits im ersten Bande bemerkten: der Behaviorist kann ein solches Verfahren unmöglich als „wissenschaftlich" anerkennen. Was haben derart private, vage, subjektive Gefühle beim Besuch von Freunden mit Wissenschaft zu tun?

Der Phänomenologe argumentiert genau anders herum. Er sagt: „Meine Eindrücke als solche habe ich und lasse ich mir nicht wegargumentieren. Warum also soll ich sie nicht auch zur Grundlage wissenschaftlicher Analysen machen? Offensichtlich wird die Soziologie oder die Sozialpsychologie doch gerade dadurch *berei-*

chert, daß ich – als Privatmann – imstande bin, ‚Wohnkultur' und ‚kultivierte Wohnlichkeit' genau zu unterscheiden, weil hierdurch Erkenntnisse, ja ganze Dimensionen erschlossen werden, die dem menschlichen Wissen sonst verlorengingen!"

Der Phänomenologe nimmt also sein Alltagserleben als Gegenstand der Wissenschaft ganz ernst und gelangt dadurch zu Aussagen, die der Wissenschaft sonst nicht möglich wären.

Womöglich noch pointierter zeigt dies unser zweites Beispiel.

2. *Otto Friedrich Bollnow:*[3]

„Wenn wir die Wohnung wechseln, so baut sich von der neuen Wohnung aus die Welt in einer neuen Weise auf. Wenn sich der Wohnungswechsel noch innerhalb derselben Stadt vollzieht, so gliedert sich doch nach dem neuen Wohnquartier alles neu. Es sind nicht nur die Bestimmungen der Nähe und Ferne, die sich verändern, sondern es ist zugleich auch das innere Gefüge der Straßen, durch die ich gewöhnlich komme und die für mich den Charakter der Vertrautheit haben, das, was überhaupt in der Stadt mir wohlbekannt ist, und das, was sich als verdämmernder Hintergrund nur unbestimmt abzeichnet. Es ist jeweils etwas Verschiedenes, was mir auf diese Weise in der Stadt bedeutsam ist, und so bekommt die ganze Stadt einen andern Charakter, wenn ich in ihr die Wohnung gewechselt habe.

Ebenso ist es beim Umzug in einen neuen Wohnort. Von der neuen Stadt her baut sich die Landschaft und bauen sich die Beziehungen zu den andern Städten in einer durchaus neuen Weise auf: was bisher an der Peripherie gelegen hatte, rückt ins Zentrum und umgekehrt."

Auch Bollnow artikuliert, was jeder Mensch als Privatperson erleben kann: die völlige Umstellung der Lebenssituation bei einem Umzug. Mir selbst geht es zum Beispiel so, daß ich in Bollnows Beschreibungen meine eigenen Erlebnisse und Gefühle anläßlich von Umzügen innerhalb eines Ortes oder von Ort zu Ort wiederfinde. Besonders eindrucksvoll ist der letzte Satz unseres Zitates über die Beziehungen zu den anderen Städten: in der Tat ist es für jemanden, der von Norddeutschland nach Süddeutschland umzieht, bemerkenswert, wie Städte, die bisher lediglich Urlaubsassoziationen und Gedanken an den sonnigen Süden bewirkten, wie: Würzburg, Bamberg, Ansbach, Nürnberg, plötzlich zur Alltagsumgebung gehören, daß ganz andere Reiserouten wichtig werden und so fort.

Die Phänomenologie erzielt also einen gewissen Verblüffungseffekt dadurch, daß sie Dinge, die für jedermann selbstverständliches Alltagserlebnis sind und die er daher gar nicht mit der Vorstellung von „Wissenschaft" verbindet, unversehens zum Gegenstand wissenschaftlicher Darlegungen erhebt.

Die Gestaltpsychologen haben von einem „Aha"-Erlebnis gesprochen, in dem einem Verstehenszusammenhänge plötzlich klar werden. Ähnlich könnten wir angesichts einer phänomenologischen Darstellung von einem *„Ja, so ist es auch"-Erlebnis* sprechen: der Leser findet ganz erstaunt eine Formulierung und Interpretation von Erlebnissen und Gefühlen vor, die er schon immer gehabt hat, ohne sie so gut in Worte fassen zu können wie der phänomenologische Wissenschaftler. Gerade ein Buch wie *Mensch und Raum* von Otto Friedrich Bollnow, dem wir unsere Probe entnommen haben, ist ein Meisterwerk phänomenologischer Betrachtungsweise, das hervorragend geeignet ist, einen Begriff davon zu vermitteln, was diese „Ja, so ist es auch"-Methode leisten kann.

3. Helmuth Plessner:[4]

„Das Ordinariat gewährt die Vorzüge einer hohen Staatsstellung, Würde und Sicherheit, ohne die sonst damit verbundenen Nachteile fester Bürostunden und engbegrenzter Freiheit in Dienst und Muße. Es gibt das große Ansehen wissenschaftlicher Bedeutung und gestattet, seinen tiefsten Neigungen ebenso zu leben als ihnen Geltung zu verschaffen: Vom Urteil des Ordinarius hängt der Nachwuchs im wesentlichen ab, ob es sich um Assistenten oder um ‚freie' Privatdozenten handelt. Diese Abhängigkeit ist eine moralische und eine existentielle, da der Mann, der nicht von den anerkannten Gelehrten geschätzt wird, von der Geltung und vom Leben ausgeschlossen bleibt. [...] Selbst die ehrlichsten Hochschulreformpläne, die nach möglichster Objektivierung der Habilitation und Berufung streben, kommen nicht daran vorbei, daß Fähigkeiten und Werke begutachtet werden, deren wahres Kriterium durchaus nicht immer der sichtbare Erfolg ist, und daß bei gleichmöglichen Auffassungen außersachliche Kräfte geradezu entscheiden *müssen*, selbst wenn alle Beteiligten diese Entscheidung perhorreszieren.

[...] So konstituieren die soziale Dynamik des akademischen Nachwuchses rationale und irrationale Kräfte: die ersteren beherrschen, das heißt allen wissenschaftlichen Ansprüchen genügen, bedeutet nur die conditio sine qua non der Karriere, und die Erfüllung dieser conditio läßt sich in jedem Falle auch noch bestreiten.

Man hat wohl gegen diese ‚pessimistische' Auffassung geltend gemacht, daß von den jeweils präsentierten Kandidaten überwiegend doch die besten durchgekommen seien, aber von den nichthabilitierten und nichtpräsentierten Bewerbern, die vielfach zur Unfruchtbarkeit durch eben ihr Schattendasein verurteilt waren, läßt sich wenig sagen. Ferner haben die Theorien der Nichtordinarien durchschnittlich es schwerer, sich durchzusetzen und Bestandteil des [...] Lehrgerüstes [...] zu werden oder wenigstens ernsthaft diskutiert zu werden, als die Lehrmeinungen der offiziellen Professoren. [...]

Dieser eminente Wagnischarakter der akademischen Laufbahn [...] ist dem modernen Forschungstyp [...] spezifisch angepaßt. Der Privatdozent kann das Wagnis verringern [...], indem er sich [...] einem [...] offiziellen Fachvertreter [...] attachiert [...], das heißt in Schülerstellung als Geselle eines Meisters, als Glied einer Schule verharrt – und hier haben wir den soziologischen Grund für Schulbildungen an Universitäten –, oder indem er eine neue Wissenschaft mit eigenem Gebiet und eigener Methode zu begründen sucht. [...] Was er im zweiten Fall riskiert, vermeidet er im ersten: die Empfindlichkeit der älteren Generation durch neue Forderungen und neue Begriffe zu verletzen. [...]"

Das Irrationale an der „Sozialdynamik des akademischen Nachwuchses" hat aber auch sein Gutes:

„Wo Irrationalitäten mitentscheiden, kann auch Irrationales und damit das Neue, noch nicht Dagewesene schöpferisch durchbrechen. [...] Wer jedoch [...] sich außerhalb der Prinzipien der ,Forschung', die eben zugleich Spielregeln des akademischen Konkurrenzkampfes bedeuten, zu stellen berechtigt glaubt, wer die Fachgrenzen nicht achtet, wer ab ovo etwas in die Welt setzt, ohne sich um Vorgänger oder Mitstrebende zu kümmern (nicht zitiert, keinen Wert auf ,Methode' legt u. dgl.), wird bald den Ruf eines Querkopfes, Qutsiders, Sonderlings bekommen und, mag auch die Wissenschaft im übermenschlichen Sinn von ihm Nutzen haben, umgekehrt aus der Wissenschaft keinen Nutzen ziehen. Akademiker zu sein, setzt noch andere Gaben voraus als schöpferische Intuition. Es erfordert Disziplin, Anpassungsfähigkeit und Sinn für die Grenzen des eigenen Tuns. Nur wer imstande ist, das Neue aus dem Alten entwickelnd darzustellen, paßt in den Rahmen der Forschung. Die eigenartige Ungewißheit der Laufbahn zwingt den einzelnen, sich hervorzutun und mit irgendeiner Leistung aufzufallen, zugleich aber zwingt sie ihn, der damit gegebenen Gefahr der Isolierung durch Eingliederung in Methoden, Problemstellungen bzw. Anlehnung an Menschen, Kreise und ihre Forderungen zu begegnen. So erfüllt sich das Gesetz der modernen Wissenschaftsdisziplin: ein Maximum an Originalität bei einem Maximum an Kontinuität mit dem Vergangenen der älteren Leistung in der Einheit der Methodik."

Wohl kaum jemand, der die deutsche Hochschule von innen kennt, wird sich der Faszination durch diese brillante Charakterisierung der sozialen Situation des deutschen Wissenschaftlers entziehen können. Es ist bedauerlich, daß wir in unserem eng gesteckten Rahmen auf die von Plessner aufgeworfenen Fragen nicht inhaltlich eingehen können.

Schließen wir jedoch zunächst unser letztes Beispiel an, um dann zur Betrachtung beider Beispiele überzugehen.

4. Dietrich Goldschmidt:[5]

(Über die Situation des wissenschaftlichen Nachwuchses:)

„Spannungen zwischen dem jüngeren und bisweilen leicht überalterten Anwärter in abhängiger Stellung und dem ‚Chef‘, oft seinem Lehrer und Meister, hat es immer gegeben. Der Geselle hat nun mal irgendwie und irgendwo zu leiden und sieht den Alten mit aus Dankbarkeit und Kritik gemischten Gefühlen. Daß heute in dieser Mischung die Kritik überwiegt, ist nicht nur ein Ausdruck einer allgemein geringer gewordenen Autoritätsgläubigkeit, sondern das Ergebnis der Prägung durch einschneidende geschichtliche Erfahrungen, welche die Generationen ungleich schärfer voneinander trennen, als das bis 1914 der Fall war. Gleichwohl trifft man die ‚Jugend‘ nicht in Rebellion, sondern in Anpassung und höchstens – und zwar wesentlich bei den über 40jährigen – in Resignation. Nur ganz wenige machen sich die Mühe, die Bedingungen ihrer Existenz näher zu erforschen oder gar ernstliche Versuche der Veränderung zu unternehmen.“

Die beiden letzten, dem gleichen Buch entstammenden Ausführungen von Plessner und Goldschmidt sind offenbar ein wenig anders zu beurteilen als die von Bahrdt und Bollnow.

Während Bahrdts und Bollnows Schilderungen jedem Menschen verständlich sind, der überhaupt Bekannte mit modernen Wohnungen hat oder schon einmal umgezogen ist, stellen Plessner und Goldschmidt für das Verständnis ihrer Ausführungen schon speziellere Voraussetzungen. Man muß einer bestimmten beruflichen Sphäre angehören, um sie wirklich verstehen zu können: nämlich Hochschulwissenschaftler sein und als solcher seine Erfahrungen gemacht haben. Nur einem solchen Leser ist wirklich zugänglich, was Plessner mit seinen tiefgreifenden Aussagen über die Situation des selbständig denken wollenden Wissenschaftlers und was Goldschmidt mit seinen Bemerkungen über die Situation des unselbständigen wissenschaftlichen Mitarbeiters sagen wollen.

Aber auch hier gilt: zwar lediglich *derjenige* – aber auch *jeder,*

der an der Hochschule Erfahrungen jener Art gesammelt hat, wie Plessner und Goldschmidt sie verarbeiten, wird deren Aussagen auch in einem „Ja, so ist es auch"-Erlebnis würdigen können.

Daß hier zum Verständnis eines phänomenologischen Textes bestimmte soziale Voraussetzungen, nämlich berufliche Erfahrungen innerhalb eines bestimmten Bereiches, erforderlich sind, bedeutet keinen Widerspruch gegen unsere These, daß phänomenologische Analysen stets im „Leben" verankert sind. Denn – wie wir später noch erörtern werden –: solche Voraussetzungen müssen *stillschweigend* in *jedem* Falle gemacht werden.

B. PROBLEME DER PHÄNOMENOLOGIE

I. Das Problem der Verallgemeinerung

Das erste, was uns, wenn wir von induktiven Methoden in Natur- und Sozialwissenschaften herkommen, an phänomenologischen Schilderungen auffällt, ist: Sie verallgemeinern in scheinbar geradezu unverantwortlicher Weise.

Bollnow etwa setzt einfach voraus, daß *jeder,* der die Wohnung wechselt, das so erlebt, wie er es beschreibt. Und ebenso unterstellen Plessner und Goldschmidt, daß *jeder* in Betracht kommende Wissenschaftler genau den Situationen unterliegt, die sie so eindringlich charakterisieren.

In der Tat: hier muß der in induktiven Sichtweisen Geschulte zunächst Anstoß nehmen.

Bei näherer Betrachtung zeigt sich jedoch: die phänomenologischen Analysen der Alltagswirklichkeit sind so angelegt, daß sie, um „richtig" zu sein, induktiv gewonnener Bestätigung gar nicht bedürfen. Bollnow braucht keine Fragebogen zu verschicken, um festzustellen, wieviel Prozent aller Zeitgenossen ihren Umzug so erleben und wieviele nicht, um dann seine Schilderung als Folge von „Teils-Teils-Sätzen", wie wir im ersten Band[6] sagten, aufbauen oder sie damit zu rechtfertigen, daß es immerhin 80 % aller Umgezogenen so geht – und ebenso braucht Plessner gar nicht darauf zu achten, ob wirklich *jeder* wissenschaftliche Außenseiter das Schicksal erleidet, das er ihm zuschreibt, oder ob es auch Ausnahmen gibt.

Denn phänomenologische Aussagen beruhen stets auf der persönlichen *Lebenserfahrung* des Autors in dem Bereich, über den er jeweils spricht. Die Instanz für die intersubjektive Überprüfung phänomenologischer Aussagen ist daher nicht ein empiristisches Verfahren, das nach den Regeln der induktiven Methode Erhebungen anstellt und statistisch auswertet, sondern ganz einfach die Zustimmung des selber erfahrenen und sachkundigen Lesers in einem „Ja, so ist es auch"-Eindruck. Ein solcher sachkundiger Leser „überprüft" die Schlüssigkeit des Gesagten also einfach „hermeneutisch" an seiner eigenen Lebenserfahrung; er befragt den Text darauf hin, ob er diese Erfahrung angemessen wiedergibt und interpretiert. Erst dann, wenn jemand mit guten Gründen sagen könnte: „Plessners Erörterungen sind eine unerhörte Verleumdung der deutschen Wissenschaft" und Plessners Darstellung mit einer ebenso tiefdringenden und eben deshalb glaubwürdigen Gegendarstellung widerlegen würde – erst dann könnte man sagen, Plessner habe unrecht. In der Praxis wird eine solche Widerlegung schwer möglich sein. Denn es ist ja gerade die Differenziertheit und „Feinheit" der Aussage, die Plessners Analyse so schwer angreifbar macht. Ein potentieller Gegner dieser Ergebnisse müßte es Plessner im „Niveau" seiner Argumentation zumindest gleichtun, und das dürfte nicht einfach sein.

Es hat also keinen Sinn, sich der Phänomenologie gegenüber auf quantifizierende Methoden zu berufen.

Erfahrungen haben für den Phänomenologen weniger die Funktion von „Stichproben", die dann mit Hilfe einer exakten Methodik verallgemeinert werden, als vielmehr die von „Beispielen" im Sinne der „Logischen Propädeutik".

Wir hatten im ersten Band[7] ja gesehen, daß man den Gebrauch von Wörtern (Prädikatoren) mit Hilfe von Beispielen und Gegenbeispielen einführt.

So zeigt man etwa nacheinander auf zwei Wohnhäuser und sagt: „Dies ist ein Haus", „Dies ist auch ein Haus". Darauf zeigt man auf ein Fabrikgebäude, auf einen Kohlenschuppen und auf eine Garage und sagt: „Dies und dies und das ist kein Haus". Auf diese Weise lernt das Kind oder der eine Fremdsprache Lernende die Sprache allmählich aus dem täglichen Umgang mit Gegenständen, denen Prädikatoren zu- oder abgesprochen werden.

Hierbei kommt es nun ersichtlich nicht auf die *Zahl* der Beispiele an. Wie ein Wort zu gebrauchen ist, können wir unter Umständen schon an einem einzigen Beispiel und Gegenbeispiel lernen. Also etwa: man braucht uns vielleicht nur ein einziges Haus und einen einzigen Schuppen zu zeigen – und schon wissen wir „ein für alle Mal", was wir als Haus bezeichnen können und was nicht. Es ist also völlig unnötig, nach den Regeln der empirischen Methodologie eine Stichprobe von Häusern und Nichthäusern zu bilden und etwa zu sagen: „Erst wenn du neunhundert Häuser richtig identifiziert hast, kannst du sagen, du könntest den Prädikator ‚Haus' richtig zusprechen."

Es gibt bestimmte Wissensgebiete, auf denen man sich dieses Prinzip des „Erklärens durch nur ein einziges Beispiel" sehr gut verdeutlichen kann. Eins dieser Gebiete ist die Rechtswissenschaft. Selbst komplizierte und dem Laien zunächst nicht vertraute juristische Begriffe können oft an einem einzigen Beispiel so völlig klar gemacht werden, daß der Lernende keinerlei weiterer Erläuterungen mehr bedarf.

Als Verdeutlichung hierfür mag der Begriff der „Gefährdungshaftung" dienen, den man etwa so einführen kann: „Ein bisher immer friedlicher Hund fällt plötzlich einen Passanten an. Der Hundehalter lehnt die Haftung für den entstandenen Schaden mit der Begründung ab, der Hund sei stets gutartig gewesen; er, der Hundehalter, habe daher mit dieser plötzlichen Verhaltensänderung nicht rechnen können. Der Hundehalter muß trotzdem haften. Denn es kommt nicht darauf an, ob dieser Hund bisher immer gutmütig war. Und zwar deshalb nicht, weil das Halten eines Hundes potentiell immer eine Gefahr für Personen darstellt – unabhängig vom zufälligen Verhalten eines bestimmten Hundes. Daher muß der Hundehalter auch dann haften, wenn ihm keinerlei unmittelbares Verschulden anzulasten ist (wie es etwa vorläge, wenn er einen bekannt bissigen Hund ohne Maulkorb herumlaufen läßt). Diese Haftung allein aus der Verantwortung für eine möglicherweise gefährliche Sache, auch ohne akutes Verschulden im Einzelfall, nennen wir *Gefährdungshaftung*."

Es ist offensichtlich, daß der Rechtsstudierende allein durch dieses Beispiel mit dem Hund versteht, was „Gefährdungshaftung" ist, ohne daß ihm der entsprechende Sachverhalt noch einige Male umständlich am Kraftfahrzeughalter, am Fabrikleiter, am Eisenbahnbetrieb und so fort erläutert werden müßte.[8]

Wir sehen hieraus: es gibt Wissensgebiete, auf denen wir gar nicht mit strenger Induktion arbeiten müssen. Und hierzu gehören – unter anderen – alle Sachverhalte, auf die sich die phänomenologische Methode anwenden läßt. Ein Phänomenologe darf also mit dem gleichen guten Gewissen seine Lebenserfahrung „verallgemeinern", wie der Alltagssprecher die an einem einzigen Beispiel geübte Zusprechung eines Prädikators oder der Jurist die Demonstration eines Rechtsbegriffes.

So beginnt auch Stephan Strasser sein aufschlußreiches Buch über die phänomenologische Methode mit den Worten:[9]

„Es geschah während der Diskussion über eine historische Doktorarbeit [an einer niederländischen Hochschule]. Im Laufe der kritischen Erörterung wurde von einem der Opponenten der Einwand gemacht, der junge Doktor in spe habe eine wichtige historische Quelle unbenützt gelassen. Derartige Einwände werden bei solchen Diskussionen öfter erhoben. Die Weise jedoch, wie sich der zur Doktorwürde zu Befördernde gegen diesen Einwurf verteidigte, erweckte allgemeine Verwunderung: er berief sich nämlich auf ‚die phänomenologische Methode'. Der Phänomenologe, so versicherte er, könne sich mit der Analyse eines einzigen exemplarischen Falles begnügen; das Suchen nach Quellen und ihre Benützung erübrige sich demnach für ihn."

Natürlich soll das nun nicht bedeuten, daß induktive Methoden in der Soziologie und Sozialwissenschaft unangebracht wären. Als Informationsgrundlage für phänomenologische Aussagen haben sie nicht nur ihren guten Sinn, sondern sind sie sogar unentbehrlich – und Plessners und Goldschmidts Ausführungen eröffnen ja selber eine solche empirische Untersuchung. Aber die Feinheiten phänomenologischer Interpretationen, die eine ganz bestimmte individuelle Disposition voraussetzen, lassen sich durch induktive Methoden nicht gewinnen. Bezeichnend hierfür ist: die Ergebnisse gerade der „höchsten" Erhebungsform der empirischen Sozialforschung nämlich des freien Interviews hochgestellter und/oder ungewöhnlich intelligenter Persönlichkeiten (wie wir sie in eben der

Hochschullehrer-Untersuchung finden, die Plessners und Goldschmidts Bemerkungen einleiten) können nicht mehr quantifizierend ausgewertet werden. Vielmehr nimmt man solche Äußerungen sehr oft einfach wie sie sind, und betrachtet sie selbst als quasi „phänomenologische" Analysen der Praxis der befragten Person. Hieraus ergibt sich schon: die Phänomenologie ist gar nicht bloß Angelegenheit des Sozialforschers selber, sondern sie steckt oft schon im Material; gerade die interessantesten soziologischen Materialien bestehen in Aussagen im Verlauf von freien Interviews, die selbst schon phänomenologische Interpretationen darstellen, weil sie auf dem intelligenten Durchblick durch differenzierte Verhältnisse beruhen. Hierfür bietet Plessners Untersuchung Beispiele in Hülle und Fülle.[10]

Die eigentliche Stärke der phänomenologischen Methode – es hat keinen Sinn, das zu verschweigen, wenn es auch kaum dem gegenwärtigen Trend entspricht – liegt in dem „individuellen Niveau" (das auf Weite der Erfahrung oder Intelligenz oder beidem zugleich beruhen kann) der sie Anwendenden. Es liegt im Charakter einer „Lebenswissenschaft", daß sie auf dieses Moment nicht verzichten kann; sie begäbe sich dadurch ohne Not eines Fundus von interpretierbaren Lebenserfahrungen, die zur Erhellung „des Lebens" auch dann sehr viel beitragen können, wenn sie nicht standardisierbar und damit nicht jedem Sozialforscher beliebig zugänglich sind.

II. Das Problem der Geschichtlichkeit

Ein Problem haben wir jedoch überhaupt noch nicht beachtet. In Goldschmidts Text findet sich der interessante Satz: „Gleichwohl trifft man die ‚Jugend' nicht in Rebellion, sondern in Anpassung und höchstens [...] in Resignation." Diesen 1956 veröffentlichten Satz empfindet man heute als falsch. Denn inzwischen erleben wir ja tatsächlich eine weltweite Rebellion der Jüngeren gegen die Kleinhaltung durch die Etablierten. (Wobei freilich immer noch der Scharfblick zu bewundern bleibt, mit dem der – soziologisch und historisch bewußte – Autor Goldschmidt 1956 die „Rebellion" immerhin als Möglichkeit in Rechnung stellte!)

Das Beispiel zeigt uns: Offenbar erhebt die phänomenologische Methode überhaupt nicht den Anspruch, überzeitlich gültige Aussagen zu machen.

Der Phänomenologe sagt zwar: „Das und das ist so." Aber damit will er nicht sagen: „Das ist immer und überall so." Vielmehr unterstellt er stillschweigend – ohne also ausdrücklich darüber zu sprechen –, daß alle seine Aussagen immer nur für einen bestimmten *raumzeitlichen Bereich* gelten. Wie groß dieser Bereich ist, bleibt offen. Aber begrenzt ist er immer. Jede phänomenologische Aussage versteht sich, ohne das ausdrücklich zu betonen, immer als Aussage innerhalb eines bestimmten, raumzeitlich begrenzten, „historischen" Horizontes.

Das gilt sogar für unser scheinbar „zeitlosestes" Beispiel, nämlich das von Bollnow.

Siemens-Angestellte, die alle zwei Jahre umziehen, gab es vor hundert Jahren noch nicht. Aber Beamte, die, sagen wir, aus der Provinz Ostpreußen in die Rheinprovinz versetzt werden, hat es gegeben, seitdem der preußische Großstaat existierte.

Jedoch: es sind Zeitalter denkbar, in denen es den „Umzug" im heutigen Sinne und damit auch die mit ihm verbundenen subjektiven Erlebnisse noch nicht gab: sei es, daß man sein Leben lang an dem Ort blieb, an dem man geboren war – sei es, daß man überhaupt keinen festen Wohnsitz hatte und dauernd umherzog.

Es gibt ein sehr schönes Beispiel für diese historische Bedingtheit scheinbar überzeitlicher Situationen und der ihnen entsprechenden Erlebnisse: wir alle kennen das Gefühl, im Wald spazierenzugehen, auf einen Berg in den Alpen zu steigen (oder mit der Drahtseilbahn zu fahren) und im schneeweißen Dünensand an der Nordsee zu liegen. Das alles gab es vor dreihundert Jahren noch nicht. Daß der Aufenthalt im „Gelände" als solcher „schön" sein kann, hat man erst seit dem 18. Jahrhundert allmählich gelernt; die Alpen beispielsweise galten in der Römerzeit und im Mittelalter nur als unangenehmes Verkehrshindernis – keineswegs als Urlaubsparadies.

Recht deutlich ist der historische Zusammenhang bereits in dem Beispiel von Bahrdt. Bahrdt selbst spielt nämlich auf die „kalte Pracht von gestern" an und will damit sagen: in der wilhelminischen Zeit waren die Wohnungen von Leuten, die nicht zu wohnen verstanden, gleichzeitig auch „häßlich" in einem oberflächlichen Sinn. Heute jedoch kann eine Wohnung nach „ästhetischen" Gesichtspunkten „schön" – und doch nur „kalte Pracht" sein. Damit wird der Gegensatz „Wohnkultur"/„kultivierte Wohnlichkeit" als gerade für unsere Gegenwart typisch interpretiert.

Auch für Plessners Beispiel gilt: es ist gar nicht zu erwarten, daß seine Schilderung auch auf die mittelalterlichen Universitäten oder selbst auf die vorhumboldtsche Universität des 18. Jahrhunderts zutreffen könne, da hier die Gegebenheiten anders waren. Jedoch dürfte seine Schilderung auch Zustände von etwa 1850 bereits ohne weiteres decken. Wer die deutsche Universität so charakterisiert, wie Plessner es tut, darf damit rechnen, daß seine Aussagen einen Gültigkeitsbereich von immerhin anderthalb Jahrhunderten haben. – Freilich erheben sich auch hier mit Blick auf die Richtung zur Zukunft hin Einwände; bei der Lektüre der (ursprünglich schon 1924 erschienenen) Plessnerschen Studie empfindet man zwar die *Beschreibung* der tatsächlichen Verhältnisse als unbedingt zutreffend, stößt sich jedoch gelegentlich an den *Wertakzenten,* die Plessner setzt: an verschiedenen Stellen kann man sich des Eindrucks nicht erwehren, daß Plessner die von ihm beschriebenen Zustände zu positiv sieht und sie in einer Weise rechtfertigt, die wir heute nicht mehr unbedingt akzeptieren können. Hier stellt sich also die Frage, wieweit selbst eine in der Beschreibung ohne weiteres überzeugende phänomenologische Darstellung ihre historische Bedingtheit doch zumindest in ihren Bewertungen und Begründungen offenbaren kann.[11]

Und auf Goldschmidts Betrachtung schließlich trifft zu, daß sie bereits in vielen ihrer Tatsachenaussagen Gültigkeit nur für den Zeitraum bis etwa Mitte der sechziger Jahre unseres Jahrhunderts beanspruchen kann – und es spricht nur für Goldschmidts Umsicht, daß er seine Studie ausdrücklich mit der Überschrift „Die gegenwärtige Problematik" versehen hat – eine kluge Abgrenzung nicht nur gegen die Vergangenheit, sondern auch gegen die Zukunft.

Aus unseren Überlegungen ergibt sich: die Phänomenologie ist eine an sich „unhistorische" Methode, die sich jedoch stillschweigend immer in einen bestimmten historischen Horizont stellt. Sie beschreibt Zustände, Erlebnisse, Gefühle als „allgemeingültig", ohne damit aber ausdrücklich behaupten zu wollen, daß selbstverständlich Perikles, Cäsar oder Kaiser Barbarossa schon die gleichen Situationen hätten erleben können. Vielmehr beziehen sich die Phänomenologen immer unausdrücklich auf den „Menschen der Gegenwart" und der eigenen Gesellschaft, der ihre Schilderungen in einer „Ja, so ist es auch"-Reaktion als Interpretation des von ihm selbst „gelebten Lebens" akzeptiert.

ZWEITER TEIL

DIE HERMENEUTIK
UND DIE HISTORISCHE METHODE

PHÄNOMENOLOGIE – HERMENEUTIK – GESCHICHTE

Wir haben die „Phänomenologie" als eine erste wissenschaftliche Methode kennengelernt, sich unmittelbar „des Lebens" zu bemächtigen. Der Phänomenologe macht erfahrbare Lebenssituationen zum Gegenstand seiner Beschreibungen.

Ohne das *Wort* zu verwenden, haben wir durch unsere Entwicklung der phänomenologischen Methode vorläufig schon gekennzeichnet, was „Hermeneutik" ist: unter „Hermeneutik" verstehen wir eben jene Methode, Lebenssituationen als solche verstehend zu erfassen – mag es sich dabei nun um Zahnschmerzen, um eine Gesellschaft in einer bestimmten Stimmung, um den Charakter einer Wohnung, um ein Raumerlebnis, um die Situation des wissenschaftlichen Außenseiters oder etwas ähnliches handeln.

Im ersten Band haben wir den Begriff der „Hermeneutik" bereits in spezieller Weise eingeführt: wir sagten dort, „Hermeneutik" sei die Lehre von dem, was wir „immer schon" vorfinden.[1]

Wir können nunmehr ergänzend sagen: was „immer schon" da ist, das ist die Lebenssituation, in der selbst der positivistische Wissenschaftler als Privatperson von vornherein steht, und die er auch aus ihrem Lebenszusammenhang heraus deutet.

So verstanden, hat „Hermeneutik" scheinbar noch nichts mit „Geschichte" zu tun. Der in einer praktischen Lebenssituation stehende Mensch weiß unmittelbar nichts von „Geschichte". Denn er findet zunächst nur seine Situation vor, ohne sich Rechenschaft darüber abzulegen, wie diese Situation sich zu möglichen anderen Situationen zu anderen Zeiten, an anderen Orten und so fort verhalten könnte.

Das gilt, wissenschaftspraktisch gesehen, sogar für den Phänomenologen als Wissenschaftler. Denn der Phänomenologe, der erfahrbare Lebenssituationen zum Gegenstand seiner Beschreibungen macht, sieht hierbei – nicht anders als der Alltagsmensch – vom raumzeitlichen Rahmen, in den seine Situationen eingebettet sind, zunächst ab. Er schildert diese Situationen so, als ob sie überall und immer so beschaffen sein könnten. Allerdings behauptet er das nicht ausdrücklich; er diskutiert dieses Problem gar nicht, er läßt es offen. Jedenfalls in seiner Eigenschaft als Phänomenologe. Aber Phänomenologen sind oft historisch sehr gebildete Gelehrte, und das heißt in unserem Zusammenhang: ihnen sind die Probleme der Geltung von Situationsbeschreibungen hinsichtlich des „Immer" und „Überall" durchaus bewußt. Nur sehen sie, während sie phänomenologisch beschreiben, von diesen Problemen ab: sie nehmen und schildern die Situation als solche und fragen dabei nicht nach ihren historischen Koordinatenwerten. Sie wissen sehr genau, wo die von ihnen beschriebene Situation historisch anzusiedeln ist – aber sie erörtern es nicht eigens.

In dem Augenblick nun, wo wir den Schritt von der Phänomenologie zur geschichtlich interpretierenden Hermeneutik, zur historisch-philologischen Methode tun, müssen wir jene zunächst bewußt vernachlässigte historische Dimension ausdrücklich in unser Gesichtsfeld mit einbeziehen.

An den Grundlagen unserer Methodik ändert sich nichts: sie ist ein für alle Mal durch das unmittelbare Erfassen von Lebenssituationen auf der Basis der eigenen Lebenserfahrung begründet. Aber es tritt jetzt das „historische Bewußtsein" hinzu: jenes Wissen davon, daß Lebenssituationen nicht immer und überall gleichartig sind, sondern wechselnden Bedingungen unterliegen, die wir eben die „historischen" nennen.

Diese Überlegungen konnten nur vorläufig sein. Denn Wort und Begriff des „Geschichtlichen", „Historischen" haben wir ja noch nicht eingeführt; wir haben uns nur des Alltagsverständnisses bedient, das jeder Leser von solchen Wörtern „immer schon" mitbringt.

Was Geschichte „ist" – das können wir erst im folgenden systematisch entwickeln.

1. KAPITEL

„HISTORIE, DIE NICHTS ALS HISTORIE SEIN WILL"

A. Der Historismus

I. Unhistorisches und historisches Bewußtsein

1. Der Laienbegriff von der Geschichte

Was ist eigentlich „Geschichte"? Durch Schule und Fernsehen haben wir eine vage Vorstellung von dem, was man gemeinhin unter „Geschichte" versteht.

„Geschichte" – das scheint hiernach so etwas zu sein wie der Inbegriff einer Fülle bunter Ereignisse: von Völkerwanderungen, von Staatsgründungen und -auflösungen, von Kriegszügen und Schlachten. Und alles das tritt uns meist als das Werk einzelner großer Männer entgegen, die ihre Zeit in ihren Bann schlugen: Alexander der Große und Cäsar, Karl der Große und Friedrich Barbarossa, Luther und Friedrich II. von Preußen, Bismarck, Lenin und Churchill . . .

Ob wir nun mehr oder weniger von Geschichte wissen: in jedem Fall erscheint uns die Geschichte als ein Kaleidoskop dramatischer äußerer Ereignisse – einem Wildwestfilm mit seinen bunten Kampfszenen und seinen übermenschlichen Helden vergleichbar.

Und dieser Blick durch das Kaleidoskop ist – ohne daß wir uns dessen bewußt werden – durch eine stillschweigende Voraussetzung bestimmt: die Voraussetzung nämlich, daß diese bunten Szenen, so sehr sie im Laufe der Zeit auch wechseln mögen, von den Gesetzen der immer gleichen menschlichen Natur bestimmt werden: Alexander, Karl der Große, Napoleon und Churchill – sie alle lebten im Grunde in der gleichen Welt des Kampfes, des Sieges und des Unterganges – vor jenen immer gleichbleibenden Kulissen, wie sie das Schulgeschichtsbuch und der historische Film vor uns aufgebaut haben.[1]

Wer von uns wollte leugnen, daß ungefähr dies seine Vorstellung von „Geschichte" ist?

Stellen wir uns nun aber vor: ein Schulkind – mit solchen Vorstellungen von Geschichte als „Haupt- und Staatsaktion" gefüttert – besucht seine Großeltern und empfindet hier, daß die Wohnung der Großeltern irgendwie *anders* ist als die der Eltern. Die Möbel und sonstigen Einrichtungsgegenstände sind „altmodisch", die ganze Wohnung „riecht" anders.

Oder: norddeutsche Kinder fahren zum ersten Mal nach Bayern in den Urlaub. Die Häuser und Kirchtürme sehen anders aus, die Menschen „sind" und sprechen anders.

Oder: das Kind besucht einen Klassenkameraden, der einer anderen sozialen Schicht entstammt. Wiederum das Erlebnis des Andersartigen: die vielen Selbstverständlichkeiten von zu Hause werden jetzt plötzlich als Eigenart der eigenen Familie, des eigenen Lebenshintergrundes wahrgenommen.

Dem Leser wird längst klar geworden sein, worauf wir hinaus wollen: das Kind, dem solches widerfährt, hat offenbar genauer und gründlicher erfahren, was „Geschichte" ist, als durch Fernsehen und Schulunterricht, die Geschichte lediglich als Inbegriff äußerer Ereignisse erscheinen lassen.[2]

Die meisten Menschen wissen nicht, daß das, was sie so jeden Tag praktisch erleben, „Geschichte" ist, weil es ihnen *so* niemand erklärt. Sie leben tatsächlich in ihrer Geschichte, haben aber kein Geschichtsbewußtsein.

2. Das historische Bewußtsein

Aus unseren andeutenden Erörterungen ergibt sich folgende vorläufige Begriffsbestimmung von „Geschichte":

„Geschichte" ist nicht eine Folge von Ereignissen, wie sie uns ein Märchen, ein Abenteuerroman, ein Wildwestfilm schildern. Sie ist in diesem Sinne gerade nicht einfach eine „Geschichte", die uns jemand erzählt. Denn solche „Geschichten" ereignen sich meist vor einer – für die Zeit ihres Ablaufs – stillschweigend als unveränderlich gedachten (oder für unveränderlich gehaltenen) allgemeinen Kulisse.

Von „Geschichte" können wir nur dort sprechen, wo wir es mit mindestens *zwei verschiedenartigen* Lebenssituationen zu tun haben, die wir vergleichen und die wir als gegeneinander „atmosphärisch" „anders" empfinden können.

Was hierbei „atmosphärisch anders" heißen soll, müssen und können wir an den bisher aufgeführten Beispielen klar machen: am Lebensstil der Eltern und der Großeltern, an der Eigenart der Niedersachsen und der Bayern, am „Stil" der bürgerlichen und der Arbeiterfamilie. Was „Anderssein" bedeutet, brauchen wir also nicht erst durch unsere Beschäftigung mit der Geschichtswissenschaft zu lernen; wir wissen es immer schon aus praktischen Lebenssituationen.

Unter „Geschichtsbewußtsein" oder „historischem Bewußtsein" verstehen wir demgemäß das Erfahren und Verstehen der Existenz einer *Mehrheit* in ihrem Charakter verschiedener Lebenssituationen.

„Historisches Bewußtsein" erschöpft sich also weder in der Kenntnis äußerer Ereignisse der Vergangenheit, noch im bloß tatsächlichen Erfahren der Geschichte. „Historisches Bewußtsein" liegt vielmehr nur da vor, wo das im Alltag tatsächlich Erlebte *als* „geschichtlich" *verstanden* wird.[3]

3. Die historische Einheit

Wörter wie „Geschichte", „historisch" und so fort lassen zunächst nur an die *zeitliche* Dimension denken. In der Tat wird in der Schule Geschichte ja auch als im wesentlichen eindimensional-chronologischer Ablauf gelehrt. Die Raumdimension scheint in die Zeitdimension aufgelöst: aus dem Nebeneinander von Süd- und Nordeuropa etwa wird in unserer Geschichtsvorstellung das Nacheinander von Altertum und Mittelalter.

Für unseren Begriff der „Geschichte" reicht diese zeitliche Dimension nicht aus. „Geschichte" ist nicht nur die Veränderung, die an einem bestimmten Ort im Laufe der Zeit vor sich geht (zum Beispiel: das „Deutschland" des Mittelalters wird zum „Deutschland" des 19. Jahrhunderts), sondern ebenso die Verschiedenheit, die zur gleichen Zeit zwischen zwei Orten besteht (das „Niedersachsen" und das „Bayern", das „Italien" und das „England" der Gegenwart).

Ja wir müssen sogar noch weiter gehen und selbst bei räumlicher und zeitlicher Parallelität zweier Situationen historische Verschiedenheit annehmen: in diesem Sinne können wir etwa den deutschen Katholizismus und den deutschen Protestantismus, den deutschen Bürger und den deutschen Arbeiter einander gegenüberstellen. Was der Protestant am Katholiken, was der Arbeiter am Bürger „anders" empfindet, erklärt sich so als das *historisch* Andere. Wo der unhistorisch denkende Soziologe und Sozialpsychologe von „Gruppen" spricht, wird der Historiker tiefer graben: er kann gegebene Gruppierungen als Ausprägung bestimmter geschichtlicher Lebenswelten verstehen.

Die Geschichte insgesamt läßt sich also aus Lebenssituationen zusammengesetzt denken, die je nachdem zeitlich, räumlich – oder innerhalb eines raumzeitlichen Komplexes auch anderweitig abgegrenzt werden können. Wir wollen eine solche Teilsituation der Geschichte der Einfachheit halber eine historische (oder geschichtliche) *Einheit* nennen. Solche Einheiten wären zum Beispiel: die römische Geschichte, das Zeitalter des Zweiten Weltkrieges, die Musik Bachs, der „Sturm und Drang", der Calvinismus, die deutsche Studentenbewegung von 1967 bis 1969.

Diese Beispiele zeigen uns schon: was eine „historische Einheit" jeweils ist, läßt sich nicht schematisch festlegen. Sie kann räumlich eng, zeitlich weit begrenzt sein und umgekehrt. Sie kann in jeder Hinsicht weit oder eng gefaßt sein.

Und – obwohl es eigentlich selbstverständlich ist und sich aus den noch folgenden Erörterungen weiterhin von selbst ergibt – es sei noch ausdrücklich darauf hingewiesen, daß historischen Einheiten natürlich kein „Ansichsein" zukommt.

Geschichte, so hatten wir gesehen, liegt ja nur da vor, wo Lebenssituationen einander konfrontiert werden. Was eine geschichtliche Einheit ist, kann daher jeweils nur der „lebende" Mensch sagen: „Mittelalter", „Sturm und Drang", „Biedermeier", „Reformation" und ähnliche historische Einheiten sind erst nachträglich als solche „gesehen" worden, weil die Menschen bestimmte Komplexe ihrer Geschichte als solche Einheiten empfanden und daher mit Wörtern wie den oben genannten bezeichneten. Historische Einheiten entstehen also stets durch Interpretationen von Lebenssituationen, und ihr Bestehen bleibt von solchen Interpretationen abhängig.[4] Aber diese Interpretationen sind natürlich ihrerseits methodisch abgesichert und insofern nicht einfach willkürlich – wie wir noch zeigen werden.

II. Was ist Historismus?

Wenn wir einen Bekannten fragen, ob er lieber seinen Urlaub auf einer ostfriesischen Insel verbringe oder lieber Huhn mit Reis esse, wird er uns vermutlich etwas bedenklich anschauen – ebenso bei unserer ähnlichen Frage, ob er mehr von Mozart oder mehr von einem Airedaleterrier hielte.

Sollte er uns überhaupt einer Antwort würdigen, sähe sie etwa so aus: die genannten Gegenstände seien doch absolut unvergleichbar. In ihrer Art seien sie alle etwas sehr Schönes – und man könne sie sogar gleichzeitig genießen: zum Beispiel im Urlaub Hühnerfrikassee essen oder einen Hund kraulen, während man die g-moll-Symphonie von Mozart von der Hi-Fi-Anlage hört.

Mit dieser Antwort hätte uns unser Freund – ohne es zu wissen – bereits erklärt, was „Historismus" ist.

Setzen wir einmal an die Stelle unserer angenehmen Gegenstände – liebliche Erholungsorte, angenehmes Essen, edle Hausgenossen, gute Musik – das, was wir als „historische Einheiten" eingeführt hatten, also etwa: die römische und die preußische Geschichte, die Gestalt und die Taten Alexanders und Napoleons, die Musik Bachs und die Beethovens, die katholische und die protestantische deutsche Tradition und so fort.

Dann lautet die These des Historismus: Alle solche historischen Einheiten sind gegeneinander *gleichwertig*. Sie gegeneinander abzuwerten, wäre genau so sinnlos, wie wenn man einen Urlaubsort gegen ein gutes Essen oder einen edlen Hund gegen edle Musik abwägen wollte.

Nun – das erscheint einigermaßen plausibel, solange es sich um solche Gegenstände handelt, die nichts miteinander zu tun haben und daher auch gar nicht in direkter Konkurrenz zueinander stehen können.

Problematischer jedoch wird die Sache offensichtlich gerade dann, wenn in irgend einer Weise „ähnliche" Gegenstände miteinander verglichen werden sollen: zwei Zeitalter als Ganze, zwei bedeutende Politiker, das Werk zweier großer Komponisten und so fort. Wer zum Beispiel die Namen „Bach" und „Beethoven" hört, könnte versucht sein, zu sagen: „Beethoven lebte doch hundert Jahre nach Bach. In dieser Zeitspanne hat sich die Musik so viel weiter entwickeln können, daß Beethovens Musik besser ist als die Bachs" – etwa in dem Sinne, in dem auch eine moderne Stereo-Anlage besser ist als ein Trichtergrammophon.

Ein anderer Betrachter der Geschichte könnte sagen: „Was die alten Griechen und Römer hervorgebracht haben, ist auch für uns heute noch schlechthin vorbildlich. Das ist nie wieder erreicht worden, und wir können nichts Besseres tun, als uns an den Vorbildern orientieren, die die antiken Völker in Politik, Wissenschaft und Kunst aufgerichtet haben."

In der Tat: die Auffassung von der *Verschiedenartigkeit,* aber *Gleichwertigkeit* alles dessen, was uns in der Geschichte begegnet, ist alles andere als selbstverständlich. Sie ist im Gegenteil eine recht späte Frucht der menschlichen Einsicht, und lange Zeit – oder besser gesagt: eigentlich immer, auch in Zeiten der scheinbar unangefochtenen Herrschaft des Historismus – hat diese Auffassung vom Geschichtlichen in harter Konkurrenz zu anderen Geschichtsauffassungen gestanden.[5]

1. Nichthistoristische Geschichtsauffassungen

a. *Der Fortschrittsglaube.* Nach ihm steigern sich die geschichtlichen Hervorbringungen des Menschen im Laufe der Zeit zu immer größerer Vollkommenheit: das Spätere ist „besser" als das Frühere. Diese Auffassung muß jedem nahe treten, der etwa die Entwicklung mancher Wissenschaften und der Technik verfolgt: hier werden Kenntnisse und Erfahrungen aufgehäuft, die es in der Tat gestatten, bestimmte Aufgaben mit der Zeit immer angemessener zu lösen. Ganz ohne Zweifel also wissen wir heute in Mathematik und Naturwissenschaften mehr und Genaueres als frühere Generationen, und ebenso sind wir in der Technik fraglos weiter als frühere Jahrzehnte und Jahrhunderte.

Wir sind spontan geneigt, dem Fortschritt auf den verschiedenen Lebensgebieten eine verschiedene Bedeutung zuzumessen:

daß es in der Wissenschaft und der Technik einen wirklichen Fortschritt gibt, scheint uns ebenso unbezweifelbar zu sein, wie daß etwa auf dem Gebiet der menschlichen Moral hiervon nicht die Rede sein kann: der Mensch ist im 20. Jahrhundert nicht „besser" als im 19. Jahrhundert oder in der Antike; zwei Weltkriege und gegenwärtiges Unrecht in aller Welt wären sonst nicht verständlich.[6]

b. Der Verfallsglaube. Er bietet das Gegenbild zum Fortschrittsglauben: die Welt war ursprünglich vollkommen und wird im Laufe der Geschichte immer „schlechter". Hierhin gehören alle Geschichtsauffassungen, die von der „klassischen" Zeit, dem „goldenen" Zeitalter, dem „Heroen"zeitalter sprechen.

Das Bemerkenswerteste an dieser Auffassung ist: man begnügt sich nicht etwa damit, zu sagen: „Es wird immer schlechter", sondern man möchte dieser Entwicklung zum Schlechteren Einhalt gebieten. Wodurch? Durch den Rückgriff auf das angebliche „goldene" Zeitalter und den Versuch, dieses Zeitalter wieder zu beleben und in der Gegenwart zu wiederholen. Von diesem Bestreben der Verfallstheorie zeugen die zahlreichen geschichtlichen Interpretationswörter auf „Re-", die alle das Zurückholen einer angeblich vollkommenen Urzeit in die Gegenwart fordern: Re-naissance, Re-formation, Re-stauration, Re-volution und so fort.

Das uns aus der Geschichte am besten bekannte Beispiel ist die Bewegung der „Renaissance", das heißt: „Wiedergeburt" um 1500, die auf allen Lebensgebieten die als vollkommen verstandene griechisch-römische Antike wiederherstellen wollte. Das Wort „Mittelalter" verdankt seine Existenz dieser Geschichtsauffassung: es wurde als bloße „Zwischenzeit" zwischen der vollkommenen Antike und der als ebenso vollkommen erträumten Gegenwart angesehen.[7] Ähnliches haben wir noch in der ersten Hälfte unseres Jahrhunderts erlebt, wo alle möglichen „Erneuerungsbewegungen" auf eine „Urzeit" zurückgriffen: so etwa die protestantische Erneuerungsbewegung auf die Lutherzeit mit ihrer Liturgie, ihrer Musik und so fort.

c. Die Zyklentheorien. Wenn man schon „Fortschritt" und „Verfall" zur Interpretation der Geschichte heranzog, so lag es nahe, beide Elemente zu kombinieren: eine historische Einheit konnte sich demgemäß zunächst „aus dem Nichts" zu höchster Vollkommenheit entwickeln und später, nach Überschreitung eines Höhepunktes, in einem Verfallsprozeß wieder „im Nichts" verschwinden. Mehr als in den anderen Geschichtstheorien ist in der Zyklentheorie natürlich die Vorstellung *mehrerer* sich *analog* entwickelnder historischer Einheiten enthalten: während die anderen Auffassungen zur Not mit einem einzigen großen Fortschritts- oder Verfallsprozeß in der ganzen Geschichte auskommen, führt die Annahme eines gesetzmäßigen Wechsels von Auf- und Anstieg zu zeitlich begrenzten Entwicklungen und damit zu mehreren in der geschichtlichen Zeit aufeinanderfolgenden „Einheiten", zum Beispiel „Kulturen" genannt.

Der nächste Schritt ist dann die Annahme von Analogien: verschiedene historische Einheiten haben entsprechende Schicksale gehabt. Und weiter: So wie das Milchstraßensystem, in dem wir selbst mit unserem Sonnensystem existieren, jenen Spiralnebeln gleicht, die wir als ferne Welten von außen beobachten können – so leben auch wir selbst in unserer Gegenwart in einem bestimmten Entwicklungsstadium unserer Kultur, deren weiteres Schicksal wir an dem früherer, schon abgeschlossener Kulturen ablesen können.[8]

2. „*Unmittelbar zu Gott*"

Alle „wertenden" Theorien über die Geschichte nun läßt der Historismus weit hinter sich. Der Historismus ist insofern eine der staunenswertesten Hervorbringungen des menschlichen Geistes, als es diesem Geist nie zuvor und nachher in einem solchen Maße gelungen ist, sozusagen sich selbst in die Karten zu schauen.

Der Historismus ist – um das noch einmal zu sagen – die *ganz konsequent* durchgeführte These, daß *alle* in der Geschichte sichtbar gewordenen Hervorbringungen des Menschen

a) nicht nur Varianten des gleichen Schemas, äußere Bewegungen vor der ständig gleichbleibenden Kulisse – sondern jeweils *grundverschieden* und nur aus sich selber heraus verständlich sind;

b) gegeneinander *völlig gleichen Wert* haben und es uns nicht erlaubt ist, die eine Hervorbringung „besser" oder „vollkommener" zu finden als die andere.

Der Historismus entstand im 18. Jahrhundert und erreichte um die Mitte des 19. Jahrhunderts seinen ersten Höhepunkt. Obwohl er in seiner zentralen Bedeutung für ganze Wissenschaftsbereiche heute längst durch andere geistige Bewegungen abgelöst worden ist (und auch niemals allein herrschte), kann man doch sagen, daß er zu seiner technisch verstandenen Vollkommenheit erst jetzt, gegen Ende unseres 20. Jahrhunderts, gefunden hat. Denn – wie wir noch genauer sehen werden –: erst heute hat der Historiker sein Handwerkszeug vollendet zu gebrauchen gelernt. Das gilt sowohl für rein technische Bereiche wie etwa die Papier- und Wasserzeichenforschung in der Quellenkunde – es gilt aber auch für so grundlegende Voraussetzungen wie die, daß der Historist erst heute glauben kann, auch die letzten metaphysischen Voraussetzungen der historischen Erkenntnis bewußt gemacht und damit eliminiert zu haben. Wir werden darauf zurückkommen.[9]

Für die Historisten um 1800 muß es ein überwältigendes Erlebnis gewesen sein, die Geschichte auf einmal nicht mehr wertend, mit Begriffen wie „Fortschritt" und „Verfall", „klassisch" und „finster", zu betrachten, sondern als ein Neben- und Nacheinander historischer Einheiten, die man als gleichwertig sah. Mit einem Male hatte alles das einen Eigenwert, was bis dahin in aller Unbefangenheit als minderen Ranges galt: die Katholiken (aus der Sicht des aufgeklärten Protestantismus des vorhistoristischen 18. Jahrhunderts!), das Mittelalter, die „barbarischen" Völker, die „Gotik" – und später dann auch die Barockzeit, die außereuropäischen und urgeschichtlichen Kulturen und vieles andere mehr.

Bis heute unübertrefflichen Ausdruck hat die Grundhaltung des Historismus in Leopold von Rankes klassischen Worten gefunden:[10]

„Wollte man [...] annehmen, [...] [der] Fortschritt [der Menschheit] bestehe darin, daß in jeder Epoche der Menschheit sich höher potenziert, daß also jede Generation die vorgehende vollkommen übertreffe, mithin die letzte allemal die bevorzugte, die vorhergehenden aber nur die Träger der nachfolgenden wären, so würde das eine Ungerechtigkeit der Gottheit sein. Eine solche gleichsam mediatisierte Generation würde an und für sich eine Bedeutung nicht haben; sie würde nur insofern etwas bedeuten, als sie die Stufe der nachfolgenden Generation wäre [...]. Ich aber behaupte: *jede Epoche ist unmittelbar zu Gott, und ihr Wert beruht gar nicht auf dem, was aus ihr hervorgeht, sondern in ihrer Existenz selbst* [. . .]. Dadurch bekommt die Betrachtung der Historie, und zwar des individuellen Lebens in der Historie, einen ganz eigentümlichen Reiz, indem nun jede Epoche als etwas für sich Gültiges angesehen werden muß und der Betrachtung höchst würdig erscheint."

Und bezogen auf die Praxis der Gesellschaftspolitik drückt hundert Jahre später Karl Raimund Popper das gleiche so aus:[11]

„Wir dürfen in einer gegebenen sozialen Situation nie ein bloßes Mittel zum Zweck sehen oder uns damit trösten, daß es sich bloß um eine vorübergehende [. . .] Situation handelt; denn alle Situationen sind vorübergehend. Ebensowenig dürfen wir argumentieren, daß das Leid einer Generation als Mittel zum Zweck der Sicherung dauernden Glücks einer späteren Generation (oder vieler späterer Generationen) angesehen werden kann. Dieses Argument wird weder durch das hohe Maß des versprochenen Glücks noch durch die große Zahl der zukünftigen glücklichen Generationen verbessert. Alle Generationen sind vorübergehend. Alle haben das gleiche Recht, berücksichtigt zu werden. [. . .]"

Nun – die Erkenntnis, daß alles „unmittelbar zu Gott" sei, wird uns zweifellos bei manchen Gegenständen leichter als bei anderen. Daß sie dem Menschen zunächst „wider die Natur" ist, erkennen wir schon an der langen Zeit, die die Menschheit gebraucht hat, um zum Historismus zu kommen, längst nachdem sie – beispielsweise – Mathematik, Logik und Naturwissenschaften in Angriff genommen hatte.

Daher tun wir gut daran, uns das Prinzip des Historismus zunächst an einigen günstigen Beispielen klar zu machen.

Ranke selbst gibt u. a. folgendes Beispiel:[12]

„[. . .] es wäre lächerlich, ein größerer Epiker sein zu wollen als Homer, oder ein größerer Tragiker als Sophokles."

In der Tat: halten wir uns an die Hervorbringungen einzelner „großer Männer", wird es unmittelbar deutlich, daß wir nicht den einen als „wertvoller" gegen den anderen ausspielen können. Für den Literaturkenner sind die griechischen Epiker und Tragiker nicht durch spätere Schriftsteller überholbar; ebenso wird (heute mehr) niemand darauf kommen, zu meinen, Beethoven sei größer als Bach oder Picasso sei größer als Rembrandt, nur weil Beethoven und Picasso später lebten als Bach und Rembrandt.

Das Beispiel Rembrandt/Picasso zeigt gleichzeitig auch, daß für den Historismus auch das Umgekehrte natürlich nicht gilt: Picasso ist keineswegs „schlechter" als Rembrandt, etwa weil die Kunst inzwischen „verfallen" und von ihrer klassischen Höhe im 17. Jahrhundert herabgesunken sei, wie das eine früher und auch noch heute weitverbreitete Auffassung allerdings sagt.

Auch daß Alexander der Große, obwohl er über keine Panzerwagen, Funkgeräte und Flugzeuge verfügte, als „großer Mann" der Geschichte nicht durch Churchill oder Eisenhower überholbar war, leuchtet ohne weiteres ein.

Auf der anderen Seite ist begreiflich, daß es auf zahlreichen Gebieten schwieriger ist, den Eigenwert historischer Erscheinungen zu verstehen – so etwa einen sozialen Zustand des Mittelalters oder einen philosophischen Text des 18. Jahrhunderts. In der Tat verbergen sich hier Probleme, die über den Historismus hinausweisen und die wir noch ausführlich zu behandeln haben werden.

Zunächst gilt aber auch hier: jeden historischen Gegenstand lernt man aus sich heraus verstehen und würdigen, wenn man sich nur intensiv genug mit ihm beschäftigt.[13]

B. Die historisch-philologische Methode

I. Der Gegenstand der Geschichtswissenschaft

Den Gegenstand der Geschichtswissenschaft haben wir vorläufig und ganz unausdrücklich als „alle Hervorbringungen des Menschen" umschrieben. Bei dieser unausdrücklichen Umschreibung können wir es bewenden lassen, da aus ihr hinreichend klar ist, was „Hervorbingungen des Menschen" sind: der Mond, das Meer und ein Baum im unberührten Urwald sind jedenfalls keine „Hervorbringungen des Menschen" in diesem Sinne.

Gegenstand der Geschichtswissenschaft wären hiernach nicht nur die bekannten einmaligen äußeren Ereignisse der politischen Geschichte im Sinne des geläufigen Schulunterrichts – noch dazu verstanden als Taten großer Männer –, sondern zum Beispiel auch: Institutionen wie Staaten, Kirchen, Rechts- und Wirtschaftsordnungen; die verschiedenen geschichtlich gewordenen Sprachen; Aufzeichnungen aller Art wie Urkunden, Akten, Rechnungen, Notizen, Tagebücher, Briefe; Geräte; Gebäude; Kunstwerke jeder Sparte; literarische und wissenschaftliche Äußerungen aller Art – und zwar auch solche, die ihrerseits zum Gegenstand keine „Hervorbringungen des Menschen", sondern die sogenannte „Natur" haben; denn ohne Rücksicht auf ihren Gegenstand ist die Wissenschaft in jedem Fall eine „Hervorbringung des Menschen".

Durch diese von vornherein möglichst breite Fassung des Gegenstandsbereiches der Geschichtswissenschaft haben wir ein Problem unterlaufen, das sich zwar sehr bald als Scheinproblem herausstellt, das aber zunächst Verwirrung stiften könnte.

Wir waren von der Vorstellung ausgegangen, die die meisten Menschen durch Fernsehen und Schulunterricht von der Geschichte vermittelt bekommen: Geschichte als Inbegriff von „Geschichten", von äußeren Ereignissen, von Taten großer Männer.

Diese Auffassung kommt nun nicht von ungefähr. Vielmehr wird sie in gewisser Weise durch die Wissenschaft selber nahegelegt. Die Spezialisierung der Wissenschaften hat es nämlich mit sich gebracht, daß manche Wissenschaftler selber zu einer verengten Auffassung von dem neigen, was „Geschichtswissenschaft" sei.

So ist es schon auffällig, daß man unter „Geschichtswissenschaft" in der Regel nur einen bestimmten Teilbereich der geschichtlichen Wissenschaften versteht: diejenigen geschichtlichen Wissenschaften nämlich, die sich mit „politischer Geschichte" und den unmittelbar angrenzenden Bereichen wie Kirchen-, Rechts-, Wirtschafts- und Sozialgeschichte beschäftigen. Schon nicht mehr zur „Geschichtswissenschaft" in diesem eingegrenzten Sinne gehören die sogenannten „Philologien" und die Kunstwissenschaften, diejenigen Disziplinen also, die sich mit der Geschichte der Sprache, der Literatur und der Kunst befassen – ganz zu schweigen etwa von der Geschichte der Naturwissenschaften, der Technik, der Medizin und so fort.[14]

Aber nicht genug damit. Von der „Geschichtswissenschaft" in diesem engen Sinne abgespalten haben sich sogar solche Gebiete, die inhaltlich unmittelbar in die Geschichtswissenschaft auch im engeren Sinne gehören würden, wie: die Chronologie, die Quellenkunde, die Paläographie (Lehre von den alten Schriften), die Urkunden- und Aktenlehre, die Wappen-, Siegel- und Münzkunde. Hier ist ein Streit darüber ausgebrochen, ob diese Gebiete überhaupt noch „in die Geschichtswissenschaft" gehörten – oder ob sie nicht vielmehr selbständige Wissenschaften seien![15]

Man sieht: mit unserer *weiten Auffassung* von „Geschichtswissenschaft" hat das nicht mehr viel zu tun; wie sollten die Paläographie oder Aktenkunde nicht zur Geschichtswissenschaft gehören, wenn „sogar" die Geschichte der Medizin oder der Technik dazugehören?

Eine so verengte Auffassung von Geschichtswissenschaft, die schon Quellenkunde und Aktenlehre als nicht mehr in sie hineingehörig betrachtet, muß sich natürlich verhängnisvoll auswirken. Wir gelangen dann zu jener naiven Schuljungenauffassung, die da meint, „Geschichte" sei das, was die Geschichtsbücher von Bismarck erzählen, die sich „mit dem fertigen Produkt, der Darstellung eines historischen Themas begnügen will".[16]

In Wahrheit besteht „Geschichte" gerade nicht nur aus bereits erzählten Ereignissen, die wir nur nachzuerzählen hätten. Sondern „Geschichte" ist das gesamte Geflecht menschlicher Hervorbringungen, das wir aus dem erreichbaren Material kritisch analysierend und interpretierend erst selbst zu rekonstruieren haben.[17]

Geschichte ist also nicht das, was uns die Geschichtsschreiber: Annalisten, Chronisten, Biographen, Memoirenschreiber, Historiographen, Romanschriftsteller, Lehrbuchautoren in zusammenhängenden Darstellungen tischfertig präsentieren. Sondern Geschichte ist die Vergangenheit (und zwar bis heran an den jeweiligen Punkt, den wir Gegenwart nennen), wie wir sie aus Millionen von Zeugnissen aller Art zu erschließen haben – unabhängig davon, ob für den fraglichen Bereich überhaupt zusammenhängende Erzählungen existieren oder nicht. Diese Sachlage kennzeichnet Ahasver v. Brandt sehr treffend mit folgenden Worten: „Über mittelalterliche Wirtschaftsgeschichte wüßten wir so gut wie nichts, wenn wir nur auf [erzählende] Quellen [...] angewiesen wären."[18]

Was die Forschungsmethodik anbetrifft, läßt sich daher die Geschichte mit der aus Kriminalromanen geläufigen Tätigkeit der Detektive vergleichen:

Der Täter erzählt nicht einfach, was er getan hat. Bestenfalls hüllt er sich ganz in Schweigen. Ungünstigenfalls hingegen versucht er seine Verfolger irrezuführen: durch falsche Aussagen und durch konstruierte Spuren. Aufgabe des Detektivs ist es daher, aus kleinsten Hinweisen, Spuren, Indizien den Hergang der Tat allmählich zu rekonstruieren – immer gewärtig, daß irgend jemand ein Interesse daran hat, ihn an der Nase herumzuführen.[19]

So etwa arbeitet auch der Historiker. Er kann sein Ziel: die Aufdeckung der Sachverhalte der Vergangenheit, auch dann erreichen, wenn ihm das keine direkte Darstellung der Dinge durch historische Zeugen erzählt. Er befragt nämlich sein Material auch auf solche Probleme hin, deren Beantwortung gar nicht von vornherein im Zweck des Materials liegt.

Das werden wir im folgenden näher zu erörtern haben.

II. Das Material der Geschichtswissenschaft: Quellen

Dem Laien stellt sich die Geschichte als eine Folge von Ereignissen dar, erzählt von einem Geschichtsschreiber. Diese Vorstellung überträgt der Student im ersten Semester nur allzu leicht auf die Geschichtswissenschaft. Er hat dann die Vorstellung, Geschichte studieren bestehe darin, daß man immer genauere und ausführlichere Bücher über die Ereignisse läse – solange bis man alles ganz genau weiß.

Natürlich kann man das so machen, und gewiß gibt es sehr viele Freunde der (politischen) Geschichte, die das so machen. Sie lesen zum Beispiel alle Bücher über Bismarck und meinen dann, sie verstünden etwas von „Geschichte".

Dem Nachdenklichen wird sich jedoch sehr bald die Frage stellen: *Woher weiß man* das eigentlich alles, was in den Geschichtsbüchern steht? Hat das in grauer Vorzeit einmal jemand aufgeschrieben, und seitdem wird es immer wieder abgeschrieben – oder wie geht das vor sich?

Im Bereich der Technik hat man für dieses Problem das Bild vom „*schwarzen Kasten*" gebraucht. Wer ein Gerät einfach hinnimmt und praktisch anwendet, ohne zu wissen, warum und wie es funktioniert, geht damit um wie mit einem schwarzen Kasten, in den hinein und aus dem heraus Drähte führen; man weiß wohl, was herauskommt, wenn man etwas Bestimmtes hineinsteckt, aber man weiß nicht warum.

Genau so in der Geschichte. Wer nur Geschichtsbücher liest, um sich anhand fertiger Darstellungen über die Ereignisse zu informieren, behandelt die Geschichte als schwarzen Kasten: er holt etwas heraus, von dem er nicht kontrollieren kann und will, wie es zustandegekommen ist.

Daß eine solche Haltung, Geschichte als fertige Darstellung zu konsumieren, mit kritischer Einstellung nicht viel zu tun hat, liegt auf der Hand. Demgegenüber entspricht das Interesse an der Entstehung der Geschichtsdarstellung der Einstellung des wissenschaftlich interessierten Schülers, der eine mathematische Formel, ein Gerät oder eine Maschine nicht einfach als funktionierend hinnimmt, sondern wissen will, warum das so funktioniert.

1. Die Quellen-Überlieferung

Wer also in die Geschichtswissenschaft tiefer eindringt, der wird sehr bald bemerken: die eigentliche Arbeit besteht in dem, was wir „Quellenforschung" nennen.

Was sind „Quellen"?

Dieser Begriff ist denkbar weit zu fassen – er entspricht in seinem Umfang dem des Gegenstandes der Geschichtswissenschaft. Diesen Gegenstand – so hatten wir gesehen – bilden grundsätzlich alle Hervorbringungen des Menschen überhaupt.

Damit können als „Quellen" für die Geschichtsforschung ebenfalls sämtliche Hervorbringungen des Menschen dienen.

Also zum Beispiel: wir finden einen sonderbar geformten Stein und betrachten ihn als Zeugnis dafür, daß es vor -zigtausend Jahren Menschen auf der Erde gegeben hat, die diesen Stein in dieser Form als Waffe benutzt haben.

Oder: in einem Rechnungsbuch finden wir die Eintragung, daß ein gewisser Herr Walther von der Vogelweide einen Geldbetrag bekommen hat – woraus wir schließen, daß der berühmte mittelalterliche Dichter dieses Namens zu jener Zeit an jenem Ort gewesen ist, die das Rechnungsbuch als Zeit und Ort der Eintragung erkennen läßt.[20]

Oder: wir entdecken einen alten Brief unserer Großmutter und entnehmen daraus, daß ihre Generation zwar die deutsche Schreibschrift benutzte, daß man Eigennamen aber grundsätzlich in lateinischer Schrift schrieb – eine Gewohnheit, die späteren deutschschreibenden Schülergenerationen nicht mehr vermittelt wurde.

Oder: jemand stößt auf einen alten Aktenbogen oder sieht an einem Gebäude ein Schild mit der Aufschrift „Königliches Amtsgericht". Er schließt daraus, daß der Ort, an dem sich dieses Gericht befindet und früher befand, offenbar einmal zu einem Land gehört hat, das von einem König regiert wurde.

Unsere Beispiele sind mit Bedacht gewählt. In keinem unserer Beispiele wird direkt etwas „erzählt". In jedem Falle handelt es sich vielmehr darum, aus einem Befund indirekt etwas zu *erschließen* – etwas, was die Quelle *ausdrücklich* gar nicht sagen will.

Denn: die Quelle ist ja einfach im Lauf der Alltagsgeschäfte entstanden. Der Urmensch brauchte einen Faustkeil – also machte er sich einen; keineswegs etwa zu dem Zweck, um damit späteren Jahrtausenden zu sagen, daß es ihn, den Urmenschen, gegeben habe.

Der Buchhalter des Bischofs von Passau, der den an Walther gegangenen Geldbetrag verbuchte, tat das nicht, um zu Walthers Biographie beizutragen, sondern weil es zu seinen Pflichten gehörte, die Geldbewegungen in der Kasse seines Herrn aufzuzeichnen.

Ebenso schrieb die Großmutter den Brief, um etwas Bestimmtes mitzuteilen, nicht aber, um ihre Schriftgewohnheiten zu demonstrieren; und der Drucker oder Maler, der den Briefkopf oder das Schild mit dem Text „Königliches Amtsgericht" anfertigte, tat das nicht, um späteren Generationen mitzuteilen, daß es zu seiner Zeit einen König gegeben habe; vermutlich konnte er sich eine Welt ohne König gar nicht vorstellen und daher auch keine Menschen, die sein Werk als „historisches Dokument" bestaunen würden.

Unsere Beispiele sollen verdeutlichen: selbst wenn es keine einzige Geschichtsquelle gäbe, die Ereignisse direkt erzählt, brauchte der Geschichtsforscher nicht zu verzweifeln. Denn es ist seine eigentliche Aufgabe, aus Millionen einzelner Gegenstände aller Art, die ohne den Hintergedanken an historische Forschung einfach im Alltag ihrer Hersteller entstanden sind, vergangene Sachverhalte so weit zu rekonstruieren, wie das immer möglich ist.

Nachdem wir das klargestellt haben, können wir natürlich guten Gewissens darauf verweisen, daß es neben solchen „unabsichtlich" entstandenen Zeugnissen zahlreiche Geschichtsquellen gibt, die bestimmte Ereignisse von vornherein erzählen wollen und die natürlich hierdurch auch uns die Orientierung in der Fülle der historischen Zeugnisse erleichtern.[21] Vor allem ist folgendes zu bedenken: selbst wenn es „ursprünglich" Ereignisse zusammenhängend darstellende Quellen nicht gegeben hätte, so hätte doch die Geschichtswissenschaft irgend wann einmal angefangen, ihrerseits aus dem vorgefundenen Material selbst Darstellungen zu erarbeiten, und wenigstens diese Darstellungen wären dann selbst in die „Überlieferung" mit eingegangen und hätten für uns heute den Charakter zumindest ergänzenden Materials.

Aus unseren Erörterungen ergibt sich: wir können die Quellen überhaupt, also alle Hervorbringungen des Menschen, die Gegenstand der Geschichtsforschung sein können, in zwei große Gruppen einteilen:

– in die *unabsichtlich* überliefernden Quellen, wie: Faustkeile, Rechnungsbucheinträge, Briefe, Aktenbogen und Hausschilder;

– und in die *absichtlich* überliefernden Quellen, nämlich Darstellungen historischer Sachverhalte, die zur Information von Zeitgenossen oder späteren Generationen ausdrücklich bestimmt sind.[22]

a. Die *unabsichtlich* überliefernden Quellen sind im laufenden Alltag ohne Gedanken an geschichtliche Information entstanden. Sie werden daher vom Historiker als „Indizien" ausgewertet, so wie die Tatspuren durch den Kriminalisten.

Ahasver v. Brandt gibt eine griffige Einteilung der unabsichtlich überliefernden Gegenstände, die wir hier, etwas variiert, anführen wollen:[23]

1. Sachquellen (zum Beispiel: Bauwerke, Geräte, Kunstwerke)
2. Abstrakte Quellen (zum Beispiel: Institutionen, Rechts- und Verfassungszustände, Tatsachen der Sitte, der Sprache)
3. Schriftliche Quellen (Schriftgut)

Diese Einteilung ist als erste Orientierung in der Fülle der in Betracht kommenden Gegenstände sehr nützlich. Freilich wirft sie bei näherer Betrachtung auch ihre Probleme auf.

So wäre etwa, näher betrachtet und „philosophisch" „gepreßt", natürlich die Bezeichnung: „abstrakte" Quellen anfechtbar. Denn hier handelt es sich um Gegenstände, die sich ihrerseits ja in schriftlich und sonstwie fixierten Zeugnissen niedergeschlagen haben und insoweit auf „schriftliche" Quellen zurückgeführt werden können. Und was die Sprache als „abstrakte" Quelle anbetrifft, so müßten wir wohl feststellen, daß nicht nur schriftlich niedergelegte Sprachzeugnisse, sondern auch die einmalige Rede, selbst wenn sie nicht durch ein Tonband festgehalten wird, angesichts ihrer Umsetzung in Schall streng genommen ebenfalls als „objektivierte" Quelle zu gelten hat.

Auch dürfte die Bezeichnung: „schriftliche" Quellen für die dritte Gruppe heute nicht mehr ausreichen, weil wir hierunter sinngemäß ja alle diejenigen Dokumente rechnen müssen, deren Text beliebig oft in gleicher Weise zur Kenntnis genommen werden kann, auch wenn das nicht durch das herkömmliche „Lesen" geschieht: man denke an Mikrofilme, Schallplatten, Tonbänder und ähnliche Tonträger bis hin zu Lochkarten und elektronischen Datenträgern.

b. Unter *absichtlich* überliefernden Quellen verstehen wir alles das, was der Schüler, der Laie und sogar manche Fachwissenschaftler herkömmlicherweise *allein* unter „Geschichtsquellen" verstehen: nämlich „Annalen, Chroniken, Biographien, Memoiren, [. . .] zeitgenössische Geschichtsdarstellungen aller Art".[24] Aber auch Briefe, Berichte, Denkschriften und ähnliche Schriftstücke, wenn sie ausdrücklich bestimmte Hergänge schildern wollen.

Dagegen ist es schon sehr fraglich, ob zum Beispiel Urkunden, Akten und ähnliche Dokumente in die „absichtliche" Überlieferung gehören. Denn: in ihnen kommen zwar Aussagen über bestimmte Ereignisse vor. Aber: ihr Zweck ist nicht die Unterrichtung über diese Ereignisse, sondern die rechtliche Fixierung bestimmter Sachverhalte. Die aber hat für die Beteiligten einen rein gegenwärtigen Zweck und braucht daher noch nicht einmal „wahr" zu sein. Hierzu bei v. Brandt folgendes schöne Beispiel:[25]

„Im Jahr 1470 erwarben die an der mittleren Elbe ansässigen Grafen von Barby ein kaiserliches Privileg, das ihnen gestattete, Getreide und Bier aus eigener Produktion stapelfrei an Hamburg vorbei elbabwärts zu exportieren. Um zu beweisen, daß der Kaiser bei Ausstellung des Privilegs von unzutreffenden Voraussetzungen ausgegangen war, nämlich hamburgische Stapelrechte beeinträchtigt hatte, erwarb Hamburg sich zehn Jahre später (1480) von seinem Landesherrn, dem Herzog von Holstein (und dänischen

König), ein Stapelprivileg, das der König wunschgemäß auf 1465 zurück-datieren ließ. Da Inhalt und Datum dem Willen des Ausstellers entsprechen, ist die Urkunde diplomatisch [als Urkunde] echt, aber eine Fälschung der historischen Wahrheit."

Im Extremfall „erzählt" eine Urkunde also nicht, was wahr ist, sondern was den Beteiligten in der aktuellen Situation praktisch wichtig war.

Nun hat jedoch die „absichtliche" Überlieferung eine Eigenschaft, die der „unabsichtlichen" Überlieferung fehlt: Jede „absichtlich" überliefernde Quelle ist sozusagen doppelstöckig, d. h. in zweierlei Weise auswertbar.

Nämlich einerseits auf der Ebene dessen, was sie selber erzählen will, und andererseits auf der Ebene dessen, was sie zwar nicht ausdrücklich sagen will, was sie aber unabsichtlich aus sich schließen läßt. Das heißt: jede „absichtlich" überliefernde Quelle wird gleichzeitig zur in allen möglichen Hinsichten auswertbaren „unabsichtlichen" Überlieferung.

Wir können auch sagen: jede „absichtliche" Überlieferung ist gleichzeitig auch „unabsichtliche" Überlieferung. Aber umgekehrt ist eine „unabsichtliche" Überlieferung nicht in jedem Fall auch „absichtliche" Überlieferung, sondern nur dann, wenn sie diesen Zweck ausdrücklich verfolgt.

Für diesen Doppelcharakter der absichtlichen Überlieferung lassen sich beliebig viele Beispiele angeben.

Denken wir wieder an den Brief der Großmutter. Dieser Brief will ein bestimmtes Ereignis schildern und gehört insofern zur absichtlichen Überlieferung. Ohne es zu wollen, enthüllt die Großmutter aber, in der Art, wie sie schreibt, etwas über ihr Naturell.

Oder: in einem Nebensatz wird ein Umstand erwähnt, der der Großmutter selbstverständlich war, uns aber Aufschlüsse etwa darüber gibt, wie um 1890 ein bürgerlicher Haushalt aussah.

Oder: am Stil des Briefes können wir die Sprache einer bestimmten Schicht gegen Ende des 19. Jahrhunderts studieren; und endlich können wir, wie gesagt, eine Vorstellung davon gewinnen, wie man damals schrieb oder genauer: wie die Großmutter in ihrer Jugend schreiben gelernt hat.

Schließlich könnte uns etwa das Format oder die physikalisch-chemische Beschaffenheit des Schreibpapiers interessieren; sehr häufig lassen sich historische Dokumente nur anhand bestimmter Merkmale des Papiers datieren, auf dem sie geschrieben sind. Es versteht sich also von selbst, daß eine mittelalterliche Chronik äußerst vielfältige Bearbeitungs- und Auswertungsmöglichkeiten zuläßt – weit über das hinaus, was sie eigentlich nur erzählen will.[26]

2. Die Zeitgeistforschung

In der ausgereiften historischen Wissenschaft unserer Jahrzehnte ist die Auswertung der „unbeabsichtigten" Überlieferung mehr und mehr in den Vordergrund getreten. Man spricht geradezu von „Zeitgeistforschung" (Hans-Joachim Schoeps)[27] und meint damit, daß es gar nicht primär auf die Erforschung bestimmter Ereignisse ankommt, sondern darauf, aus unbeabsichtigt überlieferten Zeugnissen aller Art die Eigenart eines bestimmten Zeitalters, oder, wie wir allgemeiner sagen können, einer bestimmten historischen Einheit, genau zu bestimmen.

Schoeps betont mit Recht: „Gerade die höchsten Schöpfungen des menschlichen Geistes wie die großen Kunstwerke oder die philosophischen Systeme kommen für das Anliegen der Geistesgeschichte nicht in erster, sondern in letzter Linie in Frage."[28]

„Darum wird [. . .] [die Zeitgeistforschung] sich auch nicht so sehr an die großen Männer halten, die mit ihrem Kopf durch die Dunst- und Wolkendecke ihres Zeitalters hindurchstießen und oft, statt ihre eigene Gegenwart zu repräsentieren, Kommendes vorweggenommen haben, als vielmehr an die dii minorum gentium, an die Zehntausende mittlerer und kleinerer Geister."[29]

„Für unsere Fragestellung", bemerkt Schoeps weiter, „ist nur dieses wichtig, daß der Geist einer Zeit aus den Selbstzeugnissen derer erhoben werden muß, die zu ihrer Zeit den repräsentativen Durchschnitt dargestellt haben, die Menschen also, die ihr Zeitalter tatsächlich getragen haben [. . .]."[30]

Als „Selbstzeugnisse" in diesem Sinne führt Schoeps unter anderem an: Enzyklopädien und Lexika, Tagebücher und Briefe, Tageszeitungen, Zeitschriften, Witzblätter, Schulansprachen und Lehrbücher, Parlamentsdebatten und politische Reden, Film, Photographie, Bild, Anstandsbücher, Annoncen, Kataloge, Prospekte.[31] Hierzu folgendes Beispiel:[32]

„Prospekte von Beerdigungsinstituten mit detaillierten Angeboten für abgestufte Beerdigungen in drei Vornehmheits- und Preisklassen sagen mehr über das spätbürgerliche Zeitalter und damit über den Zeitgeist aus als gelehrte Abhandlungen über das politische Faktum der Rückständigkeit des preußischen Dreiklassenwahlrechts."

Besonders interessant ist in diesem Zusammenhang das Studium alter Konservationslexika und Enzyklopädien, etwa der verschiedenen Auflagen des „Brockhaus". Auch hier treten „absichtliche" und „unabsichtliche" Überlieferung wieder sehr deutlich auseinander: *Absichtlich* will das Lexikon seine gegenwärtigen Leser nach bestem Wissen und Gewissen informieren – *unabsichtlich* gibt es dadurch dem später geborenen Benutzer die zeitspezifische Ansicht über diesen Gegenstand kund.

Schoeps zeigt das an Brockhaus-Artikeln wie etwa Arm(ut), Arbeit(er), Aufklärung, Barock, Liebe, Leidenschaft, Ideologie, Turnen, Sport, Frau, Jugend, Pauperismus, Proletariat, Klasse (-nkampf), Mittelstand, Manager.[33]

3. Die Quellen-Edition

Auch in der Geschichtswissenschaft gilt das Gebot, daß Forschungsergebnisse „intersubjektiv überprüfbar" sein müssen.[34]

Was das „innerlich" – nämlich in Bezug auf die hermeneutische Methode – heißt, werden wir noch zu besprechen haben.

„Äußerlich" bedeutet der Grundsatz der Intersubjektivität: die unabsichtliche und absichtliche Quellen-Überlieferung, auf die der Historiker die Rekonstruktion der Vergangenheit aufbaut, soll möglichst vielen Personen leicht *zugänglich* sein.

Vielfach handelt es sich bei den Quellen ja um nur einmal vorhandene Dokumente: etwa um Urkunden, Akten, Belege aller Art, Briefe, Handschriften von erzählenden, literarischen, wissenschaftlichen Texten und so fort. Auch ursprünglich vervielfältigte Dokumente wie gedruckte Bücher – nicht nur aus älterer Zeit, sondern unter Umständen auch vor nur wenigen Jahrzehnten erschienene – können mit der Zeit so selten werden, daß ein Bedürfnis besteht, sie neu zu veröffentlichen.

a. Allgemeine Grundsätze. In allen solchen Fällen erheben sich die Probleme der sogenannten Editions-, d.h.: Herausgabetechnik.

Denn das Prinzip der Intersubjektivität verlangt ja, daß der Benutzer sich auf eine Quellen-Edition *verlassen* können muß. Er muß mit der Edition in gewisser Hinsicht so arbeiten können wie mit dem Original, das irgendwo in einer Bibliothek, einem Archiv oder einem Privathaushalt liegt.

Diese Entlastung anderer Forscher durch den Quellen-Herausgeber läßt sich nur verwirklichen, wenn diese Forscher sich auf die Edition verlassen können. Ist das nicht der Fall, muß der Benutzer die Quellen selbst zu sichten in der Lage sein. Er muß also einerseits beurteilen können, ob der Herausgeber zuverlässig gearbeitet hat (und darf sich seiner Vorarbeiten *nur dann* bedienen!), und er muß andererseits im Notfall den Weg des Herausgebers selbst nachgehen und seine Arbeit überprüfen können. In keinem Fall darf er den Herausgeber unbesehen als „Experten" hinnehmen.

Ja – darüber hinaus gilt sogar die Forderung: der Benutzer muß mit der Edition *besser* arbeiten können als mit dem Original oder – wie wir gleich sehen werden – *den* Originalen. Das heißt: der Herausgeber soll dem Leser bestimmte Arbeiten abnehmen, er soll ihm die Quelle erschließen.

Aus diesen beiden Aufgaben der Editionstechnik: *Ersetzung* der eigenen Einsichtnahme in das Original und zusätzliche *Erschließung* des Originals – ergeben sich an die Editionstechnik zwei Forderungen:

1. Sie muß das Original *genau*, das heißt ohne fahrlässige und willkürliche Abänderungen wiedergeben.

2. Sie darf in bestimmten Fällen das Original nicht einfach – wenn auch buchstäblich – abdrucken wie es vorliegt, sondern muß es nach den Regeln der Quellenphilologie *bearbeiten* und damit erschließen.

Scheinbar widersprechen diese Forderungen einander. An einem Beispiel soll deutlich gemacht werden, wie sie gemeint sind.

Ein Schriftsteller aus der ersten Hälfte des 19. Jahrhunderts (etwa Hegel oder Schopenhauer) hat ein Buch im Druck erscheinen lassen, das im Rahmen einer Gesamtausgabe der Werke dieses Autors neu veröffentlicht werden soll.

Zu 1. Nun wissen wir: Rechtschreibung, Zeichensetzung, Wortwahl und überhaupt Sprachstil der Zeitgenossen von 1830 weichen von unserem Gebrauch ab. Der Herausgeber kann nun nicht so tun, als existierten diese Unterschiede nicht; das heißt, er kann nicht stillschweigend den Schreibgebrauch des alten Autors an die Normen unserer heutigen Schreibweise anpassen, also „thätig" durch „tätig" oder „Punct" durch „Punkt" ersetzen, ein e beim Dative streichen, weil es unserem Sprachgefühle nicht mehr entspricht, oder gar veraltete Wörter und Wendungen durch heute geläufige ersetzen.

Natürlich gibt es gute Gründe dafür, daß es in vielen Fällen auf Kleinigkeiten der Orthographie und der Interpunktion nicht ankomme, sondern daß man umgekehrt die Substanz des Inhalts durch Erleichterung in der Sprachform erschließen müsse. Das gilt insbesondere etwa für philosophische Texte, die in der Regel allein wegen ihres *Inhalts,* nicht ihrer Sprachform wegen studiert werden. Insofern ist es durchaus sinnvoll, während einer Edition immer die wahrscheinlichste Art der Benutzung des herzustellenden Textes zu beachten. Grundsätzlich gilt jedoch folgendes.

Wie wir sahen, ist jede Überlieferung auch *unabsichtliche* Überlieferung. Das heißt: die Fragestellung, mit der ein Historiker an eine Quelle herangeht, braucht mit dem Zweck, den der Urheber der Quelle bei ihrer Herstellung im Auge hatte, nicht übereinzustimmen; die Quelle ist für jede denkbare Fragestellung offen und daher auch offen*zuhalten.*

Auf unser Beispiel angewendet: es ist ja denkbar, daß jener Text von 1830 nicht nur als Quelle für seinen *Inhalt,* sondern als Quelle für bestimmte Eigenheiten des damaligen *Sprachstils* dienen soll. Dann wäre eine Normalisierung der Sprache – selbst wenn sie für den Inhalt unschädlich wäre – bereits sehr fragwürdig.

Die gelegentlich zu findende Auffassung, „historische" und „philologische" Editionsmethode unterschieden sich dadurch, daß es dem Historiker nur auf den Inhalt, dem Philologen dagegen auf den Buchstaben der Quelle ankomme, läßt sich nicht halten, da ja nicht vorauszusehen ist, unter welcher Fragestellung ein Benutzer eine gegebene Edition auswerten möchte.

Aus diesem Grunde ist es erstes Gebot der Editionstechnik, eine Quelle möglichst *genau* wiederzugeben.

Gegen dieses Gebot wird in der Praxis natürlich immer wieder verstoßen. Die Gründe können sein:

– Einfache Nachlässigkeit. Man schreibt eine Quelle ab, kommt aber nicht auf den Gedanken, Urschrift und Abschrift noch einmal sorgfältig zu vergleichen, um sicherzustellen, daß man auch korrekt abgeschrieben hat.

– Unkenntnis der philologischen Methode. Man weiß nicht, daß es bei der Quellenedition auf den Originaltext ankommt und „normalisiert" daher die Schreibweise ganz naiv und unbefangen.

– Schwerer wiegt schon das Bestreben, die Quellen bewußt zu „frisieren". Das liegt zum Beispiel sehr nahe bei der Herausgabe von Briefen berühmt gewordener Persönlichkeiten. Man unterschlägt Stellen, die den Betreffenden, seine Korrespondenzpartner oder dritte Personen, von denen in den Briefen die Rede ist, in einem ungünstigen Licht erscheinen lassen; man zieht womöglich nur besonders „geniale" oder „vollendete" Äußerungen des Autors heraus, faßt mehrere Briefe in einen einzigen zusammen, ändert die Datierung und so fort.

Natürlich gibt es gerade bei Privatkorrespondenz Fälle, in denen eine Veröffentlichung bestimmter Stellen nicht erwünscht ist – etwa weil sie die Intimsphäre noch lebender Personen berühren. Aber in diesem Falle müssen Auslassungen eindeutig gekennzeichnet werden. Selbstverständlich darf man – und muß man oft – bei Quelleneditionen Auslassungen vornehmen; schon aus ökonomischen Gründen. Der Benutzer muß nur überhaupt wissen, *daß* und *wo* etwas ausgelassen ist – nach Möglichkeit auch wenigstens in großen Zügen, *was* weggelassen worden ist.

Zu 2. Die Forderung nach Genauigkeit der Edition bedeutet nun aber auf der anderen Seite nicht, daß es nur darauf ankäme, ganz stur und ohne weitere Überlegungen, wenn auch peinlich genau, das abzuschreiben, was in der Vorlage steht.

Es soll nicht der tatsächlich *überlieferte,* sondern der *„gemeinte"* Text ediert werden.

„Wieso – das ist doch dasselbe!" wird mancher Leser jetzt erstaunt denken. Für den Normalfall hat er sogar recht mit diesem Einwand. Wenn heute ein Buch erscheint, dessen Autor und Verleger sorgfältig gearbeitet und Korrektur gelesen haben, darf man sagen, daß der veröffentlichte Text bis auf jeden Buchstaben und jedes Komma dem derzeitigen Willen des Autors entspricht.

Aber schon diese vorsichtige Formulierung deutet an, wo der Hase im Pfeffer liegt: Voraussetzung ist zunächst, daß Autor und Verlag überhaupt sorgfältig gearbeitet haben.

Das ist aber gerade bei bedeutenden Autoren nicht selbstverständlich. So können zahlreiche Druckfehler stehengeblieben sein, weil der Autor keine Zeit oder keine Lust hatte, genau Korrektur zu lesen. Oder: infolge der schlechten Postverhältnisse früherer Zeiten erhielt der Autor die Korrekturfahnen gar nicht rechtzeitig, sodaß der Verlag oder eine vom Autor damit beauftragte dritte Person am Verlagsort auf eigene Faust Korrektur lasen.

Oder: der Autor fertigte schon das Manuskript nachlässig an. Es enthielt falsche Zitate oder sachlich ungenaue Angaben sowie Formulierungen, die er bei sorgfältigerer Arbeit besser hätte bringen können.

Aus solchen Überlegungen folgt: der tatsächlich vorliegende Wortlaut muß gar nicht der eigentlich „gemeinte" sein. Es ist sinnlos, einen von Druckfehlern wimmelnden Text buchstäblich mit jedem Druckfehler abzudrucken – damit ist dem Benutzer nicht gedient.

Freilich: da das Prinzip der offenen, vom Urheber nicht beabsichtigbaren Fragestellung an eine Überlieferung theoretisch unbegrenzt ist, könnten für eine „Geschichte und Soziologie des Schreib- und Druckfehlers" auch solche Dinge wichtig sein – bis hin schließlich zu der Art und Weise, wie ein altes Papier im Laufe der Zeit eingerissen und beschmutzt ist!

Aber hier wird nun deutlich: eine Edition ist ja keine körperliche Nachbildung der Quelle wie das eine Faksimileausgabe oder eine Rekonstruktion wäre. Die Edition kann daher immer nur den Wortlaut der Quelle wiedergeben – schon die Schriftart in der Regel nicht mehr. Für Fragestellungen, die über den möglichst korrekt hergestellten „gemeinten" Wortlaut hinausgehen, müssen also in jedem Fall die Quellen-Originale herangezogen werden.

Die Urkundenlehre als Teil der historischen Quellenkunde unterscheidet hier recht treffend zwischen „äußeren" und „inneren" Merkmalen einer Quelle:[35]

„Die *äußeren Merkmale* (Beschreibstoff, Schrift, Beglaubigungsmittel [wie Siegel]) lassen sich mit wünschenswerter Genauigkeit nur am Original selbst untersuchen; bis zu einem gewissen Grade auch an Photographien. Die *inneren Merkmale* – Text (Sprache und Stilisierung), Formulierung einzelner Bestandteile [. . .] [und anderes] – können auch an der nichtoriginalen Überlieferung nachgeprüft werden (Abschrift, Druck usw.)."

Wir können also sagen: eine Edition kann immer nur die *inneren* Merkmale einer Quelle wiedergeben; für die *äußeren* Merkmale können teilweise Faksimiles oder Fotokopien (Schriftart, Textanordnung, Graphik!) herangezogen werden, teilweise ist man auf das Original angewiesen (Siegel bei Urkunden, Beschreibstoff und so fort).

Offensichtliche Unvollkommenheiten der Quelle müssen also in der Edition in jedem Fall korrigiert werden.

Aber auch noch aus einem anderen Grunde kann der gegebene Wortlaut einer Quelle problematisch sein.

Der einfachste Fall ist folgender: ein Buch ist in mehreren Auflagen erschienen, deren Wortlaute natürlich in der Regel mehr oder weniger voneinander abweichen; denn normalerweise benutzt ein Autor das Projekt einer Neuauflage dazu, den Text zu ändern, zu ergänzen, zu verbessern, seinem jetzigen Erkenntnis- und Denkstand anzupassen.

Nun könnte man sagen: Schön, dann drucken wir eben die letzte Auflage wörtlich ab, denn sie gibt ja den „letzten Willen" des Autors kund. In der Tat wird man das oft tun und tun dürfen. Angesichts der Prinzipien des Historismus bedarf es jedoch kaum einer Erläuterung, daß frühere Fassungen eines Werkes ja nicht einfach unvollkommene Vorstufen sein müssen, sondern ihren Eigenwert haben – ja sogar „besser" sein können als spätere Fassungen.

Daher wird eine gute Edition immer eine Vorstellung der Entwicklung eines Werkes in den verschiedenen Fassungen bieten. Hier gibt es grundsätzlich wiederum zwei Möglichkeiten:

Weichen die einzelnen Fassungen stark voneinander ab, wird man sie einfach hintereinander vollständig abdrucken. Finden sich nur gelegentliche Abweichungen, so legt man dem Haupttext eine bestimmte Fassung (die eine frühere oder eine spätere sein kann) zugrunde und vermerkt Abweichungen in den übrigen Fassungen besonders. In anderen Fällen wiederum konstruiert man einen

„Idealtext" aus verschiedenen Fassungen und vermerkt dann den Wortlaut der jeweils nicht im Haupttext abgedruckten Fassung.

Hiermit geraten wir aber schon in den Bereich der schwierigeren Fälle.

So ist zum Beispiel folgender Fall häufig: ein Autor hat die letzte tatsächlich erschienene Auflage eines Werkes noch für eine wiederum verbesserte Neuauflage am Schreibtisch zu bearbeiten begonnen, ist aber vor Fertigstellung der Bearbeitung gestorben. In diesem Falle wird man nicht einfach von der letzten gedruckt vorliegenden Auflage ausgehen können, sondern die vom Verfasser geplanten weiteren Änderungen berücksichtigen, wie sie in Form von Notizen im Handexemplar, von Entwürfen oder auch eines bereits teilweise oder vollständig neu geschriebenen Manuskripts vorliegen. Möglicherweise wird man dann ein Werk veröffentlichen, wie es der Autor selbst in dieser Form nicht herausgegeben hätte: Partien, für die fertige Bearbeitungen vorliegen, wird man in dieser „Fassung letzter Hand" bieten; anderes ist zwar vom Autor bereits in Angriff genommen, aber noch nicht endgültig redigiert worden; wieder andere Teile, die der Autor überhaupt nicht mehr bearbeiten konnte, wird man unverändert herausgeben – obwohl der Autor sie wahrscheinlich auch bearbeitet hätte, wenn er noch dazu gekommen wäre.

Sinngemäß Gleiches gilt natürlich für posthume Werke eines Autors, das heißt solche Werke, die bei seinem Tode nur im Manuskript oder Entwurf irgend eines Stadiums vorliegen. Von ganz bedeutenden Autoren werden sogar einzelne Notizblätter irgendwie geordnet und veröffentlicht.

b. Quellenfamilien. Der komplizierteste – und eben deshalb klassische – Fall einer Quellenedition liegt aber dann vor, wenn ein Werk in vielen verschiedenen handschriftlichen und/oder gedruckten Fassungen vorliegt, die womöglich zu ganz verschiedenen Zeiten, oft um Jahrhunderte differierend, entstanden sind. Hierzu muß man sich folgendes vergegenwärtigen. Viele aus älterer Zeit überlieferte Quellen liegen nicht einfach nur *einmal* vor. Dann wäre ihre Edition kein Problem. Aber: man darf nicht denken, daß es vor Erfindung der Buchdruckerkunst noch keine Vervielfältigungen oder womöglich noch keine „Bücher" gegeben hätte. Bücher waren handschriftlich hergestellte Konvolute, und vervielfältigt wurden sie ebenfalls handschriftlich, aber ganz systematisch – denn auch im Altertum und im Mittelalter bestand natürlich das Bedürfnis, ein bestimmtes Buch überall dort hin zu verbreiten, wo an seiner Lektüre Interesse bestand. (Das Wort „kopieren" bedeutet ursprünglich nichts weiter als ‚abschreiben'; das Merkmal der mechanischen, optisch identischen Vervielfältigung liegt ursprünglich nicht darin.)

Aus diesem Grunde finden wir literarische Quellen etwa des Mittelalters, wie Chroniken, Dichtungen, wissenschaftliche Schriften und so fort, sehr oft in einer großen Anzahl handschriftlicher Exemplare. Selbst (zur unabsichtlichen Überlieferung zählende) Urkunden finden wir oft in mehreren Exemplaren: in Form von weiteren Ausfertigungen, Abschriften, Eintragungen in Kopiaren und Registerbüchern und so fort.[36]

Nun wäre es natürlich sehr schön, wenn alle diese Exemplare wörtlich miteinander übereinstimmten wie die Exemplare einer Auflage eines gedruckten Buches.

Es liegt auf der Hand, daß das nicht der Fall sein kann. Abschriften sind in der Praxis niemals genau. Sie werden oft nicht auf Abschreibefehler kontrolliert und gewissenhaft nach dem Wortlaut der Vorlage korrigiert. Oder der Abschreiber kann nicht alles genau lesen oder verstehen und ändert deshalb ab. Oder er bearbeitet den Text bewußt, weil er etwas besser weiß oder zu wissen glaubt oder weil ihm eine andere Darstellung des betreffenden Sachverhaltes besser ins Konzept paßt.

Unser Ergebnis ist also: eine bestimmte Quelle – vor allem, wenn sie seinerzeit als „Buch" galt – kann in Form eines komplizierten „Familien"systems von Handschriften vorliegen, die alle irgendwie voneinander abweichen.

Einfach wäre es nun immer noch, wenn nur ein *ein* Original vorläge, von dem nacheinander *alle* Kopien gefertigt würden. So ist das natürlich nicht. Vielmehr muß man sich die Entstehung einer handschriftlichen Buchvervielfältigung nach dem *Schneeballsystem* vorstellen. Vom Original werden einige Kopien angefertigt und an andere Orte versandt. An diesen Orten werden von den Kopien wieder je einige weitere Kopien hergestellt, die wieder anderswohin transportiert werden; dort werden wieder neue Kopien geschrieben und so fort. Es gibt also Väter, Söhne und Enkel, Brüder, Vettern ersten, zweiten und dritten Grades, Onkel und Großonkel unter den Handschriften (und alle sind an einem anderen Ort ansässig):

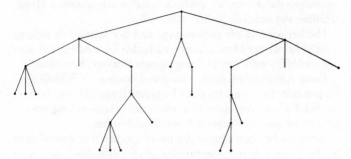

Da nicht alle so entstandenen Handschriften erhalten geblieben sind, fehlen sehr oft Zwischenglieder: erhalten sind zum Beispiel nur „Urgroßvater", „Onkel" und „Neffe", dagegen fehlen „Vater" und „Großvater":

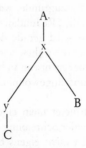

Wir müssen also nun herausbekommen, daß nicht C direkt von B abgeschrieben ist, sondern daß C von einer verlorenen Handschrift y abstammt, die wiederum, genau wie B, von einer ebenfalls verlorenen Handschrift x abgeschrieben wurde, die ihrerseits auf die ebenfalls erhaltene „Urhandschrift" A zurückzuführen ist.[37]

Aufgrund komplizierter Überlegungen, die wir im einzelnen hier nicht darlegen können, wird so aus der Fülle der zufällig vorhandenen Exemplare einer antiken oder mittelalterlichen Schrift zunächst der Stammbaum rekonstruiert und danach der mutmaßlich „beste" Text hergestellt. Auch hier wird es oft notwendig sein, mehrere gleichwertige „Varianten" nebeneinanderzustellen und im übrigen die „Lesarten", das heißt einzelne in bestimmten Handschriften abweichende Stellen, mitzuteilen.

Hierbei wird es oft vorkommen, daß der vermutlich richtige Text in keiner der Handschriften zu finden ist, sondern daß man ihn *erschließen* muß. Der Philologe spricht hier von „Konjektur".

Diese Konjekturen werden aufgrund bestimmter Schlußfolgerungen oder besser gesagt eines Fingerspitzengefühls für das vermutlich Richtige vorgenommen, wie es sich in langem Umgang mit dem jeweiligen Quellenbereich herausgebildet hat.

Eines solcher Instrumente der philologischen Annahmebildung ist die Lehre von der sogenannten „lectio difficilior", das heißt wörtlich: der „schwierigeren Lesart". Diese Lehre besagt: wenn in zwei Quellen des gleichen Textes an einer entsprechenden Stelle zwei verschiedene Fassungen oder Wörter oder ein Wort (oder Eigenname) in zwei verschiedenen Schreibweisen auftreten, dann ist vermutlich die ungewöhnlichere Schreibweise die richtige(re). Dieser Auffassung liegt das zugrunde, was man in der modernen Informationswissenschaft die „Redundanz"theorie nennt: eine ungewöhnliche Schreibweise wird gerade deshalb richtig sein, weil die „banalste" Schreibweise die wahrscheinlichste ist und daher ein durchschnittlicher Schreiber nicht von sich aus, sondern nur durch eine Vorlage veranlaßt eine ungewöhnliche Schreibweise wählen wird.[38]

Ein einfaches Beispiel bietet mein eigener Familienname und meine Erfahrungen mit seiner Schreibung durch fremde Personen. Wenn ich meinen Namen nicht eigens buchstabiere, wird er in mindestens neun von zehn Fällen *Seifert* geschrieben, weil dies die einfachste mögliche Schreibweise dieses Namens ist. *Seiffert* ist demgegenüber „lectio difficilior". Wenn also jemand meinen Namen in dem einen Dokument mit ‚f' und in dem anderen Dokument mit ‚ff' geschrieben findet, kann er so gut wie sicher sein, daß die Schreibung mit ‚ff' die richtige ist.

Allerdings ist auch der entgegengesetzte Fehler, die „Hyperbel" (Überteibung) möglich: das Wort wird komplizierter geschrieben als gerechtfertigt, so daß die „lectio difficilior" auch gerade die falsche Schreibweise sein kann; so begegnet es mir gelegentlich, daß etwa mein Vorname *Helmuth* oder mein Familienname *Seyferth* und ähnlich geschrieben wird. Aber dieser Fall ist bezeichnenderweise seltener als der entgegengesetzte.[39]

III. Tatsachen in der Geschichte

1. Tatsachen als conditio sine qua non

Unsere Erörterungen haben uns bereits ein gutes Stück vorangebracht.

Uns ist nämlich klar geworden, daß jede Geschichtsforschung auf *Quellen* beruht. Das bedeutet: Wir können uns nicht einfach ausdenken, was in der Geschichte passiert oder der Fall sein soll. Denn unsere Aussagen müssen durch den Befund der Quellen gestützt sein, da die Quellen allein es sind, die uns die historischen Sachverhalte erst vermitteln. Ohne Quellen keine Sachverhalte. Das kennzeichnet die Schlüsselstellung, die die Quelle im Bereich der Geschichtswissenschaft innehat.

„Keine Aussage ohne Deckung, ohne überzeugenden Nachweis" aus den Quellen – so formuliert Reinhard Wittram „die strengste" Regel der Geschichtsforschung.[40]

Der britische Historiker Edward Hallett Carr sieht das offenbar ein wenig anders, wenn er schreibt:[41]

„Was ist ein historisches Faktum? [...] Die Anhänger des common-sense vertreten die Auffassung, es gebe gewisse grundlegende und für sämtliche Historiker verbindliche Fakten, die sozusagen das Rückgrat der Geschichte ausmachten – das Faktum z. B., daß die Schlacht bei Hastings 1066 ausgetragen wurde. Dazu ist zweierlei zu bemerken.

Erstens hat es der Historiker nicht in erster Linie mit derartigen Fakten zu tun. Zweifellos ist es wichtig, daß die große Schlacht 1066 und nicht 1065 oder 1067 stattfand und daß sie bei Hastings und nicht bei Eastbourne oder Brighton geschlagen wurde. [...]

[Aber:] Wer wird schon einen Historiker wegen seiner Genauigkeit loben? Das wäre ja, wie wenn man einen Architekten dafür loben wollte, daß er bei seinem Bau gutabgelagertes Holz oder ordentlich gemischten Beton verwendet hat. Damit erfüllt er ja nur eine Grundvoraussetzung seiner Ar-

89

beit, aber noch nicht seine wesentliche Funktion. Was diese grundsätzlichen Dinge angeht, so hat der Historiker das Recht, sich auf die geschichtlichen Hilfswissenschaften [...] zu verlassen. Kein Mensch erwartet vom Historiker die speziellen Fähigkeiten, die der Experte braucht, um den Ursprung und die Entstehungszeit eines Ton- oder Marmorfragments zu bestimmen, eine obskure Inschrift zu entziffern oder die komplizierten astronomischen Kalkulationen, die zu einer genauen Zeitbestimmung nötig sind, durchzuführen. Diese sogenannten grundlegenden Fakten, die für alle Historiker die gleichen sind, gehören im großen und ganzen eher zur Kategorie des historischen Rohmaterials als zur Geschichte selbst.

Zweitens liegt die Notwendigkeit, diese grundlegenden Fakten festzusetzen, nicht in irgendeiner Qualität der Fakten selber, sondern in einer a priori-Entscheidung des Historikers. [...] Die Tatsachen sprechen für sich selbst, pflegte man zu sagen. Aber das stimmt natürlich nicht. Die Tatsachen sprechen nur, wenn der Historiker sich an sie wendet [...]"

Carrs Irrtum liegt darin, daß er glaubt, die Ermittlung der Fakten und ihre Interpretation voneinander trennen zu können. Die Ermittlungsarbeit soll nach ihm Angelegenheit der historischen Hilfswissenschaften, irgendwelcher „Experten" sein, die dem „eigentlichen" Historiker nur in die Hände arbeiten, ohne daß der Historiker selbst von diesen profanen Dingen irgend etwas verstehen müßte: sie sind ja nur die Kärrnerarbeit, auf der der Historiker in souveräner Gedankenarbeit sein Königsschloß errichten soll.

Dabei bemerkt Carr offenbar nicht, daß seine Forderung der Arbeitsteilung zwischen den „Experten", die für das „historische Rohmaterial" zuständig sind, und den „eigentlichen" Historikern, die es mit der „Geschichte selbst" zu tun haben, im Widerspruch zu seiner eigenen These: „Die Tatsachen sprechen nur, wenn der Historiker sich an sie wendet" und zu seiner Polemik gegen die Trennung von Tatsachen und Schlüssen steht.[42] Denn: der Historiker kann sich nur dadurch an die Tatsachen wenden, daß er selbst Quellenforschung betreibt. Und Tatsachen und Schlüsse trennt offenbar gerade jener, der – wie Carr – eine Scheidung von Hilfswissenschaften und eigentlicher Historie verlangt.

Daß Carr überhaupt von dem Verhältnis zwischen „Quellen" und „Fakten" eine unzureichende Vorstellung hat, beweist auch folgende Stelle:[43]

„Der fetischistische Glaube, mit dem das 19. Jahrhundert an den Fakten hing, fand in einer blinden Anbetung der Dokumente seine Ergänzung

[. . .]. Die Dokumente verbürgen die Wahrheit. Aber was besagen diese Dokumente denn eigentlich – all die Verfügungen, Abhandlungen, Pachturkunden, Blaubücher, die amtliche Korrespondenz, die privaten Briefe und Tagebücher [. . .]? Jedes Dokument sagt uns nur, was sein Autor dachte [. . .]. Alle diese Dokumente bedeuten nichts, ehe sie der Historiker nicht unter die Lupe genommen und entziffert hat. Der Historiker muß die Fakten, ob sie nun durch Dokumente belegt sind oder nicht, erst einem Prozeß unterziehen, ehe er sie verwenden kann [. . .]."

Der Historiker muß die Dokumente unter die Lupe nehmen – völlig richtig. Nur – wie kann er das, wenn er dafür andererseits – ebenfalls nach Carr – gar nicht zuständig sein, sondern die Lupe den „Experten" überlassen soll? Ferner die merkwürdige Wendung: „[. . .] die Fakten, ob sie nun durch Dokumente belegt sind oder nicht [. . .]". Hierzu wäre zweierlei zu sagen: Einerseits kann man sich Fakten, die nicht durch Dokumente belegt sind, das heißt: sich nicht auf die Quellenüberlieferung stützen, schlecht vorstellen. Andererseits: Quellen „stützen" Fakten nur – „belegen" können sie sie ohnehin nicht. Denn es ist ja gerade Aufgabe der Quellenforschung, die Glaubwürdigkeit einer Quelle in Frage zu stellen. Carrs gesamte Polemik gegen den angeblichen „Dokumentenfetischismus" der Historiker wird von vornherein durch den Begriff der „unabsichtlichen Überlieferung" aus den Angeln gehoben. Was heißt es denn: „Der Historiker muß die Fakten, ob sie nun durch Dokumente belegt sind oder nicht, erst einem Prozeß unterziehen [. . .]"? Fakten, die nicht durch Dokumente belegt oder genauer: behauptet sind, gibt es gar nicht – woher sollten sie kommen? Ferner: nicht „Fakten" kann man einem kritischen Prozeß unterziehen, sondern nur Dokumente; das Faktum kann immer erst das Ergebnis dieses Prozesses sein. Ein Faktum, das nicht kritisch gesichert ist, ist eben gar kein Faktum.

Carrs Auffassungen beruhen offensichtlich auf einer gewissen Verkennung der Praxis der historischen Forschung, wie sie – zumindest im deutschen Sprachgebiet – in anderthalb Jahrhunderten ausgebildet wurde.

Diese Forschungspraxis weiß nämlich: der Teufel steckt im Detail. Ein Forscher, der nicht gelernt hat, mit allen Finessen Tatsachen anhand der Quellen in eigener Person zu sichern, wird niemals ein souveränes Urteil darüber gewinnen, wie weit er sich auf die von anderen eruierten Tatsachen wirklich verlassen kann. Er gleicht einem Rechnungsprüfer, der zwar dem Schlendrian oder den Fälschungen eines Geschäftsmannes oder Beamten auf die Spur kommen will, von den Einzelheiten der Buchhaltung aber nichts versteht und es auch verschmäht, sich damit zu beschäftigen – er würde genau so an der Nase herumgeführt werden wie seine Vorgänger auch.

Ein besonders anschauliches Beispiel dafür, daß schon die Sicherung der Tatsachen eine Aufgabe ist, die höchsten kritischen Scharfsinn verlangt, bietet die historische Chronologie, wie v. Brandt sie in einem knappen, aber sehr instruktiven Abschnitt behandelt.[44]

Carr meint, die historische Chronologie hätte es vor allem mit „komplizierten astronomischen Kalkulationen" zu tun.

Gewiß ist die Astronomie hier in mancherlei Hinsicht wichtig. Aber der praktische Umgang mit der Chronologie zur Sicherung von Daten erfordert doch noch andere, spezifisch historische und philologische Operationen, die historisches Problembewußtsein immer schon voraussetzen.

Die Schwierigkeit der Datierung mittelalterlicher Vorgänge besteht zum Beispiel darin, daß man komplizierte, nach unseren heutigen Begriffen „unrationelle" und noch dazu für verschiedene Orte verschiedene Zeitrechnungssysteme in unser heutiges Kalendersystem umrechnen muß, um die Daten vergleichbar zu machen. So kann zum Beispiel das Jahr zu ganz verschiedenen Jahresdaten beginnen, so daß man bei einer Jahresangabe nicht einmal von vornherein weiß, ob wir die in der Quelle angegebene Jahreszahl als solche in das nach unserem Kalender normierte Datum übernehmen können.

Wenn nach Heiligentagen datiert wird (zum Beispiel: „pridie Exaltacionis crucis" – am Tag vor „Errichtung des Kreuzes"[45]), muß man wissen, wann der betreffende Tag an dem betreffenden Ort gefeiert wurde:[46]

„Angesichts der vielen verschiedenen Möglichkeiten der Datierung ist auch der erfahrenste Bearbeiter vor Irrtümern bei der Auflösung mittelalterlicher Daten nicht geschützt. Auch moderne Urkundeneditionen enthalten zahlreiche Beispiele dafür; so haben etwa die Herausgeber von Band I, 1 der ‚Hanserezesse' (1870) die ganze Quellengruppe Nr. 522 ff. (Stralsunder Hansetag von Walpurgis 1370, Kongreß zum Abschluß des Stralsunder Friedens) fälschlich unter dem 25. Februar eingereiht, indem sie den Walpurgistag auf dieses, tatsächlich nur in einzelnen Alpengebieten übliche Datum, statt auf den 1. Mai ansetzten. Mit Recht wird daher nicht nur bei Text-, sondern auch bei Regestenveröffentlichungen verlangt, daß stets die originale Datierungsform angegeben wird, damit der Benutzer sie selbst nachprüfen kann."

Mit anderen Worten: schon um die „platte Tatsache" zu sichern, welchen Tag unseres Kalenders das Datum „Walpurgis 1370" entspricht, bedarf es differenzierter historischer Kenntnisse. Auch Feinheiten wie folgende muß man wissen:[47]

„Zu beachten ist, daß feria ausschließlich ‚Wochentag', nicht einfach ‚Tag' bedeutet"; „‚feria quarta ante . . .' heißt also nicht ‚der vierte Tag vor . . .' [vom Bezugstag aus gezählt], sondern ‚der Mittwoch vor . . .'" – weil nämlich „feria quarta" nicht einfach „der vierte Tag" in Bezug auf irgend einen Tag heißt, sondern: „der vierte Tag der Woche" in fester, mit Sonntag als erstem Tag beginnender Zählung, also der Mittwoch!

Nun ist es zweifellos richtig, daß der Historiker nicht bei bloßen Tatsachen stehen bleiben soll. Nur:
– einerseits sind, wie wir soeben gesehen haben, Tatsachen selbst schon das Ergebnis kritischer Forschung (worauf wir noch zurückzukommen haben werden)
– und andererseits sind sie das Fundament, auf dem das ganze Gebäude weiterer historischer Interpretationen ruht. Dies bekommt Risse und stürzt ein, wenn die Fundamente weggezogen werden. „Rousseau kann nur auf die Französische Revolution gewirkt haben, wenn er vor ihr gelebt hat; diese triviale Tatsache muß man wissen, um ein historisches Urteil zu fällen", sagt Theodor Schieder mit Recht.[48]

Tatsachen sind zwar keine hinreichende, aber eine notwendige Bedingung geschichtlichen Forschens. Das heißt: *nur* mit Tatsachen geht es nicht – *ohne* Tatsachen aber genau so wenig.

Die Lebensdaten Rousseaus *allein* reichen nicht aus, um die Geschichte des 18. Jahrhunderts zu schreiben. Aber wer nicht *weiß*, wann Rousseau gelebt hat, kann sie auch nicht schreiben.

2. Logik kann Tatsachen nicht ersetzen

Viele historische Fehlurteile beruhen einfach auf unzutreffender Information über Tatsachen.

In der Historie gilt der Grundsatz: Logische Schlußfolgerungen nützen nichts, wenn sie an den Tatsachen vorbeifolgern, das heißt: Sachverhalte, die man aus den Quellen richtig wissen könnte, durch bloßes „Denken" falsch rekonstruieren.

Hierzu folgende Beispiele:

a. „Kunst der Fuge". Angenommen, ein Schriftsteller schriebe in einem Buch über Johann Sebastian Bach folgende Sätze:

> „Bachs Kantaten und Passionen fanden wegen ihrer opernhaften Eingängigkeit ein äußerst interessiertes Publikum und konnten daher in immer neuen Auflagen gedruckt werden. Bachs ‚Kunst der Fuge' dagegen wurde nicht gedruckt. Das ist angesichts der Abstraktheit und zeitfernen Esoterik dieses Werkes ja auch nicht zu verwundern."

Die Tatsachen und ihre Begründungen klingen plausibel – nur entsprechen sie leider nicht der historischen Wahrheit. In Wirklichkeit sind nämlich die Kantaten und Passionen – wie die Mehrzahl aller Werke Bachs – nur handschriftlich überliefert, während die „Kunst der Fuge" – genau wie das andere, in vieler Hinsicht ähnliche, Alterswerk Bachs, das „Musikalische Opfer" – zu den ganz wenigen Werken von Bach gehört, die noch zu seinen Lebzeiten gedruckt bzw. zum Druck vorbereitet wurden!

Da diese historische Tatsache – Kantaten und Passionen nicht gedruckt, „Kunst der Fuge" gedruckt – als solche sich nicht umstoßen läßt, muß sich umgekehrt die Erklärung wohl oder übel nach ihr richten. Sie wird etwa so zu fassen sein:

Die relativ „eingängigen" Werke Johann Sebastian Bachs, wie seine Kantaten und Passionen, gehörten zur kirchlichen Gebrauchsmusik. Das heißt: sie wurden für bestimmte Gottesdienste der Kirche, an der Bach jeweils selbst amtierte, geschrieben und hier aus den geschriebenen Stimmen einmal bis höchstens mehrere Male aufgeführt. Ein Bedürfnis, diese Werke zu drucken, bestand nach den Gepflogenheiten der Zeit nicht, da die Kirchenmusiker ihren Bedarf an Kompositionen für ihre Gottesdienste meist durch eigene Werke deckten. – Ganz anders bei der „Kunst der Fuge" und den vergleichbaren Alterswerken. Wahrscheinlich wußte Bach, was er geleistet hatte; er wollte diese letzten Werke bewußt der Nachwelt hinterlassen und veröffentlichte sie daher auf eigene Kosten.

Unser Beispiel soll zeigen: Begründungen für historische Tatbestände sind sinnlos, wenn die vorausgesetzten Tatbestände auf falscher Information beruhen.

b. „Weihersdorf". Wenn wir auf einen Ort namens „Weihersdorf" stoßen, vermuten wir ganz unbefangen, daß dieser Ort wohl nach einem Weiher benannt sein müsse, der dort lag. Nun finden wir aber eine Urkunde aus dem Jahre 1184 – und hier heißt der Ort Wigerichesdorf. Hiermit ist klar, daß das Dorf seinen Namen nach dem mittelalterlichen Personennamen Wigerich bekommen hat.[49]

Auch hier standen wir in der Versuchung, durch einen ganz „logisch" erscheinenden Schluß an der Wirklichkeit vorbeizugehen. Das Beispiel zeigt uns, wie ungeheuer schwierig es ist, in der Geschichtswissenschaft überhaupt zu „denken". Der Geschichtsforscher gleicht einem Autofahrer auf holpriger Straße: kaum glaubt er einmal etwas Gas geben zu können – schon kommt wieder ein Schlagloch unter die Räder.

Und das Problem ist: die zufällig erhaltenen und bekannt gewordenen Quellen sind ja nur die Spitze des Eisberges der vielen unbekannten, weil verlorengegangenen oder noch nicht wieder entdeckten Materialien! Wieviele „Weihersdorf" mag es geben, zu denen noch kein „Wigerichesdorf" entdeckt worden ist! Jeder Schritt auf dem tückischen Eis der Überlieferung kann den Einbruch bedeuten. Hier wird deutlich, wie selbstkritisch der Historiker sein muß, mit welchen Vorbehalten er auch die kleinste Schlußfolgerung behandeln muß.[50]

c. „Frauenkirche". In vielen Orten gibt es eine „Frauenkirche". Nach der Analogie von „Frauenklinik", „Frauenhaus", „Frauenkleidung" und so fort könnte man annehmen, es handele sich hier um eine Kirche, die nur von Frauen zum Gottesdienst betreten werden dürfe. Unsere historischen Recherchen ergeben folgendes: „Frau" heißt ursprünglich nicht einfach ‚menschliches Individuum weiblichen Geschlechts', sondern ‚Herrin'. Und zwar ist hier eine bestimmte „Herrin" gemeint, nämlich die Jungfrau Maria, die in der christlichen Kirche von jeher große Verehrung genoß. Daher sind Maria sehr viele Kirchen geweiht, oft unter der Bezeichnung „Unsere liebe Frau" (nostra domina = Notre Dame), was den Zusammenhang sofort deutlich macht. Auch volkstümliche Bezeichnungen, in denen das Wort „Frau" vorkommt, etwa Pflanzennamen wie „Frauenschuh", beziehen sich (der Historiker vom Fach ist geneigt zu sagen: natürlich!) auf die Jungfrau Maria.

Hier wird deutlich: „Frauenkirche" ist kein „Prädikator", der einer Anzahl von Gegenständen zugesprochen werden kann, sondern ein Eigenname. Maria ist eine bestimmte „Frau", und eine Marienkirche jeweils eine bestimmte Kirche in einer Stadt.

Daß das so ist, kann man nicht logisch erschließen. Man muß es historisch wissen. Es beruht auf den einmaligen Gegebenheiten der christlichen Geschichte und ist nicht aus allgemeinen Gesetzen ableitbar. Mit dem „gesunden Menschenverstand" ist in der Geschichtswissenschaft nicht viel auszurichten, weil bei näherer Beleuchtung sich immer alles ganz anders erklärt.

Die These von Carr oder auch von Robin George Collingwood,[51] daß uns Tatsachen nicht unmittelbar, sondern nur durch Schlußfolgerungen zugänglich seien, ist also insofern zutreffend, als wir z. B. eine richtige Datierung mittelalterlicher Vorgänge nur über chronologische Schlußfolgerungen, deren Ziel die Umsetzung einer gegebenen lokalen Datierung in ein „normiertes" Datensystem ist, vornehmen können; hingegen vermögen Schlußfolgerungen niemals Tatsachen zu ersetzen, wie z. B. die Tatsache des Druckes der „Kunst der Fuge", der alten Namensform „Wigerichesdorf" usw. Wir können daher sagen: einerseits gelangen wir zu Tatsachen erst durch Schlußfolgerungen (etwa in dem Sinne, daß wir das Datum „1184" für die Wigerichesdorf-Urkunde ja seinerseits durch chronologische Schlüsse erst ermitteln müssen); andererseits bedingen aber die so gefundenen Tatsachen unsere weiteren Schlußfolgerungen. „Tatsache" und „Folgerung" greifen also ständig ineinander.[52] Wie wir später noch näher erörtern werden, liegt hier wieder ein Beispiel für den „hermeneutischen Zirkel" vor: Wir ziehen Schlüsse aus gesicherten Tatsachen, können Tatsachen aber sehr oft erst durch Schlüsse sichern. Jede historische Interpretation, mag sie im Endergebnis noch so fein und differenziert sein, baut sich also auf den Tatsachen auf und darf zu ihnen nicht in Widerspruch stehen.

3. Das Problem der Quellenfälschungen

Hierbei gehen wir davon aus, daß es in der Praxis durchaus möglich ist, Tatsachen als solche zu ermitteln und zu sichern.

Da es in der Welt nichts gibt, was nicht irgendwann von irgendjemandem in Frage gestellt worden ist, hat man natürlich auch bezweifelt, ob es überhaupt sichere historische Tatsachen gibt. Denn weil wir diese Tatsachen nicht „direkt" (aber was würde im Zweifelsfall „direkt" heißen?!) kennen, sondern nur aus den Quellen erschließen, könnte es ja sein, daß alle tatsächlich überlieferten Quellen irgendwann einmal gefälscht worden sind, um den Nachfahren ein Geschichtsbild vorzugaukeln, das auf freier Erfindung dieses Fälscherclubs beruht.

Nun wissen wir aber: nichts ist schwieriger als systematisch zu lügen. Denn: wir müssen in unserem Lügengebäude alles so aufeinander abstimmen, daß kein Widerspruch bleibt, daß sich aus allen Bruchstücken etwas rekonstruieren läßt, das wir sinnvollerweise als Wirklichkeit verstehen können.

Nun wäre das zur Not noch möglich, wenn sich die Geschichtsforschung nur auf die „absichtliche" Überlieferung stützen würde. Sicherlich wäre es durchführbar, die Geschichts*schreibung,* die *erzählenden* Quellen so aufeinander abzustimmen, daß ein scheinbar stimmiges Geschichtsbild entsteht.

Aber wie ist es angesichts der Tatsache, daß wir Geschichte ja auch und sogar vor allem aus der „unabsichtlichen" Überlieferung ablesen? Hier wie in anderen Zusammenhängen zeigt sich, daß gewisse hyperskeptische Thesen überhaupt nur unter der forschungspraxisfremden Annahme möglich sind, Geschichte sei das, was die Geschichtsschreiber schreiben.

Sobald wir nämlich die unabsichtliche Überlieferung in unsere Betrachtungen mit einbeziehen, ergibt sich: die „unabsichtliche" Überlieferung kann gar nicht systematisch gefälscht werden – eben weil sie unabsichtlich ist, und das heißt aber: weil die Historiker aus einem Stück unabsichtlicher Überlieferung etwas völlig Unvorhersehbares herauslesen können.

Einen Sänger namens „Walther von der Vogelweide" kann man vielleicht erfinden; aber kann man die indirekten Zeugnisse für seine Existenz, wie etwa Eintragungen in Rechnungsbüchern, überall so verstreuen, daß sie zusammen ein sinnvolles Bild der Biographie dieses Sängers geben? Gerade die Auffindung unabsichtlicher Quellen hängt so vom Zufall ab, daß vorausblickende Unterschiebungen, aufs Ganze gesehen, unmöglich sein dürften:[53]

„Bauarbeiten legen im Boden versteckte Gebäudereste bloß. Ein alter Buchdeckel platzt, man findet beschriebene Pergamentblätter, die als Füllmaterial darin stecken, und entziffert sie. Sie bestätigen das Geschichtsbild, das aus anderen Quellen gewonnen ist. Sollen wir annehmen, jene Gebäudereste und diese Pergamentzettel seien vor Jahrhunderten von bösartigen Fälschern versteckt worden mit der Berechnung, wir würden sie eines Tages entdecken und dadurch erst recht in ein künstlich angelegtes Lügennetz verstrickt werden?"

Gerade weil wir, wie Kriminalisten, die Geschichte systematisch aus der unabsichtlichen Überlieferung rekonstruieren, verfügen wir über ein Geflecht sich gegenseitig stützender, gegen Fälschung, im ganzen genommen, völlig immuner Belege:[54]

„Denn es ist auch der noch so systematisch angelegten Fälschung unmöglich, die vielfach verschlungenen sich gegenseitig ergänzenden Angaben, Daten, Überreste und Überreste von Überresten so zu erfinden und zu fabrizieren, daß sich unter der Hand des Forschers ein einheitliches Bild der Begebenheiten daraus ergibt. Wer will es uns z. B. glaublich machen, daß systematische Fälschung imstande gewesen wäre, die Hunderte von Inschriften und Denkmälern über die halbe Welt zu zerstreuen, aus denen wir die Geschichte der römischen Legionen zusammenlesen! Oder wer wollte es für möglich halten, umfangreiche historische und andere litterarische Produkte so zu fabrizieren, daß sie nach Form und Inhalt durchaus in die sonst erhaltenen Überreste hineinpassen! Es ist das um so weniger möglich, da ganze Arten von Überresten, welche man früher zur Zeit solcher angeblichen systematischen Fälschungen noch gar nicht als Quellen historischen Wissens kannte, die erst später in den Kreis der Forschung gezogen worden sind, von neuem die altbekannten Tatsachen bestätigen und ergänzen. Wie hätte man z. B. darauf kommen sollen, städtische Rechenbücher in umfassenden Mengen zum Zweck systematischer Verfälschung der Überlieferung zu erfinden, als man noch garnicht entfernt daran dachte, daß man jemals solche Rechenbücher als historische Quellen ausbeuten könnte? Andrerseits hat man früher ganze Zweige der menschlichen Betätigung gar nicht in den Kreis historischer Forschung gezogen – wie hätte ein früherer Geschichtsfälscher nun darauf kommen sollen, auch dafür das Quellenmaterial zu erfinden und vorsorglich zu zerstreuen, sodaß wir es nun in dem Moment, da wir solche neuen Forschungsgebiete eröffnen, passend vorfinden? Unmöglichkeiten über Unmöglichkeiten! Und zwar werden diese Argumente auch für die Zukunft Geltung behalten, da ohne Zweifel der Kreis der Quellen wie der Forschungsgebiete sich mit dem Fortschritte unserer Wissenschaft stetig erweitert."

4. Das Problem der Auswahl

Nun bleibt natürlich das Problem der „Auswahl". Das heißt: aus der Fülle der absichtlich und unabsichtlich überlieferten Tatsachen müssen wir das auswählen, was für unsere jeweilige Fragestellung wichtig ist.

Man hat immer wieder Überlegungen darüber angestellt, was eine „historische Tatsache" ist und was nicht.

So hat man zum Beispiel gefragt, ob ein Küchenzettel eine historische Tatsache sei[55] oder die Tatsache, daß Goethe sich 1780 eine Hausglocke, einen Stubenschlüssel und ein Billetkästchen anfertigen ließ[56] oder die Tatsache, daß „Hinz am 2. Juni einen Wurm sah".[57]

Aus dem bisher Erörterten ergibt sich, daß hier ein Scheinproblem vorliegt.

Und zwar aus zwei Gründen:

a. Es liegt nicht a priori fest, was Gegenstand der Geschichtswissenschaft sein soll und was nicht. Solange man den Bereich dessen, was der Gegenstand der Geschichte sein soll, willkürlich einschränkt, kann man natürlich vielen Sachverhalten den Charakter als historische Tatsache absprechen.

So hat man kritisiert, daß „die Geschichte" immer nur von den *Erfolgreichen* spreche. In diesen Fehler kann die Geschichtswissenschaft nur dann verfallen, wenn sie „Geschichte" von vornherein als „Taten großer Männer" definiert, weil dann das, was sie behandelt, davon abhängt, was sie selbst als „großen Mann" betrachtet.[58]

Betrachtet die Geschichtswissenschaft dagegen als ihren Gegenstand gerade das Schicksal des repräsentativen Durchschnitts (Schoeps), der„Erfolglosen", zum Beispiel der Proletarier des 19. Jahrhunderts, die am Arbeitsplatz an Entkräftung starben, dann stellt sich die Frage ganz anders; dann *ist* eben das Schicksal einer Londoner Putzmacherin, von der Karl Marx[59] berichtet, eine „historische Tatsache", obwohl dieses Mädchen viel „unwichtiger" war als etwa Napoleon.

Ebenso können Rechnungsbucheintragungen, Küchenzettel und Stubenschlüssel gerade in einer Geistes- und Sozialgeschichte des „Kleinen", im Rahmen einer Erforschung des „Zeitgeistes", ihren wohlgesicherten Platz haben.

b. Vollends macht die Tatsache, daß in der Benutzung der unabsichtlichen Überlieferung durch die Geschichtswissenschaft ursprünglicher Zweck und Wert für die Fragestellung des Historikers auseinanderfallen, die Deklarierung einer Tatsache als „unwichtig" hinfällig. Denn selbst, wenn jene Rechnungsbucheintragung, Walther von der Vogelweide betreffend, als solche unwichtig ist – als Beleg für die Biographie einer bedeutenden Persönlichkeit hat sie eben einen historischen „Wert", der vom ursprünglichen Anlaß unabhängig ist. (Daß Walther eine bedeutende Persönlichkeit sei und sich die Kenntnis jener Rechnungsbucheintragung eben deshalb lohne, ist ein „hermeneutisches" Urteil, dessen Problematik erst unten im Zusammenhang behandelt werden kann.)

Nun ist freilich zu bedenken: Das Problem der Auswahl stellt sich ganz verschieden, je nachdem, wie *reichlich* die Überlieferung für einen Gegenstand ist. Für das Mittelalter etwa fließen die Quellen so spärlich, daß hier einfach *jeder,* mit den Maßstäben etwa des 19. oder 20. Jahrhunderts gemessen noch so „unwichtige", Beleg zur Rekonstruktion vergangener Sachverhalte herangezogen werden muß: wenn man nur aus Rechnungsbüchern wissen *kann,* wann Walther gelebt hat, darf man diese Quellen eben nicht einfach ignorieren!

In der Neuzeit und der Gegenwart hingegen stehen wir vor dem umgekehrten Problem: wir ertrinken im Material, wir haben hunderttausend mal mehr Quellen, als uns lieb ist.[60]

Um das Leben Adenauers zu rekonstruieren, brauchen wir kaum die Einkaufsnotizen seiner Haushälterin. Denn hier gibt es eine Fülle von Dokumenten, unter denen wir auswählen müssen; und das relativ unwichtigste Dokument ist unter Umständen, „absolut" genommen, noch von höherem Wert als alles, was uns aus einer älteren Geschichtsperiode überliefert ist – auf das wir aber angewiesen sind, um überhaupt etwas über die damalige Zeit zu wissen.

Unsere Überlegungen zeigen uns: eine historische „Tatsache" ist alles andere als etwas Vordergründiges, Plattes, primitiv „positivistisch" Erhebbares. Eine historische Tatsache ist vielmehr ihrerseits erst das Ergebnis eines äußerst komplizierten Forschungs- und Interpretationsvorganges. Das wird vollends deutlich, wenn wir uns klar machen, daß eine historische „Tatsache" ja zum Beispiel auch das ist, was ein bestimmter Schriftsteller „wirklich" gesagt hat, das heißt: was die hermeneutisch-philologische Forschung und Interpretation als seine Äußerungen festgestellt hat. Der Begriff der historischen „Tatsache" ist also, da hermeneutisch fundiert, völlig unabhängig davon, wie „handfest" oder wie „spirituell" der Gegenstand ist, auf den sich die Tatsachenfeststellung jeweils bezieht. In diesem Sinne ist zum Beispiel der Sachverhalt, daß Hegel in seiner „Phänomenologie des Geistes" bestimmte erfaßbare und interpretierbare Sätze ausgesprochen hat, eine historische Tatsache – unabhängig davon, was Hegels Sätze im einzelnen besagen.

Dieses Beispiel zeigt, daß man die „Tatsache" nicht durch idealistische oder „dialektische" Überlegungen aus der Geschichte herausargumentieren kann. Denn das Aussprechen selbst eines Satzes wie: „Es gibt keine Tatsachen" wäre in einem wohlzuverstehenden historisch-hermeneutischen Sinne seinerseits eine Tatsache, insofern es historisch-philologisch nachweisbar ist, ob bzw. daß ein bestimmter Philosoph einen solchen Satz ausgesprochen oder niedergeschrieben hat.

Diese denkbar weite Fassung des Begriffes „Tatsache" ergibt sich übrigens schon aus unseren allgemein logischen Erwägungen im ersten Bande, nach denen eine „Tatsache" der Gegenstand jeder möglichen wahren Aussage überhaupt ist, wobei die Methode, mit Hilfe derer wir zu der wahren Aussage gelangen, ganz außer Betracht bleiben.

IV. Oral History

In den letzten Jahren wurde eine neuartige Methode entwickelt, Quellenmaterial zu erschließen: die sogenannte „Oral History", auf deutsch also etwa „Mündliche Geschichte",[61] legt Interviews mit Personen zugrunde, die über zurückliegende Zustände oder Ereignisse befragt werden. Also zum Beispiel: im Jahre 1982 wird ein alter Arbeiter über sein Leben im Jahre 1922 befragt.

Die oral history geht von der auf den ersten Blick durchaus plausiblen Überlegung aus, daß das gesprochene Wort mehr sei als das geschriebene oder gedruckte Wort der historischen Dokumente, daß die Vergangenheit hier sehr viel unmittelbarer und lebendiger wiedergespiegelt würde, daß die interviewten Personen mehr, Genaueres und Feineres zu berichten hätten als jemals auf dem Papier festgehalten worden sei.

Es kann gar kein Zweifel sein, daß die oral history in der Tat zahlreiche neue Erkenntnisse vermitteln und viel zusätzliches historisches Material erschließen kann.

Trotzdem kann der kritische Betrachter kaum darüber hinwegsehen, daß der Gedanke der oral history in der Gefahr ist, einem gewichtigen methodologischen Fehlschluß zu erliegen.

Bei aller Hochschätzung der mündlichen „Kommunikation" („Der Buchstabe tötet, das Wort macht lebendig") darf man doch wohl eines nicht übersehen. Die oral history kann keine ursprünglichen Geschichtsquellen liefern, sondern nur nachträgliche Interpretationen. Wenn heute ein alter Arbeiter aus dem Jahre 1922 erzählt, so wird das zwar in jedem Falle lebendig und aufschlußreich sein. Aber: der Gewährsmann erzählt ja aus der Erinnerung. Er kann sich täuschen, er kann frühere oder spätere Ereignisse oder Zustände auf das Jahr 1922 verlegen – und vor allem ist seine Erinnerung natürlich durch das seitdem Erlebte gefärbt. Auch wenn der Befragte das Wort „Interpretation" nie gehört hat, so ist doch klar, daß das, was er bietet, nicht zuletzt eine unbewußte Interpretation der Geschichte aus seinem gegenwärtigen Bewußtsein heraus ist.

Demgegenüber ist mit aller Entschiedenheit daran festzuhalten: die Stärke einer geschichtlichen „Quelle" im strengen Wortsinn besteht immer darin, daß sie tatsächlich zu der Zeit *entstanden* ist, über die sie berichtet – auch und gerade dann, wenn sie dies unbeabsichtigt tut. Diese Authentizität, dieses Zeitgenössischsein ist durch kein nachträgliches Interview zu erreichen. Für den methodisch strengen Historiker gilt ganz klar: Besser eine schriftliche Quelle *aus der Zeit selbst* als eine noch so interessante und detailreiche *nachträgliche* Erzählung. Eine tatsächlich im Jahre 1922 erschienene Zeitung hat also auch dann einen höheren Quellenwert als die mündlichen Erinnerungen eines Zeitgenossen, wenn sie vielleicht nicht über alles das berichtet, was dieser zu erzählen weiß.

Hierbei haben wir noch ganz von der Fehlerquelle abgesehen, die ein Interview der oral history noch zusätzlich enthält: in einem Interview ist es ja der Interviewer, der das Gespräch lenkt. Schlimmstenfalls wird er also durch seine eigene Sicht der Dinge den Bericht noch zusätzlich verfälschen.

Hieraus wird deutlich: „Oral history" als *vollwertige* Quellengattung für den Historiker wird erst für die Zeiten von Bedeutung, in denen *Schallplatte und Tonband bereits existierten* – wo also ein Tondokument nicht nur von vergangenen Zeiten erzählt wie bei einem Erinnerungsinterview, sondern vielmehr *für die Zeit seiner eigenen Entstehung* Zeugnis ablegt. Denn dann *ist* das Tondokument ja ein zeitgenössisches Dokument. Überspitzt gesagt: das Interview, das 1982 über 1922 geführt wird, sagt zwar nichts über 1922, aber sehr viel über 1982.

„Oral History" hat also genau so viel oder genau so wenig Wert wie eine *Autobiographie.* Jeder Historiker weiß, daß Autobiographien wichtige Geschichtsquellen sind, weil sie meist Material enthalten, das anderweitig nicht zugänglich ist – daß andererseits aber gerade Autobiographien besonders eingehender Kritik unterzogen werden müssen, da sie ja in vielen Fällen den Zweck haben, den Schreibenden in gutem Licht erscheinen zu lassen.

Zu diesem Problem noch ein anderes Beispiel: selbstverständlich mag es sinnvoll erscheinen, im Rahmen eines oral-history-Interviews etwa einen heute Fünfundachtzigjährigen zu befragen, der im Jahre 1933 Ratsherr einer deutschen Kleinstadt war. Aber es liegt doch wohl auf der Hand, daß die meisten solcher Befragten heute dazu neigen werden, ihre eigene Rolle als dem Nationalsozialismus gegenüber distanzierter erscheinen zu lassen, als sie es vielleicht wirklich war. Wenn wir dann also etwa Akten des Stadtrates aus dieser Zeit lesen, oder auch nur eine Zeitung finden, in der ein Bericht über eine Stadtratssitzung aus dem April 1933 abgedruckt wurde, so werden vermutlich diese von der oral history so abgewerteten schriftlichen Zeugnisse ein erheblich zuverlässigeres Bild von den wirklichen Vorgängen geben als eine noch so lebendige, in ihrer Zeittreue aber durch den Zeitablauf beeinträchtigte Erzählung aus der Erinnerung.

C. Die Hermeneutik

Schon öfter sahen wir uns genötigt, auf Begriffe wie „Interpretation" und „Hermeneutik" vorläufig anzuspielen, obwohl wir sie noch nicht in unserem systematischen Zusammenhang einführen und erörtern konnten.[62]

Das ist – wie wir bereits aus dem ersten Band wissen – kein Zufall. Denn im Bereich der Hermeneutik ist der *Zirkel* unausweichlich: Bevor wir etwas systematisch lernen, wissen wir bereits etwas darüber. Und das ist auch notwendig: denn nur dann können wir etwas lernen wollen, wenn wir schon etwas darüber wissen.

So auch im Ablauf der Geschichtsforschung. Die Quellen erläutern und stützen sich gegenseitig, so hörten wir; oder: wir können eine Quelle nur im Zusammenhang der uns schon bekannten Quellen beurteilen. Oder: zu Tatsachen kommen wir nur durch Schlüsse, die wir aufgrund von Tatsachen ziehen müssen und umgekehrt: Schlüsse ziehen wir aus Tatsachen, zu denen wir durch Schlußfolgerungen gelangt sind.

Das bedeutet aber: Tatsachenerhebung und Interpretation greifen ineinander. Die Interpretation – im Verlauf unserer Darstellung eine spätere Stufe – wird im Grunde auf den früheren Stufen schon vorausgesetzt. Auch die elementarste technische Bearbeitung von Quellen ist an einen schon vorhandenen Interpretationszusammenhang gebunden.

Was heißt nun „Interpretation" im Bereich der historischen Wissenschaften? Auch diese Frage werden wir am besten an einigen Beispielen klären.

1. Das Äquator-Seil

Jemand stellt uns folgende Aufgabe.

Manche Leute halten den Erdäquator für ein langes Seil, das um die ganze Erdkugel gespannt ist. Nehmen wir an, dieses Seil gäbe es wirklich. Es hätte die unvorstellbare Länge von 40 000 km. Nun stellen wir uns vor, in dieses Seil werde ein 10 m langes Stück hineingeflickt und das ganze lange Seil so gelockert, daß es überall den gleichen Abstand von der Erdoberfläche hat. Wie groß ist dieser Abstand? Kann nun eine Maus unter diesem Seil hindurchkriechen? Oder wenigstens eine Fliege?

Wir wissen es nicht. Aber jemand, der etwas von Mathematik versteht, sagt uns zu unserer Verblüffung: Es kann sogar ein nicht allzu großer Mensch frei unter dem Seil hindurch gehen – es hat nämlich einen Abstand zur Erdoberfläche von etwa 1,60 m!

Und unser Mathematikexperte fügt noch hinzu: Wenn wir statt des Erdballes einen Fußball nehmen und die um ihn gelegte Schnur ebenfalls um 10 m verlängern, entsteht eine Schlaufe, die gleichfalls an jeder Stelle von der Außenhaut des Balles um 1,60 m entfernt ist.

Diese Auskunft verblüfft uns – und wir wollen wissen, *warum* das so ist. Dieses „Wissen, warum" nennen wir bekanntlich „verstehen": wir haben den Wunsch, zunächst unverständliche Sachverhalte zu „verstehen". Daher versuchen wir, der Sache mathematisch auf den Grund zu kommen, und rechnen dabei gleich mit „allgemeinen" Zahlen.

Wir haben eine beliebig große Kugel mit dem Radius r. Dann ist ihr Umfang

$$U = 2\,\pi r$$

– und so lang ist also auch die Schnur, die die Kugel umspannt.

(Natürlich brauchte es keine Kugel, es könnte auch eine Kreis-
scheibe sein; die dritte Dimension der Kugel bleibt ja außer Betracht – wir haben es nur mit ihrem „Schnitt" zu tun.)

Die 2 πr lange Schnur werde um eine – ebenfalls beliebige –
Strecke a verlängert und konzentrisch um die gegebene Kugel gespannt. Der Umfang des neuen Kreises ist

$$U' = 2\,\pi r + a$$

Da nun der Umfang eines beliebigen Kreises nach der Formel

$$U = 2\,\pi r$$

berechnet wird, errechnet sich umgekehrt der Radius aus dem
Umfang nach der Umformung dieser Formel „nach r":

$$r = \frac{U}{2\pi}$$

Wenn wir diese Formel auf unseren neuen Umfang $U' = 2\,\pi r + a$
anwenden, um den neuen Radius r' zu berechnen, ergibt sich dieser als:

$$r' = \frac{U'}{2\pi} = \frac{2\pi r + a}{2\pi} = \frac{2\pi r}{2\pi} + \frac{a}{2\pi} = r + \frac{a}{2\pi}\,; \quad r' - r = \frac{a}{2\pi}$$

Das bedeutet: der neue Radius r' ist gleich dem alten Radius r
zuzüglich eines Betrages, der in seiner Größe lediglich von dem
Zuwachsstück a abhängt. Die Differenz r'–r ist also immer die
gleiche; gleichgültig, wie groß r und r' absolut sind. Sie ist lediglich
vom Zuwachsstück abhängig und errechnet sich aus ihm, indem a
durch die Konstante 2 π geteilt wird. π beträgt bekanntlich etwa
3,14; 2 π ist also mit gut 6 anzusetzen. Beträgt also mein a 10 Me-
ter, ist der Abstand zwischen der alten und der neuen Umfangslinie
in jedem Fall ein knappes Sechstel dieses Betrages, also etwa
1,60 m; bei a = 1 m entsprechend etwa 16 cm, und so fort.

Wir verstehen also nun einerseits, warum das um 10 m verlän-
gerte Seil den erstaunlichen Abstand von 1,60 m von der Erdoberfläche hätte, und andererseits, daß dieser Abstand, absolut genommen, beim Fußball genau der gleiche wäre.

Wir haben dieses Beispiel bewußt an den Anfang gesetzt, obwohl es sich von den folgenden in charakteristischer Weise unterscheidet. Und zwar insofern, als es *kein „historisches"* Beispiel ist. Wie wir vielmehr aus dem ersten Band[62] wissen, vollzieht sich hier das „Verstehen" innerhalb eines *deduktiven* Systems: wir „verstehen" einen Zusammenhang, wenn wir die Einzelschritte verstehen, die ihn bilden.

Mit Hilfe eines Terminus, den wir später verwenden werden, können wir hier vorläufig sagen: das Verständnis mathematischer Zusammenhänge bewegt sich nicht im historischen, sondern im *systematischen* Rahmen. Doch darüber später.

2. Lateinische Sätze

a. Cäsar. Ein Quartaner bekommt folgenden lateinischen Satz ins Deutsche zu übersetzen:

Quibus rebus cognitis Caesar pontem rescindi iussit.

Wie fängt er das an? Um einen lateinischen Satz übersetzen zu können, müssen wir einerseits wissen, was die einzelnen Wörter bedeuten, und andererseits, in welcher grammatischen Form sie sich jeweils darbieten. Wenn wir beides von jedem Wort wissen, ist uns der Satz völlig klar, und wir können ihn „übersetzen", indem wir einen gleichbedeutenden Satz unserer Muttersprache bilden.

Nun leuchtet aber sofort ein, daß Kenntnis von Wortbedeutungen und Kenntnis von Wortformen aneinanderhängen, das heißt: wir können Wortbedeutungen mit Hilfe von Wortformen und umgekehrt Wortformen mit Hilfe von Wortbedeutungen klären.

So kann ein und dieselbe Buchstabenfolge dem Formenbestand zweier oder mehrer verschiedener Wörter angehören. *laudem* kann zum Beispiel heißen ‚das Lob' (Substantiv *laus* ‚das Lob', Akkusativ Singular) oder ‚ich möge loben' (Verbum *laudare* ‚loben', erste Person Singular Präsens Konjunktiv Aktiv).

Ebenso könnte theoretisch *pontem* nicht nur der Akkusativ Singular des Substantivs *pons* ‚die Brücke' sein, sondern auch die erste Person Konjunktiv Präsens Aktiv eines möglichen Verbums[63] *pontare.* Da es aber ein solches Wort im Lexikon nicht gibt und sonst noch in Frage kommende Wörter wie *ponto* ‚Ponton' und *pontus* ‚Meer' eine Form *pontem* nicht besitzen, kann *pontem* nur Akkusativ von *pons* sein.

Auf ähnliche Weise könnten wir auch feststellen, daß *rescindi* nicht Genitiv Singular oder Nominativ Plural eines Substantivs **rescindus* sein kann, sondern nur der Infinitiv Präsens Passiv eines Verbums *rescindere* ‚einreißen‘.

In diesem Fall vermittelt uns die Kenntnis von Bedeutungen die Bestimmung der grammatischen Form eines unbekannten Wortes und damit seine „syntaktische" Stellung im Satzzusammenhang.

Und umgekehrt: wenn wir sofort *iussit* eindeutig als dritte Person Singular Perfekt Indikativ Aktiv von *iubere* ‚befehlen‘ und damit als Prädikat und mithin tragendes Element des ganzen Satzes erkennen und mit ‚er befahl‘ übersetzen können, ist uns die syntaktische Struktur des Satzes klar, auch ehe wir die Bedeutung von *pontem* und *rescindi* kennen. (*Caesar* ist eindeutig Nominativ Singular des uns geläufigen Eigennamens und damit Subjekt des Satzes.) Denn: von *iubere* ‚befehlen‘, so wissen wir, hängt häufig ein sogenannter „accusativus cum infinitivo" („a. c. i.") ab – und *pontem* kann Akkusativ sowie *rescindi* Infinitiv sein. Also ermitteln wir auf syntaktischem Wege (vorausgesetzt allerdings, daß uns Form und Bedeutung von *iussit* klar sind), daß Cäsar hier offensichtlich befiehlt, einen ‚pons‘ zu ‚rescindieren‘, und wir brauchen nun nur noch festzustellen, was diese ihrer Form nach eindeutig ermittelten Wörter, Substantiv und Verbum, bedeuten.

Wissen wir nun noch, daß *quibus rebus cognitis* ein stehender Ausdruck bei Cäsar ist, so können wir den Satz übersetzen: „ Sobald er dies erfahren hatte, ließ Cäsar die Brücke abbrechen."

An diesem einfachen Beispiel wird deutlich, was „Hermeneutik" heißt. Wir können nämlich gar nicht genau sagen, was wir eigentlich schon wissen und was noch nicht, wenn uns dieser Satz begegnet. Wir wissen vielmehr irgend etwas, ganz bruchstückhaft, und versuchen nun, das uns noch Fehlende zu ergänzen. Das, was wir schon wissen, ist das „*Vorverständnis*",[64] das heißt: das immer schon ungefähr Bescheidwissen, das uns gestattet, den Satz völlig zu enträtseln, zu übersetzen, und das heißt eben: zu interpretieren.

Hier zeigt sich ganz klar, worin unser „hermeneutischer Zirkel" besteht: um etwas zu wissen, müssen wir schon etwas wissen. Um einen lateinischen Satz herauszubekommen, müssen wir schon Latein können. Wir müssen einen Zipfel des Satzes zu fassen suchen, um ihn völlig aufzurollen. Wer kein Wort Latein kann, der vermag auch mit diesem Satz so wenig anzufangen wie die meisten Westeuropäer mit einem polnischen oder ungarischen Satz.

Das gilt auch für die Wortbedeutungen. Was der ganze Satz eigentlich „soll", verstehen wir nur dann, wenn wir bereits vorher wissen, um was es etwa geht: daß Cäsar ein Heerführer war, der auch über Pioniere verfügte, die ihm bei Bedarf Brücken über Flüsse bauten und wieder abrissen, wenn die Situation es erforderte.

Aber obwohl wir bei der Enträtselung dieses Satzes bereits typisch „hermeneutische" Werkzeuge anwenden, ist das Beispiel eigentlich noch nicht „historischer" Natur. Und zwar insofern nicht, als es sich um einen relativ elementaren Sachverhalt handelt, der jedem Schüler ganz naiv aus der Gegenwartswelt verständlich ist: auch heute gibt es Pioniere, die Pontonbrücken über Flüsse bauen – und genau so machte es eben Cäsar. Um das zu verstehen, braucht man also von Geschichte nicht mehr zu haben als eine Schuljungenvorstellung.

b. Tacitus. Wesentlich komplizierter ist schon unser zweites Beispiel aus der klassischen lateinischen Literatur. Nicht zuletzt ist es deshalb interessant, weil schon der bedeutende Philologe und Methodologe der Hermeneutik August Boeckh mit ihm gearbeitet[65] und Ernst Bernheim es von ihm übernommen hat.[66] Es stammt aus Tacitus' Annalen und lautet:[67]

Domi res tranquillae; eadem magistratuum vocabula; iuniores post Actiacam victoriam, etiam senes plerique inter bella civium nati: quotus quisque reliquus qui rem publicam vidisset!

Diesen Satz wird kaum ein Leser übersetzen können, der nicht klassischer Philologe oder Althistoriker ist oder sehr gut Latein gelernt hat. Auch ich kann mich natürlich nur Boeckh anschließen. Wenn ich daher zunächst eine wörtliche Übersetzung angebe, muß man sich darüber klar sein, daß auch hier bereits der hermeneutische Zirkel wirksam geworden ist: diese wörtliche Übersetzung kann ich nur geben, weil ich bei Boeckh gelesen habe, wie der Satz zu verstehen ist:

Zu Hause ruhige Dinge;

das gleiche Wort der Magistrate;

die Jüngeren nach dem Sieg bei Aktium, ja die meisten Greise innerhalb der Kriege der Bürger geboren;

der wievielste übrig, der die Republik gesehen hatte!

Hierzu gebe ich die von Bernheim nach Boeckh formulierte Interpretation, die etwas leichter verständlich ist als die Originalformulierung Boeckhs:[68]

„Der Zusammenhang dieser vier Sätze ergibt sich nur, wenn man weiß, daß Tacitus es liebt, die einzelnen Sätze und Satzteile ohne Partikeln schroff nebeneinander hinzustellen und dem Leser die Ergänzung derselben gemäß dem Sinne des ganzen Zusammenhanges zu überlassen, der hier ein bitter ironischer ist; der erste Satz wird durch die folgenden begründet:

es war Friede im Innern; denn es gab ja noch dem Namen nach dieselben Magistrate, und dieser bloße Schein der republikanischen Verfassung genügte, die Ruhe zu erhalten; dies aber erklärt sich daraus, daß die Jugend erst nach der Schlacht bei Aktium, ja sogar die Mehrzahl der Greise in der Zeit der Bürgerkriege geboren war und daher nur sehr wenige die alte Verfassung aus eigener Anschauung kannten."

Diese Erläuterung der Tacitus-Sätze ist ein Musterbeispiel für philologisch-historische Interpretation: die Sätze werden einerseits sprachlich aus Tacitus' Stil erklärt, andererseits sachlich aus der Kenntnis des Zusammenhanges: der historischen Situationen, einerseits der, *in der* Tacitus schreibt und andererseits der, *die* er beschreibt: Tacitus selbst interpretiert bereits die von ihm beschriebene Situation im Rom der Zeit des Kaisers Augustus.

3. Liebesgedichte

Die folgenden Beispiele sind zwei Liebesgedichte aus verschiedenen Zeiten der deutschen Literaturgeschichte.

Andreas Gryphius (1616–1664): An Eugenien.[69]

> SChön ist ein schöner Leib / den aller Lippen preisen!
> > Der von nicht schlechtem Stamm und edlen Blutt herrührt.
> > Doch schöner / wenn den Leib ein' edle Seele zihrt
> Die einig sich nur läst die Tugend unterweisen.
>
> Vilmehr / wenn Weißheit noch / nach der wir offtmals reisen
> > Sie in der Wigen lehrt / mehr wenn sie Zucht anführt
> > Vnd heilig seyn ergetzt / die nur nach Demutt spür't /
> Mehr / wenn ihr keuscher Geist nicht zagt für Flamm und Eisen.

Diß schätz ich rühmens wehrt / diß ist was dise Welt
Die aller Schönheit Sitz für höchste Schönheit hält /
Vnd daß man billich mag der Schönheit Wunder nennen.

Wer dises schauen wil / wird finden was er sucht
Vnd kaum zu finden ist / wenn er / O Blum der Zucht /
O schönste / wenn er euch / wird was genauer kennen!

Johann Wolfgang Goethe (1749–1832): Die Nacht[70]

Gern verlaß ich diese Hütte,
Meiner Schönen Aufenthalt.
Und durchstreich mit leisem Tritte,
Diesen ausgestorbnen Wald.
Luna bricht die Nacht der Eichen
Zephirs melden ihren Lauf,
Und die Bircken streun mit Neigen
Ihr den süßsten Weyrauch auf.
Schauer, der das Hertze fühlen
Der die Seele schmeltzen macht,
Wandelt im Gebüsch im Kühlen.
Welche schöne, süße Nacht!
Freude! Wollust! kaum zufaßen!
Und doch wolt ich Himmel dir
Tausend deiner Nächte laßen
Gäb mein Mädgen eine mir.

Unser erster Eindruck ist: das Goethegedicht verstehen wir auf
Anhieb – das Gryphiusgedicht ist uns zunächst fremd.

(Natürlich kann man durch die Wahl der Beispiele die Situation
leicht verfälschen; ich habe nach Kräften versucht, ein „ceteris pa-
ribus" herzustellen, indem ich beide Gedichte in der historischen
Schreibweise bringe, von Gryphius ein nicht zu „abstraktes" und
umgekehrt von Goethe ein relativ unbekanntes Gedicht in einer
frühen, auch orthographisch zum Teil ungewohnten Fassung gewählt habe.)

Der Unterschied zwischen der Fremdheit bei Gryphius und der
Vertrautheit bei Goethe weist uns auf eine bemerkenswerte historische Tatsache hin: Goethe betrachten wir als noch unmittelbar unserem Gegenwartsbewußtsein (genauer allerdings: unserem durch
die bürgerliche Bildung geprägten Bewußtsein) zugehörig, Gryphius dagegen nicht.[71]

So wichtig dieser Unterschied nun auf den ersten Blick auch sein mag – so sehr verliert er doch bei näherer Betrachtung an Bedeutung. Denn schon unsere Beispiele lateinischer Sätze zeigten uns ja: Interpretation ohne Arbeit, ohne Anstrengung ist undenkbar. Etwas interpretieren kann daher immer nur heißen: sich in einen zunächst *fremden* Zusammenhang solange hineindenken und hineinarbeiten, bis er einem *vertraut* ist.[72]

„Fremdheit" und „Vertrautheit" sind relative Begriffe. Niemals ist uns etwas, das wir im ersten Augenblick nicht verstehen, deshalb auch überhaupt, auf die Dauer, fremd. Denn der Mensch ist ja lernfähig. Er kann sich in etwas hineinfinden, hineindenken, eingewöhnen, einleben: eine Erfahrung, die jeder machen kann, der an einen neuen Ort, eine neue Arbeitsstätte und so fort kommt.

Daß unserem durch die historische Situation, in der wir leben, nun einmal so beschaffenen „aktuellen Bewußtsein" Goethe zunächst einmal vertrauter ist als Gryphius, besagt also nicht so viel wie man zu glauben geneigt sein könnte.

Unser gegebenes „aktuelles Bewußtsein", das heißt: unsere Fähigkeit, einen gegebenen Text oder ein sonstiges Gebilde *auf Anhieb* zu verstehen, ist also keineswegs ein umfassendes, unwandelbares Kriterium für das, was wir *überhaupt* verstehen: was uns „liegt" oder was uns „nicht liegt".

Wir können also nicht einfach auf Anhieb sagen: „Goethe ist uns vertraut, Gryphius ist uns fremd" – und meinen, hiermit hätten wir eine zumindest für unsere historische Großsituation gültige Aussage getroffen.

Denn das, was wir „auf Anhieb" verstehen oder nicht, also: die Bandbreite unseres jeweiligen aktuellen Verständnisses für etwas, ist zunächst durch *Zufälle* bedingt. Durch Zufälle etwa unserer historischen Situation, unserer sozialen Herkunft, unserer Vorbildung, unseres derzeitigen Informations- und Interessenstandes und so fort.

Ein Teil dieser Faktoren ist dauernd in Veränderung begriffen. So ist uns ständig vieles einfach deshalb unverständlich, weil wir im Augenblick keine Zeit haben, uns damit eingehender zu beschäftigen, obwohl wir uns „an sich" vielleicht sogar dafür interessieren. Daher brauchen wir uns in eine Materie, die uns so eben im Vorbeigehen völlig fremd zu sein scheint, nur gründlich *einzuarbeiten*, um die in Frage kommenden Zusammenhänge zu verstehen. Dem jeweiligen Spezialkenner erscheint sein jeweiliger Gegenstand so selbstverständlich und durchsichtig, wie dem Nichtkenner das, womit er seinerseits täglich umgeht.[73]

Das „Verständnis" für einen Zusammenhang ist also stets relativ, auf unsere jeweilige Lebens- und Arbeitssituation bezogen; es gibt keine absolute Bestimmung dafür, was uns „verständlich" und was „unverständlich" ist.

Das gilt auch und sogar besonders für das historische Verständnis. So hat schon Jacob Burckhardt gesagt: „[. . .] auch dem Gelehrten und Denker ist die Vergangenheit in ihrer Äußerung anfangs immer fremdartig und ihre Aneignung eine Arbeit."[74]

Für denjenigen, der viel mit Barocklyrik umgeht, wird Gryphius daher genau so vertraut werden wie Goethe es für den normalen Bildungsbürger ist.

4. Aus einem Brief von Johann Sebastian Bach

Wir lesen in einem Brief folgende Sätze:[75]

„[. . .] Von Jugend auf sind Ihnen meine *Fata* bestens bewust, biß auf die *mutation,* so mich als Capellmeister nach Cöthen zohe. Daselbst hatte einen gnädigen und *Music* so wohl liebenden als kennenden Fürsten; bey welchem auch vermeinete meine Lebenszeit zu beschließen. Es muste sich aber fügen, daß erwehnter *Sereniſſimus* sich mit einer Berenburgischen Princeßin vermählete, da es denn das Ansehen gewinnen wolte, als ob die *musicalische Inclination* bey besagtem Fürsten in etwas laulicht werden wolte, zumahln da die neüe Fürstin schiene eine *amusa* zu seyn: so fügte es Gott, daß zu hiesigem *Directore Musices* u. *Cantore* an der *Thomas* Schule *vociret* wurde. Ob es mir nun zwar anfänglich gar nicht anständig seyn wolte, aus einem Capellmeister ein *Cantor* zu werden. Weßwegen auch meine *resolution* auf ein vierthel Jahr *trainirte,* jedoch wurde mir diese *station* dermaßen *favorable* beschrieben, daß endlich (zumahln da meine Söhne denen *studiis* zu *incliniren* schienen) es in des Höchsten Nahmen wagete, u. mich nacher Leipzig begabe, meine Probe ablegete, u. so dann die *mutation* vornahme. Hieselbst bin nun nach Gottes Willen annoch beständig. [. . .]"

Wer viel mit historischen Texten umgegangen ist, wird sofort bemerken, daß dieser Brief aus dem 18. Jahrhundert stammt, und zwar aus seiner ersten Hälfte. In der Tat hat ihn Johann Sebastian Bach im Jahre 1730 an Georg Erdmann gerichtet. Aus dem langen

Brief haben wir jene berühmten Sätze zitiert, die als der wichtigste Beleg dafür gelten, daß Bach das Kantorenamt an der Thomasschule in Leipzig keineswegs so unbedingt als Krönung seiner Laufbahn ansah, wie das vielfach angenommen wurde.

Was uns in Schriftzeugnissen aus einer früheren Stufe unserer eigenen Muttersprache so ins Auge springt, ist das „Atmosphärische", das charakteristisch „Altfränkische" des Stils im Vergleich zu unserer Gegenwartssprache. Natürlich hat ein jeder fremdsprachige Text, also auch etwa die Werke von Cäsar oder Tacitus, eine solche „Atmosphäre". Aber sie empfindet nur der Kenner der jeweiligen alten oder modernen Fremdsprache. In einem deutschen Text aus früherer Zeit dagegen ist uns das „Andersartige" unmittelbar anschaulich, weil wir jede Nuance im Unterschied zu unserem eigenen gegenwärtigen Sprachgebrauch spüren.

Natürlich können wir das alte Deutsch des Bachschen Briefes in modernes Deutsch zu übertragen versuchen:

„Von Jugend auf ist Ihnen mein Lebenslauf wohlbekannt – bis zu jenem Wechsel, der mich als Kapellmeister nach Köthen brachte. Dort hatte ich einen wohlwollenden Fürsten, der Musik nicht nur liebte, sondern der auch etwas von ihr verstand; daher glaubte ich, ich könnte bei ihm bis an mein Lebensende bleiben. Aber es ergab sich, daß dieser Fürst eine Bernburger Prinzessin heiratete, und da sah es dann so aus, als ob die musikalische Neigung bei dem Fürsten sich ein wenig abkühlte, zumal die neue Fürstin kein Musikinteresse zu haben schien. So fügte es Gott, daß ich hier zum Musikdirektor und Kantor an der Thomasschule berufen wurde – obwohl ich es zunächst gar nicht angemessen fand, vom Kapellmeister zum Kantor zu werden. Ich zögerte deshalb auch meinen Entschluß ein Vierteljahr lang hinaus; jedoch wurde mir diese Stelle als derart angenehm beschrieben, daß ich es endlich – zumal meine Söhne sich für das Studium zu interessieren schienen – in des Höchsten Namen wagte und mich nach Leipzig begab, meine Probe ablegte und daraufhin überwechselte. Hier bin ich nun – nach Gottes Willen – noch tätig."

Der Versuch dieser „Übersetzung" zeigt: manche Sätze und Wörter sind gar nicht ganz angemessen zu übertragen, weil bestimmte Wendungen einen „atmosphärischen" Charakter besitzen, der bei der Wahl anderer Wörter verlorengeht: „das Ansehen gewinnen", „in etwas laulicht", „eine amusa", „gar nicht anständig seyn", „favorable beschrieben", „annoch beständig" und so fort.

Aber selbst in den Fällen, wo eine Übertragung in das gegenwärtige Deutsch offenbar eindeutig möglich ist, geht der atmosphärische Reiz des Urtextes natürlich völlig verloren.

An dieser Stelle wird deutlich, wie problematisch im geschichtlichen Bereich der Begriff der „Synonymität" ist. Zwar hatten wir im ersten Band die Möglichkeit eingeräumt, daß verschiedene Aussagen den gleichen Sachverhalt darstellen können, wenn die in ihnen verwendeten Wörter als synonym zu betrachten sind.[76]

Dafür hatten wir etwa folgendes Beispiel angeführt:

„Dieses Haus ist dreistöckig"

„Dieses Wohngebäude hat drei Geschosse"

„This house has three floors".

Diese drei Aussagen stellen dann den gleichen Sachverhalt dar, wenn wir vereinbaren, daß „Haus", „Wohngebäude" und „house", ferner „Stock", „Geschoß" und „floor", weiterhin „drei" und „three" und endlich auch „ist dreistöckig" und „hat drei Geschosse" als *synonym* angesehen werden sollen. Da eine solche Gleichsetzung in diesem Falle auf Übereinkunft beruht, sprechen wir auch von „*Nominal*"definition: die benutzten Wörter *sollen* als jeweils gleichbedeutend gelten ohne Rücksicht darauf, ob sie in anderen, uns hier nicht interessierenden Zusammenhängen vielleicht nicht gleichbedeutend wären.

Vergleichen wir nun aber einmal die beiden Sätze:

„Ob es mir nun zwar anfänglich gar nicht anständig seyn wolte, aus einem Capellmeister ein Cantor zu werden"

und

„Obwohl ich es zunächst gar nicht angemessen fand, vom Kapellmeister zum Kantor zu werden".

Nach der Maßgabe, daß der gleiche Sachverhalt immer dann vorliegen soll, wenn zwei ihn darstellende Aussagen einander gleichgesetzt werden können, drücken beide Sätze offenbar den gleichen Sachverhalt aus: den nämlich, daß Bach es als Verschlechterung empfand, aus dem Amt eines Kapellmeisters in das eines Kantors überzuwechseln.

Aber wir merken schon: diese Argumentation ist irgendwie schwach. Wir haben das deutliche Gefühl: Die beiden Sätze stellen eben *doch nicht* „den gleichen Sachverhalt" dar!

In Bachs Originalsatz ist nämlich offensichtlich die spezifische Denkweise, das ganze „Lebensgefühl" eines protestantischen Musikers des 18. Jahrhunderts eingeschlossen. Welch ungeheure Fülle von Assoziationen birgt allein schon das Wort ‚anständig'! Wir verwenden dieses Wort heute ganz anders als Bach und können es eben deshalb in unserer Übersetzung gar nicht stehen lassen, ohne den Sinn zu verfälschen. Wir sagen etwa: „Du mußt anständig essen!" oder: „Das ist aber verdammt anständig von ihm!" So gebrauchte Bach das Wort offensichtlich nicht. Bei ihm klingt deutlich noch der „Stand" durch: ein ganzer historischer Zusammenhang, die soziale, finanzielle, künstlerische Situation eines Hofkapellmeisters auf der einen und eines kirchlichen und städtischen Musikdirektors und Musiklehrers auf der anderen Seite vergegenwärtigen sich hier.

Daraus ergibt sich: Das Wort „anständig", so wie Bach es gebraucht, können wir in unserer Übersetzung in das Gegenwartsdeutsch *weder* wörtlich übernehmen – denn für uns hat es eine ganz andere Bedeutung; *noch* können wir es mit wirklich gutem Gewissen durch sinngemäß etwa entsprechende Wörter wie „angemessen", „passend", standesgemäß" und so fort übersetzen – denn diese Wörter, so korrekt sie auch die seinerzeitige Bedeutung von „anständig" wenigstens skizzieren mögen, legen ja wiederum ihre heutige Auslegung nahe und verfälschen damit wieder das Spezifische, „Atmosphärische" von Bachs „anständig".

(Wie kompliziert die Dinge werden, sobald man sich auf das glatte Parkett der geistesgeschichtlichen Interpretation begibt, zeigen schon die von uns probierten „Synonyma" „passend" und „standesgemäß". Beides sind nämlich nun wiederum eigentlich typische Wörter des 19. Jahrhunderts; um 1890 konnte etwas „unpassend" sein und war ein Heiratskandidat der höheren Schichten verpflichtet, seiner Auserwählten „standesgemäßen Unterhalt" zu gewähren. Beide Wörter können wir heute also nur noch ironisch, im Bewußtsein des historischen Abstandes, verwenden. – „Angemessen" wiederum ist ein Wort von bewußt unbestimmt gelassener Bedeutung, das in der jeweiligen Situation erst ausgelegt werden muß und daher über die spezifische soziale, psychische und künstlerische Situation Bachs im Jahre 1723 *so* gar nichts aussagt.)

Unsere Überlegung macht deutlich: in dem Augenblick, da wir uns in den Bereich der historischen Interpretation begeben, können wir nicht ohne weiteres darauf vertrauen, daß zwei Sätze verschiedenen Wortlautes den gleichen Sachverhalt darstellen können müssen; ganz im Gegenteil sind wir wesentlich besser beraten, wenn wir zunächst davon ausgehen, daß jeder Satz, so wie er formuliert ist, einen ganz spezifischen, nicht auf andere Weise darstellbaren, von einer bestimmten Formulierung und der damit gegebenen spezifischen historischen „Atmosphäre" nicht ablösbaren Sachverhalt vergegenwärtigt.

Wir werden auf das Problem der „Synonymität" im historischen Bereich noch in anderem Zusammenhang zurückkommen.

Das Beispiel des Bach-Briefes sollte uns zeigen: jede historische Einheit hat ihre bestimmte Atmosphäre, ihr Spezifisches, ihren „Stil", wie wir auch mit einem längst geläufigen Wort sagen. „Stil" in diesem Sinne heißt: die Elemente ordnen sich in bestimmter Weise zusammen; bestimmte Figuren „kommen vor" – andere wieder nicht.

Wer viel Umgang mit Zeugnissen aus einer bestimmten historischen Situation besitzt, bekommt auf diese Weise einen sehr scharfen Blick für das, was in einem bestimmten „Stil" an „Figuren" „vorkommen" kann und was nicht – was in einer gegebenen historischen Situation jeweils *möglich* ist und was nicht.

So zeigt uns der Bach-Brief zum Beispiel, daß in der ersten Hälfte des 18. Jahrunderts die Verwendung des Wortes „anständig" im Sinne unseres ‚artig' oder ‚fair' noch nicht „möglich" war – andererseits jedoch finden wir das Adverb „bestens" und auch das in dem von uns zitierten Abschnitt nicht vorkommende „anderweitig"[77] schon in genau der uns vertrauten Verwendung. In diesem Sinne kann man einen historisch „andersartigen" Text auch als eine spezifische Konstellation dessen sehen, was „möglich" und was „nicht möglich" ist: „anderweitig" in unserem Sinne ist bei Bach „möglich", „anständig" in unserem Sinne dagegen nicht.

Dieser durch langen Umgang „hermeneutisch" erworbene „Riecher" für das, was in einem Zeitstil „möglich" ist und was nicht, hat seine praktische Bedeutung etwa für die Erkennung von Fälschungen. Im Alltagsleben ist es üblich, sich in scherzhaftem Zusammenhang – etwa in Einladungen für Faschingsveranstaltungen und ähnliche Anlässe – eines bewußt altertümelnden Sprachstils zu bedienen, mit reicher Verwendung von „alldieweil", „sintemalen" und so fort. Historische Kenner würden in solch einem Falle natürlich sehr genau zu beurteilen vermögen, was an dem betreffenden Text „falsch" ist – etwa wenn einem spätmittelalterlichen Raubritter der Sprachstil der Bachzeit in den Mund gelegt wird.

Bekanntlich spricht man hier von „Anachronismus". Ein „Anachronismus" liegt immer dann vor, wenn in einer Äußerung, die anscheinend oder angeblich einer bestimmten historischen Einheit zugerechnet wird, „fremde" Elemente vorkommen. Die Anachronismus-Kritik ist natürlich ein sehr feines Werkzeug für den geübten Historiker. Es gibt Merkmale an historischen Zeugnissen, die uns gestatten, sie bis auf eine Generation genau[78] zu datieren: so etwa die Schrift oder bestimmte Einzelheiten der Formgebung. Dem heutigen Historiker fällt „es auf, wenn eine angeblich aus dem 9. Jahrhundert stammende erzbischöfliche Urkunde Schriftzüge und Beglaubigungsformen (Siegel!) [. . .] [aufweist], die erst im 12. Jahrhundert möglich waren." Ein interessantes Beispiel für eine solche „Anachronismusforschung" werden wir weiter unten am „Privilegium Majus" kennenlernen.

Das Phänomen des „Zeitstils" können wir auch im Alltag sehr gut beobachten. Wenn wir etwa durch eine Stadt schlendern, vermögen wir oft auf das Jahrfünft genau zu erraten, wann das Gebäude errichtet sein muß, an dem wir gerade vorübergehen. Wir wissen eben, wie eine Schule von 1914, ein Siedlungshaus von 1926 oder ein Verwaltungsgebäude von 1955 aussehen.

Auch das Buchwesen stellt ein interessantes Betätigungsfeld für unser Zeitstil-Bewußtsein dar: den meisten Büchern sehen wir ihr mutmaßliches Erscheinungsjahr auch dann an, wenn es nicht ausdrücklich genannt ist. Bestimmte Eigenarten der Titelformulierung, der Typographie, des Einbandes und so fort, nicht zuletzt auch des Inhaltes führen uns hier oft auf die richtige Spur.

Interessante Beispiele hierfür hat Hans Baer zusammengetragen. So sagt er etwa: „[. . .] ein alter Bücherfuchs ,weiß'" einfach aufgrund seines „Titelgefühls", „daß Titel wie *Bauern, Bonzen und Bomben* oder *Berlin Alexanderplatz* oder *Brot* um 1930 herum zu datieren sind." – Ferner: In dem Jahrzehnt von 1931 bis 1940 erschienen in der deutschen erzählenden Literatur 90 „Fliegerbücher", von 1901 bis 1930 dagegen nur insgesamt 38, und von 1941 bis 1952 nur 20 Titel: „Man wird [. . .] also etwa [. . .] das *Bordbuch eines Verkehrsfliegers"* in den Bücherverzeichnissen der dreißiger Jahre unseres Jahrhunderts zuerst suchen – ein solcher Titel „riecht" für den historisch Bewußten förmlich „nach 1935". – Oder: mit „Und [...]" beginnende Buchtitel häufen sich erst seit 1950 – sie sind typisch für die Zeit nach dem zweiten Weltkrieg.[79]

5. Philosophische Texte

a. Ein historischer Text. Wir stoßen auf folgenden philosophischen Text:[80]

„Das Geistige allein ist das Wirkliche; es ist das Wesen oder Ansichseiende, – das sich Verhaltende und Bestimmte, das Anderssein und Fürsichsein – und [das] in dieser Bestimmtheit oder seinem Außersichsein in sich selbst Bleibende, – oder es ist an und für sich. – Dies Anundfürsichsein aber ist es erst für uns oder an sich, es ist die geistige Substanz. Es muß dies auch für sich selbst, muß das Wissen von dem Geistigen und das Wissen von sich als dem Geiste sein, d. h., es muß sich als Gegenstand sein, aber eben so unmittelbar als aufgehobener, in sich reflektierter Gegenstand. Er ist für sich nur für uns, insofern sein geistiger Inhalt durch ihn selbst erzeugt ist; insofern er aber auch für sich selbst für sich ist, so ist dieses Selbsterzeugen, der reine Begriff, ihm zugleich das gegenständliche Element, worin er sein Dasein hat, und er ist auf diese Weise in seinem Dasein für sich selbst in sich reflektierter Gegenstand. – Der Geist, der sich so entwickelt als Geist weiß, ist die Wissenschaft. Sie ist seine Wirklichkeit und das Reich, das er sich in seinem eigenen Elemente erbaut."

„[...] So zerfällt die Wissenschaft in die drei Teile:

I. Die Logik, die Wissenschaft der Idee an und für sich,

II. Die Naturphilosophie als die Wissenschaft der Idee in ihrem Anderssein,

III. Die Philosophie des Geistes, als der Idee, die aus ihrem Anderssein in sich zurückkehrt."

Es ist nicht schwierig zu erraten, daß diese Texte von Georg Wilhelm Friedrich *Hegel* stammen.

Auch hier liegt die Frage nahe, ob diese Sätze, wie der Brief Bachs, in deutschsprachige Formulierungen anderen Wortlauts, aber der gleichen Bedeutung zu übertragen sind – ob also die Sachverhalte, die Hegel zum Ausdruck bringen will, auch durch Aussagen anderer Buchstabenfolge darzustellen sind.

Offenbar brauchen wir uns darum gar nicht zu bemühen. Wir werden sehr bald bemerken, daß Wörter wie „das Wirkliche", „das

Ansichseiende", „das Anderssein und Fürsichsein" unersetzbar sind. Es gibt ganz offensichtlich schlechthin keine anderweitigen deutschen Wörter, die wir an die Stelle dieser Wörter setzen können. Der Gegenstand, den sie bezeichnen sollen, hängt an diesen und an keinen anderen Wörtern und kann daher von ihnen nicht abgelöst werden.

Hegels Sprache scheint daher den Extremfall für jene von der Sprachanalyse vertretene These[81] zu bieten, daß ein „Sachverhalt" nichts „an sich" ist, sondern nur in der Aussage existiert, die ihn darstellt.

„Dies Anundfürsichsein aber ist es erst für uns oder an sich, es ist die geistige Substanz" – ein solcher Satz schafft sich seinen „Gegenstand" offenbar erst selbst. Und wenn man in diesem Satz auch nur ein Wort anders formulieren würde, so würde vermutlich auch der Gegenstand des Satzes ein anderer. Mit „Synonymen", deren Verwendung am Inhalt der Aussage nichts ändert, ist hier offensichtlich nicht viel anzufangen.

Es gäbe allenfalls eine Möglichkeit, Hegels Sätze in anderslautende Sätze gleicher Bedeutung zu überführen. Aber diese Möglichkeit liegt bezeichnenderweise außerhalb der deutschen Sprache: man könnte versuchen, Hegels Texte in eine Fremdsprache, etwa ins Lateinische oder Englische, zu übersetzen. Denn in diesem Falle wären wir nicht genötigt, deutschsprachige Synonyme für Hegels Ausdrücke zu suchen, sondern könnten die deutschen Wörter gleichsam schematisch durch fremdsprachliche Entsprechungen ersetzen, also etwa „aliter esse" für „Anderssein" oder „outside itself being" für „Außersichsein" sagen.

Doch hier zeigt sich folgendes: eine Übersetzung Hegels ins Lateinische oder Englische würde zunächst einmal zweifellos die spezifische „Atmosphäre" des Hegelschen Stils zerstören. Insofern liegt die gleiche Situation vor wie bei der „Übersetzung" des Bachbriefes in gegenwärtiges Deutsch.

Aber weiter würde sich der Unterschied zwischen dem Bachbrief und dem Hegeltext offenbaren. Den Bachbrief können wir zur Not schon in modernes Deutsch übersetzen. Was verlorengeht, ist ja zunächst nur das historische Kolorit, während der dürre Inhalt durchaus erhalten bleibt. Das Besondere des Bachtextes liegt also nicht im Inhalt, den man auch anders wiedergeben kann, sondern in der „hermeneutisch" erfaßbaren Atmosphäre der Bachzeit, die er repräsentiert.

Bei Hegel jedoch müssen wir folgendes feststellen: „Kolorit" und „Inhalt" sind nicht, wie bei Bach, voneinander zu trennen. Das typisch Hegelsche „Kolorit", wie es unsere Beispielsätze zeigen, „*ist*" ja gleichzeitig die Formulierungen, die als solche die von Hegel gemeinten Sachverhalte verkörpern. Wenn wir also Hegel ins Lateinische oder Englische übersetzen, so geht *mit* dem „Kolorit" gleichzeitig auch der gemeinte Sachverhalt verloren, weil er lediglich in der einen möglichen Formulierung Hegels steckt.

Bachs Brief stellt Sachverhalte dar, die aus der Atmosphäre ihrer Formulierung zur Not herauslösbar sind; wir können die historische Situation, die seine Worte vergegenwärtigen, wenigstens annäherungsweise auch in unserer Sprache formulieren – etwa indem wir statt „anständig" „angemessen" sagen.

Bei Hegel dagegen steckt der Sachverhalt in der historischen Formulierung – und eben deshalb, so wollen wir vorläufig, und ein wenig hinterhältig, formulieren, ist vielleicht der Sachverhalt, den Hegel ausdrücken will, selber nur „historisch", das heißt: für uns nicht mehr aktuell, nicht mehr gültig.

Dieses schwierige Problem müssen wir in mehreren Anläufen zu bewältigen suchen. Daher zunächst das folgende Gegenbeispiel.

b. Ein gegenwärtiger Text. Setzen wir nun dem Hegelschen Text folgende Sätze aus einer philosophischen Veröffentlichung unserer Tage gegenüber:[82]

„Wir beginnen von vorn, indem wir jene ,Kunstausdrücke' vermeiden, jene ,termini technici', die sich äußerlich oft dadurch verraten, daß sie im Gewande des ,Fremdwortes' auftreten. Wir versetzen uns also in eine Situation, in der wir noch nicht wissen, was ,Realität' ist oder ,Bewußtsein', ,subjektiv' oder ,philosophisch', ,Elektron' oder ,Kohlenwasserstoff', ,Begriff' oder ,logischer Schluß', ,Eschatologie' oder ,Sozialstruktur' und so fort. Wir verbieten uns, den unvorbereiteten Gesprächspartner, Hörer oder Leser in der heute überall üblichen Weise mit solchen Ausdrücken zu überfallen."

Wenn wir diese Partie aus Wilhelm *Kamlahs* und Paul *Lorenzens* „Logischer Propädeutik" mit den Texten von Hegel vergleichen, so fällt uns folgendes auf:

Den Text von Kamlah und Lorenzen verstehen wir ohne weiteres. Wir wissen sofort, wovon die Rede ist – wir sind sogar geneigt, diesen Ausführungen spontan zuzustimmen. Ja, nicht zuletzt werden wir den Eindruck haben, daß diese Sätze gerade auch auf Autoren wie Hegel gemünzt sein könnten. Überfällt nicht auch Hegel uns mit Ausdrücken und Sätzen, die wir nicht ohne weiteres verstehen?

Daß die Logik es mit der „Idee an und für sich" zu tun habe, die Naturphilosophie mit der „Idee in ihrem Anderssein" und die Philosophie des Geistes mit der „Idee, die aus ihrem Anderssein in sich zurückkehrt" – das klingt zwar sehr schön und fast poetisch – aber kann man sich darunter auch etwas vorstellen?

Wir können also zunächst festhalten: bei den modernen Autoren Kamlah und Lorenzen haben wir den Eindruck, daß da „nostra res agitur"; Probleme, die uns unmittelbar bedrängen, werden diskutiert; wir sehen uns vielleicht in unseren eigenen kritischen Gedanken bestätigt und ermutigt.

Was Hegel sagt, ist uns dagegen auf Anhieb unverständlich. Wir können damit in unserer Situation nichts anfangen.

Jedoch: erinnern wir uns unseres Vergleiches zwischen den Gedichten von Gryphius und Goethe. Wir hatten dort festgestellt: in der Hermeneutik kommt es gar nicht darauf an, daß wir etwas auf Anhieb verstehen. Unser jeweiliger Verständnishorizont besagt gar nichts; er ist zufällig zustandegekommen. Geduldiges Sicheinarbeiten in einen auf den ersten Blick unzugänglichen wissenschaftlichen Text wird vorausgesetzt.

Daß wir die aus dem Zusammenhang gerissenen und hier zitierten Sätze Hegels nicht verstehen, besagt selbstverständlich noch gar nichts. Vielmehr wird von uns verlangt, daß wir uns angemessen gründlich mit Hegel beschäftigen.

Nun könnte uns aber folgendes passieren. Angenommen, wir beschäftigen uns gleich lange und gleich gründlich einerseits mit Hegels Werken und andererseits mit – auf den ersten Blick genau so schwierigen, wenn nicht sogar schwierigeren – mathematischen oder formallogischen Problemen. Dann könnte es sein, daß wir die Mathematik und die Logik nach einiger Zeit verstehen – Hegels Sätze aber immer noch nicht.

Wie gesagt – ich behaupte nicht, daß es so ist, sondern nur, daß es so sein könnte. Wenn es aber so wäre, was würde das dann bedeuten? Es könnte folgendes bedeuten. Hegel ist ein hochbedeutender Denker. Das spürt jeder, der mit ihm zu tun hat. Und seine Sprache ist ästhetisch schön. Aber es könnte sein, daß wir die *Wahrheit* seiner Aussagen nicht einzusehen vermögen. Hegel hätte dann vielleicht eine immanente Wahrheit, aber keine Wahrheit für uns. Dieses Problem wird uns aber noch ausführlicher beschäftigen. Daher brechen wir hier ab.

D. Die historische Interpretation

Unsere Vorarbeiten haben uns nunmehr in die Lage versetzt, abschließend zu klären, was wir unter „historischer Interpretation" verstehen.

Die historische Interpretation ist das „Verstehen" von Zeugnissen aufgrund der Regeln der „Hermeneutik" und das Einordnen der Zeugnisse in einen Sinnzusammenhang – und zwar mit dem Ziel, eine (zeitlich, räumlich oder „sozial" definierte) „historische Situation" in ihrer Eigenart möglichst genau und angemessen zu durchschauen und zu erfassen.

Hierbei ist der „hermeneutische Zirkel" unvermeidlich. Was wir wissen wollen, müssen wir schon wissen. Denn: die historischen Zeugnisse erhellen sich gegenseitig. Wir brauchen das Zeugnis A, um das Zeignis B zu verstehen, und umgekehrt wieder das Zeugnis B, um das Zeugnis A zu verstehen. Dieser Zirkel läßt sich nur so durchbrechen: *wir fangen einfach irgendwo an* zu studieren und verschaffen uns so ein ungefähres Bild, ein „Vorverständnis" des in Frage stehenden Sinnzusammenhanges. In diesen vorläufigen Sinnzusammenhang ordnen wir ein neues Zeugnis ein. Dieses Einordnen ist offenbar ein doppelseitiger Vorgang: zunächst sind wir in der Lage, aufgrund unseres Vorverständnisses das Zeugnis genauer zu verstehen, als es ohne dieses Vorverständnis möglich wäre. Daß wir aber nun dieses neue Zeugnis so gut verstehen können – diese Tatsache wiederum bereichert unser vorläufiges Verständnis einer historischen Einheit, so daß wir ein weiteres Zeugnis wieder besser würdigen können – und so fort.

Nun ist es in der Praxis nicht so, daß wir in jedem Falle als Individuen auf eigene Faust uns in neue Gegenstände einarbeiten müssen. Vielmehr hat die historische Methode und die historische Interpretation ja ihrerseits eine jahrhundertelange „Geschichte" hinter sich. Unser „Vorverständnis" besteht daher praktisch in dem Schatz der bis heute erarbeiteten quellenkundlichen und interpretatorischen Einsichten, die wir uns zunutzemachen können. So ist beispielsweise durch die Forschung ein bestimmtes Bild vom Mittelalter erarbeitet worden, das uns als Orientierungshilfe zur Verfügung steht.[83]

Es bedarf kaum besonderer Erwähnung: hiermit ist nicht gemeint, wir sollten ein bereits vorliegendes Vorverständnis unkritisch übernehmen. Vielmehr brauchen wir dieses Vorverständnis in jedem Falle – ob wir es durch unsere eigenen Forschungen und Überlegungen nun bestätigen oder nicht. Denn selbst wenn wir der Meinung sind, daß das Vorverständnis ein Mißverständnis war: wir selbst hätten unter Umständen ja diesen Irrweg gehen müssen, hätten ihn andere uns nicht abgenommen und eben dadurch uns den Zugang zur richtigen Spur erleichtert!

In einem Bild gesagt: das Vorverständnis von einem bestimmten Problem ist gleichsam der Adler, der uns zunächst einmal so hoch trägt, daß wir auch als kleine Zaunkönige noch ein wenig höher kommen; ohne den Adler hingegen wären wir kaum über unseren Zaun hinausgelangt.

I. Beispiel: „Privilegium Majus"

Nachdem wir im vorigen Abschnitt an einigen einfachen Beispielen gesehen haben, wie die historische Hermeneutik arbeitet, wollen wir nun noch einen komplexen Fall vorführen, der uns zeigt, mit welcher Fülle sich gegenseitig erklärender Faktoren auf allen Ebenen es der Historiker zu tun haben kann.

Ein solches klassisches Beispiel historischer Interpretation mit der Beteiligung sehr vieler Faktoren bietet uns Ernst Bernheim.[84]

Es handelt sich um die Frage der Echtheit der österreichischen Freiheitsprivilegien, des sogenannten privilegium majus und minus, aus dem 12. Jahrhundert:

„Bekanntlich wurde im Jahre 1156 von Kaiser Friedrich I. [Barbarossa] die Markgrafschaft Österreich zum Herzogtum erhoben und mit besonderen Vorrechten ausgestattet, um den damaligen Inhaber Heinrich den Babenberger dafür zu entschädigen, daß dieser das Herzogtum Bayern an Heinrich den Löwen abtrat. Über diese Tatsache gibt es zwei Urkunden Kaiser Friedrichs I. vom 17. September 1156 ganz verschiedenen Inhalts: die eine enthält weitestgehende Privilegien für das neue Herzogtum, wurde daher später Privilegium majus genannt, die andere Privilegien bescheidenerer Art, daher später als Privilegium minus bezeichnet. [. . .] Nun leuchtet [. . .] ein, daß beide Urkunden nicht nebeneinander als echt bestehen können; denn wenn es auch oft genug im Mittelalter vorkommt, daß bei einem und demselben Anlaß mehrere Urkunden ausgestellt werden, so ist es doch widersinnig, daß zwei Urkunden gleichzeitig ausgestellt worden wären, deren eine zum Teil auf ganz anderen verfassungsmäßigen Voraussetzungen beruht als die andere [. . .]. Somit vor die Alternative gestellt, eines der beiden Privilegien für unecht halten zu müssen, entschied man sich [. . .] für Echtheit des Privilegium majus, [. . .] [weil] von diesem anscheinend das Original vorhanden war, dagegen von dem Privilegium minus nicht. [. . .] alsbald erhob sich ein lebhafter literarischer Streit [. . .] [darüber], bis [. . .] [einige Gelehrte] die Sache durch eindringende methodische Untersuchung zur Entscheidung brachten. [. . .] Es handelt sich [. . .] nicht nur um die beiden Urkunden von 1156, sondern noch um damit zusammenhängende auf beiden Seiten, sodaß man von einer Majus-Reihe und einer Minus-Reihe sprechen kann [. . .]. Die erstere besteht außer dem Majus selbst aus drei späteren Bestätigungsurkunden und einem früheren Privileg [Kaiser] Heinrichs IV., auf welches das Majus sich beruft; die letztere außer dem Minus aus einer späteren Bestätigung. Also:

Majus-Reihe:	Minus-Reihe:
Privileg Heinrichs IV. vom 4. Oktober 1058, einschließlich der Urkunden Julius Cäsars und Neros,	
Privileg Friedrichs I. vom 17. September 1156,	Privileg Friedrichs I. vom 17. September 1156,
Privileg Heinrichs vom 24. August 1228,	
Privileg Friedrichs II. vom Juni 1245,	Privileg Friedrichs II. vom Juni 1245.
Privileg Rudolfs I. vom 11. Juni 1283.	

Von der Majus-Reihe entfällt ohne weiteres das erste Privileg, Heinrichs IV., als gefälscht. Zwar bietet es im ganzen durchaus den Schein eines echten Originals aus der zutreffenden Zeit in Schrift und im Formular, und nur bei schärfster Prüfung zeigen sich einige Kontravenienzen gegen die Orthographie des 11. Jahrhunderts und gegen den damaligen Kanzleigebrauch [. . .], allein ganz unzweifelhaft ergibt sich die Fälschung aus inhaltlichen Unmöglichkeiten: es werden da bestätigend inseriert [= in den Text eingefügt] je eine Urkunde Kaiser (!) Julius Cäsars und Kaiser Neros [. . .], und wenn schon die Unechtheit [. . .] [dieser angeblichen Urkunden altrömischer Kaiser] nicht an und für sich beweist, daß die Bestätigungsurkunde Heinrichs gefälscht sein müsse, da [ja] die Kanzlei selbst sich durch ältere ihr vorgelegte Machwerke hat täuschen lassen können, so enthüllt sich die Unechtheit der Bestätigungsurkunde doch [. . .] durch die Behauptung, er, der König, habe jene Urkunden Cäsars und Neros, die in der lingua paganorum abgefaßt seien, ins Lateinische übersetzen und so inserieren lassen, was verrät, daß jene Urkunden überhaupt nicht existiert haben; denn welche Sprache soll jene lingua paganorum gewesen sein, in der sie angeblich abgefaßt waren? [. . .] Der [. . .] Schein der Echtheit erklärt sich dadurch, daß eine echte Urkunde Heinrichs IV. [. . .] von dem Fälscher als Vorlage benutzt ist, doch nicht so geschickt, daß er nicht durch die ganz unpassende Aufnahme des Wortes traditio, womit er am Schlusse die Urkunde bezeichnet, während dieselbe gar keine traditio (Übergabe, Schenkung) enthält, seine andersgeartete Vorlage verriete. Kurz, die Unechtheit dieses Privilegs [Kaiser Heinrichs IV. von 1058] ist unbestritten nachgewiesen. Dieser Umstand berührt freilich die Echtheit des Privilegium majus an und für sich keineswegs [. . .]; denn es kommt oft genug vor, [. . .] daß die kaiserliche Kanzlei ältere Fälschungen bona fide zitiert oder bestätigt. Man hat es also noch ohne Präjudiz mit dem Majus-Privileg und den übrigen an sich zu tun. Fragen wir zunächst nach der äußeren Beglaubigung, so scheint die Antwort sehr zugunsten der Majus-Reihe auszufallen; denn diese ganze Reihe ist in schönen Originalen, die auf den ersten Blick tadellos erscheinen, erhalten, die Minus-Reihe dagegen nur in Kopieen. Allein bei näherer Kenntnis der Verhältnisse wird das Fehlen von Kopieen der Majus-Privilegien fast zu einem schwereren Verdacht gegen deren Echtheit als das Fehlen der Originale bei den Minus-Privilegien. Vom 13. Jahrhundert an wird es nämlich Sitte, daß die weltlichen Landesherren [. . .] die wichtigsten Urkunden nicht nur in Archiven bewahrten, sondern auch aus Vorsicht in besondere Kopialbücher abschreiben ließen. Nun finden sich in Kopiarien des 13. Jahrhunderts mehrere Kopien der Minus-Privilegien [. . .]; aber es findet sich nirgends eine Kopie der entsprechenden Majus-Privilegien vor dem Jahre 1360. Wie kommt das? Hatte man nicht allen Grund, diese hochwichtigen Urkunden zu kopieren, wenn – sie existierten?! Nun zeigen sich auch bei scharfer Prüfung der angeblichen Originale der Majus-Reihe einige verdächtige Abweichungen von Schrift und Kanzleigebrauch der angeblichen Entstehungszeit, orthographische Eigenheiten des 14. Jahrhunderts, ein Amen in der Eingangsformel des Majus von 1156 und anderes mehr. Doch durchschlagende Beweise für die Unechtheit der Majus-Privilegien gibt der Inhalt derselben. Fassen wir zunächst das Majus von 1156 ins Auge. Nach unserer festgegründeten Kenntnis der deutschen Verfassungsverhältnisse des 12. Jahrhunderts [...] sind solche Privilegien, wie sie da angeblich verliehen worden, ein Unding: da wird die Unteilbarkeit des neuerrichteten Herzogtums sanktioniert, während wir wissen, daß eigenmächtige Teilung von Herzogtümern damals gänzlich außer Frage stand, vielmehr erst seit ca. 1250 vorkam [so daß die Unteilbarkeit nicht ausdrücklich garantiert werden mußte]. Da wird von Electores principes gesprochen, nach denen der Herzog den ersten Rang als ‚Pfalzerzherzog‘ einnehmen solle, während wir wissen, daß erst nach dem Interregnum die Kurfürsten als geschlossenes Kolleg erscheinen und daß jener damals unerhörte Titel Pfalzerzherzog zuerst 1359 vorkommt; [...] da wird eine Art Primogenitur eingerichtet, während sich bis ins 14. Jahrhundert keine Spur einer solchen Einrichtung in Österreich findet, vielmehr Gesamtregierung der Brüder; [...] und so fort – kurz, das ganze Privileg ist *ein* Anachronismus: derartiges kann nicht im 12. Jahrhundert Inhalt selbst weitestgehender kaiserlicher Verleihungen gewesen sein. Wir müssen das Majus-Privileg von 1156 für eine Fälschung erklären. [...] Jeder Kenner der deutschen Verfassungsgeschichte wird [...] bei der Lektüre des Majus den Eindruck erhalten, daß die darin vorausgesetzten Verfassungszustände dem 14. Jahrhundert, speziell der Sphäre der Goldenen Bulle Karls IV., entsprechen [...] Wenn wir nun die Bestimmungen der Goldenen Bulle Karls IV. näher vergleichen, so stehen einige derselben mit denen des Majus in so unverkennbarer Beziehung, daß entweder jene [die Bestimmungen der Goldenen Bulle] mit Rücksicht auf diese [die des Majus] oder umgekehrt diese mit Hinblick auf jene abgefaßt sein müssen; da ersteres höchst unwahrscheinlich ist, haben wir das letztere anzunehmen, und es würde sich somit ergeben, daß das Majus unter Rücksicht auf die Goldene Bulle, also nach 1356, verfertigt sei. Hiermit haben wir einstweilen auf Grund nicht unwahrscheinlicher Vermutung die Entstehung der Fälschung in den Zeitraum von ca. 1356–1359 eingeschränkt [1359 wegen des erstmaligen Auftretens des Titels „Pfalzerzherzog“ in einer Urkunde Herzog Rudolfs IV. von Österreich als „Anwendung der in dem Majus verliehenen Vorrechte“ (wie Bernheim in einer hier ausgelassenen Partie mitteilt)]. [...] [Gehen] wir der Frage nach [...], ob und welcher Anlaß zu einer derartigen Fälschung damals etwa vorlag. Sehen wir uns also nach den damaligen staatsrechtlichen Verhältnissen Österreichs um. Die Goldene Bulle Karls IV. hatte 1356 die Rechte der Kurfürsten verfassungsmäßig festgestellt und dabei bedeutend erweitert – Österreich gehörte nicht zu den auserwählten Sieben. [...] 1358 kam in Österreich Herzog Rudolf IV. zur Regierung, [...] der für die Erhöhung seines Landes und seiner Herrschaft alles tat. Es hindert uns nichts, [...] ihm die Veranstaltung der Fälschung zuzuschreiben. Er ist es, der sich zuerst den Titel Pfalzerzherzog beilegt und in noch anderen Punkten bis dahin unerhörte Vorrechte, die das Privilegium Majus enthält, zur Anwendung bringt, er ist es, der dasselbe zuerst mit eigentümlicher Absichtlichkeit zitiert [...]; wir wissen zudem von ihm, daß er ganz besonderes Gewicht auf das Urkundenwesen legte und damit Bescheid wußte [...]. So werden wir nicht Anstand nehmen, in ihm den Urheber dieser Privilegienfälschung zu sehen, durch welche er zum Ersatz für die Österreich entgangenen kurfürstlichen Vorrechte und andere vereitelte Aussichten sich und seinem Hause Vorteile verschaffen wollte. Mit dieser Annahme erklärt sich die Fälschung in jeder Hinsicht; namentlich erklärt sich auch die täuschend echte Gestalt der Urkunden sehr einfach durch Nachahmung echter Originale aus den zutreffenden Zeiten, welche ja in den herzoglichen Archiven reichlich zur Verfügung standen, u. a. ohne Zweifel der [in Wahrheit allein echten] Minus-Privilegien selbst. Es erübrigt noch der Gegenbeweis, daß das Privilegium minus und dessen Bestätigung echt seien; derselbe ist durch den eben geführten Nachweis der Fälschung sehr erleichtert, da sich namentlich das Fehlen von Originalen jetzt durch absichtliche Vernichtung zugunsten der Fälschung erklären läßt. Im übrigen zeigt sich bei der Prüfung der Minus-Privilegien, daß sie äußerlich und inhaltlich in allen Punkten den zutreffenden Zeitverhältnissen entsprechen [...]"

Dem Leser wird es gehen wie auch mir bei der Lektüre der Bernheimschen Schilderung: er glaubt, sich in einen spannenden Kriminalroman versetzt zu sehen! Das liegt einmal in der Sache selbst, zum anderen aber auch an der meisterhaften Darstellungsweise Ernst Bernheims, für den es offensichtlich keine langweiligen antiquaria gibt.

Bernheim bringt das Beispiel in einem Abschnitt über *Fälschungen*. Nun ist aber klar, daß uns an diesem Fall nicht nur der „kriminalistische" Gesichtspunkt interessiert; was vielmehr deutlich werden sollte, das ist die ungeheure Vielfalt der Gesichtspunkte, die der Historiker griffbereit haben muß, um einen solchen Fall zu beurteilen zu vermögen; und zwar Gesichtspunkte, die *ganz verschiedenen Schichten* des historischen Wissens angehören können: von der Information, daß in der Eingangsformel einer Urkunde aus dem 12. Jahrhundert kein „amen" stehen kann, über die Tatsache, daß es seit dem 13. Jahrhundert auch bei weltlichen Landesherren Urkunden-Kopierbücher gab – bis hin zu den zentralen verfassungsrechtlichen Erwägungen über die Entwicklung des

Kurfürstenkollegiums. In der historischen Interpretation schießt das alles zusammen; alles erklärt sich gegenseitig. Wir werden auf einzelne Punkte, die das Bernheimsche Beispiel zur Diskussion anbietet, noch zurückkommen.

Exkurs. Die Hypothese und der hermeneutische Zirkel

Wie wir im ersten Band[85] gesehen haben, dient die Hypothese der Auffindung endgültiger Forschungsergebnisse, die dann in Gestalt von Gesetzen und Theorien formuliert werden.

Die Hypothese nimmt dabei eine Mittelstellung ein: aufgrund einiger unsystematischer und vorläufiger Beobachtungen formulieren wir unsere Hypothese – und erst diese Hypothese gestattet es uns, nunmehr gezielt weitere Beobachtungen zu machen, die dann schließlich zu einer Bestätigung oder Verwerfung und Neuformulierung der Hypothese führen können.

Nun könnte man der Meinung sein: diese aus der Methodologie der induktiven Wissenschaften entnommene Auffassung der Funktion der Hypothese sei auch in den Bereich der hermeneutisch-historischen Wissenschaften zu übertragen.

Wir stellen also etwa die Hypothese auf: „Eine Frauenkirche ist eine Kirche, die nur Frauen zum Gottesdienst betreten dürfen." Nunmehr schlagen wir in etymologischen Wörterbüchern und anderer geschichtswissenschaftlicher Literatur nach und erfahren dort, daß eine „Frauenkirche" nach der Jungfrau Maria heißt. Also ist unsere Hypothese „falsifiziert".

Und das Entsprechende könnten wir mit „Weihersdorf" versuchen, wobei unsere Hypothese dann durch die Auffindung der Urkunde mit der Schreibung „Wigerichesdorf" falsifiziert würde.

Bei kritischer Betrachtung werden wir allerdings bemerken, daß hier der Begriff der Hypothese und die Definition der Forschung als Bearbeitung von Hypothesen offenbar mißbraucht werden.

Die Aufstellung einer Hypothese hat nämlich nur dann Sinn, wenn wir die Wahrheit noch nicht wissen *können*, weil nicht nur wir selbst nicht, sondern überhaupt kein Mensch bisher sie gefunden hat.

Wie die Planetenbewegungen „wirklich" beschaffen sind, wußte im Altertum kein Mensch genau, und deshalb mußte man Hypothesen darüber aufstellen und prüfen – bis dann Kepler seine bis heute nicht widerlegten und daher „Gesetze" genannten Hypothesen fand.

In den historischen Wissenschaften dagegen liegt die Situation oft ganz anders.

Im Falle unserer Beispiele ist die „Wahrheit" längst bekannt – der die Hypothesen Aufstellende kennt sie nur persönlich noch nicht. Seine Deutungen von „Frauenkirche" und „Weihersdorf" praktiziert er nur, weil er sich noch nicht gründlich genug mit der Materie beschäftigt hat. Wir können daher sagen:

Annahmen, die lediglich auf Unkenntnis des Materials beruhen, verdienen den Ehrennamen „Hypothese" nicht. Eine Hypothese steht vielmehr erst am Ende der möglichst vollständigen Ausschöpfung alles bisherigen menschlichen Wissens über ein Problem.

Das heißt: der historisch-hermeneutisch Arbeitende sollte sich hüten, voreilig Hypothesen aufzustellen, solange er sein Material noch nicht gründlich genug kennt. Denn solch vorschnelle Hypothesen erledigen sich im Fortgang der Kenntnisnahme vom Material in der Regel von selbst. Die Meinungen: Bachs Kantaten seien gedruckt, die Kunst der Fuge dagegen nicht; „Weihersdorf" leite sich von einem Weiher ab; und die Frauenkirche sei eine Kirche für Frauen sind keine „Hypothesen", die wir dann „falsifizieren", sondern schlechtweg Naivitäten, Irrtümer und Mißverständnisse, die sich bei angemessener Beschäftigung mit dem Material von selbst auflösen.

Innerhalb der hermeneutischen Wissenschaften können wir also nicht von einem Wechselspiel zwischen „Beobachtungen" und „Hypothesen" sprechen, sondern nur von einem hermeneutischen *Zirkel,* der folgendermaßen funktioniert:

Zunächst haben wir eine ganz vage Alltagsvorstellung, ein „Vorverständnis", von unserem Gegenstand. Daraufhin lesen wir unsere erste Literatur. Unser Bild des Gegenstandes nimmt hierdurch Kontur an. Die größere Klarheit über den Gegenstand führt zu weiterer Lektüre (oder Diskussion mit Kollegen), die wiederum das Bild präzisiert. So arbeiten wir uns im ständigen Wechsel von „Entwurf" und „Kenntnisnahme" bis zur weitestmöglichen, dem gegebenen Forschungsstand entsprechenden Information über unser Problem vor. Hierbei müssen wir unserem eigenen Verständnis für die Materie stets denkbar kritisch gegenüberstehen, da wir immer unser noch mangelhaftes Informiertsein einkalkulieren müssen. Und erst dann, wenn wir an die Grenze des bisherigen Wissens gestoßen sind, dürfen wir es wagen, Hypothesen aufzustellen.

Hieraus folgt: das Aufstellen von Hypothesen muß im Bereich der historischen Wissenschaften so weit wie möglich vermieden werden. Denn die meisten Zweifelsfragen lassen sich durch systematisches Quellen- und Literaturstudium längst beseitigen, ehe wir überhaupt gezwungen sind, bestimmte Annahmen fest zu formulieren.

Vermutungen über das Bestehen von Sachverhalten können wir also nur dann als Hypothesen bezeichnen, wenn wir uns alle menschenmöglichen Informationen über unseren Gegenstand bereits verschafft haben. Mit einer echten historischen Hypothese haben wir es erst dann zu tun, wenn wir sämtliches uns zur Zeit überhaupt zugängliches Quellenmaterial zu einer Frage studiert haben, dieses Material uns aber (noch) keine schlüssigen Antworten erteilt hat. Natürlich können später dann noch Quellen entdeckt werden, die wir auch bei bestem Bemühen noch nicht kennen *konnten,* und die dann unsere Hypothese in bestimmter Weise entscheiden. Insofern bleibt das Risiko eines nur „subjektiven" Nichtwissens natürlich auch bei einer korrekt, das heißt unter Ausschöpfung allen zur Verfügung stehenden Materials, angewendeten Hypothesen bestehen. Aber dieses subjektive Nichtwissen ist unvermeidlich und daher entschuldbar, wenn wir wirklich alles getan haben, was in unserer Macht stand.

Ein Beispiel für eine historische Hypothese in diesem „legalen" Sinne wäre etwa eine Vermutung darüber, wer den Reichstagsbrand im Februar 1933 gelegt hat: die Nationalsozialisten, die Kommunisten, oder van der Lubbe allein. Daß wir hierüber bis heute nichts Sicheres wissen, liegt zweifellos nicht an einer fahrlässigen Unkenntnis tatsächlich existierender Quellen, sondern daran, daß solche Quellen offensichtlich nicht mehr zu erfassen sind.

Die von uns im ersten Band[86] erwähnten Beispiele für individuelle bzw. historische Hypothesen sind sämtlich von dieser „legalen" Art, ohne daß wir das im dortigen Zusammenhang ausdrücklich hätten erwähnen müssen.

II. Das historische Verstehen

1. Verstehen ist nicht „Sicheinfühlen"

Wie wir gesehen haben, ist eine angemessene Beurteilung der komplexen Interpretationsprobleme, wie sie der Fall des „Privilegium Majus" stellt, nur möglich, wenn man sich in die Materie gründlich eingearbeitet hat und „rundum" *versteht*, wie die Dinge zusammenhängen.

Unser Beispiel hat uns aber auch gezeigt, daß ein historisches „Verstehen" in diesem Sinne nicht das mindeste mit „Psychologie" zu tun hat, wie viele analytische Wissenschaftler immer wieder glauben.

So schreibt Wolfgang Stegmüller:[87]

„Einige Denker [...] haben die Behauptung aufgestellt, daß wir im Bereich der geisteswissenschaftlichen Erkenntnis über eine spezielle Methode verfügen, die von den in den Naturwissenschaften anzutreffenden Methoden prinzipiell verschieden und diesen sogar überlegen sei: die Methode des nachfühlenden Verstehens. [...]"

„Es ist nicht zu leugnen, daß das geistige Nachvollziehen von Motiven und Entschlüssen für die Deutung fremder Persönlichkeiten von großer Wichtigkeit ist. Doch darf dabei nicht übersehen werden, daß diese ‚Verstehen' genannte Operation kein Verifikationsverfahren liefert und eine empirische Überprüfung auch niemals überflüssig macht. Vielmehr handelt es sich dabei um psychologische Gedankenexperimente, deren praktisch-heuristische Bedeutung darin liegt, uns geeignete Hypothesen darüber zu liefern, was im anderen Menschen vorgeht und somit zu einer adäquaten Erklärung der Handlungen dieses Menschen zu gelangen. [...]"

„Ist das Verstehen auf der einen Seite als Erkenntnismittel nicht hinreichend, so ist es auf der anderen Seite in vielen Fällen nicht notwendig. Nicht nur das Verhalten von Psychopathen, auch das von Angehörigen anderer oder primitiverer Kulturen kann häufig erklärt werden, ohne daß wir im geringsten in der Lage wären, uns in die Erlebnisse dieser Menschen hineinzuversetzen. Ja es mag sogar der Fall sein, daß die Vorgänge in unserer eigenen Geschichte und soziologischen Umwelt mit Hilfe von Begriffen und theoretischen Annahmen erklärt werden müssen, denen das Merkmal der Verständlichkeit fehlt. Die Operation des Verstehens beruht ja auf vulgärpsychologischen hypothetischen Verallgemeinerungen und Analogieschlüssen aus der eigenen persönlichen Erfahrung. In dem Maße, als es gelingt, naive psychologische Vorstellungen durch die Ergebnisse einer wissenschaftlichen Psychologie zu ersetzen [...] – in demselben Maße wird der Methode des Verstehens sukzessive der Boden entzogen."

Und Stegmüller gibt folgendes Beispiel aus der Geschichte:[88]

„[...] Versuchen wir, uns geistig in die Situation der Bewohner einer belagerten Stadt zu versetzen – man denke etwa an die Türken-Belagerung Wiens –, so können wir ebenso gut *verstehen,* daß aufgrund der langen Kämpfe und Entbehrungen der Durchhaltewille der Bevölkerung zusammenbricht, sodaß schließlich die Stadt vor dem Feind kapituliert, wie wir *verstehen* können, daß sich ein trotziger Widerstandsgeist entwickelt, der zur erfolgreichen Verteidigung der Stadt führt, bis der Feind unverrichteter Dinge abzieht. Aufgrund historischer Berichte wissen wir, wie es tatsächlich ausgegangen ist. Wenn wir uns aber aufgrund dieses Tatsachenberichtes für die eine und nicht für die andere Alternative entscheiden, so ist damit der Erklärungswert der durch die Methode des Verstehens gewonnenen Hypothese vollkommen entwertet. Die angebliche Erklärung aus den Motiven der beteiligten Personen ist wegen ihres ex post facto Charakters eine Pseudoerklärung."

Hierzu wäre zu sagen: Es ist zwar richtig, daß die geisteswissenschaftlich-hermeneutische Methode des „Verstehens" ursprünglich auf der eigenen Lebenserfahrung, dem „privilegierten Zutritt zur eigenen Bewußtseinswelt", wie Stegmüller sagt,[89] gründet – wir haben das im Phänomenologie-Teil ja ausführlich entwickelt. Diese Herkunft der geisteswissenschaftlichen Erkenntnis aus dem eigenen Bewußtsein ist aber nicht mit einer Psychologisierung dieser Erkenntnis gleichzustellen. Denn unser Bewußtsein besteht ja nicht einfach aus „psychischen" Regungen, sondern umfaßt Erfahrungsinhalte aller Art. Das Übersetzenkönnen eines lateinischen Satzes hat nichts mit Psychologie zu tun, sondern ist an die „objektiven" Zusammenhänge des Gegenstandes gebunden, den wir jeweils hermeneutisch erschließen. Dieser Gegenstand ist uns etwa in Form von unabsichtlich und absichtlich überlieferten Zeugnissen gegeben, die wir uns mit Hilfe der in den historisch-philologischen Wissenschaften ausgebildeten Methoden erschließen. Die „empirische Überprüfung" der Ergebnisse der geisteswissenschaftlichen Forschung, die Stegmüller vermißt, besteht eben in der Quellenkritik, wie wir sie ausführlich beschrieben haben. Alle Geschichtswissenschaft hat es mit „ex post facto"-Erklärungen zu tun, da es ihr ja gerade darum geht, die Tatsachen als solche quellenkritisch zu sichern. Hypothesen über Motive der Menschen, die diesen oder jenen Ausgang der Wiener Türkenbelagerung „erklären" sollen, interessieren den Historiker überhaupt nicht. Er fragt vielmehr umgekehrt danach, wie diese Belagerung ausgegangen ist und ob und wie der Hergang quellenkritisch gesichert ist. Erst dann wird er sich bemühen, den tatsächlichen Ablauf der Ereignisse zu „erklären" oder besser gesagt: zu interpretieren. Spekulationen über den Ausgang der Türkenbelagerung sind ebenso sinnlos wie solche darüber, ob Bach seine „Kunst der Fuge" gedruckt hat oder nicht: man kann ja erforschen, was der Fall war.

Hier wird wieder deutlich, was wir bereits im ersten Band[90] diskutierten: bestimmte Termini werden vom analytischen Wissenschaftstheoretiker völlig anders verwendet als vom Geisteswissenschaftler.

Der Historiker würde unter „empirischer Überprüfung" einfach die quellenkritische Sicherung einer bestimmten Einzeltatsache bzw. ihrer Interpretation verstehen und es insofern für selbstverständlich halten, daß er „Empiriker" ist; der Analytiker hingegen versteht unter „empirischer Überprüfung" die Bestätigung *allgemeiner* Sätze an einzelnen Fällen im Sinne des Problems, ob alle Schwäne weiß sind.[91] Da es der Historiker aber mit solchen allgemeinen Sätzen nicht zu tun hat, ist er kein „Empiriker" im Sinne der analytischen Wissenschaftstheorie.

Die entsprechende Doppeldeutigkeit zeigt der Terminus „Hypothese". Für den Historiker ist eine Hypothese eine Vermutung über einen historischen Sachverhalt, der trotz Ausschöpfung aller zur Verfügung stehenden Zeugnisse nicht völlig geklärt werden konnte; wir erörterten das oben. Im Falle der Türkenbelagerung beträfe eine solche Hypothese also die Frage, wie die Belagerung tatsächlich *ausgegangen* ist – angenommen die Quellen sagten uns nichts darüber. Stegmüller versteht jedoch bezeichnenderweise unter einer „Hypothese" im Falle der Türkenbelagerung etwas ganz anderes: nämlich eine Vermutung über die Formulierung eines *allgemeinen* Satzes über die *Motive* von Menschen, angewendet auf den Einzelfall einer Belagerung, der dann erklären soll, warum die Türkenbelagerung gerade so und nicht anders ausgehen mußte. Das heißt: der tatsächliche Ausgang der Türkenbelagerung wäre für Stegmüller nur eine beliebige Tatsache unter anderen, die allgemeine Sätze, die hiernach der alleinige Gegenstand von Hypothesen sind, bestätigen oder widerlegen können.

Unsere Diskussion zeigt, daß Analytiker leicht in die Gefahr geraten, an der Hermeneutik vorbeizuargumentieren, weil sie ihre Forschungspraxis nicht kennen.

Wir sind auf Stegmüllers Türkenkriegs-Beispiel eingegangen, weil dieser Fall durchaus Gegenstand hermeneutisch-historischer Bemühungen sein kann.

Andererseits ist die Wahl gerade eines solchen Beispiels auch wieder charakteristisch für die Auffassung, die in der Geschichte nur eine Abfolge äußerer Ereignisse sieht. Wir haben wiederholt davon gesprochen, daß sich das, was wir „Geschichte" nennen, hierin zumindest nicht erschöpft. Wir wandten uns gegen die Vorstellung, „Geschichte" sei nur das, womit sich die im engeren Sinne so genannte „Geschichtswissenschaft" beschäftigt, und erklärten demgegenüber zum möglichen Gegenstand der geschichtlichen Disziplinen sämtliche Hervorbringungen des Menschen überhaupt.

Karl-Otto Apel nun geht sogar so weit, zu behaupten, daß die Geschichtswissenschaft (verstanden im engeren Sinne der Rekonstruktion vergangener Ereignisse der politischen Geschichte) im Grunde eine ganz untypische Geisteswissenschaft sei – eben weil sie das Mißverständnis nahelege, es komme nur auf ein äußeres „Geschehen" an, das man als solches mit naturwissenschaftlich inspirierter Methode auch kausal erklären könne. Den eigentlichen Charakter der Geisteswissenschaften deckten erst jene Disziplinen auf, die es lediglich mit zu interpretierenden literarischen Texten zu tun haben:[92]

„Unter den verstehenden Geisteswissenschaften ist die Geschichtswissenschaft als Unternehmen, das ‚purposive behavior' vergangener Geschlechter zu verstehen, gar nicht einmal repräsentativ; denn in ihrem Rahmen kann eine das Handeln zum Geschehen objektivierende Methode der Kausalerklärung, die zur generalisierenden Soziologie hinüberleitet, noch am ehesten Fuß fassen. Die ‚Interpretationsgemeinschaft', welche die handelnden Menschen bilden, bringt es indessen mit sich, daß sie ihre Handlungsmotive in literarischen ‚Werken' eigens verdeutlichen. Die Interpretation dieser Dokumente – nicht als Erschließung von ‚Quellen' für die Rekonstruktion vergangener Tatsachen, sondern als Nachverstehen von Sinnmotiven um ihrer selbst willen, d.h. mit dem Ziel einer Sinnbereicherung des gegenwärtigen und zukünftigen Lebens – bildet das Thema der eigentlichen – der ‚hermeneutischen' – ‚Geisteswissenschaften'."

Und in den unmittelbar folgenden Sätzen erklärt Apel auch, warum die Analytiker – speziell in den angelsächsischen Ländern – kein Verhältnis zur Geschichte haben:

„Diese Disziplinen – z. B. die Philologien – kommen in der Wissenschaftstheorie des Neopositivismus einfach nicht vor – ein Umstand, der freilich auch damit zusammenhängen dürfte, daß sie in den angelsächsischen Ländern als ‚Humanities‘ gewissermaßen noch aus dem vorwissenschaftlichen Horizont der humanistischen ‚artes‘, insbesondere der Rhetorik und Literaturkritik, verstanden werden, während der Begriff der ‚science‘ am Methodenideal der Naturwissenschaft orientiert blieb."

2. Verstehen als Sicheinarbeiten

Wir haben wiederholt festgestellt, daß das hermeneutische Verfahren ein Sich-Einarbeiten, ein Sich-Hineinfinden in oft ausgedehnteste und komplizierteste Sinnzusammenhänge erfordert.

Grundsätzlich können wir von folgender Annahme ausgehen. Es macht geradezu das Wesen des Menschen aus, daß er lernfähig ist und eben deshalb sich in die verschiedensten Gegenstände einarbeiten kann. Wäre das nicht der Fall, so wäre es unerklärlich, weshalb viele Menschen die heterogensten Berufe nach- und nebeneinander ausüben können, wie sich jemand durch Auswanderung oder Heirat in die Lebenssituation völlig anderer Länder hineinfinden kann, oder wie er Kaserne, Krieg, Gefängnis, Ausbombung, Vertreibung und ähnliche Extremsituationen überhaupt zu überstehen vermag.

Stegmüllers Behauptung, daß man „das Verhalten von Psychopathen" und „das von Angehörigen anderer oder primitiverer Kulturen" nicht verstehen könne, widerspricht jeder Lebenserfahrung. Es gibt keine menschlichen Äußerungen, die nicht grundsätzlich jedes menschliche Individuum – angemessenes Sicheinleben vorausgesetzt – mit der Zeit so durchschauen und beherrschen lernt wie die Lebenswelt, in der es selbst aufgewachsen ist.

Daß wir etwa das Leben der Menschen auf einer Südsee-Insel nicht von heute auf morgen „verstehen" können, wenn wir aus Europa oder Nordamerika kommen, dürfte selbstverständlich sein; aber das geht uns mit allen Gegenständen so, die wir neu kennenlernen – auch mit der lateinischen Sprache oder mit Tischtennis.

Entscheidend ist allein, daß wir uns mit jedem Gegenstand *so lange* beschäftigen können und oft müssen, *bis* wir ihn verstehen – eines Tages wird es bei jedem Gegenstand so weit sein. Mangelnde Geduld ist kein Argument, auch nicht mangelndes Interesse.

Ähnliches gilt auch für das Beispiel des Psychopathen. Wer im Begriff steht, für vier Wochen zu verreisen und noch dreimal nachsieht, ob der Gashahn auch wirklich auf „0" steht, obwohl er genau weiß, daß er ihn abgeschaltet hat, ist bereits auf dem besten Wege, sich in die Welt eines Psychopathen hineinzuversetzen. Zweifellos sind die Übergänge zwischen „normal" und „geisteskrank" fließend, und viele pathologische Zustände auf diesem Gebiet kann man als „Verlängerungen" „normaler" Dispositionen in die Krankheit hinein betrachten. Wieso der „Normale" einen Psychopathen nicht verstehen können soll, bleibt unerfindlich.

Wir dürfen also mit gutem Gewissen davon ausgehen, daß praktisch keine menschliche Hervorbringung und Lebensäußerung denkbar ist, die wir nicht verstehen können.

Diese Aussage ist durchaus selbst an eine bestimmte historische Situation gebunden. Potentiell galt sie natürlich auch zur Zeit Cäsars, im Hochmittelalter und in der ersten Hälfte des 18. Jahrhunderts; faktisch ist es freilich so, daß die Virtuosität im Verstehen fremder Lebensäußerungen ein typisches Merkmal unserer Gegenwart ist.

Obwohl der Historismus als Denkweise unterdessen auf eine zweihundertjährige Tradition zurückblicken kann, scheint er erst jetzt, nach der Mitte des 20. Jahrhunderts, zu voller Reife ausgebildet worden zu sein.

Keine Zeit war (jedenfalls der Theorie und der bereitstehenden Methode nach) so vorurteilslos und dem denkbar breitesten Spektrum menschlicher Äußerungen so aufgeschlossen wie unsere. Das können wir schon an den Kunstpostkarten, -kalendern und -bänden ablesen, die es allenthalben zu kaufen gibt, und die von Steinzeitzeichnungen bis zu gegenwärtigen Arbeiten siebenjähriger Schulkinder, von altchinesischen Tuscharbeiten über russische Ikonen bis zu äthiopischen Passionsdarstellungen aus dem 17. Jahrhundert schlechthin alles darbieten, was menschlicher Kunstinitiative jemals entsprungen ist; und wir wissen von uns selbst, daß wir alles dies gleichmäßig „schön finden" und ästhetisch genießen

– Zeitaltern, die Wörter wie „barbarisch", „klassisch" und „gotisch" prägten, freilich völlig unvorstellbar.

3. „Geist der Zeiten" oder „eigner Geist"?

Ganz zweifellos also müssen wir den Historismus insofern selber „historisch nehmen", als wir uns bewußt machen müssen, daß er nur in bestimmten historischen Situationen faktisch aufgetreten ist. Der Historismus ist also zumindest und in jedem Fall insofern „gegenwartsbezogen", als er nur in bestimmten „Gegenwarten", wie der unseren, überhaupt möglich ist.

Daran jedoch knüpft sich eine weitergehende Frage. Ist dann nicht auch das historische Verständnis seinem *Inhalt* nach von der jeweiligen Gegenwart abhängig?

Hier erinnern wir uns an jenes skeptische Wort aus dem „Faust":[93]

„Was ihr den Geist der Zeiten heißt,
Das ist im Grund der Herren eigner Geist,
In dem die Zeiten sich bespiegeln."

Unsere Beispiele, insbesondere das vom Privilegium Majus und Minus, haben uns eine Vorstellung davon vermittelt, daß Goethes Skepsis nicht unbedingt zutreffen muß.

Ein Anhaltspunkt dafür, daß der Verdacht, wie ihn das „der Herren eigner Geist" ausspricht, auf den ausgereiften Historismus unserer Jahrzehnte zumindest nicht ohne weiteres zutreffen kann, ergibt sich bereits daraus, daß der heutige Historist – zumindest subjektiv – bestrebt ist, eben das *Andersartige* fremder historischer Einheiten als solches herauszustellen.[94] Man macht also gerade einen *Unterschied* zwischen dem, was man selbst tut und denkt, und dem, was man als das Tun und Denken einer historischen Epoche hermeneutisch herausarbeitet.

Besonders typisch für dieses Sehen *wollen* des Anderen *als Anderen* ist die Mittelalter-Historie unserer Gegenwart, wie sie etwa in dem Lehrbuch von Heinz Quirin ihre Zusammenfassung gefunden hat. Unter der bereits bezeichnenden Überschrift „Die Eigenart der mittelalterlichen Geschichte" schreibt Quirin unter anderem:

„Das Mittelalter, sein Leben und damit für uns seine Geschichte im weitesten Umfange, verlief in anderen Ordnungen und stand unter anderen Gesetzen als unsere Zeit sie kennt. Diese altertümliche Fremdartigkeit aus den Quellen heraus verstehen zu lernen, gehört zu den Grundaufgaben unserer Wissenschaft.

Eines der hervorragenden Merkmale des Mittelalters bleibt der aus dem Gedanken des Ordo der Welt heraus verstandene und begründbare Bau seiner Gesellschaft, die, ständisch gegliedert, genossenschaftlich lebte. Schon in der germanischen Zeit bildete die Gemeinschaft der Freien zugleich auch eine Genossenschaft gleichen *Rechtes.* Dieses Recht trug, ob es nun allgemein verpflichtete (z.B. als Land- und Lehnrecht) oder ob es als Sonderrecht (z.B. Standesrecht) galt, eigentümliche Züge. So blieb man, um nur einen wesentlichen hervorzuheben, bis weit in das hohe Mittelalter hinein vom ‚guten, alten Recht' überzeugt. Das Alter des Rechtes bedingte neben der sich aus ihrem Ansehen herleitenden Macht seiner Träger nicht nur Rechtsqualität und Rechtswirksamkeit, sondern gewann auch Einfluß auf das Verfahren vor Gericht: der Mächtigere vermochte mehr Zeugen zu bringen und den Gegner zu ‚übersiebnen'; denn seine größere Gefolgschaft bewies ja eben seine überlegene Macht: es ruhte mehr ‚Heil' auf ihm, und infolgedessen war das bessere Recht mit ihm. Diese unserer Welt fremd gewordene Rechtsethik, die mit dem Satze, daß Gewalt vor Recht gehe, so, wie wir ihn heute verstehen, noch nichts gemein hat, kennzeichnet die Welt des Mittelalters besonders gut. Mit aus dieser Überzeugung heraus entstanden zahlreiche Urkundenfälschungen, die, oft auch als Ersatz für verlorene Stücke, altes, d.h. aber: besseres Recht nachweisen sollten, wobei, wie aus dem eben Gesagten verständlich wird, die Urkunden der höchsten Gewalten über den Zweifel erhaben blieben. Wer eine Königsurkunde ‚schalt', als falsch bezeichnete, verfiel in der frühen Zeit der Todesstrafe."[95]

„Obwohl sich durch die allgemeine wirtschaftliche und soziale Entwicklung das Bild immer wieder veränderte, blieb der Grundgedanke der ständischen Ordnung doch erhalten, ob wir nun an den Konvent eines Klosters, an eine städtische Zunft oder an die Nachbarschaft einer Dorfgemeinde denken. [...] so kannte [...] jeder Stand seine ‚Ehre', die es zu wahren galt, wo immer er sich auch zeigte. Im festlichen Zuge, bei Empfang, Huldigung und Mahlzeit symbolisierte die Nähe zum Herrn, der ‚rechte Platz' den gebührenden Rang, und auch im Alltag hielt man sich *secundum ordinem."* [96]

Solche Ausführungen Quirins geben die Grundzüge des Mittelalterbildes wieder, wie es die historische Forschung bis etwa zur Mitte unseres Jahrhunderts erarbeitet hat.

Nun könnte man natürlich einwenden: „Gerade die starke Betonung des ‚Ordo' als angeblich leitender Idee des Mittelalters offenbart ja ‚der Herren eignen Geist'. Denn hier spiegelt sich die autoritäre Gesinnung wieder, die die bürgerlich-kapitalistische Gesellschaft bestimmt, und die man einfach auch auf andere Zeiten projiziert."

Ein solcher Einwand liegt natürlich heute nahe. Aber es fragt sich, ob er stichhaltig ist.

Wenn der Mittelalterhistoriker das Mittelalter durch den Ordo beherrscht sieht, so will er damit ja gerade sagen: Das ist eben das *Andere* am Mittelalter, daß es so vom Ordo und den aus ihm folgenden Vorstellungen bestimmt war. Wir empfinden das Mittelalter gerade deshalb als andersartig, weil wir *nicht* mehr in einem Ordo leben. Indem also der Mittelalterhistoriker den „Ordo" als beherrschenden Begriff einer *andersartigen* Epoche hermeneutisch deklariert, lehnt er diesen Begriff als Interpretationsbegriff für seine Gegenwart gerade ab. Denn wenn er auch die Gegenwart durch den Ordo-Begriff repräsentiert sähe, könnte er ja *nicht* sagen, das Mittelalter sei eben *anders* gewesen.

Nun wird unser Kontrahent möglicherweise einwenden: „Aber unsere westdeutsche bürgerliche Gesellschaft ist doch gerade dadurch gekennzeichnet, daß sie mittelalterliche Vorstellungen am liebsten konservieren möchte: sie *will* ja ‚Recht und Ordnung' und eine ständisch gegliederte Gesellschaft."

Gegen diese Tatsache als solche läßt sich schwer etwas einwenden. Aber an diesem Punkte zeigt sich nun, daß wir zwei Dinge unterscheiden müssen: nämlich die wissenschaftliche Interpretation des Mittelalters als „ständisch" und die politische *Norm,* nach der auch die gegenwärtige Gesellschaft „mittelalterlich" sein *soll.*

Freilich kann leider nicht ausgeschlossen werden, daß mehr als ein Mittelalterhistoriker auch als Gegenwartsindividuum recht konservativ ist. Daß insofern der Forschungsgegenstand auf das praktisch-politische Verhalten abfärben kann, ist offenbar nicht in allen Fällen zu vermeiden. Das ist aber lediglich ein Argument gegen die sich so verhaltenden Personen – nicht jedoch gegen die grundsätzliche Möglichkeit, ein anderes Zeitalter adäquat in seiner Andersheit zu erkennen und trotzdem in seiner Gegenwart zum Beispiel politisch ausgesprochen progressiv zu sein. Wir werden auf dieses Problem noch in anderem Zusammenhang zurückkommen.

Das Eigenartige der hermeneutischen Methode liegt offenbar

gerade darin, daß sie gestattet, zwischen der Erforschung eines Gegenstandes als irgendwie beschaffen und der persönlichen Identifikation mit dieser Beschaffenheit zu unterscheiden.

Wenn man der Darstellung Quirins einen Vorwurf machen will, so allenfalls den, daß er es als allzu selbstverständlich voraussetzt, daß es in *unserer* Zeit *kein* Standesdenken mehr gäbe, und insofern einer Ideologie unterliegt; gerade das aber wäre ein Beweis für die subjektiv aufrichtige Bemühung des Historikers, in der vergangenen Zeit das *Andere* zu sehen – *obwohl* die Gegenwart vielleicht gar nicht so viel „anders" ist.

Das von Quirin gezeichnete Mittelalterbild kann also nicht schon durch die Tatsache widerlegt werden, daß es heute Leute gibt, die den mittelalterlichen Ordo konservieren möchten – und eben dadurch dieses Mittelalterbild dem Verdacht aussetzen, nur eine Projektion gegenwärtiger Wünsche in die Vergangenheit zu sein.

Vielmehr könnte dieses Mittelalterbild nur außer Kraft gesetzt werden durch den überzeugenden, nach allen Regeln der hermeneutischen Kunst geführten Nachweis, daß das Mittelalter tatsächlich *nicht* unter dem Ordogedanken gestanden habe.

Und in der Tat hat ja etwa Edward Hallett Carr im Zusammenhang mit dem Problem der wirklichen oder angeblichen „religiösen Gebundenheit" des mittelalterlichen Menschen folgendes gesagt:[97]

„[. . .] so frage ich mich [. . .], wenn ich in einem modernen Geschichtsbuch lese, daß die Menschen des Mittelalters innig an der Religion hingen, woher wir das wissen, und ob es wahr ist. Die geschichtlichen Tatsachen, die uns über das Mittelalter bekannt sind, wurden fast alle von Generationen von Chronisten ausgewählt, die von Berufs wegen mit der Theorie und der Ausübung der Religion zu tun hatten, die sie deshalb für höchst bedeutsam hielten und alles, was sich auf sie bezog, berichteten, aber nicht viel darüber hinaus. [. . .] das Bild des tiefreligiösen mittelalterlichen Menschen ist, ob es nun wahr ist oder nicht, unzerstörbar, da fast alle bekannten Fakten durch Menschen ausgewählt wurden, die es glaubten und denen daran lag, daß auch andere es glaubten, und da eine Menge anderer Tatsachen, die uns möglicherweise das Gegenteil bezeugt hätten, unwiderruflich verloreging."

Auch hier liegt Carrs Denkfehler offensichtlich wieder darin, daß er immer nur auf die *absichtliche* Überlieferung abstellt, das heißt auf das, was die mittelalterlichen Geschichtsschreiber der Mit- und Nachwelt bewußt überliefern *wollten*. Es bedarf aber keiner besonderen Ausführungen mehr, um zu klären, daß unser Mittelalterbild gerade auch auf der „kriminalistischen" Auswertung der *unabsichtlichen* Überlieferung beruht. Das, was Carr hier mit dem Pathos der Entlarvung vorträgt, ist für den „zünftigen" Mittelalterhistoriker selbstverständliche Voraussetzung. So sagt v. Brandt:[98]

„Der Berichterstatter erzählt nur das, was ihm wichtig, interessant, folgenreich oder auch wünschenswert scheint. Er läßt aus oder unterdrückt, wofür er kein Organ oder woran er kein Interesse hat, was ihm unwesentlich oder auch unerwünscht scheint. So bevorzugt der mittelalterliche Chronist die breite Darstellung geistlich-religiöser Vorgänge, während er an wirtschaftsgeschichtlichen und sozialgeschichtlichen Tatsachen oft uninteressiert vorübergeht; er unterdrückt wohl auch Nachrichten, die ihm moralisch oder religiös anstößig erscheinen. Über mittelalterliche Wirtschaftsgeschichte wüßten wir so gut wie nichts, wenn wir nur auf Quellen der Tradition [d. h.: der absichtlichen Überlieferung] angewiesen wären."

Hieraus wird ersichtlich: Brandts Vorbehalte gegen die „Objektivität" der mittelalterlichen Chronisten sind die gleichen wie die Carrs. Aber im Gegensatz zu Carr weiß Brandt darüber hinaus, daß der Mittelalterhistoriker sein Bild gar nicht ausschließlich aus der beabsichtigten Überlieferung schöpft – sondern im Gegenteil für bestimmte Bereiche, wie etwa die Wirtschaftsgeschichte, allein auf die unabsichtlich überlieferten Zeugnisse angewiesen ist. Und da – wie wir ausführlich erörtert haben – die unabsichtliche Überlieferung nicht in großem Stil gefälscht werden kann, dürfte unser Mittelalterbild bis auf weiteres stichhaltig sein.

Zu bedenken wäre ferner: die Tatsache, daß die geistlichen Chronisten des Mittelalters das, was sie berichten, mit geistlichem Akzent auswählen, ist ja nicht einfach, wie Carr meint, eine Verfälschung der Wirklichkeit, sondern ihrerseits Ausdruck dieser „Wirklichkeit". Wenn das, was diese Chronisten schreiben, alles „Lüge" ist – so bedeutet das immerhin zweierlei: die mittelalterlichen Chronisten *wollten* lügen, das heißt: sie waren so disponiert, daß sie an der Durchsetzung geistlicher Tendenzen ein besonderes *Interesse* hatten; und sie *konnten* lügen, das heißt: sie besaßen tatsächlich das *Informationsmonopol*. Beides aber bedeutet: Die Religion nahm im Mittelalter eine beherrschende Stellung ein – in welchem Sinne auch immer.

Hier liegt also der Knüppel beim Hunde. So wäre gerade die Tatsache, daß uns aus dem frühen Mittelalter nur von Geistlichen herrührende Literatur bekannt ist, zumindest ein Hinweis darauf, daß damals nur Geistliche schreiben konnten, daß die gesamte „Bildung" geistlich bestimmt war. Aber wie kommt das denn? Das müßte ja gerade erklärt werden! Unabhängig von dem, *was* die Geistlichen in ihren Chroniken schrieben (worauf Carr allein abstellt!), ist schon die Tatsache, *daß* eben nur die Geistlichen schrieben, (als Bestandteil der *unabsichtlichen* Überlieferung) für unsere Mittelalterinterpretation bedeutsam.

Unser Ergebnis wäre: einerseits würde gerade die tatsächliche „Herrschaft" der „Pfaffen" beweisen, daß das Mittelalter in irgend einem – näher zu bestimmenden – Sinne „religiös geprägt" war;[99] und andererseits erlaubt uns unsere „kriminalistische" Methode der Auswertung auch unbeabsichtigter Überlieferung, uns unabhängig von den Berichten der Chronisten ein Bild von den Dingen zu machen.

Als wir oben über das Fortschrittsproblem sprachen, konnten wir feststellen, daß es zwar auf bestimmten Gebieten, etwa dem der Moral und der Kunst, keinen Fortschritt geben kann, daß wir ihn jedoch auf anderen Gebieten, wie denen der Mathematik und Naturwissenschaften, der Technik, der Medizin und anderen durchaus unterstellen dürfen – zumindest in geschichtlichen Großsituationen, die eine kontinuierliche Weiterarbeit möglich machen, wie das für die unsere wenigstens zur Zeit noch gilt. (Ein Gegenbeispiel wäre die ausgehende Antike mit ihrem Abbrechen bereits weit gediehener Entwicklungen.)

Es ist daher wohl nicht ganz falsch, wenn wir feststellen: Auch der Historismus, die Hermeneutik, die Kunst des Allesverstehens haben in den letzten Jahrzehnten einen „Fortschritt" durchlaufen – in dem Sinne, daß die historisch-hermeneutischen Methoden ständig verfeinert wurden. Und auch der gute Wille, allen möglichen Erscheinungen ihren Eigenwert zuzuerkennen, ist offenbar ständig gewachsen (wofür noch einmal an die Kunstkalender erinnert sei).

Wir kommen so zu folgender – auf den ersten Blick wohl paradoxen, aber doch nicht unzutreffenden – Einsicht: der Historismus lehnt – als Geschichtstheorie – im Hinblick auf seine Gegenstände den Fortschrittsgedanken zwar ab, hat aber selber – als eine wissenschaftliche Methode – einen „Fortschritt" durchgemacht. Der Begriff des Fortschrittes ist auf den Historismus also zwar nicht in der „Objekt-Ebene", wohl aber in der „Meta-Ebene" anzuwenden.[100]

Daher bin ich geneigt, folgende These zu vertreten: es ist durchaus richtig, daß die Historiker in früheren Jahrzehnten immer wieder der Versuchung erlegen sind, den „eigenen Geist" für „den Geist der Zeiten" zu nehmen. Aber es ist ebenso richtig, daß unsere historische Bewußtheit heute so weit vorgetrieben ist, daß wir mit einem gewissen Recht behaupten können, uns von allen Vorurteilen dieser Art weitgehend frei gemacht zu haben.

Als Beleg für diese Verschärfung und Präzisierung des hermeneutischen Instruments in unserer Gegenwart mag ein Beispiel dienen, das wir erst in einem anderen Zusammenhang weiter unten werden entwickeln können.[101] Während noch Bernheim mittelalterliche Urkundenfälschungen ganz unbefangen aus den moralischen und psychologischen Vorstellungen des 19. Jahrhunderts heraus versteht, zeigt der moderne Historiker v. Brandt, wie die mittelalterliche Tendenz, Dokumente zu fälschen, ganz ohne jede Wertung aus den Voraussetzungen der mittelalterlichen Welt – wie Quirin sie in den von uns zitierten Sätzen dargelegt hat – zu erklären ist.

Daß es der historischen Hermeneutik gerade um das „Anderssein" des zu interpretierenden Gegenstandes geht, ist hiernach gesichert. Nun kann man aber das Aufdecken von „Andersheiten" auch übertreiben: es stellt sich dann das Problem des *Hineingeheimnissens*.

„Kein Zeitgenosse des Mittelalters kannte ‚das Mittelalter'", sagt Wilhelm Kamlah treffend.[102]

Das bedeutet: die Interpretation „tut" etwas „hinzu". Sie beschränkt sich nicht auf das, was „zutageliegt". Sie deckt Verbindungen und Zusammenhänge auf.

Dieses Prinzip der historisch-hermeneutischen Interpretation, dem Vorgefundenen etwas „hinzuzufügen", hat freilich das Interpretationswesen in seiner Blütezeit, der ersten Hälfte unseres Jahrhunderts, auch in Mißkredit gebracht. Die Versuchung nämlich, mit untergründigen Beziehungen zu jonglieren, verführte viele „Interpreten", etwa im Bereich von Dichtung, Kunst und Musik, dazu, auch solche Zusammenhänge zu „sehen", die dem unbefangenen Betrachter nicht nachvollziehbar waren. Ein solcher Betrachter – etwa Naturwissenschaftler oder wissenschaftlicher Laie überhaupt – wies die Versuche von Interpreten, auch da Zusammenhänge zu konstruieren, wo er selbst keine entdecken konnte, als „Hineingeheimnissen" zurück.

Die psychiatrische Entsprechung dieses „Hineingeheimnissens" wäre etwa der „Beziehungs"- oder „Verfolgungswahn" eines Kranken, also beispielsweise die Vorstellung, zwei Ereignisse gehörten zusammen, die in Wahrheit nichts miteinander zu tun haben, oder der Glaube des Patienten, Personen, die er sich unterhalten sieht, sprächen stets über ihn, und so fort. Aber auch die Verschwörungstheorien gehören hierher, nach denen etwa „die Jesuiten", „das Weltjudentum", „der Kapitalismus" oder „der Kommunismus" sich verschworen hätten, nach einem raffiniert ausgeklügelten und exakt eingehaltenen Plan die Welt ihrer Herrschaft zu unterwerfen.

Eine gute Gelegenheit, das Problem des „Hineingeheimnissens" zu behandeln, bietet die Aufdeckung von Zahlenspielereien in Kunstwerken. Hierfür folgender bekannter Fall. In Bachs Matthäuspassion gibt es ein Rezitativ (Nr. 40 des Max Schneiderschen Klavierauszuges), dessen Text beginnt: „Mein Jesus schweigt zu falschen Lügen stille...". Das Stück besteht aus zehn Takten und enthält 39 Akkordschläge. Psalm 39, Vers 10 aber beginnt: „Ich will schweigen...".

Die Frage ist nun: hat Bach diese Anspielung bewußt gemacht – oder ist der Zusammenhang von übereifrigen Interpreten konstruiert worden?

Wir brauchen dem Sachverhalt in diesem Fall nicht näher nachzugehen, um doch folgendes sagen zu können. Ob wir berechtigt sind, bei Bach von Zahlensymbolik zu sprechen oder nicht, hängt offensichtlich einzig und allein von der Quellenlage ab. Das heißt: wenn es für die Bachzeit aus geeigneten Zeugnissen nachgewiesen oder wahrscheinlich gemacht werden kann, daß die Musiker des

18. Jahrhunderts solche und andere, noch weitergehende Zahlen-symbolik aus den theologischen und künstlerischen Gegebenheiten der damaligen Zeit heraus tatsächlich praktizierten, dürfen wir sie zum Bestandteil unserer Interpretation der Musik jenes Zeitalters machen – andernfalls nicht. Eine Interpretation von Kunstwerken also, die sich lediglich auf Spekulationen des gegenwärtigen Inter-preten gründet und sich nicht an den Zeugnissen der fraglichen Zeit selbst orientiert und an dem, was hiernach „möglich" war und was nicht, ist abzulehnen.

Ein anderes Beispiel aus der Musikgeschichte ist die Anlage von musikalischen Sätzen in der „Sonatenform", wie sie in der Zeit der musikalischen Klassik um 1800 üblich war. Ein wichtiges Merkmal dieser Sonatenform war folgendes: der erste Teil des Sonatensat-zes, die „Exposition", brachte die beiden Hauptthemen des Satzes, von denen das erste in der Grundtonart, das zweite in einer ver-wandten Tonart zu stehen pflegte. Der dritte Teil des Sonatensat-zes, die „Reprise", war nun nicht eine einfache Wiederholung der Exposition, sondern setzte das zweite Thema ebenfalls in die Grundtonart (worin der eigentliche Reiz dieser musikalischen Form liegt). Ein Laie, anhand von Beispielen auf diesen Tatbestand hingewiesen, könnte nun sagen: „Wieso denn? Das hat der Kom-ponist doch ganz unbewußt gemacht – über so etwas denkt er doch gar nicht nach beim Komponieren!"

Dieses Beispiel ist deshalb besonders interessant, weil der so rea-gierende „nüchterne" Laie hier – ohne es zu merken – nur ein In-terpretationsschema durch ein anderes ersetzt: er wehrt sich gegen die Interpretation der klassischen Sonatenform als bewußt ange-wendetes handwerkliches Schema ja nur deshalb, weil er selbst der spätromantischen Interpretation des künstlerischen Schaffensaktes als eines unbewußten Vorganges erlegen ist, ohne sich seinerseits über die ideologische Bedingtheit seines „realistischen" Einwandes gegen das Vorliegen von Handwerksregeln Rechenschaft abzule-gen.

Wir können auf einen historischen Gegenstand also immer nur die Interpretation anwenden, die ihm angemessen ist. Für Willkür bleibt kein Spielraum. Einerseits kann man hinsichtlich des „Hin-eingeheimnissens" rationaler Beziehungen, wo keine sind, des Gu-ten sicherlich zu viel tun – andererseits aber darf man auch nicht dort einfach einen „unbewußten Schaffensprozeß" unterstellen, wo nachweislich nach Rezepten gearbeitet worden ist.

Hieraus ergibt sich: der Begriff der „Interpretation" ist nicht etwa extensiv – als geistreiches Hineinlegen beliebiger Deutungen in historische Sinneinheiten aller Art – zu verstehen, sondern als eine Auslegung, die sich exakt und für jede in den jeweiligen Gegenstand eingearbeitete Person nachprüfbar an das vorhandene Material hält. Dabei ist es selbstverständlich, daß die Interpretation nicht wörtlich und lückenlos durch das Material vorgegeben sein muß. Schlußfolgerungen und sogar Konstruktionen sind hier nicht nur erlaubt, sondern sehr oft auch unvermeidlich – wie schon das Phänomen der „Konjektur" in der Quellenforschung zeigt. Die historische Interpretation ist zwar einerseits ein Erzeugnis der eine geschichtliche Äußerung verstehenden Person – andererseits aber stets an diese Äußerungen als Kontrollinstanz für die Auslegung gebunden.[103]

Um auf unser Ausgangsbeispiel vom Mittelalter zurückzukommen: daß der Zeitgenosse des Mittelalters noch nicht sagen konnte „Ich bin ein mittelalterlicher Mensch", heißt auf der anderen Seite nicht, daß es in unser Belieben gestellt sei, ob und wie wir ein bestimmtes Zeitalter unserer Geschichte als „Mittelalter" interpretieren. Vielmehr müssen wir an den uns überlieferten Zeugnissen dieses Zeitalters für jedermann überzeugend dartun können, warum wir mit Recht vom „Mittelalter" als einer in bestimmter Weise geprägten historischen Einheit sprechen. Unsere Interpretation erhebt sich zwar über die Zeugnisse, bleibt aber doch an sie gebunden.

Daß die Interpretation – als an Tatsachen gebundene und dennoch über sie hinausgehende Auslegung – kein leerer Wahn ist, zeigt sich auch dann, wenn wir aus der Vergangenheit heraus in unsere eigene Gegenwart gehen.

So war beispielsweise die Studentenrevolte der Jahre 1967–1969 ein zunächst unheimliches, rätselhaftes Phänomen. Aber damit fanden wir uns nicht ab. Wir versuchten dieses Phänomen zu „interpretieren". Das geschah zunächst durch persönliche Gespräche im Bekanntenkreis, und später dann auch durch die Lektüre der Veröffentlichungen von Autoren, die – wie etwa Jürgen Habermas[104] – die besondere Kraft des Interpretierens geschichtlicher Situationen besitzen. An solchen Interpretationen orientieren wir uns. Sie fügen den „nackten Ereignissen" zweifellos etwas hinzu. Aber diese Hinzufügungen sind nicht willkürlich, sondern machen die Ereignisse erst zu dem, was sie „eigentlich" sind: nämlich Bestandteile eines zu guter Letzt eben doch verstehbaren und verstandenen Lebenszusammenhanges.

Wir können nun aber den Bereich des Geschichtlichen auch ganz verlassen. Unsere Gedankengänge im Phänomenologieteil wieder aufgreifend, erkennen wir, daß unsere gesamte Lebenspraxis aus Situationen besteht, die wir als solche in der Regel zutreffend interpretieren und damit beantworten . „Interpretation" ist in diesem Sinne nichts anderes als das, was wir im täglichen Leben als „sechsten Sinn", als „Fingerspitzengefühl", als „Riecher", als „Sehen wie der Hase läuft" zu bezeichnen pflegen, das griffsichere Auslegen einer Lebenssituation auch dann, wenn wir scheinbar nur „platte Daten" zur Verfügung haben.

Ob es geschickt ist, mit einer bestimmten Person gerade jetzt etwas Bestimmtes zu verhandeln; welche Lenkbewegungen ich mache, um diesen drohenden Zusammenstoß zu vermeiden; ob mein Gegenüber von einer Sache etwas versteht oder nicht; ob ich jemandem wirklich willkommen bin oder ob er nur mühsam höflich zu mir ist; ob jemand eine „gute" Sekretärin ist oder nicht – alles das meinen wir in der Lebenspraxis meist sehr genau beurteilen zu können. Unser „sechster Sinn", unser „Fingerspitzengefühl" sagen uns, wie die Dinge „wirklich" beschaffen sind – und das heißt: erst unsere Interpretation einer gegebenen Situation macht diese Situation zu dem, was sie „ist".

„Interpretation" ist also kein willkürliches, von intellektuellen Besserwissern erfundenes Hineinlegen von Tiefsinn in Dinge, in die nichts hineinzulegen ist, sondern im Gegenteil unentbehrlicher Bestandteil unseres Alltagshandelns.

Zwar fügt die Interpretation dem „physikalisch" zu erhebenden Befund *etwas* hinzu – aber *was* sie ihm hinzufügt, ist nicht in ihr Belieben gestellt.

Interpretation ist etwas Subjektives und Objektives gleichzeitig. Die *Subjektivität* der Interpretation besteht darin, daß wir als unser Leben lebende menschliche Personen eine Lebenssituation verstehen – über das hinaus, was sich der physikalistischen Wahrnehmung erschließt. Die *Objektivität* der Interpretation jedoch besteht darin, gegebenen Gegenstand auch von anderen Subjekten nachvollzogen werden muß und kann.

4. Das Problem des Perspektivismus

In der Konsequenz des Historismus liegt zunächst der „Perspektivismus".[105] Das bedeutet: der Tatbestand des Wandels aller Verhältnisse im Laufe der Geschichte – oder allgemeiner gesagt, der Verschiedenartigkeit aller historischen Einheiten – bezieht sich ja keineswegs nur auf die Geschichte als Gegenstand des Betrachtenden, der solche Verschiedenheiten wahrnimmt. Sie gilt ebenso für die Situation dieses Betrachtenden selbst, für sein eigenes Interpretationsschema, mit dem er an geschichtliche Gegenstände herangeht.

Insofern sind nicht nur verschiedene historische Einheiten „verschiedenartig", sondern ebenso die Interpretation ein und desselben Gegenstandes durch Subjekte, die verschiedenen historischen Einheiten angehören.

So erklärt sich die im Historismus aufgekommene These: „Die Geschichte jedes Gegenstandes muß alle dreißig Jahre neu geschrieben werden" – nicht weil sich der Gegenstand „als solcher" ändert oder weil zum Beispiel neue Quellenkenntnisse hinzugekommen sind, sondern weil eine neue Generation den Gegenstand neu auslegt.

Diese Überlegung rechtfertigt nun scheinbar einen zu beobachtenden dauernden Wechsel der Interpretationsgesichtspunkte. So braucht man etwa nur zwei sozialphilosophische Schriften miteinander zu vergleichen, von denen die eine 1940 und die andere 1970 erschienen ist. 1940 herrschten Wörter wie „Rasse" und „Volk" – 1970 Wörter wie „repressiv" und „Emanzipation".

Dieser Wechsel der leitenden Vokabeln scheint sich aus dem unbestreitbaren Wechsel der geschichtlichen Situation von selbst zu ergeben und damit eo ipso gerechtfertigt zu sein.

Doch macht hier einiges stutzig. Bei näherer Betrachtung zeigt sich nämlich, daß die Schriftsteller, die besonders ausgeprägt ein bestimmtes Zeitvokabular pflegen, sehr oft nicht die tiefsten und selbständigsten Geister ihrer Zeit sind (eine Aussage, die hermeneutisch zu begründen wäre). Im Gegenteil: wer um 1940 gar zu eifrig Wörter wie „Rasse" und „völkisch" in den Mund nahm, zog damit den Verdacht auf sich, weniger einer geschichtlichen Lage im tieferen Sinne Rechnung zu tragen, als vielmehr sich der damals üblichen Tonart um seines Fortkommens willen anzubequemen. Das Problem des „Perspektivismus" erweist sich daher bei kritischer Betrachtung zunächst noch gar nicht als geschichtsphilosophisches, sondern als soziologisches Problem der „beflissenen Anpassung ans je Geltende" (Adorno).[106] Diesseits aller Prüfung der tatsächlichen philosophisch-wissenschaftlichen Notwendigkeit einer jeweils „zeitgemäßen" Sprechweise wenden anpassungsbedürftige Autoren, ohne nach jener Notwendigkeit erst zu fragen, eine solche Sprechweise schon deshalb an, weil sie damit in ihrer Gegenwart reüssieren.

Durchstoßen wir diese Oberfläche sozialpsychologischer Bedingtheiten, so stellt sich die Frage nach der wissenschaftlichen Notwendigkeit zeitgemäßer und damit zeitgebundener Redeweisen. Bei der Prüfung dieser Frage werden wir bemerken, daß die Geschichte durchaus nicht so kurzwellig verläuft, wie es auf den ersten Blick scheint. Denn: ein Begriffsgefüge, das höchsten Ansprüchen genügen soll, *kann* sich gar nicht so schnell ändern, wie das im Tagesschrifttum den Anschein hat. Unter dieser Perspektive ist es bezeichnend, daß die beiden heute herrschenden Denkweisen, die „analytische" und die „historistisch"-„dialektische", ihre Wurzeln tief im 19. Jahrhundert haben: Gottlob Frege und Bertrand Russell einerseits, die Historisten, Hegel und Marx andererseits haben Wesentliches von dem ausgesprochen, was heute noch gilt. Es bedarf daher hier gar nicht jener kurzwelligen Beflissenheit. Gerade unser Grundlagendenken darf ruhig „unzeitgemäß" wirken, weil eben Fundamente nicht so schnell umgebaut werden können wie Holzwände im Überbau.

Durch Überlegungen solcher Art können wir natürlich die *Tatsache*, daß es so etwas wie ein Tagesdenken, einen Perspektivismus, der kurzwelliges Anpassungsdenken begünstigt, gibt, nicht aus der Welt schaffen. Der Perspektivismus als solcher, der Historismus auf der Seite des interpretierenden Subjekts gleichsam, ist eine Tatsache, die wir ihrerseits als historische Gegebenheit zu würdigen haben.

Darin liegt auch kein Widerspruch. Denn indem wir – als kritische Philosophen – die Tagesbedingtheit nicht nur der Ereignisse selbst, sondern auch ihrer Interpretation durch wissenschaftliche Subjekte, feststellen, machen wir ja die Tatsache der historischen Wandelbarkeit dieser Interpretationen selber zum Objekt kritischer Geschichtsbetrachtung.

Der Perspektivismus stellt also eine merkwürdig doppeldeutige Haltung dar.

Einerseits entspringt er erst aus dem Historismus. Denn eine Relativität der Interpretation eines geschichtlichen Gegenstandes kann man ja erst dann wahrnehmen, wenn man eine solche perspektivische Interpretation oder besser: die Möglichkeit einer solchen perspektivischen Interpretation selbst als einen „historischen Gegenstand" verstehen gelernt hat. Daß man etwas „konservativ", „progressiv", „deutsch", „westeuropäisch", „evangelisch", „katholisch" sehen und interpretieren kann, und daß diese Standpunkte gleichwertig nebeneinander stehen, weiß man schließlich erst vom Historismus.

Andererseits aber wendet sich der Perspektivismus wieder gegen den Historismus. Indem er nämlich die verschiedenen Perspektiven, aus denen man einen Gegenstand sieht, als Realität nimmt, spricht er dem wahrgenommenen Gegenstand die Realität ab. Also: Es *gibt* zwar eine katholische, protestantische, rechte, linke Sicht der Dinge – aber eben deshalb gibt es *das, was* diese Sicht sieht, *nicht* als einen absoluten Gegenstand. Es gibt also kein achtzehntes Jahrhundert „an sich", sondern nur ein achtzehntes Jahrhundert, katholisch gesehen, und ein achtzehntes Jahrhundert, protestantisch gesehen.

Natürlich hat diese Auffassung viel für sich. Daß sie nicht ganz falsch sein kann, sieht man schon daran, daß sie eben dem Historismus entsprungen und sich dessen Erkenntnismethoden zunutzegemacht hat.

Jedoch wäre es falsch, diese Betrachtungsweise etwa in dem Sinne zu verabsolutieren, daß man sagt: „Es gibt keine objektive Erkenntnis des achtzehnten Jahrhunderts. Alles, was wir von ihm als seine Eigenheit zu erkennen meinen, ist in Wahrheit Produkt unserer eigenen Perspektive."

Dieser Behauptung widerspricht zunächst schon die bloße praktische Erfahrung. Wenn wir etwa drei Tage lang nur Bücher, Dokumente und Briefe des achtzehnten Jahrhunderts lesen, bildet sich in uns der unabweisbare, unmittelbare Eindruck einer bestimmten „Atmosphäre", die von der „Atmosphäre" etwa des vorhergehenden und des folgenden Jahrhunderts in charakteristischer Weise verschieden ist. Besonders deutlich würde das natürlich, wenn wir einmal irgend einen Gegenstand anhand seiner Zeugnisse durch mehrere Jahrhunderte hindurch verfolgen würden.

Trotzdem könnte der Perspektivist mit einem gewissen Recht einwenden, daß der letzte Beweis für die objektive Richtigkeit unserer Eindrücke noch ausstehe. Denn da wir uns nicht in frühere Jahrhunderte zurückversetzen könnten, könnten wir auch nicht mit letzter Sicherheit wissen, ob das aus den Dokumenten gewonnene Bild objektiv „richtig" sei.

Nun müssen wir uns aber vergegenwärtigen, daß wir von vornherein den Begriff des „Historischen" sehr weit gefaßt haben, nämlich nicht nur im zeitlichen, sondern auch im räumlichen oder im Gruppensinne. Mit anderen Worten: „Historisch" heißt nicht nur die zeitliche Abfolge verschiedener Zustände am gleichen Ort, etwa in Deutschland oder in einer bestimmten deutschen Stadt – sondern „historisch" heißt auch das Nebeneinander verschiedener Gesellschaften und Gruppen zu einem gegebenen Zeitpunkt.

Und da wir aus unserem Raumpunkt, anders als aus unserem Zeitpunkt, beliebig heraustreten können, ist es uns jederzeit möglich, das, was „Geschichte" ist, in unserer Gegenwart zu studieren: einfach durch Reisen.

Und da ergibt sich folgendes: wenn wir von Köln nach Hamburg fahren, werden wir unmittelbar erfahren, daß die Hamburger „anders" sind als die Kölner. Sie sprechen nicht nur anders, sondern sie haben auch ein ganz anderes Temperament. Und wenn wir von Deutschland nach England reisen, oder gar von Mitteleuropa nach Schwarzafrika, so wird dieser unmittelbare, ungesuchte Eindruck vom „Anderssein" dieser jeweils fremden Welt noch viel stärker von uns Besitz ergreifen.

Es wäre offensichtlich unzutreffend, dieses Empfinden der „Andersheit" der fremden „historischen Einheit" als bloß subjektiv zu definieren, also etwa zu sagen: „Was wir in England als englisch empfinden, ist nicht das Englischsein ‚an sich', sondern nur unser subjektiver Eindruck vom Englischsein." Es fragt sich, was unseren subjektiven Eindruck von der ihm zugrundeliegenden Gegebenheit unterscheiden soll. Daß ein Kirchturm, den wir in der Ferne sehen, nur scheinbar so groß ist wie unser kleiner Finger, ist klar. Wenn wir aber in einer englischen Stadt auf den Bus warten und sehen, wie sich eine geduldige, gelassene Warteschlange bildet (schon zwei Leute bilden sie, indem sie sich mit gleicher Gesichtsrichtung hintereinander stellen), und wie diese Warteschlange ohne jedes Drängen im angekommenen Bus verschwindet – so können wir wohl kaum daran zweifeln, daß dieser Sinneseindruck uns gleichzeitig unmittelbar Kunde von einer englischen Sozialeigenschaft vermittelt, die wir Deutschen nicht kennen.

Dieses Beispiel der Warteschlange zeigt deutlich, daß es im historisch-sozialen Bereich keinen Unterschied zwischen „Erscheinung" und „Ding an sich" gibt. Soziale Sachverhalte nehmen wir als solche unmittelbar wahr. Zu behaupten, die Verschiedenheit der Deutschen und Engländer im Verhalten an der Bushaltestelle sei lediglich das Ergebnis einer optischen Täuschung wie der fingergroße Kirchturm, wäre absurd.

Soziale Vorgänge und andere Hervorbringungen des Menschen verstehen wir unmittelbar interpretierend als jeweils eigenartig.

Wenn das bei Gegenwartsgegenständen unmittelbar nachprüfbar ist, dürfte es auch für Gegenstände der Vergangenheit gelten. Es leuchtet ein, daß wir uns eine vergangene Zeit durch Zusammenfügung aller erreichbaren Dokumente wie Schriftzeugnisse, Kunst- und Musikdenkmäler, noch vorhandene Gebäude und Geräte und so fort so „real" vergegenwärtigen können wie ein fremdes Land in der Gegenwart.

Auch hier gilt der Grundsatz der Hermeneutik: Wir können niemals etwas Beliebiges, sondern müssen immer etwas Bestimmtes verstehen. Die zu verstehenden sozialen Verhaltensweisen und historischen Dokumente geben immer Hinweise auf tatsächlich existierende Sachverhalte.

Wenn etwa der Musikhistoriker Arnold Schering den Satz schreibt: „Ein bei der Komposition der h-moll-Messe am Klavier stampfender und schreiender Bach ist undenkbar, ein so sich gebärdender Beethoven dagegen bezeugt", so dürfte es unmöglich sein, in diesem Satz etwa die Namen „Bach" und „Beethoven" einfach auszutauschen. Den hier wird über einen historischen Wandel vom achtzehnten zum neunzehnten Jahrhundert berichtet, der zu allem paßt, was wir auch sonst aus den historischen Zeugnissen über die hier erfolgten Veränderungen in der Einstellung der Menschen, im „Zeitgeist" überhaupt, wissen.

III. Die hermeneutische Individuierung

1. Der zeitgerechte Wortgebrauch

In wie unerhört feiner Weise der ausgereifte Historismus unterscheiden kann, hat Reinhard *Wittram* eindringlich gezeigt.

So sind Wörter wie „Staat", „Geist" oder „Kultur", hermeneutisch genau genommen, nicht geeignet, einen „überzeitlichen" Gegenstand zu bezeichnen. Denn sie entstammen selbst einer historischen Situation und sind daher genau nur auf bestimmte historische Gebilde anwendbar.[107, 108]

Strenggenommen können wir nicht von antiken oder mittelalterlichen „Staaten" sprechen, da es dieses Wort im Sinne von politischen Gebilden wie ‚Reich', ‚Land', ‚Hoheitsgebiet' damals noch nicht gab.

Das lateinische Wort *status,* von dem sich unser „Staat" ableitet, hieß ursprünglich nichts weiter als Stand, Lage, Zustand. (So spricht man noch heute vom *status quo,* dem gegebenen Zustand, und im Geschäftsleben nennt man eine kurzfristige Bestandsaufnahme, um die finanzielle Situation eines Unternehmens zu überblicken, einen „Status".) Noch im 18. Jahrhundert finden wir einen Buchtitel „Allerneuester Staat des Königreiches Polen", worin „Staat" ersichtlich nichts weiter als ‚Zustand' heißt.[109] Erst seit dem 17. Jahrhundert wird „Staat" in der Bedeutung ‚res publica', ‚civitas', ‚regnum', ‚imperium', ‚Herrschaft' gebräuchlich.[110]

Jedoch zeigte sich nun ein Bedürfnis, das Wort „Staat" auch rückwirkend auf solche Gegenstände anzuwenden, die zu ihrer eigenen Zeit noch nicht als „Staat" bezeichnet wurden:

„So spät auch der ‚moderne Staat' entstanden sein mag – längst und immer gab es Obrigkeit und öffentliche Ordnung, Gemeinwesen, die mit Macht und mit Rechten ausgestattet waren, Königreiche und Kommunen,

Fürstentümer und Gewalten. Für alle diese politischen Gebilde bürgerte sich mit der Bezeichnung ‚Staat‘ ein von einer anderen Wirklichkeit abstrahierter Begriff ein, dessen Inhalt sich vom Fürstenstaat bis zur Parteiendemokratie freilich auch wieder grundlegend gewandelt hat. Heinrich Mitteis nannte sein [. . .] Buch [. . .] ‚Der Staat des hohen Mittelalters‘ [. . .].

Das Bedürfnis nach einer übergreifenden Bezeichnung ist nicht von der Hand zu weisen, wir erkennen es bereits an, indem wir uns des Wortes ‚politisch‘ bedienen, und wir bewegen uns im ganzen Bereich des politischen Denkens auf dem vereinigenden Boden der griechisch-römischen Begriffstradition. ‚Staat‘ ist von allen zeitgeschichtlich gefüllten Begriffen dieses Bereiches vermutlich der neutralste, weil am stärksten abstraktionsfähige."[111]

Aber: „Der vom Historismus geprägte Historiker kann [. . .] nicht beim Allgemeinen stehenbleiben, ihn verlangt es nach Unterscheidung und Sonderung, nach der Anschauung des jeweils Besonderen. Er wird es infolgedessen nicht unbeachtet lassen, daß der Begriff Staat die Eigenart der regna und civitates zu überdecken und das jeweils Besondere zu verwischen imstande ist."[112]

Was schon für ein Wort wie „Staat" gilt, gilt jedoch in noch viel stärkerem Maße für eine Zusammensetzung wie „Nationalstaat":[113]

„Wer eine historische Erscheinung in der Gesamtheit ihrer zeitgenössischen Bezüge verstehen will – und nur dann kommt man ihr nah –, wird die verdeutlichenden Bezeichnungen so wählen müssen, daß die Besonderheiten nicht verdunkelt werden. Läßt sich der Begriff ‚Nationalstaat‘ so verwenden, daß nicht der ganze moderne Gehalt durchscheint? Der Begriff ‚Staat‘, der ja älter ist, hat sich weitgehend formalisiert und neutralisiert. Beim ‚Nationalstaat‘ klingt das ganze 19. Jahrhundert an, man hört die Kanonen von Solferino mit, die Trompete von Vionville, die Stimme Heinrich von Treitschkes, man sieht Uniformen und Bratenröcke [. . .]. Die geistige Welt, in der sich der moderne Nationalstaat formierte, ist toto coelo von der mittelalterlichen unterschieden, und es fragt sich, ob die Äußerungen des Nationalbewußtseins, die [. . .] für das ganze Mittelalter in Fülle belegt [werden], ohne den über dem Leben waltenden universalistischen Geist der kirchlichen Bildung und Devotion, der Heidenmission, der unverbrüchlichen sozialen Ordnungen ganz an dem ihnen zukommenden geschichtlichen Ort gesehen werden können."

Hiermit ist ganz klargestellt: der Historiker wehrt sich gerade dagegen, Wörter zu allgemein zu gebrauchen und damit eben den „eignen Geist" für „den Geist der Zeiten" auszugeben. Er hat eine Scheu davor, von der jeweils gegebenen historischen Situation, der adäquat zu verstehenden Sinneinheit zu abstrahieren und ein Wort so frisch-fromm-fröhlich-frei zu verwenden, wie es ihm sein Gegenwartsbewußtsein eingibt.

In ähnlichem Sinne sagt auch Wilhelm Kamlah:[114]

„[...] ‚der Begriff ›Revolution‹ ist nur auf die Neuzeit anwendbar‘. [...] [Dieser] Satz setzt eine Normierung des Terminus ‚Revolution‘ voraus, die der Historiker etwa folgendermaßen formulieren könnte: ‚Eine Revolution ist die gewaltsame Übernahme der politischen Herrschaft durch eine neue soziale Schicht auf Grund eines theoretischen Gesellschaftsprogramms.‘ In dieser Definition sind wiederum Termini enthalten, deren Verwendung zuvor zu normieren wäre. Ob die Definition *angemessen* ist, darüber hat freilich nicht der Logiker, sondern der Historiker zu urteilen.“

In der Geschichte muß also die Verwendung jedes Wortes vorher hermeneutisch abgesichert werden. Wir müssen sorgfältig feststellen, ob ein bestimmtes Wort auch auf einen bestimmten historischen Gegenstand anwendbar ist (Beispiel: „Staat“, „Geist“, „Kultur“).[115]

Wittram faßt zusammen:[116]

„Alle allgemeinen historischen Sachbegriffe haben etwas Gleitendes, sind fortgesetztem Sinnwandel unterworfen und treffen in vielen Fällen nur ungenau. Wir müssen uns deshalb den ganzen Begriffsapparat in Frage stellen lassen, ihn relativieren und von Fall zu Fall auf seine Anwendbarkeit prüfen. Als allgemeine Regel dürfte gelten, daß die Sachbegriffe ‚zweischichtig‘ sind: einerseits historisch zeitgerecht und von innen her präzise, andrerseits zeitfremd, unscharf, von außen annähernd und generalisierend. Das wäre auch bei Begriffen wie Erziehung, Persönlichkeit, Bürgertum, Gesellschaft u. v. a. nachzuprüfen.“

Soweit wir uns im Bereich einer „Historie, die nichts als Historie sein will“,[117] bewegen, dürften daher – als Credo des hermeneutischen Historismus – Wittrams folgende Worte gelten:[118]

„Je ärmer der sprachliche Ausdruck wird, desto geringer ist seine Nuancierungsfähigkeit, desto weniger kann auch vom Vergangenen heraufgeholt und wiedererweckt werden. Historische Anschauungskraft und sprachliche Ausdrucksfähigkeit korrespondieren miteinander. Ob das eine mit dem andern zum Untergang bestimmt ist, wissen wir nicht. Sicher ist, daß der sprachliche Ausdruck geübt werden kann. [...] Geben wir uns nicht so leicht zufrieden, wenn wir Begriffe und Bilder verwenden. Es ist etwas Beglückendes darin, den genauen, angemessenen, ganzen Ausdruck zu suchen [. . .]. Wir kennen das Entzücken, das uns überkommt, wenn wir in einer Untersuchung oder Darstellung einen Satz, eine Beschreibung lesen, von der wir sagen müssen: hier stimmt alles, hier ist alles fein und genau und angemessen."

Der eigentliche Grund, weshalb wir heute von einer „Krise" der historischen Wissenschaften bzw. der hermeneutischen Methode sprechen müssen, liegt offensichtlich nicht etwa darin, daß sich das Programm der adäquaten hermeneutischen Erfassung jeder historischen Einheit als eine „objektivistische" Illusion erwiesen hätte. Unsere Überlegungen haben uns deutlich gezeigt, daß es durchaus nicht unser eigener Geist sein muß, was wir den Geist der Zeiten heißen.

Nein – der Grund für diese Krise liegt an einer anderen Stelle: nicht im Nichtkönnen, sondern im Nichtmehr*wollen*.

Im gleichen Augenblick, da der Historismus seine letzte Reife, seine feinsten Möglichkeiten erlangt hat – in diesem Augenblick wendet sich offenbar das Interesse einer Mehrheit der wissenschaftlich tätigen Personen von solchen hermeneutischen Möglichkeiten ab – zugunsten eines Neo-Dogmatismus, der gar nicht mehr als „Andere" als „Anderes" aufnehmen will, sondern „eindimensional" selbstgesetzten Normen folgt. Wir werden darauf zurückkommen.

2. Quellenbegriffe und ihre Übersetzung

Der vorherige Abschnitt hat uns den Blick dafür geschärft, daß in der Geschichtswissenschaft Wörter *zeitgerecht* gebraucht werden müssen. Das heißt: sie dürfen nur dann verwendet werden, wenn sie in der jeweiligen Zeit „möglich" waren, wenn sie auf sie „passen".

Die zweite Frage wäre nun: Bedeutet diese Forderung nach zeitgerechter Benutzung von Wörtern, daß wir ausschließlich „*Quellentermini*"verwenden dürfen?

a. Allgemeines

Soll man einen geschichtlichen Gegenstand, also zum Beispiel eine Einrichtung oder einen sozialen Sachverhalt im Mittelalter, im

Sprachgebrauch der Zeit, also des Mittelalters selbst, darstellen, oder soll man dafür eine moderne Terminologie wählen?

(1) Quellentermini

Hierzu zunächst folgende Klärung. Der Sprachgebrauch einer geschichtlichen Zeit, in unserem Falle des Mittelalters, findet sich in den überlieferten Quellen. Daher sprechen wir von *Quellentermini.*

Im Falle des Mittelalters erkennt man Quellentermini sehr leicht daran, daß sie nicht als neuhochdeutsche, sondern meist als lateinische, gegebenenfalls auch als alt- oder mittelhochdeutsche Wörter auftreten. Solche Wörter sind zum Beispiel *comes* (‚Graf') oder *mansus* (‚Bleibe', Bauernbesitz einer bestimmten Rechtsstellung). Solange diese Wörter in der lateinischen Urform auftreten, ist klar, daß sie als Quellentermini gemeint sind; sobald aber stattdessen Übersetzungen ins Deutsche wie „Graf" oder „Landbesitz", „Hufe" gebraucht werden, ist nicht mehr sicher, was der Hörer oder Leser solcher Worte versteht: den zeitgenössischen (mittelalterlichen) oder den heutigen Wortsinn.[119]

Wenn wir „comes" statt „Graf" sagen, ist eindeutig der „Quellen-Sinn" gemeint. Ein comes, Graf, war in fränkischer Zeit ein bevollmächtigter Sendbote, eine Art „Beamter" des Königs, der für einen bestimmten Sachbereich oder für ein bestimmtes Gebiet zuständig war. Noch heute (oder jedenfalls bis zur letzten Gebietsreform) gibt es Landkreise in Deutschland, die die Bezeichnung „Kreis Grafschaft X." führen.

In England und sogar in den Vereinigten Staaten (wo es ja nie Grafen gegeben hat!) heißt noch heute die Entsprechung zu unserem Landkreis „County", also ‚Grafschaft', und aus Ungarn ist ebenfalls die Bezeichnung „Komitat" noch geläufig. Und in Bezeichnungen wie „Deichgraf" ist noch heute die alte Bedeutung des Wortes erhalten; ein „Graf" ist in diesem Falle ein genossenschaftlicher Beauftragter mit bestimmten amtlichen Funktionen.

Die Tätigkeit des Grafen wurde bald erblich, und daher können wir uns unter einem „Grafen" heute nur noch einen Adligen bestimmter Stufe vorstellen, der seit Jahrhunderten seine Burg oder sonstigen Besitz zu eigen hat.

(2) Moderne Termini

Wenn wir nun in einer Geschichtsdarstellung *moderne* Termini benutzen, so müssen wir grundsätzlich zwei Fälle unterscheiden.

(a) Überzeitliche Termini

Die „zeitlosen" oder besser: „überzeitlichen" Termini sind so allgemein und formal, daß wir sie unbedenklich auf jede beliebige Geschichtsepoche anwenden können, ohne befürchten zu müssen, daß wir dem geschichtlichen Sachverhalt Gewalt antun.

Solche allgemeinen und daher völlig unbedenklichen Termini wären zum Beispiel „Mensch" oder „Verkehr".

Was ein „Mensch" ist und was nicht, liegt seit vielen tausend Jahren eindeutig fest. Ein Ausdruck wie „Die Menschen der Altsteinzeit" kann daher niemals falsch sein.

Entsprechendes gilt aber sogar für das Wort „Verkehr". Im einzelnen kann man darunter in den einzelnen historischen Epochen (oder bei den einzelnen Völkern) ganz etwas Verschiedenes verstehen: „Verkehrsmittel" kann vom Lastträger und Maultier bis zum Düsenjet alles mögliche sein. Aber die allgemeine Bedeutung von „Verkehr", nämlich ‚Schaffen von Menschen oder Gütern von einem Ort zum anderen' ist so allgemeingültig, daß man nichts falsch machen kann, wenn man dieses Wort auf jede Epoche, von der Steinzeit bis heute, anwendet.

(b) Vieldeutige Termini

Äußerst bedenklich dagegen ist der Gebrauch bestimmter anderer Termini.

Ein typischer Fall ist etwa das Wort „Feudalismus". Hierunter versteht man, genau genommen, lediglich eine ganz bestimmte Rechtseinrichtung im Mittelalter.[120] Von den Marxisten beispielsweise wird dieses Wort jedoch zur pauschalen Bezeichnung einer ganzen Stufe der marxistischen Geschichtskonstruktion benutzt, also auch für zahlreiche Gegenstände, die mit dem „feudum", dem ‚Lehen', überhaupt nichts zu tun haben.[121]

Es ist vor allem der Mittelalterhistoriker Otto Brunner, der auf diesen und ähnlichen Mißbrauch von Termini oft hingewiesen und sich für eine quellengerechte Sprache eingesetzt hat.

Ähnliches gilt für moderne Bezeichnungen wie „Klasse" oder „Schicht". Michael Mitterauer hat in einem Vortrag gezeigt, daß man für das Mittelalter von „Schichtung" nicht reden kann, da dieses Wort ein „durchgehendes" Gebilde, eben wie etwa in einer Schichttorte, nahelegt, den kleinräumigen Verhältnissen des Mittelalters mit seinen in sich abgegrenzten Sozialgebilden jedoch nicht gerecht wird.[122]

b. Mittelalterliche Quellenbegriffe und ihre Probleme

Hiernach sieht es nun so aus, als ob wir überhaupt nur Quellenwörter benutzen dürften und keine modernen – oder allenfalls solche, die eine so allgemeine Bedeutung haben wie „Mensch" oder „Verkehr", die dafür aber auch ziemlich wenig besagen können.

Bei näherer Betrachtung liegt die Sache aber gar nicht so problematisch.

Zunächst wird uns sehr bald klar werden, daß die bloße Abstinenz von moderner Terminologie keine Lösung ist. Denn: die Quellenwörter sagen ja nicht von sich aus, was sie bedeuten. Sie müssen *übersetzt* werden. Sie sind ja Wörter in fremdsprachigen modernen, etwa englischen, Texten nicht nur *vergleichbar,* für die wir ja auch ein Wörterbuch und/oder die Kenntnis der fremden Sprache brauchen. Vielmehr: sie *sind* im buchstäblichen Sinne Wörter in fremdsprachigen Texten, denn alle Quellen des Mittelalters sind entweder in lateinischer Sprache oder aber in mittelalterlichem Deutsch, Französisch, Englisch und so fort abgefaßt. Die Lektüre einer mittelalterlichen Urkunde etwa ist also grundsätzlich nichts anderes als die Lektüre eines lateinischen Schriftstellers oder eines modernen Buches in englischer Sprache.

Nun gilt aber ganz allgemein in der Sprachwissenschaft die Erkenntnis, daß grundsätzlich jede Sprache in jede andere übersetzt werden kann, und zwar auch dann, wenn es im Bereich einer Sprache Sachen – und daher in dieser Sprache Wörter – gibt, die es im Bereich einer anderen Sprache nicht gibt. In diesem Fall ist zwar keine direkte Übersetzung, aber stets eine Umschreibung möglich, selbst wenn sie im Einzelfall noch so lang und umständlich sein müßte. Ein berühmtes Beispiel: die Eskimos haben für jeden Schneezustand ein besonderes Wort, weil der Schnee für sie allgegenwärtig und damit ungleich wichtiger ist als für uns. Aber auch wir könnten bei Bedarf jeden dieser Schneezustände mit Hilfe mehrgliedriger sprachlicher Ausdrücke genau so unterscheiden. Zum Beispiel: „verharschter und gefrorener, daher harter Schnee" oder: „verharschter und tauender, daher weicher Schnee" und so fort.

Genau so steht es auch mit den Quellenausdrücken. Wir müssen und können jeden einzelnen Ausdruck in die moderne Sprache „übersetzen".

Aber: indem wir übersetzen, bleibt die ursprüngliche Bedeutung des Wortes – nicht anders als beim verharschten Schnee – genau erhalten.

Natürlich ist es zur Erhaltung des Sinnes oft notwendig, eine sehr umfangreiche Beschreibung zu verwenden.

Hierzu zwei Beispiele.

(1) Beispiele

(a) „Graf"

Wenn wir verstehen wollen, was ein frühmittelalterlicher „comes" war, können wir nicht einfach sagen: „Comes bedeutet ‚Graf'." Denn da „Graf" heute nichts weiter ist als die Bezeichnung für eine bestimmte Stufe des erblichen Adels, würden wir mit dem Wort „Graf" eine falsche Vorstellung verbinden.

Um dieser falschen Vorstellung entgegenzutreten, müssen wir also zunächst etwa weiter sagen: „Ein Graf war ursprünglich ein Beamter." Damit ist schon eine wesentliche Erklärung gegeben, denn wir erkennen daraus, daß die Bezeichnung „Graf" zunächst an einem Amt hängt, also nicht die Bezeichnung eines vererblichen Adelsstandes ist.

Aber: jetzt ist das Wort „Beamter" ungenau, eine Projektion eines modernen Wortes in das frühe Mittelalter. Denn ein Graf Karls des Großen war natürlich kein Beamter im heutigen Sinne dieses Wortes. Also werden wir den Charakter des gräflichen Amtes in der Karolingerzeit näher beschreiben.

Hierbei werden wir immer wieder – neben modernen Wörtern – auch Quellenwörter verwenden, die wir dann aber, wiederum mit Hilfe moderner Wörter, erklären müssen, da sie ja nicht aus sich heraus verständlich sein können.

So werden wir also am Ende ein mittelalterliches Wort wie comes, Graf, *mit Hilfe lauter moderner Wörter* erläutert – und uns
trotzdem streng an den *mittelalterlichen Sachverhalt* gehalten haben.

(b) „Villikation"

Ein anderes Beispiel, aus der Sozial- und Wirtschaftsgeschichte des
Mittelalters.

Aus unserer gegenwärtigen, bundesdeutschen Umwelt können
wir uns einen landwirtschaftlichen Betrieb nur in zwei Formen vorstellen: entweder als kleinen oder mittleren Hof, der vom Bauern
und seinen Familienmitgliedern allein, oder allenfalls mit Hilfe
ganz weniger Mitarbeiter, betrieben wird, nicht anders als etwa ein
kleiner Handwerksbetrieb oder Laden auch – oder aber als großen
Gutsbetrieb, dessen Eigentümer oder Leiter nur noch im Büro
sitzt, während die Arbeit in den Ställen und auf den Feldern von einer großen Anzahl Arbeiter oder Angestellter geleistet wird – nicht
anders, als das in einem mittelgroßen oder großen Industrie- oder
Handelsbetrieb auch der Fall ist.

Hierbei sind aber Bauernhof und Gut zwei völlig getrennte,
voneinander unabhängige Betriebe, genau wie in der gewerblichen
Wirtschaft in der Regel auch.

Was wir uns dagegen nicht vorstellen können, ist folgendes: daß
ein Bauer sein Anwesen und seine Feldstücke hat, die er selbständig bestellt – und daß er trotzdem gleichzeitig von einer Art „Guts-
besitzer", genau gesagt, von einem *„Grundherrn"*, abhängig ist, für
den er einen Teil seiner Arbeitszeit aufwenden muß und/oder dem
er Abgaben aus dem von ihm auf seinem eigenen Hof Geernteten
oder Erzeugten leisten muß.

Genau diese Wirtschaftsform herrschte aber im Frühmittelalter
und – abnehmend – auch noch später.

Diese Form der Landwirtschaft ist allgemein bekannt unter der
Bezeichnung *Grundherrschaft*.[123]

Diese Bezeichnung ist aber kein Quellenwort, sondern selbst
erst durch die Historiker im vorigen Jahrhundert eingeführt: also
eher ein beschreibendes und interpretierendes Wort.

Das Quellenwort für diese Landwirtschaftsform aus dem Frühmittelalter heißt *villicatio* oder, in deutscher Fremdwortform, *Villikation*.[124]

Das Wort ist von dem lateinischen Wort *villa* abgeleitet – einem Wort, das selbst seine Geschichte hat. Bei den Römern bezeichnete es das Landhaus reicher Bürger, im Frühmittelalter den Hof des Grundherrn (worüber wir gleich näher sprechen wollen), und im 19. Jahrhundert das große, mehrstöckige, in einem parkartigen Garten gelegene Wohnhaus eines Guts- oder Fabrikbesitzers. – Bezeichnenderweise ist das Wort seit etwa dreißig Jahren wieder im Veralten begriffen, da wohlhabende Leute heute in der Regel keine „Villa" mehr, sondern ein „Eigenheim" haben. Der Unterschied ist im wesentlichen folgender: die „Villa" setzte eine mehr oder weniger zahlreiche Dienerschaft voraus, die mit im Hause wohnte; das moderne „Eigenheim" wird noch bis in höhere Einkommensschichten hinein von den Eigentümern in der Regel allein, ohne ständiges, im Hause wohnendes Personal bewirtschaftet. Ein anderer auffälliger Unterschied ist bau- und stadtsoziologischer Natur: die „Villa" stand auf dem Fabrikgrundstück – das „Eigenheim" des Fabrikbesitzers dagegen ist so weit wie möglich von den gewerblichen Bezirken der Stadt entfernt, was es auch dann noch von der „Villa" alten Stils unterscheidet, wenn es, wie diese, sehr groß und mit ständigem Hauspersonal versehen ist.

Die *Villikation* hat also als Mittelpunkt die „villa", das heißt den Herrenhof, auch Fronhof genannt („Fro" ist das alte Wort für ‚Herr', noch erhalten in „Fronleichnam" ‚Leib des Herrn'; „Frau" bedeutet eigentlich ‚Herrin'). Auch dieser Herrenhof verfügte über eine Eigenwirtschaft mit entsprechendem Personal, die aber für den Unterhalt des Herren nicht ausgereicht hätte. Daher lagen in geringerer oder weiterer Entfernung vom Herrenhof die Bauerngehöfte, deren Inhaber einerseits für sich selbst wirtschafteten, andererseits aber für den Herrenhof Dienste und/oder Naturalabgaben leisten mußten. Größere Villikationen besaßen als „Unterzentren" noch besondere Meierhöfe (Meier von maior ‚der Größere'; zunächst maior domūs ‚Vorsteher [der Dienerschaft] des Hauses', dann ‚Oberbauer'), in denen die Abgaben zunächst gesammelt wurden.

Zum Verständnis der mittelalterlichen Gegebenheiten müßte noch ergänzend erwähnt werden: eine Villikation war keineswegs ein geschlossener Gebietsverband. Die Höfe etwa eines großen Klosters als Herrn konnten zwischen Nordsee und Alpen verstreut sein, und umgekehrt konnte eine Dorfsiedlung aus Höfen verschiedener Herren bestehen.

(2) „Quellenwort" – ein Scheinproblem
Unsere Beispiele, vor allem das bewußt ausführlich gebrachte zweite, zeigen uns: die Verhältnisse des Mittelalters sind zunächst fremdartig. Sie lassen sich zwar in einem einzigen Quellenwort ausdrücken, wie etwa *villicatio*. Aber dieses Wort ist, für sich genommen, unverständlich. Es muß erklärt werden. Diese Erklärung erfolgt in lauter gegenwärtigen, ohne weiteres verständlichen Wörtern – und ist trotzdem geeignet, ein genaues Bild der früheren Verhältnisse zu zeichnen.

Denn auch wenn uns die mittelalterliche Agrarverfassung fremd ist, können wir sie uns doch angemessen vorstellen, wenn sie uns nur mit heutigen Worten beschrieben wird. Daß ein weit entfernt wohnender Bauer keine Dienste auf den Feldern des Herrn zu leisten brauchte, sondern an ihn nur Abgaben entrichtete, kann mit heutigen Worten ebenso klar gemacht werden, wie daß der Besitz der einzelnen Herren bunt durcheinandergewürfelt war, und schließlich auch, daß einzelne Herrschaftsfunktionen (Grund, Gericht, Kirche und anderes) auf verschiedene Herren verteilt sein konnten. Auch daß der „Herr" nicht unbedingt ein weltlicher „Baron" sein mußte, sondern auch etwa ein Kloster sein konnte, ist verständlich, zumal wenn man aus der Anschauung weiß, daß große, traditionsreiche Klöster sich auf den ersten Blick von Fürstenschlössern oft nicht unterscheiden.[125]

Interessant ist ferner, daß selbst ein Wort wie „Villa" für uns Heutige bereits wieder zum „Quellenwort", das heißt: historischem Wort zu werden beginnt, weil niemand sein Eigenheim mehr als „Villa" bezeichnet. Trotzdem ist es uns natürlich leicht möglich, eine Villa zu beschreiben: kein Eigenheim als Bungalow oder mit Schlafteil im ersten Geschoß, sondern ein mehrstöckiges Haus in großem Garten oder Park, dessen Obergeschosse gar nicht besonders luxuriös wirken, da sie die Wohnräume „nur" des Personals enthalten, und das auch gar nicht in einer besonders schönen Wohngegend liegen muß, sondern zum Beispiel auf einem Fabrikgrundstück stehen kann und so fort. – Das heißt: wir können mit heutigen, jedermann verständlichen Worten eine Gebäudeart beschreiben, die es heute nicht mehr gibt bzw. deren noch erhaltene Exemplare in anderer Weise genutzt werden.

Wenn wir so verfahren, wie hier geschildert, werden wir also am Ende ein historisches Quellenwort mit Hilfe lauter moderner Wörter erläutern – und uns trotzdem streng an den historischen Sachverhalt gehalten haben.

Hieraus folgt aber: das Problem „Quellenwort oder modernes Wort?" ist im Grunde ein Scheinproblem. Denn wir müssen ja ohnehin jedes Quellenwort mit Hilfe moderner Wörter für unser Verständnis übersetzen. Nur: der ursprüngliche Sinn muß – und kann – hierbei genau erhalten bleiben. Die gegenwartssprachliche Umschreibung eines Quellenwortes ist insofern gleichzeitig „historisch" und „modern": nämlich die *adäquate* Darstellung eines *geschichtlichen* Sachverhaltes in *heutigen* Worten.

Es ist für die historische Erkenntnis also fast gleichgültig, ob wir ein Quellenwort im Original oder aber seine genaue Übersetzung mit Hilfe mehrerer oder vieler moderner Wörter benutzen.

Der Gebrauch des Quellenwortes ist in diesem Sinne oft nur als Abkürzung zu verstehen: wir sagen einfach „comes" oder „villicatio", wenn wir voraussetzen können, daß wir an früherer Stelle bereits erklärt haben, was ein „comes" oder eine „villicatio" im frühen Mittelalter ist, und der Leser daher weiß, was gemeint ist.

Karl-Georg Faber sieht das Problem in seinen Ausführungen „Zur Sprache der Historie" ganz genau so.[126]

c. Begriffsgeschichte oder Wortgeschichte?

(1) Wort und Begriff

„Begriff" und „Wort" werden oft miteinander vermengt. Diese Vermengung ist besonders dann folgenreich, wenn es um eine historische Begriffsgeschichte geht. Was ist denn *Begriff*sgeschichte? Geschichte eines bestimmten *Wortes,* zum Beispiel *comes?* Oder aber Geschichte eines bestimmten historischen *Gegenstandes,* der einmal als „comes", dann wieder als „Graf" bezeichnet wird?

Hier ist offenbar eine Klärung vonnöten. Die Wörter „Wort" und „Begriff" müssen sorgfältig unterschieden werden – das ist die unabdingbare Voraussetzung für eine saubere Konzeption der Begriffsgeschichte.

In der „Logischen Propädeutik" haben wir dies Problem eingehend behandelt. An dieser Stelle brauchen wir es daher nur noch einmal kurz für unseren Fragezusammenhang zu formulieren.

„Wort" bezieht sich immer nur auf eine bestimmte Laut- oder Buchstabenfolge: „comes" ist also ein Wort, „Graf" ist ein anderes Wort.

„Begriff" bezieht sich immer auf eine bestimmte Bedeutung, einen bestimmten Inhalt – wir können auch sagen: auf einen bestimmten Gegenstand, eine bestimmte „Sache".

In diesem Sinne bezeichnen „comes" und „Graf" denselben Begriff, denselben Inhalt, denselben Gegenstand, dieselbe Sache: nämlich eine bestimmte Figur des mittelalterlichen Amts-, später Erbadels.

*Wort*geschichte betreiben wir dann, wenn wir ein bestimmtes *Wort* durch die Geschichte hindurch verfolgen.

Etwa das Wort *„comes":* comes bedeutet ursprünglich einfach Mitgänger, Begleiter, Gefährte. Im alten Rom konnte es den Begleiter des Sohnes des Herrn, also den Hauslehrer bedeuten, oder den Begleiter eines Vornehmen. Im Mittelalter nimmt das Wort zunächst die Bedeutung des karolingischen Sendgrafen, eines königlichen Beamten, an und wird später zur Bezeichnung einer bestimmten Stufe des erblichen Adels.

Mit der Ablösung der lateinischen Sprache durch die deutsche kam das Wort *comes* außer Gebrauch; an seine Stelle trat das deutsche Wort „Graf".

Die frühmittelalterliche Bedeutung des Wortes *comes,* nämlich königlicher Statthalter oder Beamter, wurde von anderen Wörtern übernommen, wie Statthalter, Sendbote, Beamter; der leitende Beamte eines Landkreises, der Entsprechung des alten „Komitats" (Grafschaft), heißt heute „Landrat" – und so fort.

„villa" bedeutete zunächst Landhaus, dann Herrenhof, dann das Wohnhaus eines Guts- oder Fabrikbesitzers. Heute ist der Ausdruck „villa" außer Gebrauch gekommen; die sachliche Entsprechung zur „Villa" des 19. und frühen 20. Jahrhunderts ist heute das „Eigenheim" (der obersten Preisklasse).

Unsere Beispiele zeigen folgendes: In der Geschichtswissenschaft aller Sachgebiete, ausgenommen die Sprachgeschichte selbst, ist in der Regel die *Wort*geschichte unergiebig. Und zwar aus folgendem Grund: in der Sachgeschichte interessieren uns vor allem *Bedeutungen,* also Inhalte, Gegenstände, Sachen. Aber: ein Wort kann seine Bedeutung ändern, und andere Wörter können dafür die alte Bedeutung aufnehmen.

Zum Beispiel: der „comes", deutsch „Graf", wird zur Bezeichnung einer Adelsstufe – die ursprüngliche Bedeutung geht auf „Beamter", „Statthalter", „Landrat" über. Als *Historiker* interessiert uns aber *nicht* die Geschichte des *Wortes* „Graf", sondern die Geschichte der Verwaltungsorganisation, also etwa die Entwicklung vom karolingischen Grafen zum modernen Landrat.

Oder, eine etwas andere Entwicklung: der mit dem Wort „Villa" bezeichnete *Gegenstand,* nämlich ein Wohnhaus bestimmter Art, verschwindet ganz, und mit ihm auch das Wort (es geht also nicht, wie „comes/Graf", auf einen anderen Gegenstand über). An die Stelle der Villa rückt ein anders geartetes Eigenhaus, und dieses andere Haus bekommt auch eine andere Bezeichnung: „Eigenheim". (Denkbar wäre natürlich auch gewesen, daß „Villa" geblieben wäre und die neue Bedeutung ‚Eigenheim‘ angenommen hätte. Aber in diesem Fall ist die Sprachgeschichte anders verlaufen.)

Was uns als Erforscher der Geschichte interessiert, ist in der Regel also nicht die Entwicklung eines Wortes, sondern die einer *Sache.* Wir können uns daher nicht an das zufällige Schicksal eines bestimmten Wortes halten, sondern wir müssen die Sache durch die Zeiten hindurch verfolgen – unabhängig davon, durch welches Wort sie bezeichnet wird.

(2) Die philosophische Begriffsgeschichte
Hierfür besonders instruktiv ist die philosophische Begriffsgeschichte.

Viele zentrale, heute durch ein deutsches Wort ausgedrückte Begriffe der Philosophie haben ihren Ursprung in der griechischen Philosophie, oft bei Aristoteles. Da die griechische Philosophie dem Mittelalter über das Lateinische vermittelt wurde, gibt es zahlreiche philosophische Begriffe in griechischer, lateinischer und deutscher Wortfassung, zum Beispiel:

práxis – actio – Handlung
dýnamis – potentia – Kraft
kósmos – mundus – Welt

Nun liegt auf der Hand, daß auch den Philosophen nicht die Geschichte eines einzelnen Wortes, sondern nur die eines *Begriffes* interessiert.

So interessiert ihn der Ursprung des Begriffes der ‚Handlung‘ nicht in dem Sinne, daß ihm die Geschichte des *Wortes* „Handlung", also eine Etymologie, wichtig wäre. Das Wort „Handlung" interessiert ihn erst von dem Augenblick an, wie es als Übersetzung für „actio" und „präxis" auftaucht. Der Ursprung des Begriffes ‚Handlung‘ liegt für ihn also im griechischen „präxis".

(3) Historiker und Begriffsgeschichte

Leider wird die Einleitung des verdienstvollen Lexikons „Geschichtliche Grundbegriffe", die Reinhart Koselleck verfaßt hat, dadurch erheblich in ihrer Wirkung abgeschwächt, daß Koselleck es versäumt, sich über den Unterschied zwischen „Wort" und „Begriff" genaue Rechenschaft abzulegen.

So heißt es etwa:[127]

„Deshalb wird in die Antike, auf das Mittelalter, auf Renaissance, Reformation und Humanismus zurückgegriffen, soweit die Wortgeschichte der Begriffe aus diesen Zeitaltern herrührt."

Was ist hier mit „Wortgeschichte" gemeint? Die Periodenbezeichnungen „Mittelalter" und „Reformation" lassen sich so deuten, daß hier deutsche Wörter gemeint sind, „Renaissance" und „Humanismus" lassen eher an lateinische denken. Ganz gewiß aber gab es in der Antike nur griechische und lateinische Wortformen für Begriffe.

Also kann in diesen Fällen gar nicht die *Wort*geschichte, sondern nur die *Begriffs*geschichte gemeint sein.

Das Wort „historia" hat mit der *(Wort)*geschichte des *Wortes* „Geschichte" nichts zu tun, sehr wohl aber mit der *(Begriffs)*geschichte des *Begriffes* ‚Geschichte‘. Statt „Wortgeschichte der Begriffe" hätte Koselleck daher einfach schreiben sollen: „Geschichte der Begriffe".

Wenn Koselleck[128] dagegen feststellt, daß „die Geschichte" bis weit ins 18. Jahrhundert hinein eine Pluralform mit der Bedeutung ‚Summe einzelner Geschichten‘ war, und erst dann zum femininen Kollektiv-Singular mit der Bedeutung ‚Inbegriff alles in der Welt Geschehenen‘ wird, so ist dies von doppelter Bedeutung: einmal *wort*geschichtlich, weil es über den *Bedeutungswandel* des *Ausdrucks* „die Geschichte" informiert, zum anderen aber natürlich *auch begriffs*geschichtlich, weil hierdurch erst der abstrakte Begriff der „Geschichte" entsteht.

Infolge der von Anfang an gegebenen Unklarheit über das Verhältnis von „Wort" und „Begriff" kommt Koselleck leider auch zu einer wenig überzeugenden Unterscheidung beider Termini.[129]

So sagt er zwar: „Der Begriff haftet zwar am Wort, ist aber zugleich mehr als das Wort." Das könnte man an sich im Sinne unserer Unterscheidung verstehen: Ein Begriff kann nur durch ein Wort ausgedrückt werden, aber es braucht nicht ein bestimmtes zu sein: statt „comes" könnte man auch „Graf" sagen und umgekehrt.

Aber dies meint Koselleck leider nicht. Unter „Begriff" im Gegensatz zu „Wort" oder „Terminus" meint er offenbar das, was man genauer auch „zentraler Begriff" oder „Grundbegriff" nennen könnte. Das zeigt ganz deutlich sein Beispiel: „ ‚Recht' ist ein Begriff, ‚Rechtsprechung' dagegen ein – sachbezogener – Terminus."

Hierzu müßten wir von unserem Standpunkt aus sagen: Zunächst sind sowohl „Recht" als auch „Rechtsprechung" *Wörter*. Sie vertreten aber gleichzeitig auch *Begriffe*, indem man etwa „Recht" auch durch „ius", „droit", „law" wiedergeben kann, und „Rechtsprechung" auch durch „iurisdictio", „juridiction" und so fort.

Was Koselleck tatsächlich meint, erschließt sich nur durch den Zusammenhang seiner Ausführungen: „ ‚Recht' ist ein zentraler, ein Haupt- oder Grundbegriff, der in unserem Lexikon deshalb einen eigenen Artikel erhält – ‚Rechtsprechung' ist dagegen ein Begriff, der nicht diese zentrale Bedeutung hat und daher keinen eigenen Artikel erhält."

Diagramme

Der Unterschied zwischen Wortgeschichte und Begriffsgeschichte läßt sich graphisch darstellen. Wir teilen der Wort- beziehungsweise Begriffsgeschichte jeweils eine Dimension zu und betrachten die Richtung von oben nach unten beziehungsweise von links nach rechts als Richtung des Zeitablaufes.

Dann ergeben sich für unsere Beispiele „Handlung", „Villa" und „comes/Graf" folgende Diagramme:

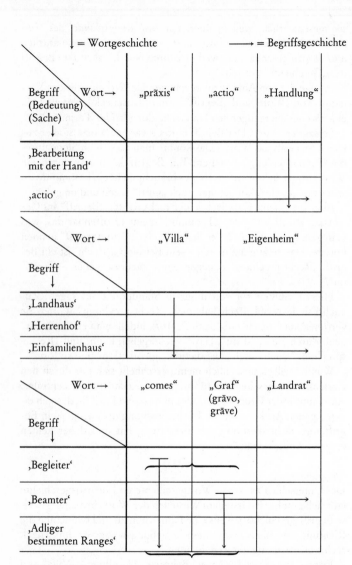

= Wortgeschichte			→ = Begriffsgeschichte

Begriff (Bedeutung) (Sache) ↓	Wort → "prāxis"	"actio"	"Handlung"
,Bearbeitung mit der Hand'			
,actio'			

	Wort → "Villa"	"Eigenheim"
Begriff ↓		
,Landhaus'		
,Herrenhof'		
,Einfamilienhaus'		

	Wort → "comes"	"Graf" (grāvo, grāve)	"Landrat"
Begriff			
,Begleiter'			
,Beamter'			
,Adliger bestimmten Ranges'			

Hierzu folgende Erläuterungen:

Am linken Rand sind die in Betracht kommenden Begriffe, also Bedeutungen beziehungsweise (Bezeichnungen für) Sachen in der Reihenfolge ihres zeitlichen Auftretens eingetragen.

Am oberen Rand sind die in Betracht kommenden Wörter, ebenfalls in zeitlicher Reihenfolge, eingetragen.

Der Gepflogenheit in der Sprachwissenschaft entsprechend, sind *Bedeutungen* mit einfachen Anführungszeichen (, '), *Wörter* mit doppelten Anführungszeichen („ ") gekennzeichnet. Gleiche Wortausdrücke für Begriffe und Wörter wurden nach Möglichkeit vermieden; beim Beispiel „Handlung" war dies nicht möglich, jedoch wurde hier als Bedeutungsbezeichnung das lateinische ‚actio' gewählt, um den Zusammenfall des Wortes „Handlung" und der Bedeutung ‚Handlung' zu umgehen.

Waagerechte Pfeile kennzeichnen den Wandel des Wortes für einen Begriff. Am deutlichsten ist dies bei dem Begriff der ‚actio' (= ‚Handlung'): zunächst galt das griechische *prāxis,* dann das lateinische *actio* und schließlich (in der deutschen Sprache) das deutsche *Handlung.*

Senkrechte Pfeile kennzeichnen den Wandel der Bedeutung (des Begriffes) für ein Wort. Dies ist am deutlichsten an dem Wort „Villa" abzulesen, das in Altertum, Mittelalter und Neuzeit drei verschiedene Bedeutungen hatte: zunächst ‚Landhaus', darauf ‚Herrenhof' und schließlich ‚großes Einfamilienhaus'. – Mit diesem Bedeutungswandel des Wortes „Villa" kreuzt sich nun ein Wortwandel für die Bedeutung ‚Einfamilienhaus' von „Villa" zu „Eigenheim".

Eine ähnliche Kreuzung von Begriffs- und Wortgeschichte finden wir bei „Graf". Die *Bedeutung* ‚Gebietsbeamter' wird zunächst durch „Graf", später durch „Landrat" (und ähnliche Bezeichnungen) ausgedrückt. Andererseits macht das *Wort* „Graf" einen Bedeutungswandel von ‚Beamter' zu ‚Adelsrang' durch.

Eine Besonderheit bietet noch das Verhältnis der Wörter „comes" und „Graf". Das lateinische Wort „comes" ist älter. Es stammt aus dem klassischen Latein, also aus der Zeit vor Christi Geburt, und bedeutet eigentlich ‚Begleiter'. Da im Mittelalter die lateinische Sprache zunächst in Verwaltung und Kirche herrschend war, wurde das Wort „comes" auf die mittelalterliche Einrichtung des ‚Sendgrafen' übertragen.

Die deutsche Sprache und mit ihr das Wort *grāvo,* später *grāve,* schließlich *Graf* tauchte erst im Mittelalter auf. Seit dem Auftauchen des Wortes *grāvo/grāve/Graf* sind nun „comes" und „Graf" Synonyme, das heißt Wörter gleicher Bedeutung. Sie machten daher gemeinsam den Bedeutungswandel von ‚Beamter' zu ‚Adelsrang' mit. Sie unterscheiden sich also lediglich hinsichtlich ihres geschichtlichen *Beginns:* das Wort „Graf" ist jünger und hat daher die Bedeutung ‚Begleiter', soweit das aus den erhaltenen Belegen bekannt ist, nicht gehabt.

(Ähnliches wie für „Graf" gilt auch für die direkt, also auch wortgeschichtlich, aus „comes, comitis" abgeleiteten Wörter ital. conte, franz. comte, engl. count).

IV. Gesetze in der Geschichte

1. Gesetze als „zeitlose menschliche Natur"

Wenn wir auch nicht, wie der analytische Wissenschaftler geneigt ist das zu tun, das „Verstehen" auf Psychisches zurückführen können und müssen, so liegt es natürlich doch nahe, der historischen Interpretation immer wieder Annahmen über gewisse unveränderbare Motive des Menschen zugrundezulegen, durch die wir erklären können, warum bestimmte historische Personen so und nicht anders gehandelt haben.

Ein typisches Beispiel hierfür bietet Bernheims Darstellung Herzog Rudolfs IV. von Österreich, des Fälschers des Privilegium Majus, als „ehrgeizigen Jüngling", als Mann, dem „Gewalt wie List [...] nicht fremd waren" und so fort.[130]

Gerade solche Stellen bei Bernheim und anderen Historikern des 19. Jahrhunderts erwecken in uns ein gewisses Unbehagen etwa in der Richtung, daß es hier eben doch „der Herren eigner Geist" sei, „in dem die Zeiten sich bespiegeln". Wendungen wie „ehrgeiziger Jüngling" und „Gewalt wie List" sind für unser Empfinden „typisch 19. Jahrhundert"; wir ahnen – selbst hermeneutisch abtastend, nämlich Bernheims Ausdrucksweise –, daß damit die Eigenart „des mittelalterlichen Menschen" nicht adäquat erfaßt wird, daß hier zu viel von dem Lebensgefühl des 19. Jahrhunderts selbst einfließt.

In der Tat zeigen solche für die klassische bürgerliche Geschichtsschreibung des 19. Jahrhunderts charakteristische Redewendungen an, daß das 19. Jahrhundert eben noch nicht „historistisch" genug dachte, noch zu viel vom eigenen Gegenwartsgefühl in die Interpretation vergangener Zeiten einfließen ließ, noch viel zu unbefangen wertete und zensierte, „lobte und tadelte", wie August Nitschke sagt.[131]

Für uns viel abgebrühtere Historisten stellt sich angesichts unseres Beispiels die Frage: Ist es überhaupt *nötig*, derart der eigenen Gegenwart entnommene seelische Motivationen für den Nachweis der Fälschung des Privilegium Majus heranzuziehen? Offenbar nicht. Denn die von Bernheim selbst so plastisch geschilderte Quellenlage weist eindeutig auf den Tatbestand der Fälschung des Majus, ohne daß wir überhaupt genötigt wären, noch besondere Annahmen über gleichsam „überzeitliche" persönliche Motive des Fälschers zu machen.

Natürlich kommen wir nicht darum herum, ein „Motiv" für die Fälschung anzunehmen; denn sonst hätte sie nicht stattfinden können. Aber dieses Motiv müssen und können wir nicht mit naiv „gegenwärtigen" Wendungen wie „ehrgeizig" oder „List" umschreiben. Denn wir wissen ja gar nicht, ob es geistig-seelische „Zustände", die der Geschichtsschreiber des 19. Jahrhunderts mit solchen Wörtern verband, im Mittelalter so überhaupt gegeben hat.

Wir werden daher auch unsere Interpretation für das Motiv nach Möglichkeit „objektivieren", das heißt in die betrachtete Zeit selbst hineinverlegen wollen.

So könnten wir etwa sagen: zu solch einer Urkundenfälschung bedurfte es gar keiner individuellen „Charakterzüge" oder „psychischer Zustände" – sondern die Situation selbst legte die Fälschung nahe: Österreich war durch die Festlegung des Kurfürstenkollegiums benachteiligt worden und wollte dafür einen Ausgleich schaffen. Subjektiv war dafür keine besondere „Bosheit" erforderlich, und der Fälscher brauchte auch gar kein Unrechtsgefühl zu haben. Vielleicht war der mittelalterliche Mensch so „anders", daß das Fälschen von Urkunden für ihn nur eine Routinehandlung war, wie heute etwa die Entgegennahme von Geld für eine Leistung, was für uns ja auch nichts Unmoralisches hat.

In der Tat läßt sich zeigen, daß gerade in der Bewertung des

Phänomens der Urkundenfälschung durch mittelalterliche Instanzen von Bernheim bis heute eine deutliche Verschärfung des „hermeneutischen" Bewußtseins im Sinne genaueren Erfassens der Zeitverhältnisse vor sich gegangen ist.

So bringt Bernheim Fälschungen mit Motiven wie „Gewinnsucht, [...] Ruhmsucht, falscher Patriotismus, [...] Bosheit und Rachsucht, [...] Gelehrteneitelkeit"[132] und ähnlichen in Verbindung – wobei er bezeichnenderweise überhaupt nicht zwischen solchen Fälschungen mittelalterlicher Quellen, die schon im Mittelalter selbst, und solchen, die erst in späteren Jahrhunderten vorgenommen worden sind, unterscheidet; schon das ist natürlich unhistorisch, weil es unterstellt, es seien immer die gleichen überhistorischen Motive gewesen, die die Menschen zu Fälschungen verleitet hätten. Auch in bezug auf die Fälschung von Urkunden als einer besonderen Quellenart spricht Bernheim noch einmal ausdrücklich von „allen möglichen Motiven des menschlichen Egoismus", die geistliche und weltliche Instanzen zu Fälschungen veranlaßt hätten.[133]

Demgegenüber schlägt v. Brandt als Repräsentant des ausgereiften Historismus der Mitte unseres Jahrhunderts zu unserem Thema völlig andere Töne an.[134]

„Die Fälschung von Urkunden ist im Mittelalter, namentlich in der Zeit etwa vom 10. bis zum 13. Jahrhundert, in einer Massenhaftigkeit betrieben worden, von der sich der Laie kaum eine Vorstellung machen kann. Man hat [...] angenommen, daß [...] von den für geistliche Empfänger bestimmten Urkunden (soweit sie angeblich vor dem 12. Jahrhundert entstanden) schätzungsweise zwei Drittel ganz oder teilweise gefälscht sind.

Der Historiker muß sich fragen, welches die Gründe für diese Erscheinung sind, wenn er Wesen und Quellenwert der Fälschungen nicht gröblich mißverstehen will. Dabei wird etwa folgendes festzustellen sein:

1. Das Verhältnis des antiken und des mittelalterlichen Menschen zu Wahrheit und Lüge, zu Urheberrecht und Recht des Fremden überhaupt, ist ein anderes, als wir es heute gewöhnt sind. Der Begriff der Wahrheit ist kein absoluter, er ist relativ und subjektiv gefärbt, auch von religiösen und sozialen Rangordnungen abhängig. Die Massenhaftigkeit gerade der kirchlichen Fälschungen erklärt sich hiermit: zugunsten eines kirchlich-religiösen Zwecks erscheint es zulässig, die subjektive Wahrheitsüberzeugung auch durch eine *pia fraus*, also eine ‚Fälschung‘, zu befestigen. Denn die Welt ist unvollkommen in ihren Einrichtungen. Unvollkommenheiten im Sinne des Ideals der Civitas dei – also was dem kirchlichen Interesse zu-

widerläuft – können und sollen beseitigt werden. Die Rechtswidrigkeit einer Handlung ist nicht in ihr selbst begründet, sondern erst in ihrer Absicht.

2. Die Gewalt spielt in der mittelalterlichen Rechtsordnung eine viel größere, [...] auch theoretisch anerkannte Rolle, als etwa im modernen [...] Rechtsstaat. Es wurde als unvermeidbar hingenommen, daß das ‚Faustrecht‘ einen erheblichen Anteil an der Ordnung der [...] Machtverhältnisse nahm. Hinsichtlich solcher [...] Machtmittel befanden sich die geistlichen Träger der Bildung [...] gegenüber der im Weltlichen herrschenden Kriegerkaste unleugbar im Nachteil. Gegen das rechtschaffende Machtmittel des Schwertes wehrte sich die geistliche Seite mit der ihr monopolistisch eigenen Waffe: der Feder.

3. [...] Da Regierungen und Verwaltungen nicht beweglich genug sind, um [...] faktischen Entwicklungen Rechnung zu tragen, muß [...] [der Betroffene korrigieren]. Man ‚fälscht‘: das heißt z. B., man bringt einen durch frühere Beurkundung festgelegten Rechtszustand auf den inzwischen erreichten tatsächlichen Stand, den – nach der häufig wohl ehrlichen Überzeugung des ‚Fälschers‘ – der ursprüngliche Aussteller auch billigen müßte. [...] [Es] fehlt also wohl dem mittelalterlichen Menschen nicht selten überhaupt das Gefühl, eine Fälschung [...] zu begehen. Seiner Absicht nach handelt es sich um eine ‚Berichtigung‘, zu der er sich durchaus befugt fühlt.“

Der Gegensatz könnte nicht deutlicher sein: bei Bernheim der Rückzug auf allgemeine psychische Regungen – bei v. Brandt die genaue Analyse spezifisch mittelalterlicher Gegebenheiten, die unseren eigenen Vorstellungen widersprechen und es uns verbieten, unsere Maßstäbe einfach auf frühere Zeiten zu übertragen und diese früheren Zeiten dann als nach unseren Maßstäben „moralisch minderwertig" zu klassifizieren.

Die Frage, wie weit die heutige, streng „historistische" Auffassung vom Mittelalter der „Wahrheit" wirklich nahekommt, darf offenbleiben. Aber unbestreitbar ist, daß die in der gegenwärtigen Geschichtsauffassung konsequent verfolgte Tendenz, in der fremden historischen Einheit wirklich „das Andere" sehen zu wollen, dieser „Wahrheit" zumindest näher kommt, als die unhistorisch moralisierende Betrachtungsweise Bernheims.

Freilich will auch der moderne Historismus „überzeitliche" Motive nicht ganz ausschließen. So sagt v. Brandt in einem vierten Punkt:[135]

„4. Ehrgeiz und Machtlust gibt es zudem im Mittelalter wie zu allen Zeiten, noch dazu ungebändigter durch pseudomoralische Erwägungen als in

Zeiten vollkommenerer Rechtszustände – weil die Wahrscheinlichkeit des Ertapptwerdens damals geringer war."

Aber auch hier liegt offensichtlich wiederum der Knüppel beim Hunde: warum war die Wahrscheinlichkeit des Ertapptwerdens geringer? Doch auch, weil man gar nicht ertappen *wollte!*

2. Gesetze als wiederkehrende Abläufe

Wie wir im ersten Band und auch im vorliegenden Band anläßlich der Besprechung des „Verstehens" gesehen haben, ist es das Bestreben einer sich als analytisch verstehenden Wissenschaft, zur Formulierung von allgemeinen Sätzen – oder Gesetzen – zu gelangen, aus denen sich dann alle Einzelfälle ableiten lassen.[136]

Nach dieser Auffassung hat die einzelne geschichtliche Tatsache keinen Eigenwert. Denn nicht sie und ihre Sicherung ist das Endziel der Geschichtsforschung, sondern die Aufstellung allgemeiner Sätze, für die die Einzeltatsachen nur – an und für sich unwichtiges – Material beitragen. Gegenstand der „empirischen" Methode ist daher für diese Auffassung auch nicht die quellenkritische Sicherung der Tatsachen unter Anwendung hermeneutischer, historisch-philologischer Verfahren, sondern die Bestätigung und Widerlegung von Gesetzeshypothesen nach dem induktiven Verfahren.[137]

Für die analytische Geschichtsmethodologie ist also die Frage nach den „Gesetzen" in der Geschichte bereits positiv beantwortet. Es mag da im einzelnen noch Schwierigkeiten geben – grundsätzlich steht es mit den Gesetzen in der Geschichtswissenschaft nicht anders als in den Naturwissenschaften, der Psychologie, der Sozialpsychologie, der Soziologie und so fort.[138]

Eines haben uns nun unsere bisherigen Betrachtungen mit ziemlicher Sicherheit erkennen lassen: Wenn wir es mit der „Hermeneutik" wirklich ernst nehmen, müssen wir zu der Einsicht gelangen: Im Bereich des Geschichtlichen kann es keine Gesetze geben. Die Geschichte ist offenbar gerade der Bereich des Unwiederholbaren und des Unvorhersehbaren. Warum es gerade diese unverwechselbare Individualität Johann Sebastian Bach geben mußte – und warum dieser Bach nun gerade diese Johannespassion schreiben mußte – das ist offenbar durch allgemeine Gesetze nicht zu erklären.

Die Geschichte – so hat man auch gesagt – ist unbegrenzt offen. Das heißt, auf die Zukunft bezogen: wir wissen nicht, welche Möglichkeiten im Menschen noch liegen, was er noch wird verwirklichen können. Im Jahre 1650 hätte sich Bachs Musik niemand „vorstellen" können – aber ebensowenig können wir uns heute „vorstellen", was für unerahnbare Leistungen der Mensch noch hervorbringen wird. Auch die in den letzten Jahren so viel beredete „Futurologie" kann uns da nicht viel helfen. Denn sie kann immer nur gegebene Linien in die Zukunft hinein verlängern, nicht aber das Unvoraussehbare voraussehen.[139]

Wilhelm Dilthey hat gesagt: „Was der Mensch sei [. . .], erfährt er erst in der Entwicklung seines Wesens durch die Jahrtausende und nie bis zum letzten Worte, nie in allgemeingültigen Begriffen, sondern immer nur in den lebendigen Erfahrungen, welche aus der Tiefe seines ganzen Wesens entspringen."[140]

Die Einsicht, daß es in der Geschichte keine Gesetze geben kann, weil die menschlichen Hervorbringungen sich immer wieder unerwartet neu konstituieren und insofern nur nachträglich hermeneutisch in ihrer Einzigartigkeit erfaßt werden können, ist so typisch „historistisch", wissenschaftstheoretisch so „spät", daß zu verstehen ist, wenn nur wenige Geschichtsphilosophen diese Einsicht wirklich nachzuvollziehen vermochten.

Im Sinne dessen, was wir über die Geschichtsmodelle vom „Fortschritt", vom „Verfall" und von der zyklischen Wiederkehr der gleichen Abläufe gesagt haben, lag es von jeher wesentlich näher, immer wieder Gesetzlichkeiten in der Geschichte zu finden bzw. in sie hineinzuprojizieren.

Eine Sonderstellung hinsichtlich des Problems der „Gesetze" in der Geschichte nehmen die einzigartigen Geschichtsphilosophen Hegel und Marx und ihre Nachfolger ein; wir können von ihnen in diesem Zusammenhang noch nicht sprechen, da erst im Dialektik-Teil unseres Bandes ein angemessener Aufriß des von ihnen Geleisteten möglich ist.

Daher sei an dieser Stelle nur noch einmal auf den kühnen Entwurf von Oswald Spengler hingewiesen, der die Weltgeschichte als Gesamtheit von immer gleichartigen Abläufen verschiedener Kulturen interpretiert. Und insofern wir selbst einer noch nicht zu Ende gegangenen Kultur angehören, können wir – nach Spengler – durch Analogieschluß von bereits abgelaufenen Kulturen auf unsere eigene Kultur deren Geschichte vorhersagen.[141]

Nun lassen sich ganz zweifellos Analogien, Parallelismen, Gleichartigkeiten in der Geschichte nicht bestreiten. Die Ähnlichkeit etwa zwischen der Spätantike und unserer eigenen Gegenwart als sogenannten „alexandrinischen", das heißt: weniger produktiven als systematisch sammelnden Zeitaltern bietet sich zu augenfällig an, als daß man als Historiker leichten Herzens an ihr vorbeigehen möchte.

Selbst ein so „historistischer" und der hermeneutischen Praxis eng verbundener Geschichtsphilosoph wie Reinhard Wittram glaubt sagen zu können:[142]

„Man kann den Begriff der historischen Gesetzmäßigkeit mit Einschränkungen und Vorbehalten, wie ich meine, unbedenklich verwenden. Für bestimmte Zusammenhänge legt er sich nahe. Die großen produktionsgeschichtlichen und sozialökonomischen Wandlungen von der Bedarfsdeckungs- zur Marktwirtschaft, von den Manufakturen zur technisierten Produktion, von der Agrar- zur Industriegesellschaft haben so viel Folgerichtigkeit und Gleichförmigkeit an sich, daß man in der entsprechenden Größenordnung von ‚sozusagen gesetzmäßigen' Verläufen sprechen kann. Der Gesetzesbegriff ist in der Geschichtswissenschaft eine Hilfsvorstellung, die manchen großräumigen und großzeitlichen Ablauf recht gut veranschaulichen kann. Freilich kann er gerade das nicht, wofür er meist in Anspruch genommen wird: er ist keine Formel für die historische Notwendigkeit schlechthin. Gesetzlichkeit und Notwendigkeit sind im Bereich der Geschichte nicht synonym."

Und an anderer Stelle, doch etwas skeptischer:[143]

Es „kann nur soviel bemerkt werden, daß der Begriff des historischen Gesetzes sich im strengen Sinn überhaupt nicht halten läßt. Will man allgemeingültige Regeln annehmen, so ist von Fall zu Fall genau zu prüfen, in welchen Grenzen von Wiederholungen und Gleichförmigkeiten die Rede sein kann. Die historische Notwendigkeit, die hinter jedem Prozeß und jedem Ereignis steht, ist viel schwerer aufzuschließen und zu enträtseln, als daß ein einzelner Schlüssel dafür genügen könnte."

„Gesetze in der Geschichte" – das ist in diesem Zusammenhang im Sinne der Grundlage „großräumiger und großzeitlicher Abläufe" zu verstehen. Wir werden noch festzustellen haben, ob es nicht auch eine andere Auffassung dessen geben kann, was ein „Gesetz" in der Geschichte ist. Zunächst aber noch folgender Exkurs.

Exkurs. Der Begriff des „Typus". Der Begriff des „Typus" hat in der Geschichtsphilosophie der letzten Jahrzehnte eine große Rolle gespielt.[144]

„Typus" heißt eigentlich so viel wie „Schlag" und danach das durch den Schlag Geformte: die bestimmte Gestalt, die Ausprägung – ganz in dem Sinne, wie wir ja auch von „Menschenschlag" sprechen.

In der Geschichtswissenschaft gibt es bei genauerer Betrachtung zwei Begriffe des Typus: einen im Grunde unhistorischen und einen eigentlich historisch-hermeneutischen.

1. Der „unhistorische" Begriff des Typus gehört in die unmittelbare Nachbarschaft des soeben von uns besprochenen Begriffs des „Gesetzes" im Sinne der Ursache immer wiederkehrender Abläufe. „Gesetzmäßigkeit", „Gleichförmigkeit", „Typus" wäre in diesem Sinne etwa dasselbe.

Hiernach gibt es über die gesamte Geschichte hinweg immer wieder die gleichen „Typen" von Menschen. Solche „Typologien" hat zum Beispiel die Psychologie in großer Zahl aufgestellt. Das klassische Beispiel für eine Typologie von Menschen„charakteren" ist die schon aus dem griechischen Altertum stammende Lehre von den vier „Temperamenten" des Sanguinikers, Phlegmatikers, Cholerikers und Melancholikers, denen die neuere Zeit noch andere Typologien an die Seite gestellt hat.

Im Sinne der Temperamentenlehre zum Beispiel also könnte man alle großen Männer der Geschichte danach untersuchen, welchem der vier Temperamentstypen sie angehört haben. Dieses Verfahren ist offenbar unhistorisch. Und zwar schon deswegen, weil jede Typologie das philosophische Gepräge der Zeit trägt, in der sie entstanden ist, und auf andere Zeiten daher nicht angewendet werden kann.

Dabei haben wir noch ganz von dem Problem abgesehen, ob eine solche Typologie schon „in sich", das heißt, in der historischen Situation ihrer Entstehung angewendet, sinnvoll ist. Jede Typologie hat nämlich bereits völlig außerhalb jeder historischen Fragestellung folgende beiden Grundmängel: a) Sie ist nur „eindimensional", das heißt, sie versucht die menschlichen Individuen auf eine einzige Merkmalsskala zu reduzieren; das Individuum wäre aber zumindest als „Schnittpunkt" in mehreren Typen-Dimensionen zu interpretieren. b) Jede Typologie muß das Problem der *Zwischen*stufen zwangsläufig vernachlässigen.

2. Der andere mögliche Begriff des Typus nun ist der eigentliche „historische". Er ist dadurch gekennzeichnet, daß er nicht Objekte aus verschiedenen historischen Einheiten miteinander analogisch in Beziehung setzen will – vielmehr beschränkt er sich auf den Bereich einer historischen Einheit selber. Er meint also das, was *für eine bestimmte historische Einheit „typisch"* ist.[145]

Den Brief Johann Sebastian Bachs etwa können wir sofort ungefähr datieren, weil er bestimmte für die erste Hälfte des 18. Jahrhunderts „typische" Eigenschaften zeigt. Alle Briefe der Jahre um 1730 haben in ihrem „Stil" etwas gemeinsam – und dieses Gemeinsame empfinden wir als das für die Zeit eben „Typische". Und auch hier wieder erübrigen sich induktive Untersuchungen, „wieviel Prozent" von Äußerungen einer historischen Einheit wirklich typisch für diese Einheit sind.

Dieser Begriff des „Typus" nun steht insofern in Gegensatz zu dem des Individuums, als er das bezeichnet, was in einer Zeit allen Individuen gemeinsam ist.

Hierfür ein einfaches Beispiel. Angenommen, es gäbe einen „tumben Tor", dem die Gepflogenheit des Grüßens unbekannt ist. Dieser Parzival oder Eulenspiegel könnte zum Beispiel die Floskel „Auf Wiedersehen", mit der wir uns ganz routinemäßig verabschieden, als einen rein individuellen Ausdruck des sich Verabschiedens dafür auffassen, daß dieser sich aufrichtig freue, den so Angesprochenen in kurzer Zeit „wiederzusehen". In Wirklichkeit, so wissen wir, ist „Auf Wiedersehen" nichts als eine standardisierte Grußformel, die man auch jemandem gegenüber anwendet, den man nicht leiden kann und den man daher gar nicht wiederzusehen wünscht. (Ähnliches gilt für die englische Höflichkeitswendung „You are welcome" [‚Bitte, gern geschehen'], die der Ausländer zunächst für eine persönlich gemeinte Äußerung halten kann.) Genau wie diesem „tumben Tor" aber geht es oft dem mit einer bestimmten Geschichtsepoche nicht Vertrauten: er hält bestimmte Wendungen in einer Quelle (einer Königsbiographie, einer Urkunde und so fort) für individuelle Erzeugnisse gerade dieses Verfassers in diesem Dokument, während es sich in Wirklichkeit um stehende, für die Zeit typische Wendungen handelt.[146]

Der Begriff des „Zeittypischen" ist also ein hermeneutischer Interpretationsbegriff; in gewisser Weise geht er in den des „Zeitgeistes" über. Und zwar dadurch, daß wir sagen: Alle Äußerungen einer Zeit sind gerade für diese Zeit „typisch". Wir erkennen die Bachzeit nicht nur aus Bachs Briefen, sondern auch aus seiner Musik, aus den ihn darstellenden Gemälden und der Kleidung und Perücke, die er auf diesen Gemälden trägt, aus seinen Kantatentexten, aus den philosophischen Schriften von Christian Wolff.[147]

Nur in dieser historisch-hermeneutischen Bedeutung dürfte der Begriff des Typus in der Geschichte seinen Sinn haben.

3. „Gesetze" in analytischer Betrachtung

Wir hatten bereits gesehen, daß die analytischen Wissenschaftstheoretiker durchaus an die Möglichkeit glauben, „Gesetze" oder allgemeine Sätze in der Geschichtswissenschaft aufzufinden. Sie verstehen dabei diese Gesetze nach dem Muster entsprechender Allgemeinaussagen in den Naturwissenschaften, der Sozialpsychologie und so fort. Wir bemühten uns dann zu zeigen, daß dieser Gesetzesbegriff für die Geschichtswissenschaft unzulänglich ist, weil er die hermeneutische Erfassung des Individuellen als Aufgabe der Geschichtswissenschaft nicht sieht.

Jedoch gäbe es unter Umständen eine Möglichkeit, auch den *analytischen* Gesetzesbegriff für die Geschichte noch zu retten. Das können wir aber nur dadurch verwirklichen, daß wir den Begriff des Gesetzes erheblich tiefer verankern, als das in der analytischen Wissenschaftstheorie bisher üblich war.

Erste Versuche hierfür haben wir bereits im ersten Band gemacht.[148] Wir haben es nämlich dort unternommen, das Verhältnis zwischen „individuellen Gegebenheiten" und Gesetzen etwas genauer zu bestimmen.

Eine „individuelle Gegebenheit" ist zum Beispiel die Tatsache, daß zu einer bestimmten Zeit an einem bestimmten Ort der Erde ein anderer Planet, etwa Jupiter, dort und dort zu sehen ist; sie läßt sich als das Ergebnis des Zusammenwirkens von „Gesetzen" und „Randbedingungen" interpretieren: Der Umlauf der Planeten im

Sonnensystem bestimmt sich nach den Keplerschen Gesetzen. Die Tatsache hingegen, daß es im Sonnensystem gerade soundsoviele Planeten auf den und den Umlaufbahnen mit der und der Größe und sonstigen Eigenschaften gibt, ist eine „Randbedingung", die erst bewirkt, daß zu einem bestimmten Augenblick ein bestimmter Planet von der Erde aus gesehen dort und dort zu stehen scheint.

Diese Randbedingungen aber, die Besonderheiten im Sonnensystem also, wiederum sind auch selbst als „individuelle Gegebenheiten" anzusprechen, die ihrerseits aus „Gesetzen" und „Randbedingungen" entstanden sind – etwa nach den chemisch-physikalischen Gesetzen, denen gemäß Planetensysteme aus Zentralsternen entstanden, während die besonderen Gegebenheiten in der Sonne nun gerade zu diesem besonderen Planetenbestand im Sonnensystem geführt haben.

In diesem Sinne können wir uns jede tatsächliche Gegebenheit als aus „Gesetzen" und „Randbedingungen" entstanden vorstellen, und jede „Randbedingung" können wir wiederum als individuelle Gegebenheit interpretieren, die ihrerseits aus Gesetzen und vorausgesetzten Randbedingungen entstanden ist. Wir gelangen so zu folgendem Schema:[149]

$$R_1 \qquad G_1$$
$$\searrow \; \swarrow$$
$$I_1 \to R_2 \qquad G_2$$
$$\qquad \searrow \; \swarrow$$
$$\qquad I_2 \to R_3 \qquad G_3$$
$$\qquad\qquad \searrow \; \swarrow$$
$$\qquad\qquad I_3 \to R_4 \qquad G_4$$
$$\qquad\qquad\qquad \searrow \; \swarrow$$
$$\qquad\qquad\qquad I_4 \ldots$$

G = Gesetz
R = Randbedingung
I = Individuelle Gegebenheit

Übertragen wir nun diese Überlegungen auf die Geschichte, so ergibt sich folgendes.

Sofern überhaupt Gesetze in der Geschichte existieren, dürfen wir sie uns nicht so grobschlächtig vorstellen, wie manche analytischen Wissenschaftstheoretiker das meinen, etwa nach dem Muster: „Der Mensch verhält sich immer so, daß er die größtmögliche Belohnung erfährt."[150]

Sondern: die Geschichte, wie sie tatsächlich abläuft und wie sie tatsächlich Erzeugnisse des Menschengeistes, etwa politische Ereignisse, soziale Zustände, Kunstwerke und wissenschaftliche Gedanken, hervorbringt, ist nur zu denken als ein unendlich vielfältiges Gewebe von individuellen Gegebenheiten, die in unzählbar vielen Stufen – etwa im Sinne unseres obigen Schemas – durch immer neue Zerlegung von Gegebenheiten in die sie konstituierenden Gesetze und Randbedingungen zurückzuführen sind – solange bis wir bei einem „Urzustand" anlangen, aus dem wir die tatsächliche Vielfalt der Gegebenheiten ableiten könnten.

In diesem Falle wäre es dann möglich, auch kleinste – und daher unmittelbar nicht zu erklärende – Einzelheiten des gegebenen Geschichtsverlaufes über ein Geflecht von Gesetzen und Randbedingungen exakt und doch unter Berücksichtigung alles Individuellen auf einen solchen Urzustand zurückzuführen und damit zu erklären.

Angenommen, es wäre realisierbar, auf diese Weise die Geschichte mit ihren unzählbar vielen unwiederholten und unwiederholbaren Gegebenheiten analytisch transparent zu machen, so würde sich die Hermeneutik, und das heißt in diesem Zusammenhang: die nachträgliche Erfassung geschichtlicher Gegebenheiten als nun einmal so und nicht anders gegeben – als überflüssig erweisen. Denn in dieser Sicht ist die Hermeneutik nichts anderes als ein Notbehelf: ein unvollkommener Ersatz für einen vorgegebenen Urzustand, aus dem heraus Gesetze und die analytische Ableitung aller Gegebenheiten der Geschichte aus Randbedingungen sich in irgend einer Weise entwickeln.

Die Hermeneutik wäre so dem Versuch vergleichbar, die Konstruktion einer komplizierten Maschine aus ihren von außen wahrnehmbaren Leistungen zu rekonstruieren – das heißt: als „schwarzen Kasten" zu betrachten –, statt eine Klappe zu öffnen und die Wirkungsweise der Maschine selbst zu studieren.

Um das an einem Beispiel zu zeigen: In der Geschichte ist ein Kunstwerk entstanden, genannt „Johann Sebastian Bachs Johannespassion". Dieses Werk besteht aus bestimmten gleichzeitig und nacheinander erklingenden Kombinationen von Noten und Textwörtern, die wir hermeneutisch als eine der bedeutendsten und tiefsten Hervorbringungen des menschlichen Geistes würdigen.

Da es nun die Johannespassion tatsächlich „gibt", sie also irgendwann und irgendwo einmal entstanden ist, muß es auch „Umstände" geben, die dahin geführt haben, daß die Johannespassion gerade so und nicht anders „geworden" ist. Eine analytische Geschichtswissenschaft, die ihren Namen wirklich verdient, müßte also exakt erklären können, warum jede Note der Johannespassion so aussieht, wie sie gerade aussieht – eben nach dem Grundsatz, daß alles, was in der Geschichte tatsächlich hervorgetreten ist, dieses Hervortreten irgendwelchen Faktoren verdankt, die bei entsprechender Bemühung grundsätzlich auch aufgedeckt werden können müßten.

Es liegt jedoch auf der Hand, daß unsere Spekulation in doppelter Hinsicht fragwürdig ist.

a) Einmal ist es – jedenfalls unter den gegebenen Verhältnissen menschlichen Denkens und Forschens – utopisch zu meinen, so komplizierte Zusammenhänge könnten jemals erforscht werden. Schon aus diesem Grunde ist die Hermeneutik als einziger dem Gegenstand wirklich adäquater Zugang zum Reich der Geschichte unentbehrlich und unersetzbar.

b) Zum anderen stellt sich natürlich die Frage, ob das Modell von „Gesetz und Randbedingungen" dem, was wir die Geschichtlichkeit des Menschen nennen, überhaupt angemessen ist. Es ist durchaus denkbar, daß die Hermeneutik eben nicht einfach ein Surrogat für die uns fehlende analytische Einsicht in den Ablauf der Weltgeschichte ist – sondern daß sie vielmehr die einzig angemessene Weise überhaupt darstellt, sich der Geschichte und dem menschlichen Leben überhaupt zu nähern.

Wie dem auch sei – das ganze Problem ist zur Zeit unentscheidbar. Es bleibt uns daher gar nichts anderes übrig, als die Hermeneutik als das einzige exakte Instrument, das der Geschichtswissenschaft überhaupt zur Verfügung steht, dankbar entgegenzunehmen und weiter zu entwickeln.

2. KAPITEL

DIE „KRITISCHE GESCHICHTSWISSENSCHAFT" DER SIEBZIGER JAHRE: KRITIK IHRER THESEN

Um etwa 1970 – kurz nach Erscheinen der Erstausgabe dieses Bandes – setzte in der Bundesrepublik schlagartig eine ganz neuartige Diskussion der Grundlagen der Geschichtswissenschaft ein, stark bestimmt einerseits durch die Hinwendung zu marxistischen Sichtweisen, wie sie durch die Studentenbewegung Ende der sechziger Jahre gefördert worden war, und andererseits durch die analytische Denkweise, die zu gleicher Zeit Eingang in das allgemeine Bewußtsein in Deutschland fand.

Dem Historismus und der hermeneutischen Methode, wie sie die Geschichtstheorie in Deutschland bis dahin bestimmt hatten, schien der Todesstoß versetzt worden zu sein.

Sie galten nunmehr als „bourgeoise" Methoden, die es zu überwinden heiße. Der Historismus wurde noch dazu angeprangert als eine in Wahrheit politisch sehr genau definierbare Auffassung, die von der behaupteten Objektivität weit entfernt sei: er sei nämlich die wissenschaftliche Verklärung des deutschen Nationalismus.

Untersuchen wir diese Vorwürfe näher.

Die Argumente der „kritischen Geschichtswissenschaft" lassen sich in folgenden drei natürlich eng miteinander zusammenhängenden Hauptthesen zusammenfassen:

A. „Die Geschichtswissenschaft muß zur historischen *Sozial*wissenschaft werden." (Manche sagen sogar: zur *systematischen*[1] Sozialwissenschaft.)

B. „Die Geschichtswissenschaft war bisher ,*theorielos*'. Sie bedarf einer theoretischen Fundierung." (Der Historismus gilt nicht als „Theorie" im Sinne dieser These.)

C. „Der *Historismus* war ein gefährlicher *Irrweg* der Geschichtswissenschaft. Er ist politisch fragwürdig und wissenschaftstheoretisch unbrauchbar."

Wir wollen versuchen, diese drei Thesen in den folgenden drei Abschnitten zu diskutieren.

A. „DIE GESCHICHTSWISSENSCHAFT MUSS HISTORISCHE SOZIALWISSENSCHAFT WERDEN"

I. Der Zug zur Sozialwissenschaft

1977 gab Reinhard Rürup eine treffende Zusammenfassung der Entwicklung:[2]

„[. . .] 1973 veröffentlichte Hans-Ulrich Wehler drei Abhandlungen über das Verhältnis der Geschichtswissenschaft zur Soziologie, zur Ökonomie und zur Psychoanalyse unter dem programmatischen Titel ‚Geschichte als Historische Sozialwissenschaft'. Ein Jahr später diskutierte Winfried Schulze im Rahmen seiner Untersuchungen zum Verhältnis von Geschichtswissenschaft und Soziologie ‚Grundprobleme einer historischen Sozialwissenschaft'. Seit dem Frühjahr 1975 erscheint die Vierteljahrsschrift ‚Geschichte und Gesellschaft', die sich im Untertitel als ‚Zeitschrift für Historische Sozialwissenschaft' ausweist. 1976 schließlich bezeichnete Jörn Rüsen als die zentrale Aufgabe seiner ‚Studien zur Theorie der Geschichtswissenschaft' eine ‚hinreichende Klärung des gegenwärtigen Status der Geschichtswissenschaft als historischer Sozialwissenschaft'."

Bereits 1970 hatte Wolfgang Mommsen in seiner Antrittsvorlesung gesagt:[3]

„Die gesellschaftspolitische Bedeutung der Geschichtswissenschaft als einer kritischen Sozialwissenschaft liegt darin, dazu beizutragen, daß die jeweils gegenwärtige Gesellschaft sich selbst in Perspektive sieht, vor dem Hintergrund sowohl ihrer eigenen Vergangenheit wie auch ganz andersartiger historischer Kulturen, und damit zum Bewußtsein ihres eigenen Seins und ihres eigenen Tuns gelangen kann."

Rürup selbst umschreibt das Programm in der Einführung des von ihm herausgegebenen Bändchens, das ebenfalls den Titel „Historische Sozialwissenschaft" hat, folgendermaßen:[4]

„[. . .] eine systematische Begründung der Geschichtswissenschaft als historischer Sozialwissenschaft muß erst noch geleistet werden. [. . .] in der

Regel [. . .] [dürfte] vor allem eine Annäherung an die systematischen und theoretischen Sozialwissenschaften, eine Öffnung für deren Fragestellungen und Methoden und eine entschiedene Betonung gesellschaftsgeschichtlicher Problemstellungen gemeint sein."

In der Einführung des dtv-Bandes „Theorie der Geschichte 1" schreiben die Herausgeber Reinhart Koselleck, Wolfgang Mommsen und Jörn Rüsen sogar, „[. . .] daß [. . .] von vielen Seiten eine Annäherung an die *systematischen* Sozialwissenschaften empfohlen wird – im Sinne einer Rückkehr zu den Grundprinzipien der Aufklärungshistorie oder unter bewußter Hereinnahme bestimmter sozialwissenschaftlicher Methoden [. . .]."[5]

II. Ist die Geschichtswissenschaft eine Sozialwissenschaft?

Bei dieser heute also ersichtlich äußerst aktuellen und verbreiteten Forderung, die Geschichtswissenschaft müsse zur „historischen Sozialwissenschaft" werden und sich gar den „systematischen Sozialwissenschaften" nähern, fällt auf, mit welcher Selbstverständlichkeit die Geschichtswissenschaft als *Sozial*wissenschaft angesprochen wird. Ist diese Koppelung der Begriffe „Geschichte" und „sozial" bzw. „Gesellschaft" eigentlich so selbstverständlich, wie es dieser heute so verbreiteten Vorstellung entspricht?

Was ist denn eigentlich das, was heute, im Rahmen der üblichen Aufteilung der wissenschaftlichen Disziplinen, „Geschichtswissenschaft" genannt wird? „Geschichts"wissenschaft: das müßte – wenn diese Bezeichnung „logisch" wäre – ja offensichtlich die „Wissenschaft von der Geschichte überhaupt" sein. Ist das die Geschichtswissenschaft eigentlich wirklich? Mit was beschäftigt sie sich denn? Bei näherer Betrachtung zeigt sich, daß sich die an den Hochschulen und in der Forschung so bezeichnete Disziplin, wie wir bereits im ersten Kapitel sahen, im wesentlichen mit folgenden Bereichen abgibt: Politische Geschichte unter Einschluß der Militärgeschichte; Verfassungsgeschichte; Sozialgeschichte; Wirtschaftsgeschichte; dazu etwa noch Kirchen- und Rechtsgeschichte, soweit sie unter politischer, sozialer und wirtschaftlicher Perspektive von Belang sind. Weiter nichts.

Der Kreis der Sachgebiete, mit denen (oder genauer gesagt, mit deren geschichtlicher Dimension) sich die Geschichtswissenschaft befaßt, ist also recht eng gezogen. So hat man etwa noch nie davon gehört, daß sich die „Geschichtswissenschaft" – obwohl die umfassende Bezeichnung „Geschichte" das eigentlich nahelegt – auch mit der Geschichte der Musik oder der Geschichte der Mathematik beschäftigt hätte. Der Ausdruck „Geschichtswissenschaft" ist also, sprachwissenschaftlich ausgedrückt, ein „totum pro parte" (‚das Ganze für einen Teil'): der umfassende Ausdruck „Geschichte" deckt hier nur einen zwar wichtigen, aber inhaltlich doch sehr kleinen Ausschnitt aus dem Gesamtbereich dessen, mit dem sich eine „Geschichtswissenschaft", verstanden als „Wissenschaft von der Geschichte überhaupt", beschäftigen müßte.

Wie kommt es nun, daß die so benannte „Geschichtswissenschaft" nur einen scheinbar ganz zufälligen Teilbereich dessen behandelt, was man unter „Geschichte überhaupt" verstehen müßte, behandelt? Diese „Inkonsequenz" oder begriffliche Unordnung ist ihrerseits wieder geschichtlich zu verstehen: sie beruht einfach darauf, daß das, was wir heute „Geschichtswissenschaft" nennen, ursprünglich an Fürstenhöfen für die Interessen der Fürsten betrieben wurde.[6] „Geschichte" war also ursprünglich Staatsgeschichte und wurde dann auf die oben umschriebenen Nachbarbereiche ausgedehnt.

Nun ist aber bereits deutlich geworden, daß der Umkreis der traditionell zur Geschichtswissenschaft gerechneten Sachgebiete nur ein kleiner Ausschnitt aus dem Kosmos aller möglichen und tatsächlich existierenden Sachgebiet ist. „Geschichte" – das ist eben offenbar nicht lediglich das, womit sich die Geschichtswissenschaft beschäftigt.

Wir brauchen uns ja – ohne hierzu eine Theorie zu benötigen – zunächst nur einmal umzusehen, in welchen Zusammenhängen und Wortzusammensetzungen die Bezeichnung „Geschichte" noch vorkommt. Wir stellen dann etwa fest:

Es gibt nicht nur eine politische, Sozial- und Wirtschaftsgeschichte, sondern es gibt auch eine Literaturgeschichte, eine Kunstgeschichte, eine Musikgeschichte, eine Geschichte der Mathematik, der Physik und der Chemie, eine Geschichte der Medizin, der Elektrotechnik oder der Geodäsie – um nur wenige willkürlich herausgegriffene Beispiele anzuführen.

Wir können also praktisch jedes existierende Sachgebiet mit dem Wort „-geschichte" verknüpfen und bekommen dann die Bezeichnung einer Disziplin, die es tatsächlich gibt und in der wirklich wissenschaftlich gearbeitet wird. Schon hieraus ergibt sich eine Einsicht, die wir so formulieren können: „*Geschichte*" – *das ist die Vergangenheitsdimension jedes nur denkbaren Sachbereiches überhaupt.* Denn jedes dieser Sachgebiete ist irgendwann und irgendwie einmal entstanden, hat also eine Geschichte, die wir betrachten und erforschen können.[7, 8]

Nun erhebt sich jedoch die Frage: wo werden diese ganzen „Geschichten", von der Literaturgeschichte bis zur Geodäsiegeschichte, denn nun wissenschaftlich behandelt – da sich doch die „Geschichts"wissenschaft nicht mit ihnen beschäftigt?

Die Antwort ist einfach: alle diese Fachgeschichten werden innerhalb derjenigen Fachbereiche erforscht, die sich mit dem jeweiligen Gegenstand auch systematisch beschäftigen: die Literaturgeschichte hat ihren Platz innerhalb der Literaturwissenschaft, die Musikgeschichte in der Musikwissenschaft, die Mathematikgeschichte in der Mathematik, die Medizingeschichte in der medizinischen Fakultät, die Geodäsiegeschichte in der Geodäsie und so fort.

Wenn wir also das Wort „Geschichtswissenschaft" beim Wort nehmen und als „Wissenschaft von der Geschichte überhaupt, von der Geschichte sämtlicher Sachgebiete" verstehen würden, müßten wir sagen, daß die „Geschichtswissenschaft" weit über das hinaus geht, was in den Vorlesungsverzeichnissen der Hochschulen als „Geschichtswissenschaft" bezeichnet wird.

So gesehen, wird die Forderung, die Geschichtswissenschaft müsse zur „historischen Sozialwissenschaft" werden, recht fragwürdig. Denn eine „historische *Sozial*wissenschaft" können offenbar nur solche Bereiche der Geschichtswissenschaft (verstanden im wörtlichen, umfassenden Sinne) werden, die sich auch mit *sozialen* Gegenständen beschäftigen, dagegen *nicht* solche Bereiche der Geschichtswissenschaft, die sich mit *nichtsozialen* Gegenständen beschäftigen.

So gibt es zwar – um nur zwei Beispiele zu nehmen – gewiß eine Musiksoziologie, und es gibt auch die Möglichkeit, sich mit der Geschichte der Mathematik unter soziologischen Gesichtspunkten zu beschäftigen, also etwa nach dem Verhältnis von ordentlichen Professoren und Privatdozenten der Mathematik zu fragen.

Es ist aber ebenso offensichtlich, daß sich die Betrachtung der geschichtlichen Entwicklung von Sachgebieten wie der Musik oder der Mathematik nicht auf das Soziale zurückführen läßt, sondern daß es im wesentlichen der Sache selbst innewohnende Momente sind, die die geschichtliche Entwicklung solcher Sachbereiche vorantreiben.

Dies gilt sogar wenigstens teilweise für Bereiche, die dem Sozialen oder Politischen noch relativ nahestehen. So kann kein Zweifel sein, daß die religiöse Bewegung des sechzehnten Jahrhunderts, die wir die „Reformation" zu nennen gewöhnt sind, trotz ihrer weltgeschichtlichen politischen und sozialen Bedeutung einen rein geistlichen Ursprung hatte, der nicht auf soziale oder ökonomische Faktoren rückführbar ist.

Hajo Holborn sagt:[9]

„[. . .] Luther hatte der sichtbaren Kirche keine zu große Sorge zugewendet. Im Grunde hatte er die äußeren Einrichtungen, welche er seiner Kirche hinterließ, immer nur als einen Notbau betrachtet. Luthers Kirchenbegriff legte, wie Karl Holl gezeigt hat, den Nachdruck auf die unsichtbare Kirche, die Gemeinschaft der Heiligen und auf das Wort Gottes [. . .]."

III. Warum wollen die Historiker Sozialwissenschaftler werden?

Aber auch dann, wenn wir es als gegeben hinnehmen, daß sich die „Geschichts"wissenschaft, so wie sie tatsächlich beschaffen ist, mit der historischen Dimension nur gewisser Teilgebiete beschäftigt, müssen wir uns natürlich fragen, was manche Historiker dazu veranlaßt, sich unbedingt als Sozialwissenschaftler und nicht einfach als Geschichtswissenschaftler verstehen zu wollen.

(Wenn im folgenden gelegentlich von „den Historikern" die Rede ist, dann ist das natürlich nicht im Sinne von „alle Historiker" gemeint.)

Mit Recht gibt Thomas Nipperdey seiner leisen Verwunderung darüber Ausdruck, daß ausgerechnet die Historiker Menschen geworden seien, die weniger Lust hätten, sich mit Geschichte zu beschäftigen, als alle anderen Menschen – etwa in dem Sinne, wie

Thomas Mann in seiner Erzählung „Tristan" angesichts seines Dichters Herrn Spinell feststellt, „daß ein Schriftsteller ein Mann ist, dem das Schreiben schwerer fällt als allen anderen Leuten":[10]

„Die Frage nach dem Sinn der Historie ist im starken Maße eine Frage innerhalb des Faches, sie wird von Historikern weit eher als von Nicht-Historikern gestellt. Das ist erstaunlich. Menschen, die sich mit Geschichte befassen, fragen, als ob sie im Umgang mit Geschichte keine Erfahrungen hätten, als ob sie niemals selbst eine Wahl zugunsten der Beschäftigung mit Geschichte getroffen hätten."[11]

Welches sind die Gründe für diese seltsame Erscheinung? Zwei lassen sich vermuten:

1. Es besteht heute ein starker Zug nach den Sozialwissenschaften. Da ist es verständlich, daß mancher Historiker lieber sozialwissenschaftlich arbeiten möchte. Die naheliegende Konsequenz, dann doch einfach Sozialwissenschaftler zu werden, also das Fach zu wechseln, kann ein Historiker jedoch nicht ziehen. Denn er kann ja nicht aus seiner Zunft heraus, ohne seine wirtschaftliche Existenz aufzugeben. Auch würden es die Soziologen oder Wirtschaftswissenschaftler durchaus nicht gern sehen, wenn ein Historiker plötzlich erklären würde: „Ab 1. April bin ich Soziologe (oder Nationalökonom)."

Dieser Weg ist also versperrt. Unserem Historiker bleibt daher nichts anderes übrig, als sich innerhalb seiner ihm auferlegten Berufsarbeit als Sozialwissenschaftler zu betätigen. Anstatt das Haus zu wechseln und das alte Zimmer zu lassen wie es ist, versucht der Historiker das alte Zimmer neu zu tapezieren. Durch diesen Zwang, an Ort und Stelle dem Fernweh genügen zu müssen, wird möglicherweise die gegebene Wissenschaft „Historie" mehr umgestaltet als es der Sache nach erforderlich wäre – wenn nämlich die Unwilligen einfach auszögen und diejenigen zurückließen, die Geschichte als Geschichte treiben möchten.

An dieser Stelle wird deutlich, daß der allgemeine Wissenschaftstheoretiker, der sich mit der Theorie der Geschichtswissenschaft beschäftigt, es viel leichter hat, der Geschichte ihr Recht als Geschichte zu lassen: Er selbst kann ja jederzeit nach Belieben systematisch arbeiten. Er kann den Griechen ein Grieche und den Juden ein Jude sein, er kennt nicht die Probleme der Konvertiten.

Hier müßte man sich wohl über einen nur scheinbar tautologischen Satz klar werden: geschichtliche Gegenstände können nur geschichtlich behandelt werden.

Die Geschichtswissenschaft kann sich also nicht per definitionem ihres geschichtlichen Gegenstandes entledigen. Natürlich ist es verständlich, daß es Historiker gibt, die als Einzelpersonen kein Interesse an der historischen Aufgabenstellung mehr haben und deshalb in die Soziologie, Politologie oder die Sozialphilosophie, verstanden als systematische Disziplinen, abwandern.

Aber das ändert nichts daran, daß die Geschichtswissenschaft als Disziplin, solange es sie noch gibt, es immer mit dem historischen Gegenstand zu tun haben wird.

Ein Irrtum wäre es vor allem, zu glauben, die Feststellung, ob die Geschichtswissenschaft Betrachtung eben des Geschichtlichen sei, hinge in irgend einer Weise von Methodenfragen ab.

In Wahrheit könnte keine einzige, noch so atemberaubende methodologische Neuerung einen Übergang der historischen Wissenschaft in eine systematische Wissenschaft bewirken. Denn jede dieser Neuerungen könnte sich nur als eine Verbesserung des Instrumentariums zur adäquaten Erfassung des historischen Gegenstandes auswirken. Jede nur denkbare Methode der Geschichtswissenschaft kann lediglich Mittel zum Zweck der genaueren Erkenntnis der Geschichte sein.

Denn: ob wir uns nun mit dem 19. Jahrhundert „historistisch", „sozialwissenschaftlich", „strukturalistisch" oder sonstwie befassen: solange das 19. Jahrhundert unser Thema ist, solange bleibt eben das 19. Jahrhundert und damit ein bestimmtes Stück Vergangenheit unser Gegenstand. Ob ein wissenschaftliches Projekt „historisch" ist, bestimmt also nicht die in ihm angewendete Methode, sondern allein das Gegebensein oder Fehlen der Absicht, einen historischen Gegenstand (ein Zeitalter, eine Region, Ereignisse, Zustände, einzelne Personen oder einzelne „Werke" jeder Art) als solchen zu erforschen. Also: man kann das Zeitalter Bismarcks mit noch so progressiver Tendenz untersuchen – immer bleibt diese Periode der Vergangenheit der Forschungsgegenstand, und solange ist auch der Historiker eben Historiker und nicht einfach systematischer Politologe oder Soziologe.

2. Der zweite Grund jedoch ist nun erheblich ernster und schwe-

rer wiegend. Hatte es der erste Grund nur mit dem Problem der Zufriedenheit in einer gegebenen Arbeit zu tun, so geht es nun beim zweiten Grund um die Existenz der Geschichtswissenschaft überhaupt.

Aufgrund der von uns geschilderten „wissenschaftslogischen" Gegebenheiten und angesichts der leeren Staatskassen könnte nämlich jemand auf den Gedanken kommen, die „Geschichtswissenschaft" genannte Disziplin für schlichtweg überflüssig zu erklären. Und dies keineswegs etwa deshalb, weil die Beschäftigung mit der Geschichte überflüssig sei – sondern einfach aufgrund der Überlegung, daß die meisten Fachbereiche die Geschichte ihres Gegenstandes ohnehin in eigener Regie betreiben. Daß ausgerechnet nur politische, Sozial-, Wirtschafts- und noch einige andere Geschichten im Rahmen einer besonderen, „Geschichtswissenschaft" genannten Disziplin betrieben werden, ist ein historisch bedingter Zufall – weshalb sollten diese Geschichtszweige nicht auch in den zugeordneten Fächern als deren historische Dimension betrieben werden: also die politische Geschichte in der Politologie, die Sozialgeschichte in der Soziologie, die Wirtschaftsgeschichte in den Wirtschaftswissenschaften und so fort? Schon heute wäre doch zu fragen, inwiefern ein politischer Historiker anders arbeiten sollte als ein historisch arbeitender Politologe, ein Sozialhistoriker anders als ein historisch arbeitender Soziologe und so fort. In der Tat gibt es hier auch keinerlei Unterschied außer dem institutionellen.[12]

Hieraus wird sichtbar, daß der Zug des Historikers zu Sozialwissenschaft auch ein institutionelles Existenzproblem sein könnte: man will sich einem anderen Fach attachieren für den Fall, daß man nicht gezwungen, sondern im Gegenteil durch Systemreformen gehindert werden sollte, weiter Historiker zu sein.

I. Die Demut gegenüber den Sozialwissenschaften

Wie sehen die kritischen Historiker die „Theoriebedürftigkeit" ihrer Wissenschaft?

Reinhard Rürup gibt folgende Charakteristik:[13]

> „Wesentlichen Anteil an der Entwicklung zur historischen Sozialwissenschaft hat die wachsende Einsicht in die viel berufene ‚Theoriebedürftigkeit' der Geschichtswissenschaft. Dabei geht es zunächst einmal um die notwendige Reflexion der methodischen Voraussetzungen und Regeln der wissenschaftlichen Arbeit, um die Überwindung des ‚common sense approach' [des Herangehens mit dem gesunden Menschenverstand], des naiven Vertrauens auf den gesunden Menschenverstand bei der Analyse historischer Sachverhalte. Gerade in dieser Hinsicht konnte und kann der Historiker von den systematischen Sozialwissenschaften lernen. Darüber hinaus muß er für seine Arbeit die in diesen Wissenschaften entwickelten Forschungstechniken, Methoden der Hypothesen- und Modellbildung und speziellen Theorieentwürfe zur Kenntnis nehmen [. . .]."

Was schon hier deutlich wird, ist ein – fast ist man geneigt zu sagen – grenzenloses Vertrauen in die methodologische Vortrefflichkeit der Sozialwissenschaften, in ihre Forschungstechniken, ihre Hypothesen- und Modellbildung, ihre Theorieentwürfe . . .

Daß schon hier wohl nicht ganz korrekt argumentiert wird, ist daran zu erkennen, daß der bisherige Methodenapparat des Historikers kurzerhand zu einer primitiven „Common-sense"-Angelegenheit herabgestuft wird.

Angesichts der Tatsache, daß die historisch-philologische Methode in mehr als anderthalb Jahrhunderten Arbeit auf das exakteste ausgebaut wurde, daß etwa der Mittelalterhistoriker sehr genau zwischen seinen eigenen Vorstellungen und denen des Mittelalters zu unterscheiden, den „gesunden Menschenverstand" also durchaus zu Hause zu lassen weiß, ist die an die bisherige Geschichtswissenschaft herangetragene Unterstellung naiven Vorgehens eine etwas kühne Konstruktion.

Hören wir nun aber, welche Vorstellungen Reinhart Koselleck von der Arbeit einiger nichthistorischer Fächer hat:[14]

„Inzwischen sind die Einzelfächer aus diesem Historismus der philosophischen Fakultät sukzessive ausgeschert. Die Nationalökonomie hat ihre historische Schule fast vergessen und entdeckt sie nur [nun?] unter neuen theoretischen Prämissen im Bereich der Ökonometrie wieder. Die Philologien entfernen sich zunehmend von genetischen Fragestellungen, und ebenso versteht sich die Literaturgeschichte immer weniger als Geistesgeschichte; über die Formengeschichte und über strukturwissenschaftliche Fragen stößt man vor zu einer allgemeinen Sprachwissenschaft, hinter deren Algebra die Historie verblaßt. Ebenso ist die Kunstgeschichte in Anbetracht der modernen Kunst genötigt, eine Theorie der Kunst zu entwickeln, um sich überhaupt noch als Wissenschaft ausweisen zu können. Auch der Methodenstreit unter den Soziologen lebt auf einer Seite von einem antihistorischen Vorbehalt, der eine entsprechende purifizierte Wissenschaftlichkeit abstützen soll. Schließlich hat die Philosophie selber das seit Hegel aufgerichtete ehrwürdige Gebäude der Philosophiegeschichte weitgehend verlassen. Als Hermeneutik entfaltet sie ein metahistorisches Selbstverständnis; viele Fragen wenden sich sprachanalytischen Aufgaben zu, die ahistorisch behandelt werden, und die manche Berührungspunkte zur Hermeneutik aufweisen.

Wir registrieren also einen Vorgang, der unsere Zunft isoliert hat. Die Historie ist auf sich selbst zurückgeworfen. Sie scheint von der Vergangenheit zu leben und weiß nicht genau, wo ihr Ort in dieser enthistorisierten Fakultät sei."

Selbstverständlich ist ohne weiteres zuzugeben, daß zahlreiche und einflußreiche Kräfte in den hier genannten Wissenschaften den Sinn und die Aufgabe ihrer Disziplinen so sehen – oder doch zumindest sahen, als Koselleck, 1971, diesen Artikel zuerst veröffentlichte.

Inzwischen dürfte es jedoch auf der Hand liegen, daß es verhängnisvoll wäre, würden diese Wissenschaften im Ernst und ausschließlich so betrieben werden, wie Koselleck es hier beschreibt. Man betrachte sich nur einige Formulierungen: die Literaturwissenschaft soll zu einer Sprachwissenschaft werden, „hinter deren Algebra die Historie verblaßt". „Algebra statt Historie", das kann ein Satiriker oder bitterer Polemiker schreiben – aber als ernst gemeinte, positive Charakterisierung der Tätigkeit der Literaturwissenschaft?

Die Kunstgeschichte ist in Anbetracht der modernen Kunst genötigt, eine Theorie der Kunst zu entwickeln, um sich überhaupt noch als Wissenschaft ausweisen zu können? Gab es bisher keine Theorie in der Kunstwissenschaft? Ist nicht „Kunst" alles, was jemals als Kunst geschaffen wurde?

Oder zur Philosophie: arbeitet sie wirklich „ahistorisch"? Kann man die Hermeneutik *gegen* die Geschichte in Anspruch nehmen? Man kann sich nicht ganz des Eindrucks erwehren, daß hier die Disziplinen außerhalb der Geschichtswissenschaft zu ahistorischen Monstren stilisiert werden, um so eine „Tendenzwende" in der Geschichtswissenschaft rechtfertigen zu können.

Ähnlich bußfertig schreibt Koselleck in der Einleitung eines von ihm herausgegebenen Sammelwerkes zur Begriffsgeschichte:[15] Es „zeigt sich, daß die Historiker an ihr Geschäft offenbar weniger strenge Ansprüche stellen als die Sozialwissenschaftler oder Linguisten, unter deren Kritik sie geraten." Offenbar ist Koselleck nie der Gedanke gekommen, daß den von ihm so bewunderten ahistorisch denkenden Sozialwissenschaftlern oder Linguisten vielleicht gerade das so schmerzlich fehlen könnte, was den Historiker von je auszeichnete: ein feines Gefühl für historische Gegebenheiten, ein historisches Bewußtsein.

Welch sonderbare Demutsgebärde! Im Bestreben, die eigene „Theorielosigkeit" zu demonstrieren, baut man die Theorien, über die die anderen Disziplinen angeblich verfügen, zu hehren Lichtgestalten auf, zu überirdisch vollkommenen Gebilden, die ihrer Aufgabe auf ideale Weise angemessen sind – und dies umso mehr, je radikaler sie die letzten Schlacken historischer Denkungsart weggebrannt haben.

Der „kritische" Historiker gleicht offenbar einem Bäcker, der gerne lernen möchte, noch feineres Gebäck herzustellen – zu diesem Zweck jedoch sich nicht an einen Konditor, sondern an einen Schuster wendet – der sicherlich hervorragende Schuhe, aber kein feines Backwerk herzustellen versteht.

Noch drastischer könnte man den Historiker mit einem intelligenten, feinfühligen Jungen vergleichen, der sich aller seiner Vorzüge nicht bewußt ist, sondern stattdessen einen athletischen Klassenkameraden bewundert, der ein Fußball-As ist, weitere Qualitäten jedoch kaum aufzuweisen hat.

Ich glaube, die Metaphern zeigen deutlich, in welcher Richtung die Argumentation laufen muß.

II. Welches sind die Theorie-Modelle?

1. Mögliche Theorien

Es ist in der Tat recht sonderbar, zu sehen, daß manche der kritischen Historiker sich offenbar unrealistische Vorstellungen von der für die Geschichtswissenschaft zu etablierenden Theorie machen: so als ob in den Sternen eine Supertheorie schwebte, die – aller Erdenreste ledig – nun als deus ex machina sämtliche Probleme mit einem Schlage lösen könnte.

Dabei sieht es in Wahrheit doch ganz anders aus. Die in Frage kommenden Theorien sind längst bekannt. Und sie tragen ein höchst profanes Gesicht.

Da man ja nicht unbegrenzt in der Schwebe lassen kann, was für Theoriemodelle man denn nun eigentlich meint, ist es an der Zeit, sie konkret beim Namen zu nennen. Für den Historiker dürften im wesentlichen zwei Theoriemodelle in Betracht kommen: das sogenannte „analytische" und das marxistische.

Da beide Modelle im Rahmen unserer „Wissenschaftstheorie" ausführlich dargestellt werden und darüber hinaus vom analytischen Modell auch bereits im Rahmen der Geschichtswissenschaftstheorie die Rede war, können und müssen wir uns im hier gegebenen Rahmen mit der Andeutung begnügen, daß beide Theoriemodelle für eine Neuorientierung der Geschichtswissenschaft so gut wie völlig unbrauchbar sind.

Den analytischen Geschichtstheoretikern kann man den Vorwurf nicht ersparen, daß sie von der Detailpraxis der Geschichtsforschung zu wenig verstehen und sich damit begnügen, einen an den Naturwissenschaften geschulten Denkstil auf die Geschichte anzuwenden. Wir haben dies bereits gezeigt.[16]

Für die marxistischen Geschichtstheoretiker gilt der entsprechende Vorwurf insoweit weniger, als sie meist aus der geisteswissenschaftlichen Tradition kommen. Aber sie muß dafür eine andere Kritik treffen: daß sie nämlich ein vorgefertigtes geschichtsphilosophisches Schema an die Geschichte herantragen, das sie dann lediglich bestätigt sehen wollen. Sie wollen aus der historischen Detailforschung also nicht genauere Erkenntnisse gewinnen, sondern umgekehrt ein bereits feststehendes Ergebnis durch entsprechend zu interpretierende Dokumente nur untermauern.

2. Vorbehalte der Historiker selber

Nun ist es klar, daß besonnene Vertreter der modernen Richtung in der Geschichtswissenschaft diese Schwierigkeiten auch sehen.

Selbst Reinhard Rürup, der, wie wir sahen, den in anderen „Wissenschaften entwickelten Forschungstechniken, Methoden der Hypothesen- und Modellbildung und speziellen Theorieentwürfe[n]" recht positiv gegenübersteht, meldet Bedenken an:[17]

„[...] wobei eine mechanische Übernahme allerdings nur in den seltensten Fällen möglich sein wird. Es geht vielmehr um eine kritische Aneignung und Umformung des methodischen Instrumentariums benachbarter Sozialwissenschaften für die Bedürfnisse des Historikers, denn die Theorieleistungen und Arbeitstechniken dieser Wissenschaften können für die historische Analyse auch von nur geringem Wert sein oder sogar den Zugriff auf die historischen Probleme erschweren."

(Wozu nur zu bemerken wäre, daß es wohl noch zu großes Entgegenkommen bedeutet, „eine mechanische Übernahme" „nur in den seltensten Fällen" als möglich anzusehen. Man sollte doch wohl noch etwas deutlicher sagen, daß von einer mechanischen Übernahme anderer Modelle *nie* die Rede sein kann.)

Eine ganz besonders vorsichtige Haltung nimmt Jürgen *Kocka* ein. So sagt er:[18]

„Mit ‚Theorien' sollte zunächst einmal nicht mehr gemeint sein als dies: [...] Begriffs- und Kategoriensysteme, die der Identifikation, Erschließung und Erklärung von bestimmten zu untersuchenden historischen Gegenständen dienen sollen und sich nicht hinreichend aus den Quellen ergeben, nicht aus diesen abgeleitet werden können.

[...] [Es] wird davon ausgegangen [...], daß die Quellen nicht – oder doch nicht hinreichend – aus sich selbst heraus sprechen, daß sie vielmehr durch Instrumente zum Sprechen gebracht werden müssen, die nicht ihnen selbst entnommen sind."

„[...] Wächst die Nützlichkeit einer Theorie für geschichtswissenschaftliche Erkenntnis mit ihrem Abstraktionsniveau? Ich vermute: nein. Wonach aber bemißt sich das optimale Abstraktionsniveau einer Theorie? – Oder: Verlieren Theorien an Nützlichkeit, an Aufschließungs- und Erklärungskraft, wenn sie auf geschichtliche Gegenstandsbereiche verwandt werden, die zeitlich und qualitativ sehr stark von *jener* geschichtlich-gesellschaftlichen Situation entfernt sind, aus der heraus die betreffende Theorie entstand? Wie steht es mit der Anwendbarkeit von modernen Theorien, deren reales Substrat die Wirklichkeit des 19. und 20. Jahrhunderts ist, auf weiter zurückliegende und soziokulturell stark unterschiedene Wirklichkeitsbereiche! Dies ist die Frage, ob sich nicht doch ein Schuß Begriffs- und Theorienhistorismus empfiehlt, eine Frage, die [...] kaum als ausdiskutiert gelten kann."

„Begriffs- und Theorienhistorismus" soll heißen: die Verwendung von Begriffen und Theorien aus eben der Zeit, die erforscht werden soll.

Und weiter Kocka: „[...] Damit hängt die Frage eng zusammen, inwieweit Theorien aus den systematischen Nachbarwissenschaften übernommen, quasi ausgeborgt werden können, und wie sie gegebenenfalls modifiziert werden müssen, um geschichtswissenschaftlich realisiert zu werden. Gibt es Unterschiede zwischen geschichtswissenschaftlichen und sozialwissenschaftlichen Theorien oder zwischen geschichtswissenschaftlicher und sozialwissenschaftlicher Theorieverwendung?

[...] Bisher wurde unterstellt, daß Theorien, jedenfalls unter bestimmten Bedingungen, die Qualität geschichtswissenschaftlicher Einsicht fördern. Zu fragen wäre aber auch, ob und gegebenenfalls in welcher Weise sie sich nachteilig auswirken, ob also vielleicht doch in dem weitverbreiteten Mißtrauen gegenüber in diesem Sinne theoretischer Geschichte ein rationaler Kern stecken könnte."

Wie man sieht, geht Jürgen Kocka wirklich extrem behutsam zu Werke. Eigentlich kann man aus seinen an Vorbehalten – denen man wohl nur voll zustimmen kann – so reichen Ausführungen nur folgendes Fazit ziehen:

Die Anwendung von Theorien in der Geschichtswissenschaft erfordert ein so besonnenes und maßvolles, stets eng am geschichtlichen Gegenstand orientiertes Vorgehen, daß dieses Vorgehen nur der Historiker selbst leisten kann. Das heißt: es geht, bei Lichte besehen, überhaupt nicht um die Übernahme geschichtsfremder Theorien, sondern nur um eine Anregung und gegebenenfalls Erweiterung der Arbeit des Historikers selbst – auf der sicheren Grundlage der gegenstandsbezogenen Methodik, die der Historiker ohnehin erlernt hat.

III. Die Rehistorisierung der Soziologie

1. Die Sicht der Soziologen

Immer wieder beschwören die kritischen Historiker den Geist der Sozialwissenschaften herauf, wenn sie von der „Enthistorisierung" sprechen. Der ahnungslose Leser ist geneigt, hieraus zu schließen, daß dann wohl die Sozialwissenschaftler selber, insbesondere die Soziologen, verachtungsvoll auf eine Geschichtswissenschaft herabblicken müßten, die immer noch nicht den Mut gefunden hat, sich von der Geschichte als Gegenstand und vom Historismus als Methode zu trennen.

Ein Blick in die Literatur muß dann zu einer Riesenüberraschung werden. Auch hier zeigt sich wieder – wie so oft –, daß die Historiker päpstlicher als der Papst sind, wenn sie so sehnsüchtig nach einer Enthistorisierung ihrer Wissenschaft rufen.

Die Soziologen für ihren Teil sind nämlich sehr häufig der Meinung, daß die Soziologie nicht ohne Geschichtsbewußtsein auskomme.

Hans-Ulrich *Wehler,* der von vielen aufgrund seiner *inhaltlich* linken und kritischen Geschichtsdarstellungen als eines der Häupter der kritischen Geschichtswissenschaft in Anspruch genommen wird, sich jedoch in *methodologischer* Hinsicht immer wieder als ausgesprochen besonnen und behutsam erweist, beginnt die Einleitung zu seinem Sammelband „Geschichte und Soziologie" mit folgenden Sätzen:[19]

„Daß zur Entwicklung der Soziologie in den vergangenen Jahren auch ‚eine nicht zu übersehende Historisierung der Theorie' [René König] gehört habe, ist unlängst mehrfach festgestellt worden. Ob es sich dabei um so kompetente Beobachter wie René König in der Bundesrepublik Deutschland, Charles Tilly in den Vereinigten Staaten und Eric Hobsbawm in Großbritannien handeln mag – sie alle stimmen in diesem Punkt überein und sehen zugleich die vermutlich wichtigste Ursache in den Bedürfnissen jener sozialwissenschaftlichen Analysen, die den Problemen unentwickelter Länder nachspüren. Denn ohne die historische Dimension sozialen Wandels, ohne die Berücksichtigung langfristiger sozialökonomischer, kultureller und politischer Transformationsprozesse lassen sich hier – das hat das naive Hantieren mit wenigen gegenwartsbezogenen Variablen doch wohl ergeben –

die entscheidenden Fragen gar nicht beantworten, ja vielleicht nicht einmal stellen."

Das Verblüffendste bei dieser Äußerung ist wohl, daß die Notwendigkeit des geschichtlichen Bewußtseins ausgerechnet im Zusammenhang der Betrachtung der – doch scheinbar ganz „geschichtslosen" – unentwickelten Länder betont wird.

Betrachten wir näher, was die von Wehler genannten und andere Soziologen zum Geschichtsproblem gesagt haben.

Im Vorwort zur zweiten Auflage des zweiten Bandes seines „Handbuches zur empirischen Sozialforschung" meint René König,[20] man könne leicht

„[. . .] zeigen, daß eine recht verstandene Sozialforschung nicht nur Einzelprobleme, selbst die speziellsten[,] in weitere Sachzusammenhänge integriert, sondern ausgesprochen gesamtgesellschaftliche Probleme aufrollt. Mir scheint [. . .] ein wichtiges Ergebnis, auf das eigentlich alle Kapitel [. . .] konvergieren, darin zu liegen, daß ein entscheidender gesamtgesellschaftlicher Wandel in ihnen sichtbar wird, der sich ungefähr über die ersten zwei Drittel des 20. Jahrhunderts erstreckt. Damit wird der Zusammenhang zur Geschichte hergestellt, und ich möchte wünschen, daß die in verschiedenen Beiträgen aufgewiesenen Beispiele für eine ausgesprochene Historisierung der Theorie zu einer weiteren Diskussion dieser Probleme anregen werden [. . .]." Es folgt eine Bezugnahme auf Wehler.

Später, gelegentlich der Erwähnung der Mobilitätsforschung:[21] „So erreichte die Mobilitätsforschung in Deutschland einen recht präzisen Überblick über mehr als 130 Jahre. Das allein würde genügen, um die vermeintliche A-Historizität der empirischen Sozialforschung schlagend zu widerlegen [. . .], so daß heute die Grenzen zwischen Soziologie und Geschichte immer durchlässiger werden."

Wobei ersichtlich ist, daß König den letzten Satz im genau entgegengesetzten Sinne versteht als die „kritischen Sozialwissenschaftler" innerhalb der Geschichtswissenschaft: nämlich als Durchdringung der Soziologie mit Geschichte, nicht der Geschichte mit Soziologie.

In seinem Schlußwort zur zweiten Auflage des zweiten Bandes des Handbuches, „Einige Bemerkungen über die Bedeutung der empirischen Forschung für die Soziologie" sagt René König dann:[22]

In verschiedenen Forschungsbereichen „wird ein ausgesprochen historisches Moment in der modernen empirischen Sozialforschung sichtbar, das im totalen Widerspruch steht mit ihrer vermeintlich punktuellen A-Historizität."

„Wenn man das vorliegende Handbuch hintereinander durchliest, wird man leicht gewahr, daß sich das erwähnte historische Moment fast in jedem Kapitel bemerkbar macht."

Und weiter unten auf der Seite ist noch einmal von der „Historisierung der Theorie" die Rede.

Alle diese Äußerungen macht König, wohlgemerkt, in einer Veröffentlichung, die die empirische Sozialforschung zum Gegenstand hat.

Der zweite von Wehler erwähnte Autor, Charles Tilly, schreibt:[23]

„Die Disziplin der Soziologie ist aus historischen Fragestellungen hervorgegangen. Comte, Spencer, Weber und die meisten ihrer Kollegen haben [. . .] versucht, langfristige, gesamtgesellschaftliche Veränderungen zu erklären. Ihre europäischen Nachfolger haben im allgemeinen die historische Ausgangsposition [. . .] nicht aus den Augen verloren." Die amerikanischen Soziologen jedoch waren „ahistorisch oder metahistorisch"; erst für das Verständnis der „Veränderungen in Afrika, Asien und Lateinamerika in unserer Zeit" entdeckten sie die Geschichte wieder.

Der amerikanische Soziologe Seymour Martin Lipset sagt:[24]

„Es gibt viele Beispiele, die zeigen, wie die soziologische Forschung entscheidende Fehler machte, wenn sie historisches Material ignorierte. O. Handlin und S. Thernstrom haben uns die Schwäche einer ahistorischen Soziologie vor Augen geführt, indem sie zeigten, wie W. L. Warner in seiner Yankee-City-Serie, Studien über eine Gemeinde in Neu-England, eine Reihe von Wesenszügen dadurch falsch interpretierte, daß er sich bezüglich historischer Strukturen auf zeitgenössische Berichte stützte und die tatsächliche Geschichte der Gemeinde, wie sie dokumentarischen Quellen zu entnehmen ist, ignorierte."

Einige Absätze weiter schreibt Lipset:[25]

„Hat der Soziologe in der Vergangenheit den Fehler gemacht, die historischen Daten zu ignorieren, so hat der Historiker in den Augen der Soziologen darin einen Fehler begangen, daß er Konzepte und Methoden ignorierte, die für den Historiker ebenso zugänglich und nützlich sind wie für den Soziologen. [Aber:] Das heißt nicht, daß die Soziologen versuchen, die Historiker zu Geschichtssoziologen zu machen."

Und im nächsten Absatz noch einmal:[25]

Es „wird ein Historiker dadurch, daß er Begriffe und Methoden benutzt, die in der Soziologie oder den anderen Sozialwissenschaften entwickelt worden sind, nicht zum systematisierenden Sozialwissenschaftler."

Nachdem also Lipset gezeigt hat, daß der Soziologe die Historie braucht, spricht er auch umgekehrt vom Nutzen der soziologischen Methoden für den Historiker. Aber er behält die Trennung zwischen beiden Disziplinen strikt bei. Seiner Meinung nach soll der Historiker nicht nur kein „systematisierender Sozialwissenschaftler", sondern noch nicht einmal ein „Geschichtssoziologe" sein.

2. Wehlers Formulierung des Problems

a. Das gute Recht der Hermeneutik

Hans-Ulrich Wehler selbst formuliert das Verhältnis zwischen Geschichtswissenschaft und Soziologie so:

„Der Historiker [...] wird geschult, auf die Gleichzeitigkeit des Ungleichzeitigen zu achten. Gerade sie ist oft das Folgenreiche in der Geschichte, seltener vielleicht die eindeutig dominierende Tendenz. [...]"

„Dem Historiker wird in mühsamen Bildungsprozessen [...] ein Gefühl für Komplexität antrainiert; er wird die oft schillernde Vielfalt der sogenannten Wirklichkeit auch mit einer nuancierten historischen Theorie nicht immer leichten Herzens in Übereinstimmung bringen können; er wird zu konkretem Denken, zum sorgsam abwägenden Urteil, das auch bei einer scharfen These mögliche Einwände mitbedenkt, angehalten.

Die Gefahren sind allerdings auch deutlich zu erkennen, denn viel zu oft ist bei den Historikern das behutsame Verstehenwollen zur schieren konservativen Bewegungslosigkeit und reaktionären Vergangenheitsidealisierung erstarrt.

In der Ausbildung von Soziologen läßt sich dagegen [...] ein Hang zur vorschnellen Formel, zur flinken Welterklärungstheorie, zur vorzeitigen Zufriedenheit mit dürren Ergebnissen, die mit höchsten theoretischen Ansprüchen gekoppelt werden, feststellen – kurzum, es gibt die Verführung, komplexe Realität geschwind auf eine scheinbar befriedigende Pseudotheorie zu bringen [...]. Die Sperrigkeit der Vergangenheit gegenüber glatten Formeln, die mühselige Anstrengung, in zahllosen Arbeitsgängen allmählich einer historischen Theorie nahezukommen – sie werden hier zu oft unterschätzt."

„Als Nachteil empfindet der Historiker häufig den übertrieben hohen Abstraktionsgrad jener soziologischen Theorien, deren Erklärungsfähigkeit gering, wenn nicht minimal ist. Für die empirische Problemanalyse darf wahrscheinlich ein bestimmtes Maß an Abstraktion nicht überschritten werden. Gewöhnlich sinken Erklärungskraft und Trennschärfe für realhistorische Probleme, je höher das Abstraktionsniveau steigt, dessen imponierende Architektonik nicht selten nur biederen ‚common sense' behaust." (Man bemerkt wohl, daß Wehler das „Common sense"-Argument hier gerade gegen die Soziologie kehrt, und nicht, wie Rürup es möchte, gegen die historische Methode. Wessen Auffassung sachgerechter ist, dürfte auf der Hand liegen.)

„Daß Quantifizierung notwendig sein kann, ist unbestritten. Prinzipielles Mißtrauen war stets und bleibt auch fortab ganz unvernünftig. Wo nur irgend zu erreichen, soll auch quantitativ größtmögliche Klarheit geschaffen werden. Wird die Quantifizierung jedoch zum Fetisch, ist die empiristische

Trivialität des Fliegenbeinezählens nicht mehr weit. Vermutlich lassen sich nur sehr wenige „qualitative" Fragen mit Hilfe quantifizierender Methoden eindeutig beantworten, eher gelegentlich schärfer eingrenzen oder klarer formulieren. Fast alle schwierigen Probleme der Gesellschaftsanalyse besitzen jedoch (zumindest auch) ‚qualitativen' Charakter."[26]

„Als unübersehbaren Nachteil muß es der Historiker [. . .] empfinden, daß die Soziologie viel zu oft, fast durchgängig, auf ein diszipliniertes hermeneutisches Sinnverständnis verzichtet. Gewiß, der historische Zusammenhang geht nicht in dem auf, ‚was die Menschen wechselseitig intendieren' – gewiß lehnt auch der, der Nein zu historischen Theorien sagt, mit einer gewissen Notwendigkeit das ‚Verstehen' ab. Aber hinter den Historismus und seine hermeneutische Theorie gibt es keinen Weg zurück, es sei denn, man akzeptiere eine radikale Beschneidung der Erkenntnismöglichkeiten, wozu merkwürdigerweise die Bereitschaft nicht selten auftritt. Unbestritten ist, daß auch diese Theorie ergänzt, erweitert, präzisiert, mit anderen Theorien verbunden werden muß. Da andererseits aber die Soziologie ohne Hermeneutik letztlich nicht auskommt, führt der Verzicht auf geschultes ‚Verstehen' oft zu einer kruden, unreflektierten Interpretation, der man ihre Mängel allenthalben ansieht."[27]

Man wird allem dem nur zustimmen können. Mit der Forderung nach einer unkritisch zu etablierenden „historischen Sozialwissenschaft" hat das alles nicht mehr viel zu tun.

b. Das gute Recht der sozialwissenschaftlichen Sichtweise

Im weiteren Verlauf seiner Darlegungen unternimmt es Wehler nun, auch das gute Recht des sozialwissenschaftlichen gegenüber dem historischen Blickpunkt herauszuarbeiten. Daß er auch hierbei niemals Sinn und Leistung der historisch-hermeneutischen Methode außer acht läßt, dürfte nach dem bisher Zitierten auf der Hand liegen.

„Ins Schwarze [. . .] trifft die Kritik [der Soziologen] an der Theoriearmut der Geschichte, jedenfalls an dem Mangel an explizit entwickelten Theorien. Daß sich viele Historiker darauf auch noch etwas zugute gehalten haben, konnte das Wohlwollen der seit jeher schärfer systematisierenden Soziologen nicht steigern. Vor allem verdient aber die naive Vorstellung Kritik, daß es allein der zeitliche Abstand als solcher schon gestatte, bestimmte Strukturen in der Vergangenheit deutlicher zu erkennen, so etwa, als geronne die flüssige Gegenwart automatisch nach (wieviel?) Jahrzehnten zu festen, erkennbaren Einheiten."[28]

„Die Scheu vor Quantifizierung ist zu Recht an Historikern gerügt worden, obwohl das schon der älteren Wirtschaftsgeschichte unrecht tut. Aber wichtiger ist [. . .] die Attacke [der Soziologen] gegen ein lastendes Erbe des Historismus: daß nämlich Kategorien der Sozialforschung der ‚Gegenwart' für die Untersuchung von Vergangenheit, die nur mit quellengerechten, das heißt aber im Extremfall nur mit je zeitgenössischen Begriffen zu erschließen sei, untauglich blieben. Dagegen [das heißt: gegen die herkömmliche Auffassung der Historiker] ist mit guten Gründen auf dem wenngleich zeitlich begrenzten und nicht beliebig tief in die Vergangenheiten hinein verlängerbaren Wert solcher Kategorien zu bestehen, die als funktionell verstandene Begriffe (wie Rolle, Status, Bezugsgruppe, Sozialstruktur, Persönlichkeitstypus und so fort) auch für frühere Phasen von Gesellschaften, an denen sie unlängst gewonnen worden sind, ihre analytische und erklärende Kraft beweisen können; sie müssen dafür allerdings gewissermaßen historisch aufgeladen werden. Nicht nur erklärt die Vergangenheit die ‚Gegenwart', sondern auch in diesem Sinn die Gegenwart Teile der Vergangenheit."[29]

„Zu oft hat auch die Verstehenslehre des Historismus dazu geführt, daß sich die Geschichte sowohl auf zustimmendes Nachempfinden beschränkt, als auch mit einem bereitwilligen Kniefall vor der normativen Kraft des Faktischen den jeweiligen Status quo in Gesellschaft und Politik gebilligt hat. [Dies ist in meinen Augen unzutreffend formuliert: der Historismus „identifiziert" sich gerade *nicht* mit bestimmten Tendenzen oder Parteien, sondern stellt das Neben- oder Gegeneinander verschiedener Kräfte als solches dar. H. S.] Anders gesagt: sie hat sich zu lange mit der Interpretation intentionalen Handelns mit Hilfe zeitimmanenter Maßstäbe und Möglichkeiten (oder dem, was sie doch dafür hielt) zufrieden gegeben, aber übersehen bzw. geleugnet, daß Vergangenheit auch jeweils unter den theoretischen Gesichtspunkten von heute aufgeschlüsselt werden muß und kann."[29]

„Die Hermeneutik des klassischen Historismus allein genügt nicht, wenn sich die Geschichtswissenschaft als eine historisch-kritische Sozialwissenschaft mit geschultem Verständnis für die historischen Zeiten (beziehungsweise die historische Dimension sogenannter Gegenwartsfragen), mit Problemorientierung statt Bindung an vorgegebene chronologische Perioden, mit klaren erkenntnisleitenden Interessen[,] und das heißt auch immer: [mit] begründeten Selektionsprinzipien verstehen will."[30]

Für mein Urteil wird in diesen Ausführungen der systematische, sozialwissenschaftliche Gesichtspunkt etwas überbetont. So scheint Wehler ein wenig außer acht zu lassen, daß der Sinn der Geschichtsforschung es ist, Vergangenes als solches möglichst genau zu erkennen, nicht aber gegenwärtige „erkenntnisleitende Interessen" (!) in es hineinzutragen. Man muß zwischen dem unterscheiden, was man als geschichtlichen Befund erhebt, und dem, was man selbst *will,* also zwischen historischer und systematischer Fragestellung. Im nächsten Kapitel werden wir dies ausführlich erörtern. – Jedoch kann man Wehlers Aufgabenbestimmung einer kritischen Geschichtswissenschaft in vielem wohl zustimmen.

Unser Ergebnis ist also: die Geschichtswissenschaft war ausgezogen, die sozialwissenschaftliche Fundierung zu suchen – und was findet sie? Eine Sozialwissenschaft, die sich ihrerseits auf die historische Methode beruft.

Es geht der Geschichtswissenschaft also entsprechend einem in den letzten Jahren häufig verwendeten Bild: Wenn der Historiker auf die Sozialwissenschaften zeigt, um anzudeuten, woher er sich eine methodische Absicherung seiner Arbeit wünscht, dann zeigen drei Finger seiner Hand auf ihn selbst zurück.

Die Geschichtswissenschaft will sich durch die Sozialwissenschaft konsolidieren – diese selbst aber konsolidiert sich wiederum durch den Rückgang auf die Geschichte. Der Historiker kann also, überspitzt gesagt, bei der Sozialwissenschaft nichts finden als das, was er ohnehin schon weiß.[31]

Um dies an dem zitierten Beispiel zu verdeutlichen: Ein Historiker möchte die Sozialstruktur einer Stadt erforschen, glaubt aber, seine historische Methode sei unzulänglich. Fragt er nun den Soziologen, was er tun könne, um seine Methode exakter zu machen, so wird ihm der Soziologe antworten, er selbst sei gerade dabei, die Sozialstruktur der Stadt historisch zu durchleuchten, da sie erst hierdurch Tiefenschärfe bekomme. Genau hiermit hat der Historiker aber angefangen. Was also will er beim Soziologen Neues finden?

C. „DER HISTORISMUS IST POLITISCH FRAGWÜRDIG UND WISSENSCHAFTSTHEORETISCH UNBRAUCHBAR"

I. Die gegenwärtige Kritik

1. Historismuskritik früher und heute

Die Erörterungen zu unseren drei Thesen lassen sich nicht sauber voneinander trennen. So ergab sich im Zuge der Diskussion der „Theoriebedürftigkeit" der Geschichtswissenschaft bereits eine vorläufige Bekanntschaft mit der auf hohem Niveau geführten Auseinandersetzung mit dem Historismus, wie Hans-Ulrich Wehler sie vorgenommen hat.

Jedoch wollen wir zunächst auf den Anfang der Debatte um 1970 und 1971 zurückgehen.

Rufen wir uns zunächst ins Gedächtnis, was wir unter „Historismus" verstehen.

Der Historismus vertritt die Auffassung, daß alle „Epochen" (oder allgemeiner: alle historischen Einheiten) „unmittelbar zu Gott" seien, und das heißt: daß alle Hervorbringungen des Menschen einerseits *grundverschieden* und nur aus sich selbst heraus zu verstehen sind, andererseits aber gegeneinander *völlig gleichen Wert* haben.

a. Der Relativismus-Vorwurf früher

Die erste Welle der Kritik an einem so verstandenen Historismus brandete in den ersten Jahrzehnten unseres Jahrhunderts gegen ihn an. Konsequenterweise warf man ihm vor, *Relativismus* zu sein, das heißt: alles gleich gut zu finden und daher unfähig zu einer Entscheidung über Gut und Schlecht, über Ja und Nein zu sein.

Ob diese Kritik inhaltlich berechtigt war oder nicht, steht hier nicht zur Debatte. Wichtig ist für uns in unserem Zusammenhang lediglich eine scheinbare Selbstverständlichkeit: die Tatsache nämlich, daß diese Kritik *angemessen* war – daß sie genau von dem redete, was der Historismus auch meinte: nämlich von der *Gleichwertigkeit* aller geschichtlichen Erscheinungen. Man konnte zwar die

Richtigkeit der Behauptung des Historismus, alle geschichtlichen Erscheinungen seien gleichwertig, bestreiten; zumindest aber ging man ganz zutreffend von der Tatsache aus, daß der Historismus diese Gleichwertigkeit eben behauptete.

Kurz gesagt: während der ersten Welle der Kritik am Historismus in der ersten Hälfte unseres Jahrhunderts waren sich der Historismus und seine Gegner zumindest über das völlig einig, was der Historismus behauptete – mochten sie es nun für richtig befinden oder nicht.

b. Der Nationalismus-Vorwurf heute

Eine ganz andere und im Grunde etwas verwunderliche Art der Kritik am Historismus kam nun mit der zweiten Welle der Kritik, die in den späten sechziger Jahren unseres Jahrhunderts zuerst anlief. Diese Kritik griff den Historismus nicht etwa wegen seines Relativismus an, sondern im Gegenteil deshalb, weil er angeblich bestimmte feste, inhaltlich umschreibbare Ansichten vertreten habe: er sei deutschnational, er sei konservativ, er verherrliche den jeweiligen status quo und so fort.

Man kann sich nicht ganz des Gedankens erwehren, daß diese Kritik von vornherein ins Leere läuft. Denn wenn der Historismus ausdrücklich die Gleichwertigkeit aller historischen Erscheinungen verkündigt – wie kann man ihm dann unterstellen wollen, der Parteigänger einer bestimmten Auffassung zu sein?

Der Historismus befindet sich also der zweiten Welle der Kritik gegenüber in einer völlig anderen Situation als der ersten Welle gegenüber. Damals mußte er das rechtfertigen, was er wirklich dachte; der zweiten Welle der Kritik gegenüber hingegen muß er (und braucht er nur zu) zeigen, daß die geäußerte Kritik konsequenterweise auf ihn gar nicht zutreffen kann.

2. Der Historismus – ein Nationalismus?

a. Die Kritik von links

So schreibt etwa die Hamburger Basisgruppe, die im Jahre 1970 wohl als erster Autor beziehungsweise Autorengruppe in Deutschland mit der neuartigen Kritik am Historismus hervortrat, folgendes:[32]

„Der Historismus geht von folgenden Grundannahmen aus: daß in der Geschichte alles veränderlich ist, daß alle historischen Erscheinungen unwiederholbar sind und individuellen Charakter haben, daß alle historischen Ereignisse ihren Wert in sich selber tragen, und daß alles Geschehen historisch bedingt, jedoch nicht determiniert ist, wobei der historische Prozeß sowohl durch natürliche Faktoren als auch durch den freien Willen der Individuen bestimmt wird."

Dies ist noch eine korrekte, neutral beschreibende Wiedergabe dessen, wie der Historismus sich selbst versteht.

Nun aber kommt die merkwürdige Wendung:

„Der Historismus ist in seinem Kern eine konservative Geschichtsauffassung."

Man fragt sich, wie sich diese Behauptung aus dem vorher Gesagten ableiten läßt.

Doch hören wir weiter:[33]

„Das Geschichtsbewußtsein hatte im Zeitalter des Frühkapitalismus [gemeint ist etwa das 19. Jahrhundert] eine eindeutig herrschaftsstabilisierende Funktion. In einer Zeit, in der Nationalstaaten mit ihren Zollgrenzen den Aufbau der nationalen Industrie ermöglichten, in einer Zeit, in der die Besinnung auf nationale Einheit und Eigenständigkeit im wohlverstandenen Interesse des nationalen Bourgeois stand, der sich den Aufbau seiner Industrie möglichst weit absichern lassen wollte, wurde jeder Gymnasiallehrer zum eifrigen Vorkämpfer nationalistischer und imperialistischer Ideen, wurden Kolonien, Flotten, Nationalflaggen und so weiter zu Lebensfragen der Nation erhoben.

Natürlich wurde dieser interessenbedingte Nationalismus nicht unverhüllt indoktriniert, sondern zu seiner Legitimierung mußten [. . .] Wissenschaften wie die Geschichtswissenschaft herhalten, die den Nationalismus scheinbar objektiv und wissenschaftlich mit dem historischen Auftrag jeder einzelnen Nation und mit Begriffen wie ‚Erbfeind' und so weiter auf ewig begründen sollten."

In diesem Zitat befindet sich innerhalb eines einzigen Satzes ein eklatanter Widerspruch, den die Autoren aber offensichtlich gar nicht bemerkt haben (oder nicht bemerken wollten). *Einerseits* nämlich unterstellen sie dem Historismus, von dem hier implizit die Rede ist, daß er vom „historischen Auftrag jeder einzelnen Nation" spreche. Diese Unterstellung ist *richtig*. Denn in der Tat geht es dem Historismus, wie wir wissen, um das Eigenrecht jeder Nation. Im gleichen Atemzug aber unterstellt man *andererseits* dem gleichen Historismus, er operiere „mit Begriffen wie ‚Erbfeind' und so weiter".

Beides schließt sich aber offensichtlich gegenseitig aus. Wer das Eigenrecht jeder Nation vertritt, kann nicht gleichzeitig von einem „Erbfeind" sprechen, den es zu vernichten gelte.

Wie reimt sich das zusammen? Nun, zunächst müssen wir ganz klar sagen, daß beide hier aufgestellte Behauptungen, für sich genommen, richtig sind:

– Der Historismus betrachtet jede Nation als unmittelbar zu Gott.

– Die deutschen Historiker und Gymnasiallehrer haben in der Tat vor 1914 Frankreich als den „Erbfeind" hingestellt.

Wo liegt nun aber der Fehler?

Wer die von uns zuletzt formulierten Sätze aufmerksam betrachtet, wird feststellen, daß sie ein verschiedenes Subjekt haben: im ersten Satz heißt es „Der Historismus", und im zweiten: „Die deutschen Historiker". Und das ist der entscheidende Unterschied.

Es ist richtig, daß „der Historismus" eine bestimmte Auffassung vertrat. Und es ist ebenso richtig, daß „die Historiker" etwas praktizierten, das dieser Auffassung widersprach.

Mit anderen Worten: das, was die Historiker wirklich lehrten, wenn sie von Frankreich als dem „Erbfeind" sprachen, hatte mit der Konzeption des Historismus nichts zu tun, sondern es war im Gegenteil eine Perversion des und ein Verrat am Historismus. Diese Tatsache wird aber von der Basisgruppe verschleiert, indem sie kurzerhand sagt:[34]

„[. . .] Wissenschaften wie die Geschichtswissenschaft [. . .], die den Nationalismus [. . .] mit dem historischen Auftrag jeder einzelnen Nation *und* mit Begriffen wie ‚Erbfeind' und so weiter [. . .] begründen sollten."

Das ist etwa so, als ob jemand sagen würde: „Dieser Rabe ist zweibeinig und vierbeinig."

Der Basisgruppe ist dieser Widerspruch sogar bewußt. An wieder anderer Stelle schrieb sie nämlich:[35]

„Die Vertreter des Historismus sind [. . .] nie streng nach ihren Grundsätzen verfahren, sondern verstanden es, [. . .] die Geschichte den nationalistischen und imperialistischen Interessen ihres Standes entsprechend zu interpretieren [. . .]. Das Problem des Relativismus wurde erst nach Ausbruch des Ersten Weltkrieges virulent."

Hier wird also ganz klar gesagt, daß die Grundsätze des Historismus mit der Praxis der Historiker nicht identisch sind. Aber später ist hiervon nicht mehr die Rede.

Schon diese Erörterung zeigt uns, wie das Rätsel zu lösen und damit der zweiten Welle der Kritik am Historismus zu begegnen ist:

Es bestand ein Widerspruch zwischen der Lehre des Historismus und der Praxis der meisten deutschen Historiker. Der Historismus vertrat die Gleichwertigkeit aller Nationen – der Historiker sang „Deutschland, Deutschland über alles". Was der durchschnittliche Historiker lehrte, war ein Verrat am Geiste des Historismus und kann daher nicht dem Historismus selbst angelastet werden.

b. Georg G. Iggers

Offensichtlich ist es aber schwierig, die Theorie des Historismus und die Praxis der Historiker angemessen voneinander zu trennen.

Das zeigt eine Auseinandersetzung mit dem ersten und einem der klügsten Kritiker des Historismus, dem in Deutschland geborenen, während des dritten Reiches nach Amerika emigrierten, in Buffalo lehrenden, aber häufig in Deutschland arbeitenden und diskutierenden Historikers Georg G. *Iggers.*

In seinem äußerst fesselnd geschriebenen und großes Aufsehen erregenden Buch „Deutsche Geschichtswissenschaft", das bereits 1968 in Amerika erschien und 1971 erstmalig in deutscher Übersetzung auf den Markt kam, schreibt Iggers:[36]

„Der Historismus war [. . .] eng mit der politischen und gesellschaftlichen Anschauung einer Klasse, des Bildungsbürgertums der Akademiker, verknüpft. Ohne irgendwie die Unvoreingenommenheit und Überparteilichkeit zu erreichen, die Ranke als Ideal der wissenschaftlichen Geschichtsschreibung proklamierte, waren *die deutschen Historiker* von [Leopold] Ranke bis [Friedrich] Meinecke und [Gerhard] Ritter zutiefst politisch engagiert. Bewußt (und in mancher Hinsicht unbewußt) lieferte *der Historismus* das theoretische Fundament für die während des 19. Jahrhunderts herrschenden politischen und sozialen Zustände in Preußen und Deutschland."

Auch bei Iggers finden wir also eine seltsame Unstimmigkeit wieder: auf der einen Seite die Feststellung eines Widerspruches zwischen dem wissenschaftstheoretischen Ideal der Überparteilichkeit und der parteiischen Wirklichkeit der Schreib- und Redepraxis der historistischen Historiker; auf der anderen Seite die unmerkliche Verschiebung des Subjekts: Die deutschen *Historiker* waren politisch engagiert – *der Historismus* lieferte das theoretische Fundament. Auch hier also wird dem Historismus das angelastet, was die Historiker taten.

Einerseits weist Iggers darauf hin, daß die deutschen Historiker dem von ihnen selbst aufgestellten Ideal der Geschichtsschreibung nicht gerecht geworden seien, insofern, als sie eben nicht „historistisch", sondern deutschnational argumentiert hätten. Andererseits aber wird diese mangelhafte Realisierung des historistischen Ethos paradoxerweise auch dem Historismus selbst angelastet: er „lieferte", wie Iggers sagt, „das theoretische Fundament für die [. . .] herrschenden politischen und sozialen Zustände [. . .]."

In dieser Argumentation liegt aber offensichtlich ein Widerspruch. Denn: entweder haben Ranke und Meinecke in ihrer praktischen Arbeit als Geschichtsschreiber und Geschichtspublizisten die Prinzipien des Historismus pervertiert und verraten: dann ist ihre Praxis aber nicht dem Historismus als Prinzip in die Schuhe zu schieben. Oder aber: das, was Ranke und Meinecke tatsächlich praktiziert haben, lag in der Konsequenz des Historismus. Dann aber können sie ihn nicht verraten haben.

Wie können wir dieses Dilemma klären? Festzuhalten ist folgendes. Die Kritik, daß die meisten deutschen Historiker des 19. und beginnenden 20. Jahrhunderts die Geschichte aus dem ideologisch verzerrenden Blickwinkel des deutsch-nationalen Großbürgers betrachteten, ist völlig berechtigt und jederzeit aus dem historischen Befund belegbar. Hierüber also kann der Streit nicht mehr gehen.

Es bleibt also allein die Frage: lag dies in der Konsequenz des Historismus – oder wurde der Historismus hier „verraten"?

Und hier kann die Antwort nur lauten: der Historismus wurde in der Praxis der deutschen Geschichtswissenschaft in der Tat verraten. Das, was die deutschen Historiker faktisch gesagt und geschrieben haben, kann durch die Prinzipien des Historismus in keiner Weise gerechtfertigt werden.

So kann man zum Beispiel nicht einerseits – als Historist – das Eigenrecht jeder Nation anerkennen, andererseits aber – als Nationalist – irgend eine Nation zum „Erbfeind" erklären.

Den militanten „Ethnozentrismus" der deutschen Historiker als unvereinbar mit den Prinzipien des Historismus nachzuweisen, ist also nicht besonders schwer.

Sehr viel schwieriger ist jedoch folgender Einwand zu beantworten, der sich dem Nachdenklichen an diesem Punkt der Erörterung aufdrängen wird: selbst wenn die tatsächliche Praxis der deutschen Historiker bloße Perversion des deutschen Historismus gewesen ist – wie konnte es dann dazu kommen? Warum wurde dann diese Perversion als solche nicht gesehen – warum verfiel man dann in jene seltsame Schizophrenie, in der Forschungs- und Publikationspraxis zu ignorieren, was man wissenschaftstheoretisch proklamiert hatte? Enthält nicht – so muß man fragen – der Historismus vielleicht doch Elemente, die seine Perversion von vornherein nahelegten, und ist sein Prinzip nicht vielleicht doch mitschuldig an diesem Mißbrauch?

Einen wichtigen Hinweis auf dieses Problem gibt Georg G. Iggers, wenn er sagt:

„Viele, darunter Ranke und die Mehrzahl der preußischen Historiker, blieben einer lutherischen Religiosität verbunden, der in ihrem Optimismus jegliches tiefere Verständnis für die Neigung politischer Institutionen zum Machtmißbrauch zu fehlen schien. Andere, die in der idealistischen Tradition Deutschlands standen, betrachteten die Geschichte als Vollzug eines großen, vernünftigen Prozesses. [...] Grundlegend für den deutschen Idealismus und den optimistischen Historismus war nicht die Auffassung, daß die Wirklichkeit Idee sei, sondern daß die Welt einen sinnvollen Prozeß darstelle."[37]

„Die politische Überzeugung des Historismus basierte auf einem metaphysischen Optimismus, der im Rückblick unglaublich naiv erscheint."[38]

Es ist durchaus zuzugeben: wenn die deutschen historistischen Historiker solche metaphysischen Überzeugungen gehabt haben, so würde sich daraus in der Tat ihr Abweichen von den Prinzipien eines wohlverstandenen Historismus erklären – und irgend wie muß es sich ja auch erklären lassen.

Nur: kann man wirklich davon ausgehen, daß eine Metaphysik, wie Iggers sie hier als für die Historisten als Personen tatsächlich leitend beschreibt, so ohne weiteres mit den Prinzipien des Historismus vereinbar ist?

Und eben diese Frage muß verneint werden. Es gab zwar jene Metaphysik, und sie wurde in der Praxis bestimmend – aber mit dem Historismus als Prinzip hatte sie nichts zu tun. Sie widersprach ihm.

Dies soll im folgenden begründet werden.

3. Was ist der Historismus wirklich?

a. Was heißt „unmittelbar zu Gott"?

Die von Ranke geprägte Grundformel des Historismus lautet bekanntlich: „Jede Epoche ist unmittelbar zu Gott."

Es kann keinem Zweifel unterliegen, daß das in dieser Formel vorkommende Wort „Gott" außerordentlich unglücklich ist und zu erheblichen Verwirrungen Anlaß gegeben hat.

Ich selbst vertrete die Auffassung, daß man „Gott" in dieser Formulierung lediglich als Metapher verstehen darf, die schlichtweg einen allgemeinen, von jeder Metaphysik unabhängigen methodologischen Tatbestand umschreibt. Statt „. . . ist unmittelbar zu Gott" können wir ebensogut sagen: „. . . hat ihren Eigenwert". Dann wird deutlich, daß die Grundüberzeugung des Historismus eben nicht an einem Glauben an Gott hängt, sondern auch von einem Atheisten verstanden und geteilt werden kann: das Prinzip vom Eigenwert einer jeden Hervorbringung des Menschen kann auch ganz säkular, etwa aus einem Humanismus heraus, begründet werden.

Da nun aber das unglückliche Wort „Gott" einmal dasteht, mußte es zu Fehlschlüssen verführen. Vom Wort „Gott" schloß man weiter auf Rankes frommes Luthertum und von diesem Luthertum wiederum auf gewisse metaphysische Überzeugungen, die dem Historismus eigentümlich seien – so wie eben Iggers es zum Ausdruck gebracht hat.

Nun ist aber folgendes zu bedenken: da sich das Prinzip des Historismus – wie wir im Zusammenhang der systematischen Darstellung gesehen haben – auf alle Hervorbringungen des Menschen überhaupt bezieht, so natürlich auch auf die Religionen und metaphysischen Überzeugungen, die in der Geschichte hervorgetreten sind.

Der Historismus betrachtet daher nicht einfach eine bestimmte religiöse oder metaphysische Überzeugung als für sich verbindlich, sondern stellt sie alle – neutral und relativierend – nebeneinander: etwa so, wie es schon Lessing in seiner berühmten Ringparabel getan hat.

Es liegt also überhaupt nicht in der Linie des Historismus, sich einer bestimmten metaphysischen Überzeugung unterzuordnen, sondern wie alles andere auf der Welt sind auch diese Überzeugungen für ihn nur Gegenstand relativierender Analyse. Dies wird zum Beispiel darin deutlich, daß ein wichtiger Vertreter des philosophischen Historismus, Wilhelm Dilthey, eine „Typologie der Weltanschauungen" aufstellte: er unterschied den „Materialismus", den „objektiven Idealismus" und den „Idealismus der Freiheit". Dilthey war der Überzeugung, daß jede Weltanschauung lediglich eine Seite der menschlichen Existenz repräsentiere, und daß nur die Betrachtung aller Weltanschauungen von einem außerhalb ihrer selbst gelegenen Standpunkt ein Bild des Ganzen vermittle.

Durch diese Überlegung wird deutlich: wenn sich die historistischen Historiker einer lutherischen, deutschnationalen oder sonstigen Metaphysik hingaben, so traten sie damit aus dem Historismus heraus. Der Historismus hätte eigentlich von ihnen verlangt, alle solche Perspektiven zu relativieren.

Der Historismus lehnt also seiner Grundvoraussetzung nach jede Interpretation der Geschichte gemäß einem alles durchwaltenden Prinzip ab. Eben darin unterscheidet er sich zum Beispiel auch von Hegel und den Hegelianern (im weitesten Sinne des Wortes). Für den Historisten gibt es eben keine ewige „Bestimmung", nach der sich die historischen Prozesse vollziehen. Vielmehr kann die geschehene Geschichte immer nur nachträglich als in bestimmter Weise geschehen erforscht und interpretiert werden.

Künftige historische Prozesse kann niemand voraussehen, weil der Mensch immer wieder Neues, Unerwartetes, ersinnt. Dies ist, wenn man so will, die einzige „metaphysische" Voraussetzung, die der Historismus machen muß.

b. „Der Historismus" ist nicht „die Historiker"

Unsere Überlegungen zeigen uns, daß man streng zwischen dem erkenntnistheoretischen Prinzip des Historismus und dem, was Wissenschaftler, die dem Historismus zugerechnet werden, tatsächlich getan haben, unterscheiden muß.

Die tatsächliche Geschichte der historistischen Historiker kann nicht dem Historismus als Prinzip zugerechnet werden – vielmehr ist sie sehr oft im Gegenteil seine Perversion.

Auch Thomas Nipperdey sagt in seiner Diskussion des Historismus:[39]

„Die Kritik an der politischen Haltung der Sozialgruppe Historiker und an den politischen Wirkungen des sozialen Produkts Historie gehört nicht in die wissenschaftslogische Historismusdebatte. Wirkungen oder ‚Funktionen' des Historismus sind nicht mit seinem logischen Gehalt identisch. Die politischen Intentionen und Wirkungen von Historikern sind, so interessant sie sein mögen, für die Frage nach der Geltung ihrer Methoden und Ergebnisse irrelevant."

„Der Zusammenhang des Objektivitätspostulats, des Individualitätsprinzips oder der Methode des Verstehens mit politischen Intentionen oder Folgen bleibt, wenn man die generalisierenden Behauptungen an Beispielen überprüft, bisher dunkel, konstruiert und unbewiesen. Status-quo-Legitimation, Revolutionierung oder Kritik sind mögliche Positionen, die Historiker der Zeit des Historismus eingenommen haben; vom methodologischen Ansatz des Historismus her kann zwischen ihnen nicht entschieden werden. Für unsere Wissenschaftstheorie geht es darum, wie, mit welchen Methoden und Kategorien Vergangenheit erkannt wird, und darum, was die Bedingungen der Möglichkeit für solche Erkenntnisse sind. Eine wissenschaftslogische Kritik der historistischen Lösung darf nicht auf politische Implikationen rekurrieren, sondern muß nachweisen, daß Vergangenheit nicht oder weniger gut erkannt worden ist als mit Hilfe anderer Methoden. (Widerspruchsfreiheit, Einbeziehung aller bekannten Quellen, komplexe Berücksichtigung aller bekannten Phänomene sind grobe, nicht hinreichende, aber notwendige Kriterien für bessere und weniger gute Erkenntnis.) Was zählt, ist nicht die Feststellung, daß die politische Haltung eines Historikers seinem Kritiker unsympathisch ist, sondern allein der Nachweis, daß der Kritisierte offenkundig Strukturen einer vergangenen Welt vernachlässigt hat, wie zum Beispiel sozialgeschichtliche Strukturen."

c. Macht der Umgang mit der Vergangenheit reaktionär?

Immer wieder trifft man auf die Behauptung, der Historiker, insbesondere der sich zum Historismus bekennende Historiker, müsse schon deshalb politisch reaktionär sein, weil er sich mit der Vergangenheit beschäftige.

Hierzu muß folgendes gesagt werden: Wenn „Historismus" heißt, das Vergangene oder allgemeiner das Fremde in seiner Eigenart zu verstehen, dann gehört dazu offenbar auch, daß man das Andere *gerade als „Anderes",* von der eigenen Lebenswelt des Erkennenden Abweichendes verstehen lernt. Wer sich also zum Beispiel mit dem deutschen Mittelalter beschäftigt, wird sich nicht mit diesem Mittelalter einfach „identifizieren", sondern er wird im Gegenteil sehen und verstehen wollen, inwiefern das Mittelalter gerade *anders* ist als unsere heutige Welt. Man kann also politisch links und trotzdem ein guter Mittelalterhistoriker sein. Warum auch nicht?

Ganz deutlich wird diese Trennung von Erkennendem und Erkannten bei nun wirklich fremdartigen Forschungsobjekten. Wer sich mit den Etruskern beschäftigt, wird nicht zum Etrusker, wer sich mit den Polynesiern beschäftigt, nicht zum Polynesier. Auch ein Deutscher, der eine Darstellung der englischen Geschichte schreibt, wird damit nicht zum Engländer, und ein Protestant, der über die Geschichte der Päpste arbeitet, wird nicht zum Katholiken. In allen diesen Fällen handelt es sich gerade darum, eine Welt zu verstehen und darzustellen, die nicht die eigene ist.

Deshalb ist auch Hans-Ulrich Wehler nicht zuzustimmen, wenn er schreibt:[40] „Die Gefahren [der Ausbildung des Historikers] sind allerdings auch deutlich zu erkennen, denn viel zu oft ist bei den Historikern das behutsame Verstehenwollen zur schieren konservativen Bewegungslosigkeit und reaktionären Vergangenheitsidealisierung erstarrt."

An dieser Äußerung ist übrigens in nuce abzulesen, wie gedankenlos die Kritik am Historismus oft operiert. Man darf sich nämlich fragen, inwiefern „das behutsame Verstehenwollen" ausgerechnet mit einer konservativen und reaktionären Haltung verknüpft sein soll. Genau das Gegenteil ist der Fall. Der Konservative und der Reaktionäre denken starr und uneinsichtig; sie sind unfähig, eine andere Meinung neben sich gelten zu lassen. „Behutsames Verstehenwollen" – das ist doch wohl eher Domäne liberaler und linker Haltungen. Um das einzusehen, genügt es völlig, sich aktuelle Probleme, wie etwas das der Einstellung gegenüber Minderheiten, zu vergegenwärtigen. Wer will wohl die Situation der Ausländer etwa „behutsam verstehen"? Der Konservative? Wohl kaum.

Im übrigen läßt sich die Arbeit des Historikers nicht auf die Vergangenheit festlegen. Es geht ja auch um die Erkenntnis etwa gleichzeitiger Gesellschaften in anderen Ländern. Und auch in diesem Falle sind es doch gerade wieder eher liberale Einstellungen, die zu einer antikolonialistischen Identifizierung mit den Völkern neigen, um deren Darstellung es geht. Wir werden darüber noch ausführlich sprechen müssen.

Daß es eine Identifizierung mit dem Forschungsgegenstand gibt, ob in konservativem oder progressivem Sinne, ob „rechts" oder „links", ist völlig unbestritten.

Aber hier einen unausweichlichen Zusammenhang herstellen zu wollen, ginge doch wohl etwas weit. Nicht unbedingt muß der Forschungsgegenstand auf die persönliche Einstellung abfärben. Das müßte dann ja auch umgekehrt der Fall sein: jeder Marxismusforscher müßte zum Linksradikalen werden. Das ist, wie man weiß, keineswegs der Fall; es gibt ja auch „bürgerliche" Marxismusexperten. Es wäre wohl auch merkwürdig, wenn kein Wissenschaftler mehr zwischen dem unterscheiden könnte, mit dem er sich als Wissenschaftler beschäftigt, und dem, was er selbst als Person ist.

Thomas Nipperdey sagt: „Die Behauptung, daß zwischen politischer Position und sozialgeschichtlicher Erkenntnis ein eindeutiger Zusammenhang bestünde, ist, angesichts etwa des konservativen Blicks für Sozialstrukturen (vgl. etwa W. H. Riehl), absurd."[41]

d. Die Feingliedrigkeit der historisch-hermeneutischen Methode

Wenn die Aufgabe der Geschichtsforschung das Verständnis auch des jeweils *Anderen* ist, stellt sich die Frage nach der Methode, die man anwenden sollte, um dieses Verständnis am besten zu erreichen. Offenbar muß es eine Methode sein, die an das Andere nicht die Maßstäbe eigener systematischer Überzeugungen legt, sondern die das Andere als Anderes zu würdigen bereit ist. Nach allem, was wir bisher sahen, ist der Historismus die einzige geschichtswissenschaftliche Konzeption, die dies durch ihre historisch-hermeneutische Methode leisten kann.

Zum Verständnis des jeweils Anderen als Anderen gehört auch

eine hinreichende *Feingliedrigkeit* und *Anschmiegsamkeit* im Erfassen des geschichtlichen Gegenstandes in seiner Eigenart und mit allen seinen Feinstrukturen.

Damit scheiden aber bereits alle Theorien aus, die den geschichtlichen Prozeß dogmatisch auf grobe Grundschemata festlegen wollen.

Solche Theorien sind etwa: Fort- und Rückschrittsmodelle, klassizistische Modelle, Zyklentheorien, hegelsche oder marxistische Modelle.

Grobe Theorien dieser Art können die Geschichte vielleicht in großen Zügen erklären. Aber sie versagen völlig, wenn es sich um Feinheiten handelt.

Eine solche Feinheit der Geschichte wird immer dann sichtbar, wenn wir eine menschliche Hervorbringung *datieren* sollen, deren Datum uns nicht durch direkte Information bekannt ist. Solche Situationen ereignen sich im Alltagsleben immer wieder sehr häufig. Ich nenne nur folgende Beispiele:

Wir hören im Rundfunk ein Musikstück. Die Ansage haben wir verpaßt. Das Stück kennen wir nicht. Auch dem Stil nach können wir es nicht einem bestimmten Meister zuordnen. Jedoch werden wir versuchen, zu bestimmen, *in welcher Zeit* das Stück ungefähr geschrieben worden sein muß.

Wir gehen durch eine Stadt und werden in der Regel in der Lage sein, von jedem Gebäude, oft bis auf das Jahrfünft genau, festzustellen, wann es erbaut ist. Selbst ein Hochhaus von 1970 werden wir oft mühelos von einem 1960 erbauten Hochhaus unterscheiden können, ganz zu schweigen von Wiederaufbauhäusern aus den fünfziger Jahren, Genossenschaftsbauten aus den zwanziger Jahren, Gründerzeit-Mietskasernen, den klaren, sachlichen Fassaden, wie sie zwischen 1700 und 1850 üblich waren, den Barock-, Renaissance- und Gotikbauten.

Ein letztes Beispiel. Wir finden alte Photographien. Die abgebildeten Personen sind uns unbekannt. Trotzdem können wir aufgrund der Haar- und Kleidermoden sehr oft wiederum auf fünf Jahre genau sagen, wann das Photo entstanden sein muß.

Solche Beispiele zeigen uns, daß es in der Geschichte feingliedrige Wandlungen und Entwicklungen gibt, deren Realität wir in der Praxis ausnutzen, ohne uns überhaupt immer Rechenschaft ablegen zu können, auf welche Merkmale wir unsere Schätzungen eigentlich stützen. Einer Theorie wie etwa der marxistischen dürfte es kaum möglich sein, zu erklären, wie solche Feinheiten „funktionieren". Und doch muß es eine solche Erklärung geben. Hier hilft also nur eine Theorie, die nicht einfach in geschichtlichen Grobkategorien (Zeitaltern, Epochen und so fort) denkt, sondern die auch mit der Wirklichkeit kleinster Feinheiten der „Stil"entwicklung („Stil" hier im weitesten Sinne verstanden, also angewendet auch auf politische oder soziale Situationen, nicht etwa nur auf Kunstwerke, auf Gebrauchsgüter und ähnliches) rechnet.

II. Historismus als ethisches Prinzip

Nun ist der Historismus ganz offensichtlich nicht nur eine erkenntnistheoretische Methode, sondern auch eine *praktische Haltung,* ein *ethisches Prinzip.*

Gewiß besteht der Vorwurf von seiten Iggers' und anderer Kritiker zu Recht, daß historistische Wissenschaftler in der Praxis immer wieder gegen die Prinzipien des Historismus verstoßen haben. Aber das *muß* ja nicht sein. Vielmehr ist es durchaus denkbar, daß man die theoretische Einstellung des Historismus auch auf seine Haltung im praktischen Leben überträgt.

Ein wohlverstandener Historismus kann nicht mit einer bestimmten Position identifiziert werden, denn er muß ja jede gegebene Position als historisch eigenartig und anderen Positionen gegenüber gleichwertig betrachten.

Wenn alle Nationen, einschließlich derer der „Dritten Welt", von gleichem Wert sind, so können wir aus einer solchen Auffassung konsequenterweise nicht Nationalismus, Chauvinismus, Ethnozentrismus oder Rassismus herleiten.

Wenn alle sozialen Klassen oder Schichten, alle politischen und religiösen Überzeugungen, alle sozialen Tendenzen ihren Eigenwert haben, dann ist es unmöglich, hieraus irgend eine „Elite"-Ideologie, irgend eine Unterdrückung bestimmter Gruppen, irgend eine Intoleranz abzuleiten.

Und endlich: wenn – in der zeitlichen Dimension – alle Generationen ihren besonderen Wert haben, so können wir nicht die gegenwärtige Generation einer angeblich „besseren" Zukunft in einem nationalen, Rassen- oder Klassenkrieg aufopfern.

Hieraus folgt: die Aussagen des Historismus sind nicht lediglich tatsächliche Aussagen. Sie sind tatsächliche und normative Aussagen zugleich.

„Jede Epoche *ist* unmittelbar zu Gott" bedeutet zugleich: „Jede Epoche *soll(te)* unmittelbar zu Gott *sein*".

Der folgerichtig historisch Denkende wird an die Gegenwart genau die gleichen Kriterien anlegen, die er auf die Vergangenheit anzuwenden gewohnt ist. Daher wird er nicht nur Parteienkonflikte im alten Rom oder im England des neunzehnten Jahrhunderts ohne Vorurteil betrachten, sondern ebenso auch solche politischen Konflikte, in die er selbst verwickelt ist.

So wäre dann unser Ergebnis: Das Programm des Historismus ist, ausgedrückt in der Sprache der politischen Ethik, nichts anderes als *das Programm des Liberalismus* im besten Sinne des Wortes: das Programm des Eintretens für die Andersdenkenden, des Pluralismus, der Vorurteilsfreiheit, der Toleranz, des Eintretens für das Recht jedes Individuums und jeder Gruppe auf Selbstverwirklichung – kurz: ein Programm des Eintretens für das unvoreingenommene Verstehen selbst der verschiedenartigsten Auffassungen.

III. Praktizierter Historismus

Nun ist jedoch noch auf eine sehr sonderbare Erscheinung hinzuweisen. Wie wir wissen, hat der Historismus zur Zeit keine besonders gute Presse. Jeder, der etwas auf sich hält, glaubt ihn ablehnen und gegen ihn polemisieren zu müssen.

Das verstellt jedoch den Blick auf die Tatsache, daß viele Wissenschaftler (und Nichtwissenschaftler), die bewußt und ausdrücklich nichts vom Historismus wissen oder wissen wollen, ihn tatsächlich unbewußt und unausdrücklich – doch in Form von Denkweisen vertreten, die heute als höchst aktuell gelten.

1. Allerlei Emanzipation

So wird gefordert, der Dialekt und die Unterschichtensprachen sollten als der Schriftsprache gleichwertig anerkannt werden. Oder: Angesichts ethnischer Minderheiten, auch in der Bundesrepublik, ist in der letzten Zeit gegenüber der Tendenz zur Integration und Assimilation die Tendenz, jeder Gruppe ihr Eigenleben zu lassen und sie der Gesellschaft des Gastlandes nicht anzupassen, wieder stärker geworden. Speziell in den Vereinigten Staaten ruft man nach „black studies". Man sagt „black is beautiful", und Frauen, die von Natur glattes Haar haben, tragen, aus Solidarität mit den Negern, die ursprünglich als häßlich empfundene Kraushaarfrisur. „Folklore" und allerlei Exotisches ist „in". Entwicklungshelfer fordern, die Kultur der Entwicklungsländer dürfe sich nicht länger von europäischen Maßstäben bestimmen lassen, sondern müsse sich auf sich selbst besinnen. In vielen Ländern wachsen die Autonomiebestrebungen von Regionen, die sich lange das Regiertwerden durch die Zentrale gefallen ließen.

Allen diesen Tendenzen und Bewegungen ist gemeinsam, daß etwas als „gleichwertig" interpretiert wird, was ursprünglich als „minderwertig" galt – genau wie der Historismus es seit dem achtzehnten Jahrhundert unternommen hat.

2. Historismus in neuem Gewand: Thomas Kuhn

a. Kuhns eigene Interpretation seiner Thesen
Thomas S. Kuhn ist ein amerikanischer Wissenschaftstheoretiker, der zunächst Physiker war und sich bald der Geschichte der Physik zuwandte. Im Jahre 1962 veröffentlichte er das Buch *The Structure of Scientific Revolutions*. Dieses Buch erschien 1967 in deutscher Übersetzung unter dem Titel *Die Struktur wissenschaftlicher Revolutionen*. 1970 erschien die zweite englische Auflage mit dem *Postskriptum* von 1969. 1973 kam die deutsche Übersetzung als Taschenbuch heraus, jedoch noch nach dem Stand der Übersetzung von 1967. Das Postskriptum fehlte in ihr noch, war allerdings bereits in dem von Peter Weingart herausgegebenen Sammelband *Wissenschaftssoziologie 1* von 1972 enthalten. 1976 erschien dann auch die

Taschenbuchausgabe der Übersetzung nach dem Stande der zweiten Auflage mit dem Postskript.[42]

Auf die Chronologie des Werkes bin ich deshalb so ausführlich eingegangen, weil das Postskript die – wie wir gleich sehen werden – Schlüsselaussage für das ganze Buch enthält, deren Bekanntheit oder Nichtbekanntheit in der deutschen Diskussion vielleicht nicht ganz unwichtig ist.

Kuhns Werk ist ein sympathisch, mit echt amerikanischer Lokkerheit geschriebenes, wenn vielleicht auch gelegentlich etwas knapper zu fassendes Buch von (mit Postskript) gut zweihundert Seiten, das in immer neuen Wendungen eigentlich nur eine Grundthese umschreibt:

Die Wissenschaft schreitet nicht gleichmäßig und allmählich immer mehr Wissen anhäufend fort, sondern sie erlebt von Zeit zu Zeit revolutionsartige Brüche mit mehr oder weniger radikaler Änderung der herrschenden Denkweisen.

Diese These erregte zunächst in der englischsprachigen Wissenschaftstheorie, dann aber auch in Deutschland ungeheures Aufsehen. Warum, versteht man eigentlich nicht recht. Der Grund ist vielleicht, daß eine Passage am Ende des Postskripts offenbar völlig unbeachtet blieb. In diesen Sätzen entbindet Kuhn selbst praktisch zumindest den deutschen, aus der Tradition der Geisteswissenschaften kommenden Leser von der Lektüre und der Anwendung seiner wissenschaftsgeschichtlichen Theorie. Kuhn schreibt dort nämlich:[43]

„Auf eine letzte Reaktion auf dieses Buch muß ich anders antworten [als auf die bisher beschriebenen Reaktionen]. Manche freuten sich weniger deshalb an ihm, weil es die Wissenschaft beleuchtet, sondern weil sie seine Hauptthesen auch auf vielen anderen Gebieten für anwendbar halten. Ich verstehe sie und möchte sie in ihren Versuchen, den Standpunkt auszuweiten, nicht entmutigen; dennoch hat mich ihre Reaktion verwirrt. In dem Maße, wie das Buch die wissenschaftliche Entwicklung als eine Folge traditionsgebundener Perioden darstellt, zwischen denen nicht-kumulative Umbrüche liegen, sind seine Thesen zweifellos weithin anwendbar. *Kein Wunder, denn sie sind aus anderen Bereichen zusammengetragen.* Die Geschichtsschreibung der Literatur, Musik, bildenden Kunst, Politik und vieler anderer menschlicher Tätigkeiten beschreibt ihren Gegenstand *seit langem auf diese Weise.* Periodisierung durch revolutionäre Umbrüche von Stil, Geschmack und institutioneller Struktur gehören zu ihren Standardwerkzeugen. Wenn ich hinsichtlich solcher Vorstellungen originell war, dann hauptsächlich durch ihre Anwendung auf die Naturwissenschaften, auf Gebiete also, von denen man allgemein dachte, sie entwickelten sich anders."

Hiermit ist also deutlich ausgesprochen, was dem aufmerksamen Leser auch vorher schon auffällt: Kuhn bietet grundsätzlich überhaupt nichts Neues, sondern lediglich die Anwendung einer Geschichtstheorie, die in den Geisteswissenschaften längst bekannt war und praktiziert wurde, nun auch auf die Naturwissenschaften.

Es überrascht daher, wenn selbst ein sonst so kritischer Autor wie Jörn Rüsen folgendes schreibt:

„Die Thesen von Thomas Kuhn über die Struktur wissenschaftlicher Revolutionen haben weit verbreitete und tief verwurzelte Vorstellungen über den Fortschritt der Wissenschaften radikal in Frage gestellt." Und daher möchte Rüsen die Thesen Kuhns auf die Geschichtswissenschaft „übertragen".[44]

(Freilich schreibt Rüsen auch, die Thesen überraschten den Historiker nicht, und sie seien für die Geschichtswissenschaft auch „weniger eine Herausforderung als vielmehr eine Ermunterung, sich kritisch gegen ihre [. . .] Unterwerfung unter ein Modell wissenschaftlicher Rationalität zu wenden, das von anderen Wissenschaften abstrahiert wurde"[45] – aber der Zusammenhang zeigt deutlich, daß Rüsen hiermit *nicht* sagen will, Kuhns Thesen seien ihm *nicht neu,* sondern nur, daß er ihnen *zustimme.)*

Ehe wir uns Rüsens Ergebnissen zuwenden, erläutern wir die Geschichtstheorie Kuhns am besten am Beispiel der Entwicklung der *Künste.*

Jedermann weiß, daß sich die Künste nicht immer kontinuierlich weiterentwickelt haben, sondern daß sich immer wieder revolutionäre Brüche ereignet haben, die auch sehr bewußt als solche empfunden und daher oft mit Bezeichnungen wie „ars nova" (neue Kunst) oder ähnlichen belegt wurden.

Beispiele wären in der Literaturgeschichte etwa der „Sturm und Drang" als Reaktion auf die rationale Aufklärungspoesie, in der Musikgeschichte die expressive, radikal vereinfachte musikalische Sprache Glucks gegenüber der „mathematischen" Musik des Spätbarocks, oder der Umschlag aus der immer mehr verfeinerten tonalen Harmonik in die Atonalität oder die bewußte Diatonik der archaisierenden Musik unseres Jahrhunderts, und in der Kunstgeschichte die Kehrtwendung von einem immer weiter getriebenen photographischen Realismus in Impressionismus, Expressionismus und schließlich gegenstandslose Malerei.

Im Bereich der Kunst sprechen wir bekanntlich vom „*Stil*", der eine bestimmte Kunstphase prägt, und der sich beim Umbruch, beim Entstehen einer „ars nova", dann radikal ändert.

Genau diese Geschichtsinterpretation überträgt Kuhn nun auf die Naturwissenschaften. Er betrachtet also die wissenschaftlichen Neuerungen, wie Kopernikus, Newton oder Einstein sie brachten, als Analogie zu den Kunstumbrüchen, wie sie oben als Beispiele genannt wurden.

Den jeweils herrschenden „Wissenschaftsstil" nennt er das *Paradigma* oder die *disziplinäre Matrix*.[46] Solange ein bestimmter Wissenschaftsstil herrscht, haben wir *normale Wissenschaft*, und der Umbruch des Wissenschaftsstils ist ein *Paradigmawechsel*.

Damit haben wir die wesentliche Terminologie Kuhns bereits zusammen.

b. Die allgemeine Generationentheorie

Wie nun Kuhns Wissenschaftsgeschichtstheorie im einzelnen zu verstehen ist, machen wir uns am besten wieder am Beispiel der Kunst klar, denn hier gibt es, zumindest im deutschsprachigen Raum, eine seit Jahrzehnten ausgebaute Kunstgeschichtstheorie, mit deren Hilfe die wichtigsten Gesichtspunkte sofort klar werden.

Kunst und Wissenschaft werden von Personen getragen, die in einem bestimmten Jahr geboren werden und dann in der Regel in dem dafür angemessenen Alter ihre Ausbildung – und damit sehr oft auch ihre endgültige Prägung – erhalten.

Hieraus ergibt sich, daß in Kunst und Wissenschaft, aber auch in der Gesellschaft allgemein, das Phänomen der *Generation* eine wichtige Rolle spielt. Unter einer „Generation" im Sinne der Geistes- und Gesellschaftsgeschichte verstehen wir die Gruppe der jeweils etwa Gleichaltrigen und daher gleichzeitig ihre Bildung genossen Habenden. Dabei ist die Anzahl von Jahrgängen, die eine Generation umfaßt, auf grob zehn anzusetzen. (Mit dem Generationsbegriff der Familienkunde hat also der geistesgeschichtliche Generationsbegriff nichts zu tun; die Eltern-Kinder-Beziehung tritt ganz zurück.)

Durch die etwa gleichzeitig erfolgende Ausbildung wird nun das Kunst- oder Wissenschaftsbewußtsein, oder sagen wir ruhig: der Kunst- oder Wissenschaftsstil einer Generation in bestimmter Weise geprägt, und zwar so, daß eine bestimmte Generation ihren erlernten Stil, im ganzen genommen, ihr Leben lang beibehält.

Die Frage, welcher Stil zu einem bestimmten Zeitpunkt herrscht, ist daher, so gesehen, zunächst nicht zu beantworten. Denn zu einem bestimmten Zeitpunkt gibt es nicht einen bestimmten Stil, sondern die Stile aller Generationen, die bereits ausgebildet sind und die noch leben, also etwa die der Zwanzig- bis Siebzigjährigen, gleichzeitig nebeneinander. Wir nennen das „die Gleichzeitigkeit des Ungleichzeitigen", weil in den Älteren die Stile, die sie jeweils in ihrer Jugend gelernt haben, neben dem Stil der jeweils Jüngsten noch gegenwärtig sind.

Dieser Tatbestand „gleiche Generation, gleicher Stil" ist natürlich nicht rein verwirklicht. Es gibt nämlich einerseits Ältere, die so wach und flexibel sind, daß sie sich den Stil der zehn, zwanzig oder gar dreißig Jahre Jüngeren anzueignen vermögen, geistig also ihrer Generation voraus sind. Und es gibt umgekehrt Jüngere, die sich von vornherein am Stil der älteren Generation orientieren und somit geistig hinter ihrer Generation zurückbleiben.

Im ganzen wird man also sagen können: die geistig Regsameren sind ihrer Generation voraus, die geistig Trägeren hinter ihrer Generation zurück. Hierdurch können sich sogar Stilumkehrungen ergeben, indem nämlich regsame Ältere „jünger" sein können als langsame Jüngere. So war der um 1880 geborene Picasso zweifellos erheblich „jünger" als mancher um 1890 geborene Provinzmaler, der nie über das hinauskam, was er um 1910 auf der Akademie erlernt hatte.

Wenn wir gesagt haben, daß die jeweils Zwanzigjährigen durch den Prozeß ihrer Bildung bestimmt werden, so kann dies natürlich nicht heißen, daß sie das ihnen Angebotene einfach nur übernähmen. Wäre dies so, würde es einen geschichtlichen Wandel ja überhaupt nicht geben können. Es ist vielmehr so, daß jede junge Generation das von ihr Aufgenommene kraft der ihr gegebenen Unzufriedenheit mit dem Gegebenen, verbunden mit dem Drang zum Neuen modifiziert. In bestimmten geschichtlichen Situationen geht diese Modifikation so weit, daß sie einer „Revolution" gleichkommt.

Natürlich bewirken die Jungen solche Revolutionen nie ganz allein. Sie haben Vorbilder; vielleicht sind das Autoren, die längst gestorben sind. Vor allem aber werden sich regsame Ältere zumindest anschließen, oft aber die Revolution auch selbst erst in Gang setzen. Ganz allgemein kann man sagen: je näher ein Älterer der jungen Generation im Alter noch steht, je jünger er selbst also ist, desto größer ist die Wahrscheinlichkeit, daß er selbst noch von der Revolution erfaßt ist; mit dem Altersabstand, also dem Lebensalter nimmt die Bereitschaft, an der Revolution teilzunehmen, immer mehr ab.

Sehr schön kann man das verdeutlichen an einer Art revolutionären Umbruches, den die meisten von uns bereits bewußt miterlebt haben: nämlich an der Studentenbewegung der späteren sechziger Jahre mit ihrer Entdeckung des Marxismus als nicht nur politischer, sondern auch wissenschaftstheoretischer Lebensgrundlage.

Diese Studentenbewegung ging im wesentlichen (natürlich!) von den damals Zwanzig- bis Dreißigjährigen aus („Trau' keinem über Dreißig!"), also den Angehörigen etwa der Jahrgänge 1946 bis 1936. Auch Ältere schlossen sich an. Aber es war ganz deutlich eine Art „Schallmauer" zu erkennen, die bei etwa 1930 lag. Das heißt: wer vor 1930 geboren war, wurde in der Regel nicht mehr spontan Marxist. Ausnahmen waren lediglich diejenigen, die den Mut hatten, Marxisten zu sein, als dies noch nicht Mode war, und einige ganz wenige Opportunisten, die dann auch leicht lächerlich wirkten – eben weil es zu einem Fünfundvierzig- oder Fünfzigjährigen einfach nicht mehr zu passen scheint, daß er sein Denkhemd wechselt.

Was wir hieraus lernen können, ist folgendes: der Anteil derjenigen, die einen Wandel oder eine Revolution des Denkens mittragen, nimmt nach oben immer mehr ab. Zunächst gibt es also noch eine starke Phalanx Älterer, die dem neuen Denken ablehnend gegenüberstehen. Aber die Zahl dieser Ablehnenden verringert sich auf natürlichem Wege immer mehr – sie sterben ja allmählich.

Hieraus erklärt sich das „Plancksche Gesetz" der Wissenschaftsgeschichte, das jeder Wissenschaftssoziologe kennt und zitiert – auch Kuhn natürlich. Es wurde von Max Planck in seiner Autobiographie ausgesprochen und lautet:[47]

„Eine neue wissenschaftliche Wahrheit pflegt sich nicht in der

Weise durchzusetzen, daß ihre Gegner überzeugt werden und sich als belehrt erklären, sondern vielmehr dadurch, daß die Gegner allmählich aussterben und daß die heranwachsende Generation von vornherein mit der Wahrheit vertraut gemacht ist."

Kuhn meint, Max Planck habe dies „voll Bedauern" gesagt. Zu einem Bedauern ist aber gewiß kein Anlaß, da sich hier ja nur ein selbstverständlicher Zug geschichtlichen Wandels zeigt.

Es ist hier nicht der Ort, diesen Problemen näher nachzugehen. Nur auf einen entscheidenden Punkt müssen wir noch hinweisen.

Kunst und Wissenschaft sind einander nicht einfach gleichzusetzen. Daß die Wahrheit geschichtlich bedingt und daher relativ sei, das wird man uneingeschränkt oder doch quasi uneingeschränkt zunächst nur von der Kunst behaupten können, nicht dagegen von der Wissenschaft. Es ist also keineswegs so, daß eine bisherige Wahrheit durch eine neue Wahrheit in Gestalt eines neuen wissenschaftlichen „Paradigmas" einfach ersetzt werden könnte. Für die Wissenschaft stellt sich vielmehr die Frage, wie weit nicht doch die alte Wahrheit auch in der neuen Wahrheit aufgehoben bleibt. Die Vorstellung der „Kumulation", der Anhäufung des Wissens bleibt trotz Kuhn nicht ganz falsch.

c. Kuhns Thesen und die Geschichtswissenschaft

Wie ist nun der Zusammenhang zwischen der Kuhnschen Theorie und der Diskussion in der Geschichtswissenschaft zu verstehen?

Wie die „kritischen" Geschichtswissenschaftler diesen Zusammenhang verstehen, liegt nahe: der Historismus war das bisherige Paradigma der Geschichtswissenschaft, das durch einen Paradigmawechsel in das Paradigma der Geschichtswissenschaft als kritische Sozialwissenschaft überführt werden muß.

So sagt Jörn Rüsen:[48]

„Ich möchte [. . .] im folgenden eine [. . .] Übertragung der Kuhnschen Thesen auf die Geschichtswissenschaft versuchen. [. . .] Herangezogen werden sollen diejenigen Veränderungen in den Grundlagen der Geschichtswissenschaft, die man als Überwindung des Historismus, als Wandlung der Historie von einer verstehenden Geisteswissenschaft zu einer historischen Sozialwissenschaft bezeichnen könnte."

Ich frage mich allerdings, ob diese Gleichung so einfach aufgeht:

„Der Historismus war das frühere Paradigma. Paradigmen werden im Laufe der Geschichte einer Wissenschaft durch neue ersetzt. So wird auch der Historismus als überholt anerkannt werden müssen."

In einer solchen Interpretation wird dem Historismus, so wie ich es sehe, eine ganz falsche Stelle im System der Kuhnschen Theorie zugewiesen.

In Wahrheit ist der Historismus mehr als ein beliebiges Beispiel für ein „Paradigma" unter vielen möglichen anderen. Der Historismus ist, in Bezug auf Kuhns Theorie, viel mehr. Er ist das ungenannte, stillschweigende, implizite *Prinzip* der gesamten Theorie.

Noch deutlicher gesagt: *die Kuhnsche Theorie ist Historismus* reinsten Wassers. Nur wird sie nicht ausdrücklich so genannt, und deshalb bemerkt es niemand oder will es nicht bemerken.

„Es gibt keine absolute Wahrheit – jedes Paradigma trägt seine Wahrheit in sich": radikaler könnte es auch der klassische Historismus nicht ausdrücken.

Der Historismus steckt also in Kuhns Theorie ganz woanders, als Rüsen und die ihm gleichgesinnten Historiker meinen. Er läßt sich nicht einfach als „Paradigma" erledigen. Denn er steckt in der höheren, der Meta-Ebene. Er ist das leitende Prinzip der Theorie selbst.

Was wir früher bereits für andere Fälle ausführten, gilt also für den Kuhnschen Relativismus in ganz besonderer Weise: Überall dort, wo er sich selbst so nennt oder genannt wird, wird der Historismus als „überholt" erbittert bekämpft. Aber überall dort, wo er unter ganz anderen Namen auftritt, wird er in den Himmel gehoben, als „Antikolonialismus", als „Emanzipation der Unterprivilegierten", als „Autonomieforderung der Unterdrückten", als „Minderheitenschutz", als „Selbstverwirklichung" und so fort.

Die gegenwärtige Hochschätzung der Kuhnschen Theorie ist also nichts als eine unbewußte Verbeugung vor dem Prinzip des Historismus, die nur beweist, daß der Historismus nicht tot ist und auch nicht tot sein kann.

d. Folgerungen für die Wissenschaftsgeschichtstheorie

Welche Wissenschaftsgeschichtstheorie ergibt sich aus Kuhns Darstellung?

Man kann sie etwa wie folgt umschreiben. Die Wissenschaft entwickelt sich „geistesgeschichtlich", das heißt: in stetem Wandel aufgrund der verschiedensten Faktoren. Diese Faktoren sind vor allem: soziale und politische Einflüsse, die Weiterentwicklung, die in der Sache selbst liegt (so etwa in der Mathematik), Einflüsse von der Religion, der Philosophie und anderen Wissensgebieten her, schließlich die Dynamik und die spielerische Freude am Probieren des Neuen, wie die jeweils junge Generation es mitbringt – und nicht zuletzt auch Mode-Gesichtspunkte.

Alle diese Gesichtspunkte gelten mehr oder weniger für die Entwicklung aller Wissenschaften; ein grundsätzlicher Unterschied zwischen Natur- und Geisteswissenschaften ist nicht zu sehen.

Entscheidend wichtig ist es, zu sehen, daß durch alle diese Einflüsse sich die „Fragerichtung" in einer Wissenschaft dauernd wandelt. Seit vielen Jahrzehnten ist es in der deutschen Geisteswissenschaft, die ja schon immer sich selbst sehr stark reflektierte, der Ausdruck der „Fragestellung" üblich, der darauf hinweist, daß die Gegenstände der Wissenschaften nicht fertig da liegen, sondern durch eine bestimmte Art des Fragens erst aufgeschlossen werden müssen.

Hierfür seien nur zwei Beispiele genannt.

René König sagt:[49]

„Blickt man unbefangen über die jede Saison neu in Blüte schießenden Bindestrich-Soziologien, so wird man den Eindruck nicht los, daß dabei ein gutes Teil rein modischer Erscheinungen im Spiel ist. Dieser Eindruck verstärkt sich, wenn man die Programme soziologischer Kongresse betrachtet, die zu gewissen Momenten alle die gleichen Spezialitäten anbieten. Dabei soll nicht von der Hand gewiesen werden, daß es unter Umständen sehr substantielle Gründe geben kann, warum *zu gewissen Zeiten bestimmte Themen* im Vordergrund stehen. Das ist eine wesentliche Folge der *Historizität soziologischer Theorienbildung.* Dabei können sogar sehr weitgespannte historische Phasen sichtbar werden, wie etwa in der Mobilitätsforschung."

Der Musikwissenschaftler Wilhelm Ehmann schreibt im Zusammenhang mit der Jugendmusikbewegung, die in der ersten Hälfte unseres Jahrhunderts einen weitgehenden Einfluß auf die Umgestaltung des Musikbewußtseins weiter Kreise hatte, folgendes:[50]

„Zahlreiche jüngere Musikwissenschaftler [. . .] standen und stehen mit der Musikbewegung in engster Verbindung, und *es erschien nicht gleichgültig, ob man etwa über [Heinrich] Schütz oder über [Richard] Wagner arbeitete.* Aus dieser erneuerten Lebensverbindung der Wissenschaft erwuchs ein Wandel des positivistischen Wissenschaftsbegriffs [. . .]."

IV. Die methodologische Bedeutung der „Annales"

Im Jahre 1929 wurde von den französischen Historikern Lucien Febvre und Marc Bloch die Zeitschrift „Annales d'histoire économique et sociale", also: „Annalen der Wirtschafts- und Sozialgeschichte" gegründet. Der Kreis der Autoren dieser Zeitschrift wurde zum Träger einer wissenschaftsmethodischen „Bewegung", zu einer „Richtung" innerhalb der Geschichtswissenschaft, die neue Wege der Forschung ging und seit etwa 1970 auch die deutsche Geschichtswissenschaft stark beeinflußt hat.[51]

So konnten dann auch Thesen der Art nicht ausbleiben, daß die Arbeit des Kreises um die „Annales" eine Widerlegung des Prinzips des Historismus bedeute, daß die „Annales"-Historiker über die herkömmlichen Methoden hinaus neue Wege erschlossen hätten. Kann davon im Ernst die Rede sein?

Betrachten wir die Grundzüge der „Annales"-Konzeption näher.

1. Wie schon der Titel der Zeitschrift zeigt, steht für den „Annales"-Historiker die *Wirtschafts- und Sozialgeschichte* im Vordergrund. Eine solche inhaltliche Akzentuierung allein kann nun wahrlich noch kein Argument gegen den Historismus abgeben, denn einmal wurde Wirtschafts- und Sozialgeschichte auch in der deutschen historistischen Tradition bereits seit langem getrieben – was besonders die Tatsache beleuchtet, daß Febvre und Bloch ihre Zeitschrift auf Anregung der bereits seit 1903 bestehenden „Vierteljahrsschrift für Sozial- und Wirtschaftsgeschichte" gegründet hatten.[52] Und es liegt ja auf der Hand, daß es ohne weiteres möglich war, zunächst die vertraute historische Methode eben auch auf sozial- und wirtschaftsgeschichtliche Sachverhalte anzuwenden.

Zwar ist es sicher richtig, daß innerhalb der *Historiker*zunft wirtschafts- und sozialgeschichtliches Arbeiten nicht sehr beliebt war – aber was will das schon heißen angesichts der Tatsache, daß es immerhin seit vielen Jahrzehnten eine Nationalökonomie gab, die natürlich auch – und damals sogar vor allem – historisch arbeitete.[53] (Auch hier wird wieder deutlich, wie sehr eine verengte Sicht auf die sich umfassend so nennende „Geschichts"wissenschaft den Blick darauf verstellt, daß eben auch in den Bereichswissenschaften historisch gearbeitet wird.)

2. Eine weitere, und wohl die wichtigste, Besonderheit der „Annales"-Schule besteht in dem *Material,* das sie zugrundelegt, und in der Art, wie sie es bearbeitet.

Zugrundegelegt werden etwa Daten der Bevölkerungsentwicklung, wie Geburts- und Todeseintragungen, wirtschaftliches Zahlenmaterial wie Lohn-, Preis- und Zinskurven und vieles andere.

Auch hier darf man sich fragen, ob gegenüber dem Historismus damit wirklich Neuartiges gewonnen wurde.

Wie es damit steht, wird gerade aus einer Äußerung von François Furet deutlich, der eben dies offensichtlich voraussetzt:[54]

Es „zeichnet sich die Geschichte durch eine außergewöhnliche und fast unbegrenzte Elastizität ihrer Quellen aus. Ungeheure ,schlummernde' Gebiete der Dokumentation werden in dem Maße entdeckt, wie die Wißbegierde des Forschers dorthin vorstößt. Welcher Historiker des 19. Jahrhunderts hat sich schon die Mühe gemacht, die Pfarrregister zu studieren [. . .]."

Eben diese Annahme: die Elastizität der Quellen und die schlummernden Gebiete der Dokumentation seien Sachverhalte, die erst die „Annales"-Historie entdeckt habe, ist, wie wir längst wissen, unzutreffend. Wir zitierten bereits die Äußerung Bernheims:[55]

„Wie hätte man z. B. darauf kommen sollen, städtische Rechenbücher [. . .] [systematisch zu fälschen], als man noch garnicht entfernt daran dachte, daß man jemals solche Rechenbücher als historische Quellen ausbeuten könnte?"

Hieraus geht deutlich hervor, daß schon zu Zeiten Bernheims Rechenbücher als Quellen ausgewertet wurden, und daß man sich schon damals der „Elastizität der Quellen" durchaus bewußt war; wir erörterten dies ausführlich.

3. Ein drittes wichtiges Merkmal der „Annales"-Geschichtsforschung liegt in ihrem Prinzip, sich der „longue durée", also der „langen Dauer", das heißt *langfristigen Entwicklungen* und der Beschaffenheit von Datenreihen (etwa Preisentwicklungen) über lange Zeit hinweg zuzuwenden.

Einer der führenden Köpfe der „Annales"-Bewegung, Fernand Braudel, sagt geradezu:[56]

„Die Sozialwissenschaft [und damit auch die sich als sozialwissenschaftlich orientiert verstehende Geschichtswissenschaft] hat fast Angst vor dem Ereignis. Nicht ohne Grund: Der kurze Zeitablauf ist der eigenwilligste, der täuschendste der Zeitabläufe. Daraus resultiert bei einigen von uns Historikern ein reges Mißtrauen gegenüber einer traditionellen bzw. Ereignisgeschichte [. . .]."

Auch hiermit ist Richtiges, aber nicht eigentlich Neues gesagt. Unsere eigene Darstellung hat von vornherein stärkste Vorbehalte gegen die Vorstellung erhoben, die „Geschichte" sei der Inbegriff von „Ereignissen". Von hier aus liegt es nahe, die Geschichte als von Zuständen und langsamen Veränderungen geprägt zu verstehen.

Entscheidend ist jedenfalls folgendes: Auch und gerade die „Annales"-Historie ist weit davon entfernt, etwa die Geschichtswissenschaft in systematische Sozialwissenschaft auflösen zu wollen.

Alle drei Besonderheiten ihres wissenschaftlichen Ansatzes, nämlich die Wendung zu Wirtschaft und Gesellschaft, die Erschließung quantifizierbaren Materials, und die Orientierung an langfristigen Zuständen und Entwicklungen stehen schließlich nur im Dienste einer genaueren Erfassung der Geschichte als Geschichte, nicht aber ihrer Auflösung in eine systematische Soziologie und Ökonomie.

Auch Iggers bemerkt mit Recht:[57]

„[. . .] die großen Historiker aus dem Annales-Kreis [. . .] stehen in vieler Hinsicht in der Tradition des Historismus; sie beharren darauf, daß jedes Zeitalter aus sich selbst verstanden werden muß [. . .]."

Und Fernand Braudel selbst sagt in seinem programmatischen Aufsatz über die „longue durée":[58]

„Das Soziale ist ein besonders schlaues Wild. [. . .] Ich freue mich, auf einer Karte zu sehen, wie die Wohnungen der Angestellten eines großen Unternehmens verteilt sind. Aber wenn ich keine frühere Karte der Verteilung habe, wenn der chronologische Abstand zwischen den Erhebungen nicht hinreichend ist, um alles in einen Prozeß einordnen zu können, wo bleibt dann die Fragestellung, ohne die eine Erhebung verlorene Mühe ist?"

Hier wird ganz deutlich: die Annales-Historiker sind denkbar weit davon entfernt, eine „systematische Sozialwissenschaft" zu fordern, die an überzeitlichen Begriffen interessiert wäre. Sie fragen vielmehr nach dem *Prozeß,* und dieser Prozeß ist nicht denkbar ohne seine zeitliche und damit historische Dimension. Es ist gerade nicht das ewig Gleiche, das sie interessiert, sondern der Wandel der Dinge in der Zeit, in der Geschichte.

233

3. KAPITEL

HISTORISCHE UND SYSTEMATISCHE FRAGESTELLUNG

Einleitung

Das Begriffspaar „historisch/systematisch" ist erst anwendbar, seitdem es das historische Bewußtsein und die historische Methode gibt. Erst seit diesem Augenblick gibt es die Möglichkeit, etwas „historisch" zu sehen und dadurch das „Systematische" vom „Historischen" als etwas Besonderes abzusetzen.

Vor dem Beginn des historischen Bewußtseins war das ganze Denken unbewußt – und ohne daß man es korrekterweise so nennen dürfte – gewissermaßen „systematisch". Man hatte nicht die Möglichkeit, einen Gegenstand „historisch" vor sich hinzustellen, sondern massierte ihn gewissermaßen gleich in das eigene Denken ein. Hierfür nur zwei Beispiele:

– Bereits die griechischen Philosophen kannten natürlich die Lehren ihrer Vorgänger und behandelten sie in ihren Schriften, so etwa Platon und Aristoteles. Aber der Zweck solcher Erörterungen war nicht die philologisch getreue Wiedergabe der Lehrmeinungen der älteren Philosophen. Sie wurden vielmehr lediglich in „systematischer" Absicht zitiert, das heißt: im Zusammenhang der eigenen Argumentationen der zitierenden Autoren. Der Philosophiehistoriker, der wissen will, was die vorplatonischen Philosophen wirklich gedacht und gesagt haben, muß dies also mehr scharfsinnig rekonstruieren, als daß er es einfach aus den Schriften der Großen ablesen könnte.[1]

– Die Geschichtswissenschaft entstand als Hof-Historiographie der Fürstenhäuser. Deshalb darf man nicht annehmen, daß das Prinzip oder zumindest das Ergebnis eine „objektive" Darstellung der Geschichte gewesen sei: natürlich mußte die Geschichte so dargestellt werden, daß das auftraggebende Fürstenhaus selbst möglichst gut wegkam.[2]

Noch heute ist der „systematische" Standpunkt für den normalen, nicht geschichtsmethodisch vorgebildeten Menschen der natürliche: man sieht die Welt nicht objektiv, sondern im Lichte der eigenen Vorstellungen und Interessen.

Der Alltagsmensch hat in der Regel ein festgefügtes „Weltbild" – das heißt: sehr eindeutige Vorstellungen von dem, was für ihn „richtig" oder „falsch" ist. Wenn er dann auf jemanden trifft, der in einer Frage anderer Meinung ist, so hat dieser nicht etwa eine – grundsätzlich ebenso mögliche – andere Ansicht von den Dingen, sondern in den Augen des naiven Alltagsmenschen hat er eben unrecht.

Zwar war in den letzten Jahren viel von „Pluralismus" die Rede. Die soziale und politische Praxis erinnert uns jedoch sehr nachdrücklich daran, daß in der rauhen Wirklichkeit meist Standpunkte aufeinanderplatzen, die für sich jeweils die alleinige Richtigkeit in Anspruch nehmen.

Der Alltagsmensch empfindet also das „systematische" Denken als das gleichsam „natürliche" Denken.

„Systematisch denken" – das heißt also, vorläufig gesagt, etwa: es liegt eindeutig fest, was als „wahr" und was als „falsch" zu gelten hat. Die Möglichkeit verschiedener Wahrheiten wird nicht in Betracht gezogen; wer anderer Meinung ist, hat unrecht.

Was ist nun das Neue, das das „historische Bewußtsein" mit seiner „historischen Methode" in die Welt brachte?

Durch die historische Methode, wie sie etwa seit der Mitte des achtzehnten Jahrhunderts entwickelt wurde, wurden zum ersten Mal in der Geschichte des Denkens und der Wissenschaft Hervorbringungen der Menschen, wie geschichtliche Ereignisse und Zustände, Kunstwerke, Denkweisen und anderes, *„vergegenständlicht"*, das heißt: durch das erkennende Subjekt aus sich heraus gestellt und als von ihm getrennt so zu erfassen versucht, wie sie „wirklich sind". Das heißt: das erkennende Subjekt wird sich seiner eigenen Subjektivität bewußt und bemerkt, daß es die Objekte nicht „angemessen" erkennen kann, wenn es sie im „Einmachglas" der eigenen Subjektivität läßt. Man begann also, das Andere wirklich als „Anderes" ernst zu nehmen, es auch dann zu würdigen, wenn es das Gewohnte nicht bestätigte. Also zum Beispiel: man begriff, daß die Volkslieder fremder Völker ihre eigene Schönheit hatten; daß die Hervorbringungen des bisher verachteten Mittelalters (schon dieses Wort kennzeichnet ja die alte Einstellung!) einen Wert in sich haben (daß der Kölner Dom „schön" ist, *obwohl* er mit einem griechischen Tempel keine Ähnlichkeit hat, das wußte man eben erst wieder seit etwa dem Beginn des vorigen Jahrhunderts); daß fremde Religionen und philosophische Lehren ihren Sinn und ihre Wahrheit in sich tragen, auch wenn man sich mit ihnen nicht einverstanden erklären kann – daß es möglich ist, solche Lehren auch in ihrem Sinnzusammenhang zu verstehen, ohne sich mit ihnen zu identifizieren.

Kurz: das historische Bewußtsein lehrte die Menschen, daß hinter dem Berg auch noch Leute wohnen.

A. Historische und systematische Disziplinen

I. Der Dualismus des Wissenschaftsbetriebes

Wenn wir uns an unseren Universitäten und Hochschulen umschauen und feststellen, was eigentlich für Wissenschaften heute tatsächlich betrieben und wie sie betrieben werden, dann fällt uns folgendes auf.

Zwar haben wir festgestellt, daß Gegenstand der Geschichtswissenschaft (im *wörtlichen,* weiteren Sinne) *alles* sei oder jedenfalls sein könne, was der Mensch jeweils hervorgebracht hat.

Die Praxis des Wissenschaftsbetriebes jedoch gibt uns sehr bald zu erkennen, daß die einzelnen Wissenschaftsdisziplinen zur Geschichte ihres jeweiligen Gegenstandes offenbar ein ganz *verschiedenes* Verhältnis haben.

In einigen Disziplinen nämlich spielt die Betrachtung und die Interpretation der Geschichte dieses Gegenstandes eine große Rolle – in anderen wieder nicht.

So verstehen sich offenbar alle die oder doch die meisten der Disziplinen, die herkömmlicherweise in den „philosophischen Fakultäten" zusammengefaßt sind, als historische Wissenschaften.

Voran die im engeren Sinne so genannte „Geschichtswissenschaft", deren Gegenstand vor allem die politischen, sozialen, wirtschaftlichen und rechtlichen Hervorbringungen des Menschen im Laufe seiner Geschichte sind. Die Geschichtswissenschaft betrachtet also nicht einfach den gegenwärtigen Staat oder den Staat „schlechthin", sondern sie betrachtet politische Ereignisse und Gebilde, die sich im Laufe der Geschichte von den alten Ägyptern bis auf unsere Zeit „finden".

Ebenso betrachten die Literatur-, die Kunst- und die Musik-„wissenschaft" nicht einfach die Kunst der Gegenwart oder die Kunst „schlechthin", sondern bestimmte Kunstwerke, so wie sie die Geschichte vor uns hingestellt hat: also etwa die Gedichte Goethes, die Gemälde Rembrandts oder die Kantaten Bachs.

Und in ähnlicher Weise haben es die sogenannten „Philologien", das heißt die historisch gerichteten Sprachwissenschaften, wie Klassische Philologie, Germanistik, Anglistik, Romanistik, Slawistik, Finno-Ugristik, Arabistik, Sinologie und so fort nicht etwa mit der Sprache der Gegenwart oder der Sprache „schlechthin" zu tun, sondern mit jeweils bestimmten historisch gewachsenen Sprachen in Gestalt ihrer historisch überlieferten Denkmäler zu tun, also zum Beispiel mit dem Gotischen in Gestalt der Ulfilas-Bibel.

Nun gibt es aber an unseren Hochschulen auch Wissenschaften, die ganz anders arbeiten als die historischen Wissenschaften der Philosophischen Fakultät.

Das sind die *systematischen* Wissenschaften. Diese Wissenschaften verfolgen eine völlig andere Fragestellung. Sie gehen nicht von zu interpretierenden historischen Zeugnissen aus, sondern von einem *jeweils aktuellen Problemzusammenhang,* der immer auf die Form gebracht werden soll, die der jeweiligen Gegenwart am angemessensten und richtigsten erscheint. Während für die geschichtlichen Wissenschaften die geschichtlichen Zeugnisse jeweils unüberholbare, durch ihr Alter nicht zu beeinträchtigende Werte darstellen (Bach und Goethe!), ist für die systematische Fragestellung die Geschichte nichts anderes als *das Kabinett jeweils veralteter Fassungen des Systems* oder einzelner Problemkomplexe, die als solche nicht mehr interessieren.

Die Mathematiker zum Beispiel betrachten nicht nur das Werk von Gauß, um sich an dessen Genialität zu erbauen, sondern sie schaffen neue Mathematik.

Die Naturwissenschaftler geben sich nicht damit ab, die Arbeiten früherer großer Physiker oder Chemiker historisch-hermeneutisch zu verstehen, sondern schaffen ihrerseits neue Naturwissenschaft in Gestalt neuer Forschungsergebnisse.

Die Techniker, speziell etwa die Bauingenieure, beschränken sich nicht darauf, geschichtlich gegebene Bauwerke wie etwa die „Sieben Weltwunder" der Antike, das Ulmer Münster oder den Eiffelturm in ihrer Konstruktion zu interpretieren, sondern bauen selber neue Brücken, Fernsehtürme, Olympiastadien.

Die Mediziner bestaunen nicht nur Robert Koch oder Ferdinand Sauerbruch als geniale Ärzte, sondern schaffen selbst neue medizinische Leistungen.

Die Wirtschaftswissenschaftler betrachten nicht frühere wirtschaftliche Ereignisse nur historisch, sondern entwickeln Methoden und Modelle, die es gestatten sollen, die gegenwärtige Wirtschaft zu beeinflussen und zu planen.

Das heißt: die genannten Wissenschaften tun genau das, was die geschichtlichen Wissenschaften ausdrücklich ablehnen zu tun: sie betrachten ihren Gegenstand unter dem Aspekt der Gegenwart (bzw. sogar auch der Zukunft) und damit geschichtslos, als „Gegenstand schlechthin".

Wir finden also im Gesamtbereich der an den Hochschulen betriebenen Wissenschaften einen merkwürdigen *Dualismus* zwischen zwei Gruppen von Disziplinen:

– die einen betrachten ihren Gegenstandsbereich lediglich historisch,

– die anderen hingegen entwickeln ihren Gegenstandsbereich selbst produktiv weiter.

Wir wollen diese beiden Gruppen von Wissenschaften vorläufig als *historische* und *systematische* Wissenschaften bezeichnen.

II. Selber machen und nicht selber machen

1. Warum gibt es systematische Wissenschaften?

Nun wird aber durch diesen Dualismus unsere Definition: Gegenstand der Geschichtswissenschaft (im weiteren Sinne) seien *alle* Hervorbringungen des Menschen überhaupt, nicht aufgehoben.

Denn natürlich bleibt es uns völlig unbenommen, auch die Gegenstandsbereiche der „systematischen" Wissenschaften *historisch zu betrachten.*

So gibt es eine Geschichte der Mathematik, der Naturwissenschaften, der Medizin. Und es gibt nicht nur das technische Fach „Architektur", in dem man lernt, selber neue Häuser zu bauen, sondern auch das historische Fach „Baugeschichte", in dem historisch gegebene Bauten, etwa mittelalterliche Kirchen oder barocke Residenzen, hermeneutisch als Hervorbringungen einer bestimmten historischen Situation interpretiert werden.

Der Unterschied zwischen beiden Wissenschaftsgruppen liegt also keineswegs etwa darin, daß man in den Gegenstandsbereichen der systematischen Wissenschaften nicht historisch forschen *könnte.* Das kann man sehr wohl. Und in der Praxis des Wissenschaftsbetriebes wird die historische Erforschung scheinbar geschichtsfremder Gegenstandsbereiche sogar noch ausgebaut. So wurde etwa an einer mir bekannten Universität erst vor wenigen Jahren die außerplanmäßige Professur für Geschichte der Medizin in ein Ordinariat umgewandelt.

Der Unterschied zwischen beiden Wissenschaftsgruppen ist also anderswo zu suchen. Der systematisch arbeitende Wissenschaftler *könnte* zwar auch historisch forschen, wenn er wollte. Aber er *will* es gar nicht. Das bloße historische Betrachten der Leistungen anderer hat für ihn keinen Reiz. Denn er hat die Tätigkeit in einer systematischen Wissenschaft gerade deshalb gewählt, weil er in deren Bereich selbst produktiv sein will.

Er hat Mathematik studiert, weil er die Mathematik oder die Naturwissenschaften selber weitertreiben – nicht aber, weil er sich in Pascals oder Gauß' Schriften interpretierend versenken will. Er hat Architektur studiert, nicht um den Kölner Dom bewundernd zu betrachten, sondern um selbst Bauwerke hervorzubringen.

Er hat Medizin studiert, um selber andere Menschen zu heilen, und nicht, um sich an den Werken und Taten von Paracelsus und Robert Koch zu erfreuen.

Er hat Wirtschaftswissenschaften studiert, nicht weil ihn die Theorie von Adam Smith in ihrer historischen Gestalt oder der Verlauf der mittelalterlichen Salzstraßen interessierte, sondern weil er „bessere" Modelle des Wirtschaftssystems entwerfen will oder weil er in der Wirtschaftsplanung akuten Notständen steuern will.

2. Warum gibt es historische Wissenschaften?

Unternehmen wir es nunmehr, uns genauere Rechenschaft darüber zu geben, warum es überhaupt „historische" Wissenschaften gibt, so müssen wir zunächst klären, welche historischen Disziplinen sich in der Praxis der Wissenschaft finden, zu welchen Sparten sie sich etwa gliedern lassen – und schließlich: wie sie sich von den systematischen Wissenschaften abgrenzen.

a. Historische Disziplinen

Innerhalb der historischen Disziplinen müssen wir zunächst *zwei Gruppen* unterscheiden: solche historischen Disziplinen nämlich, deren Gegenstand *nichtwissenschaftlicher* Natur ist, und solche historischen Disziplinen, deren Gegenstand seinerseits *wissenschaftlichen* Charakter trägt.

(1) *Historische Disziplinen mit nichtwissenschaftlichem Gegenstand* wären zum Beispiel Literatur-, Kunst- und Musikgeschichte, verstanden als Kunst*werk*-Geschichten – in dem Sinne, daß die Künste sich in ihren konkreten Werken manifestieren, die in der Geschichte entstanden sind und daher nur geschichtlich behandelt werden können; gleiches gilt etwa für die Baugeschichte als Betrachtung gegebener Bauwerke.

Aber auch die politische, die Rechts-, die Sozial- und die Wirtschaftsgeschichte gehören hierher, soweit sie Politik, Recht, Gesellschaft und Wirtschaft eben als *alltägliche Praxis* und nicht als deren Theorie (in Gestalt der Politologie, Jurisprudenz, Soziologie oder Ökonomie) betrachten. (Auch die Geschichte der Architektur, der Technik und der Medizin würden hierhergehören, *sofern* wir Architektur, Technik und Medizin als Anwendung von Wissenschaft, also als Praxis betrachten würden. Dem steht jedoch entgegen, daß Architektur, technische Fächer und Medizin andererseits als Wissenschaften gelten. Da es in diesem Zusammenhang nicht unsere Aufgabe sein kann, dieses Problem zu klären, können wird die Frage hier offenlassen.)

Historische Disziplinen mit *nicht*wissenschaftlichem Gegenstand können *nur historisch* betrieben werden, das heißt: es existiert keine mögliche Konkurrenz der systematischen Betrachtungsweise. Bachs Musik oder Goethes Dichtung etwa „systematisch" betrachten zu wollen, ist ein Widerspruch in sich, da sie – anders als etwa „das Tonsystem" oder „die Sprache" – einmalige, so und nicht anders beschaffene individuelle Gebilde sind.

Im Bereich des rein historischen Betrachtens ist jedes systematische Denken gegenstandslos. Weder gegebene Kunstwerke noch entstandene Zustände oder geschehene Ereignisse können wir nachträglich „systematisieren", das heißt den Maßstäben unserer eigenen Auffassungen unterwerfen. Wir können nicht in einem Werk Bachs einen Akkord ändern, weil uns der von Bach an dieser Stelle verwendete nicht gefällt – und das gleiche gilt für ein Wort oder einen Vers in einem Goetheschen Gedicht. Vielmehr haben wir es hier mit historischen Gebilden zu tun, die so beschaffen sind, wie sie es nun einmal sind.

Natürlich kann ein späterer Komponist Bachsche Musik bearbeiten oder irgendwie in seinen eigenen Werken verwenden. Aber dann ist das so entstandene Werk eben ein neues Musikwerk eines späteren Autors, nicht aber ein „verbesserter" Bach – in dem Sinne, wie wir eine veraltete technische Anlage allerdings „verbessern" können (etwa wenn wir in den Heizkörpern unseres Hauses nachträglich gewöhnliche Ventile durch Thermostatventile ersetzen).

Ebenso können wir vergangene Zustände und Ereignisse nicht nachträglich abändern, um sie – nach unseren Maßstäben – „besser" oder „richtiger" zu machen (wie besagte Heizanlage). Denn sie sind ja einmal so gewesen oder geschehen, wie sie gewesen oder geschehen sind, und wir können sie nur noch zur Kenntnis nehmen.

Eine Sonderstellung nehmen die *„metahistorischen"* Wissenschaften ein, daß heißt die geschichtliche Betrachtung solcher Wissenschaften, die ihrerseits nur als geschichtliche Disziplinen möglich sind, also etwa die Geschichte der Kunstgeschichtsforschung, der Wirtschaftsgeschichtsforschung und so fort. In diesen Fällen kann der Gegenstand seinerseits nicht „systematisch" sein, obwohl er eine wissenschaftliche Betätigung darstellt. – Allerdings spielen die metahistorischen Wissenschaften eben wegen ihres sekundären

Charakters, historische Betrachtung wiederum historisch zu betrachten, in der Praxis des Wissenschaftsbetriebes keine große Rolle: die Geschichte der (systematischen) Wirtschafts*theorie* etwa ist zweifellos wichtiger als die Geschichte der Wirtschafts*geschichtsforschung*.

(2) Historische Disziplinen mit wissenschaftlichem Gegenstand wären zum Beispiel die *Geschichte der Mathematik* als reinster Fall, die Geschichte der Naturwissenschaften, die Geschichte der (systematischen) Sozialwissenschaften (im Sinne von Politik, Recht, Gesellschaft und Wirtschaft als Theorie, also der [systematischen] Politologie, Jurisprudenz, Soziologie, Ökonomie).

Auch die Geschichte der Architektur, der Technik und der Medizin gehören in diesen Zusammenhang, insofern sie als (wenn auch „praxisnahe") Wissenschaften gelten.

Historische Wissenschaften mit wissenschaftlichem Gegenstand sind dadurch gekennzeichnet, daß ihre Betreibung stets in *Konkurrenz* mit der *systematischen* Betreibung des gleichen Gegenstandes steht. Am deutlichsten ist das in der Mathematik, in den Naturwissenschaften und auch in der Medizin. Es gilt aber auch zum Beispiel für den Bereich der Wirtschaftstheorie, wo man sowohl vergangene Wirtschaftstheorie betrachten als auch neue Wirtschaftstheorie schaffen kann.

Hier wird also eine merkwürdige „Ambivalenz", Zweischneidigkeit historisch zu erfassender wissenschaftlicher Ideen, Theorien, Gedankengänge deutlich.

Auf der einen Seite sind die Werke Keplers, Newtons, Eulers, Gauß' und so fort in ihrem So-und-nicht-anders-Sein geschichtlich gegeben, nicht anders als die Werke Bachs oder Goethes auch. Das heißt: sie können – als Werke bestimmter geschichtlicher Autoren – nachträglich nicht umgeschrieben werden. Newtons Theorie ist und bleibt für immer die Theorie von Newton, und Gaußens Mathematik ist und bleibt für immer die Mathematik von Gauß – so wie ihre Autoren sie gewollt und philologisch erschließbar niedergelegt haben.

Aber hier zeigt sich nun der grundlegende Unterschied zwischen nichtwissenschaftlichen und wissenschaftlichen Gegenständen.

*Nicht*wissenschaftliche Gegenstände – wie Kunstwerke und tatsächliche Zustände und Ereignisse irgend einer Art – tragen ihre „Wahrheit" in sich. Das heißt: wir können sie nur noch so anschauen und zur Kenntnis nehmen, wie sie nun einmal beschaffen sind. Zwar schlagen wir durch diesen Verstehensakt eine Brücke aus unserer Gegenwart in die Vergangenheit hinüber – aber nur, um das Kunstwerk oder Ereignis der Vergangenheit in seiner gegebenen Gestalt zu erfassen.

Ganz anders bei historischen *wissenschaftlichen* Äußerungen. In diesem Fall stehen uns zwei ganz verschiedene Reaktionen zur Auswahl: wir können einerseits die alte wissenschaftliche Theorie rein historisch betrachten, als sei sie ein Musikwerk von Bach: wir versuchen dann lediglich das zu erfassen, was der Autor selbst sagen wollte, und verstehen es in seiner immanenten Wahrheit.

Andererseits aber können wir uns auch dem aktuellen Anspruch stellen, den die alte Theorie – als Erörterung eines *Problems,* das uns auch heute noch beschäftigt – an uns richtet. In diesem Falle ist die Äußerung des historischen Autors keine abgeschlossene Gestalt, die nur noch als solche interpretiert wird, sondern ein Diskussionsbeitrag, der auf seine systematische Wahrheit oder Falschheit im Licht der heutigen Diskussion befragt wird.

Eine solche Ambivalenz, eine solche Doppelhaltung gegenüber einem historischen Gegenstand ist spezifisch für wissenschaftliche Gegenstände und nur hier möglich, weil das Problem die Zeit überdauert und überall und jederzeit zu neuem Leben erwachen kann.

Der grundlegende Unterschied liegt also in folgendem: Kunstwerke können nur historisch, als abgeschlossene Gestalt, betrachtet werden. Gegebene wissenschaftliche Äußerungen dagegen können sowohl historisch als auch systematisch behandelt werden.

Diese Besonderheit der wissenschaftlichen Gegenstände werden wir im folgenden noch von allen Seiten genau beleuchten.

b. Systematische Disziplinen

Systematische Wissenschaften wären also alle diejenigen Disziplinen, die wir soeben als mögliche Bereiche mit konkurrierender systematischer Betrachtungsweise kennengelernt haben: also Mathematik, Naturwissenschaften, systematische Sozialwissenschaften

(Politik, Recht, Gesellschaft und Wirtschaft als Theorie) sowie Architektur, technische Fächer und Medizin (sofern als Wissenschaften verstanden).

Darüber hinaus ist es an dieser Stelle nun notwendig, noch eine weitere Gruppe zu nennen: die „systematischen Geisteswissenschaften", das heißt diejenigen Disziplinen, welche Bereiche, die wir bereits in historischer Betrachtung kennengelernt haben, systematisch behandeln: dies wären die systematische Sprachwissenschaft, Literaturwissenschaft, Kunstwissenschaft und Musikwissenschaft.

Um was es sich hierbei handelt, ist am deutlichsten bei der Sprach- und Musikwissenschaft zu erkennen: die systematische Sprachwissenschaft hat es mit den allgemeinen Grundlagen der Sprache zu tun (Phonetik, Phonologie, Morphologie, Syntax und so fort in theoretischer Betrachtung), und die systematische Musikwissenschaft etwa mit der Mathematik der Tonsysteme, der Akustik, der Technik und Typologie der Tonerzeugung. In beiden Fällen gibt es jedoch, wissenschaftslogisch gesehen, keine Brücke zur Betrachtung der konkreten Dicht- und Musikwerke, die nur als historische Gebilde, nicht in systematischem Rahmen, zu erfassen sind.

3. Der Unterschied zwischen Kunst und Wissenschaft

Unsere Betrachtung hat uns gezeigt, daß in der Gruppe der historischen Disziplinen mit nichtwissenschaftlichem Gegenstand die Kunstwissenschaften eine besondere Rolle spielen. Wir hatten betont, daß die Kunst nicht systematisch behandelt werden kann, weil sie nur in ihren jeweiligen geschichtlichen Zeugnissen gegenwärtig ist.

Was ist nun aber der eigentliche Grund dafür, weshalb wir Kunst und Wissenschaft so verschieden behandeln?

Weshalb ist es uns selbstverständlich, daß die Kunst in ihren historischen Zeugnissen besteht, daß die Kunst zu einem guten Teil eben mit der Kunstgeschichte zusammenfällt – und weshalb ist es uns unerträglich, wenn eine akademische Philosophie nur über den Begriff der Freiheit bei Hobbes oder Schelling diskutiert, statt über das uns auf den Nägeln brennende Problem der Freiheit schlechthin – und weshalb *wäre* es uns unerträglich, wenn die Mathematiker sich auf die Analyse der Schriften von Euler und Gauß beschränkten, statt selber neue Mathematik zu schaffen?

Der tiefste Grund liegt wahrscheinlich darin, daß Kunst und Wissenschaften einen verschiedenen Begriff der Wahrheit haben.

Wir stellten schon fest, daß die Kunst nicht außerhalb ihrer geschichtlichen Zeugnisse existieren kann. Jedes Kunstwerk, das einmal entstanden ist, ist in einer bestimmten kunsthistorischen Situation entstanden und ist aus dieser Situation nicht ablösbar. Es kann nicht „systematisch" verstanden werden wie ein mathematischer Gedankengang, sondern nur aus dem Zusammenhang des Kunstwollens und der Kunstnormen des jeweiligen Zeitalters (und gegebenenfalls seiner Gesellschaft).

Das eigene Wesen der Kunst besteht darin, daß sie jeweils ihre Wahrheit in sich trägt. Wie das gemeint ist, läßt sich sehr einfach an folgendem Beispiel zeigen:

Die Zeit, als Franz Marcs blaue Pferde Aufsehen und schärfste Mißbilligung erregten, ist längst vorbei. Man hat erkannt, daß in der Kunst andere Wahrheitsbegriffe herrschen als in der Wissenschaft. Der Satz: „Es gibt blaue Pferde" ist, als Satz der Wissenschaft verstanden, eine falsche Aussage – und diesen Maßstab hatten natürlich zunächst diejenigen an die Kunst gelegt, die Marcs blaue Pferde ablehnten. In den seitdem vergangenen siebzig Jahren haben wir aber alle gelernt, daß es in der Kunst nicht auf Abspiegelung der Wirklichkeit ankommt: wir haben den Expressionismus in Malerei und Dichtung, die atonale Musik und schließlich die gegenstandlose Kunst und Literatur erlebt – und es ist uns heute selbstverständlich, daß dies alles auch „Kunst" ist, die man sogar „genießen" kann wie die klassische Kunst. Hierdurch ist klar geworden, daß die Kunst einen immanenten Wahrheitsbegriff hat. Jedes Kunstwerk ist „in sich" wahr. Dies gilt zum Beispiel auch für die Honigpumpe von Josef Beuys. Ob dies Kunst ist, darüber streitet man zwar – aber gerade die Tatsache, daß man darüber streiten kann, daß die Frage nicht eindeutig mit „Nein" beantwortet werden kann, beweist ja, daß die These von der immanenten Wahrheit der Kunst nicht ganz falsch sein kann.

Dieser Sachverhalt der immanenten Wahrheit der Kunst macht die Kunst natürlich auch zum idealen Demonstrationsobjekt für den Historismus. Es gibt kein anderes Sachgebiet, auf dem sich so leicht und so überzeugend nachweisen läßt, daß wirklich jede Epoche, jedes Volk, jedes einzelne Stück „unmittelbar zu Gott" ist. Denn jedermann, der an der Wand einen Kunstkalender hängen hat und sich jeden Monat neu über ein Bild freut, das aus einer völlig anderen Kultur kommt als das vom vorigen Monat, kann sich das selbst demonstrieren.

Anders in der Wissenschaft. Die historistische, von Thomas Kuhn für die Naturwissenschaften zu so viel Popularität gebrachte These von der immanenten wissenschaftlichen Wahrheit hat gewiß viel für sich, und stimmt in manchen Schichten des wissenschaftlichen Fragens auch. Aber sie gilt zweifellos nicht absolut. Es gibt überzeitliche, nichthistorische Wahrheiten, wie allein schon die Existenz mathematischer Sätze wie derer von Thales oder Pythagoras zeigt.

Und hier ist der eigentliche Grund für die Abneigung des nicht durch akademische Konventionen verbildeten Freundes der Wissenschaft gegen ihre Historisierung: es gibt eben kein Sichzufriedengeben mit dem Werk Gauß' als solchem – vielmehr interessiert der heutige Stand des Problems, der erreichte Punkt auf dem Wege zu „der" Wahrheit im jeweiligen Problemfeld.

Früher wurde der Wissenschaftsbetrieb oft in unerträglicher Weise historisiert. Der gegenwärtige Lehr- und Forschungsbetrieb scheint oft in den entgegengesetzten Fehler zu verfallen: das Historische wird systematisiert. Man will nicht mehr wahrhaben, daß die Geschichtsforschung es immer auch mit dem Anderen zu tun hat – also mit dem, was der eigenen Überzeugung widerspricht, das man aber trotzdem unvoreingenommen zur Kenntnis zu nehmen hat. Stattdessen sucht man heute oft in der Geschichte lediglich das Beweismaterial für die eigene vorgefaßte systematische Meinung. Man ist zum Beispiel Marxist und will daher sämtliche geschichtlichen Erscheinungen marxistisch deuten, ohne sich zu bemühen, sie aus jeweils ihren eigenen Voraussetzungen heraus zu interpretieren.

I. Historische und systematische Wahrheit in der Philosophie

Bisher haben wir sehr allgemein von „historischen" und „systematischen" Disziplinen gesprochen, ohne uns jedoch den genauen logischen Standort solcher Begriffe zu vergegenwärtigen.

Das wollen wir nunmehr nachholen – und zwar am Beispiel einer Disziplin, die wir bisher bewußt noch nicht erwähnt haben, die aber ihr gerüttelt Teil an der bisher erörterten Problematik durch die Jahrzehnte getragen hat: das ist die *Philosophie.*

Auch die Philosophie gehört nämlich – ähnlich wie die Erziehungswissenschaft, die Soziologie oder die Ökonomie – zu jenen Disziplinen, die ihrer gesellschaftlichen Funktion nach eindeutig „systematischen" Charakter tragen, früher aber in der Praxis zumindest der deutschsprachigen Wissenschaft meist rein historisch betrieben wurden.

Wie überall, so hielt auch in der Philosophie der Historismus im 19. Jahrhundert seinen Einzug. Während es bis dahin in der Philosophie selbstverständliche und daher unreflektierte Vorstellung war, daß frühere „Systeme" unvollkommen seien und man selbst daher erst die „wahre" Philosophie zu schaffen habe, bürgerte sich im Zuge des Historismus mehr und mehr die Auffassung ein, Aufgabe der akademischen Philosophie sei zunächst die möglichst adäquate, hermeneutisch korrekte Erfassung dessen, was frühere Philosophen gesagt hatten – wobei dann die Frage nach dem „gut" oder „schlecht", dem „richtig" oder „falsch" dessen, was ein historischer Philosoph gesagt hatte, völlig entfiel.

1. Historismus in der Philosophie: „Texte"

Charakteristisch für diese „historistische" Situation der Philosophie ist etwa folgender Ausschnitt aus einer Beschreibung der Aufgaben des philosophischen Forschens und Lernens:[3]

„[...] Grundlage philosophischen Nachdenkens sind im allgemeinen im Studium Texte: Texte von Philosophen und Fachwissenschaftlern. [...] Durch den Bezug auf Texte übernimmt das Fach Philosophie weite Gebiete philologischer [!] Arbeit, die sich z.T. mit den sprachwissenschaftlichen Problemen der jeweiligen Philologie decken, je nach Schriftsprache des Philosophen. Sofern es sich um Fachtexte handelt, müssen sowohl die jeweilige, oft historische [!] Terminologie als auch die [. . .] Problemlage des bestimmten Faches beherrscht werden [. . .]"

Diese aus dem Jahre 1969 stammende Äußerung kennzeichnet die Situation. Für den Fachphilosophen stehen im Vordergrund seines Bewußtseins *Texte* als solche – *nicht* etwa *Probleme* als solche. Daß Probleme in Texten enthalten sind, ist selbstverständlich. Aber eben deshalb sprechen systematische Wissenschaften gar nicht ausdrücklich von den Texten, die sie zum Studium ihrer Probleme heranziehen. Auch ein Mathematiker benutzt „Texte" – aber er würde nicht darauf verfallen, bei einer Charakterisierung seiner Tätigkeit das Wort ‚Text‘ zu verwenden. Denn dieses Wort stammt eindeutig aus der historisch-philologischen Sphäre und bedeutet soviel wie: „Sprachliches Objekt einer historisch interpretierenden Bemühung".

Helmuth Plessner kennzeichnet die historistische Philosophie des 20. Jahrhunderts wie folgt:[4]

„Schwächere Charaktere [. . .] weichen [. . .] in hermeneutische Analysen vergangener Philosophien aus, woraus die Geschichte, aber kaum das Leben, Nutzen zieht." Freilich: „Ihre [der „jüngeren Philosophengeneration"] geringere Kraft und Neigung zu ‚systematischer‘ Forschung, ihr Streben zur geschichtlichen Analyse ist für den, der die inneren Spannungen der Problematik überblickt, nur allzu begreiflich."

In einem Satz gesagt: die historistische Philosophie des 19. und 20. Jahrhunderts ersetzte die „systematische Wahrheit" durch die „historische Wahrheit".

Die systematische Wahrheit ist das, was ich, als hier und jetzt Philosophierender, aus meinem gegenwärtigen Bewußtsein heraus nach bestem Wissen und Gewissen als „wahr" ansehen muß. Nach diesem Maßstab kann das, was ein gegebener Philosoph – und heiße er auch Kant oder Hegel – sagt, falsch und daher korrekturbedürftig sein.

Die historische Wahrheit dagegen ist das, was ich aufgrund möglichst adäquater hermeneutischer Interpretation eines (vergangenen oder gegenwärtigen) philosophischen Textes als das von dem gegebenen Philosophen Ausgesagte bzw. Gemeinte feststelle – ohne Rücksicht darauf, ob ich persönlich es für systematisch wahr halte oder nicht. Nach diesem Maßstab kann das, was ein gegebener Philosoph sagt, niemals falsch sein – ich kann es nur falsch wissen oder interpretieren.

2. Kant: „Synthetische Urteile a priori"

Der systematisch Denkende, der philosophische Autoren liest, nimmt deren Systeme nicht historisch, indem er von seinem eigenen spontan Nachdenken über die jeweiligen Probleme abstrahiert und nur die Gedankenlinien der klassischen Autoren anschmiegsam nachvollzieht, sondern er legt unweigerlich systematische, das heißt auf die aktuelle Bewältigung brennender Fragen gerichtete Maßstäbe an das, was er dort liest. Unter diesem Gesichtswinkel können die Gedanken der Klassiker dann in gewisser Weise antiquiert erscheinen, mit – aus der Perspektive gegenwärtigen Problembewußtseins gesehen – unvollkommener begrifflicher Präzision gearbeitet: „Das alles könnte man doch heute viel logischer, geordneter, schlüssiger, evidenter formulieren, – in dieser Form ist es doch einfach veraltet!"

Der systematisch Denkende, dessen Denken nicht durch die dauernde interpretierende Beschäftigung mit dem Denken anderer bereits so denaturiert ist, daß es eigene Konturen nicht mehr gewinnen kann, sondern nur noch in den Geleisen des jeweils zur Debatte stehenden Klassikers mechanisch weiterläuft (daher die Langeweile so vieler geistesgeschichtlich interpretierender Literatur), kennt dieses Erlebnis: daß man darauf brennt, einen gegebenen Gedankengang nicht einfach als sakrosanktes „Dokument" hinzunehmen, sondern in die Form gießen zu wollen, die einem als die richtigere und angemessenere erscheint.

Ein Philosoph, der nicht nur Philosophiehistoriker ist, wird sich mit der Betrachtung dessen, was andere Philosophen geschaffen haben, niemals zufriedengeben. Vielmehr wird er das unstillbare Bedürfnis empfinden, das philosophische Denken weiterzubringen, das heißt: ihm bisher unbefriedigend gelöst erscheinende systematische Probleme so lange zu verfolgen, bis er eine ihn genauer und adäquater erscheinende Lösung gefunden hat.

Im wirklichen Philosophen lebt also ein „systematischer Eros". Ihm ist es wichtiger, das zu sagen, was er für richtig hält, als anschmiegend das wiederzugeben, was andere vor ihm gesagt haben, was ihm aber als überholt erscheint. Produktive Philosophen sind in der Regel keine guten Philosophiehistoriker, weil sie das Denken anderer Philosophen sofort in ihr eigenes Denken einschmelzen. Ihre Lust am eigenen Denken ist so stark, daß sie gar nicht die Geduld haben, zunächst den letzten Windungen des anderen Denkers zu folgen, sondern alles überrennend gleich losdenken. Schon Platon und Aristoteles ging es so, wie wir am Eingang des Kapitels zeigten. Auch der Künstler, der Handwerker und der Techniker arbeiten ja nicht „historisch", das heißt in ständigem Hinschauen auf die Lösungen anderer, sondern „systematisch", das heißt im Blick auf die eigene Lösung mit dem Fundus erlernter Griffe und Methoden.

Hierfür ein – historisch, nicht systematisch – einfaches Beispiel.

In der Einleitung der „Kritik der reinen Vernunft" findet man die berühmte Behauptung *Kants,* es gebe „synthetische Urteile a priori",[5] das heißt Urteile, „deren Wahrheit wir einzusehen vermögen, obwohl wir sie einerseits logisch nicht beweisen können [synthetisch], andererseits aber auch zu ihrer Stützung keine Beobachtungsdaten benötigen [a priori]."[6]

Kant bringt auch Beispiele für Sätze, die seiner Meinung nach „synthetische Urteile a priori" sind.

So behauptet er: „Mathematische Urteile sind insgesamt synthetisch" und führt als Belege die Sätze „$7 + 5 = 12$" und „[. . .] die gerade Linie zwischen zwei Punkten [ist] die kürzeste [. . .]"[7] an. In beiden Fällen geht Kants Beweisführung dahin, daß das Prädikat dieser Sätze, nämlich „12" bzw. „kürzeste", nicht im Subjekt, nämlich in „$7 + 5$" bzw. „gerade Linie" enthalten sei. Daher seien diese Sätze *keine analytischen,* in denen das Prädikat das im Subjekt Enthaltene nur zerlegt oder „erläutert", sondern *synthetische,* in denen das Prädikat zu dem im Subjekt Enthaltenen etwas hinzutut, es „erweitert".[8]

Soweit Kant. „A priori", das heißt von der Erfahrung unabhängig, sind mathematische Sätze auf jeden Fall. Aber sind sie auch synthetisch?

Der historistische Philosoph wird etwa so argumentieren:

„Kant war ein hochbedeutender philosophischer Kopf. (Diese Aussage ist hermeneutisch begründbar.) Hieraus folgt, daß seine Äußerungen ihre Wahrheit in sich tragen.

Wenn es nun Mathematiker und Logiker gibt, die in dieser Frage einen anderen Standpunkt einnehmen als Kant, besagt das gar nichts gegen die Wahrheit dessen, was Kant gesagt hat. Denn da es in der Geschichte keinen Fortschritt gibt, kann das, was neuere Philosophen zu dem Thema ‚synthetische Urteile a priori‘ sagen, nicht richtiger sein als das, was Kant darüber gesagt hat. Wenn sich hier zwei Philosophen widersprechen, so drücken sie eben jeder die ihrer historischen Situation jeweils adäquate Meinung aus, haben also beide in ihrer Weise recht. Im übrigen bin ich ja Kantforscher und daher für das, was moderne Philosophen über von Kant angeschnittene Probleme sagen, gar nicht zuständig. Mir geht es um den Kantschen Text und um sonst nichts.“

Ganz anders der systematisch denkende, in diesem Falle empiristisch argumentierende Philosoph des 20. Jahrhunderts, den Wolfgang Stegmüller folgendermaßen referiert:

„Die Vertreter des modernen Empirismus [. . .] leugnen [. . .] die Existenz synthetisch-apriorischer Erkenntnisse. Weder in der Mathematik noch im Gebiete der Naturwissenschaften stoßen wir nach ihrer Auffassung auf derartige Aussagen; die von Kant gebrachten Beispiele sind ausnahmslos falsch. Was die mathematischen Erkenntnisse betrifft, so stützen sich diese auf keine Prinzipien, die über das Formallogische hinausgehen [sie sind also analytisch]. Wenn Kant zu einem anderen Ergebnis gelangte, so beruhte dies darauf, daß er auf der einen Seite die Reichweite des logischen Denkens stark unterschätzte [. . .] und auf der anderen Seite einer Fehldeutung der mathematischen Beweismethode erlegen ist. [. . .]“[9]

Was bei dieser Diskussion der modernen empiristischen Philosophie mit Kant auffällt, das ist: Kant wird hier aus der pietätvoll konservierenden historischen Atmosphäre erbarmungslos in die Ebene gegenwärtiger systematischer Auseinandersetzung gezogen. Man fragt gar nicht mehr danach, wer Kant ist und wann er gelebt hat; man nimmt nur seine Meinung zu einem Problem als solche und diskutiert ganz ungerührt darüber, ob sie richtig oder falsch ist; ja man scheut sich nicht, schlankweg zu behaupten, Kant sei logisch und mathematisch ungenügend informiert gewesen, erreiche also den Standard heutiger Einsicht in diese Dinge nicht. Es gibt nur eine „Wahrheit", und diese Wahrheit ist für unsere Zeit, für Kants Zeit und für alle anderen Zeiten immer die gleiche; Kants Aussagen können daher in keiner Weise „an sich selbst" gemessen werden, sondern nur daran, ob sie – absolut genommen – wahr oder falsch sind. (In unserem Zusammenhang spielt es keine Rolle, ob nun wieder andere moderne Philosophen den Empiristen die Richtigkeit ihrer Argumente bestreiten und der Sache nach Kant wieder näher kommen. Denn in jedem Fall bewegt sich diese Debatte ja in dem hier beschriebenen Feld rein systematischer Auseinandersetzungen.[10])

II. Historische und systematische Wahrheit
in der Wissenschaftstheorie

Allgemeines

Aus dem Bisherigen ergibt sich folgendes:

Für den historischen Philosophen sind Kants Äußerungen – als bestimmte geschichtliche Hervorbringungen – in eine Linie etwa mit einer Bachschen Kantate oder einem Goetheschen Gedicht zu setzen. Genau wie solche Kunstwerke haben sie ihre „Wahrheit in sich" und können durch andersartige Äußerungen nicht aufgehoben oder überholt werden. Sie sind Monumente eines überdurchschnittlichen Geistes, die durch nachfolgende Beiträge zum gleichen Thema nicht entwertet werden können – sowenig wie etwa Bachs Musik durch die Beethovens oder Goethes Gedichte durch die Heißenbüttels.

Ganz zweifellos ist diese Sicht der Dinge bis zu einem gewissen Grade legitim. So sind unsere großen Philosophen – von Platon bis Wittgenstein – zweifellos auch bedeutende Schriftsteller gewesen und können in dieser Eigenschaft durchaus wie Urheber von Kunstwerken auch historisch gewürdigt werden.

Aber offensichtlich besteht hier doch noch ein Unterschied. Kunstwerke etwa – so verschieden, ja (in wohlzuverstehendem Sinne) gegensätzlich sie auch sein können – können einander nicht widersprechen. Man kann sie nebeneinanderstellen und jedes in seiner Art verstehen und lieben. Bach und Beethoven, Goethe und Heißenbüttel können wir neben- oder nacheinander als das würdigen, was sie jeweils sagen zu wollen für sich in Anspruch nehmen.

So einfach liegen die Dinge in der Wissenschaft – und in diesem Zusammenhang dürfen wir die Philosophie als eine wissenschaftliche Disziplin betrachten – offensichtlich nicht. Denn jede Wissenschaft sieht ihr Ziel darin, zu Aussagen zu kommen, die sie als „wahr" bzw. „falsch" in Anspruch nehmen will. Wenn daher zwei Philosophen über irgend eine Frage – etwa die der Existenz synthetischer Urteile a priori – verschiedene Ansichten äußern, so muß der Philosoph – so weit er nicht nur Historiker sein will – zu einer Entscheidung darüber kommen, was er selbst denn – nach bestmöglichem Abwägen des Für und Wider – in dieser Frage als „wahr" zum Ausdruck bringen will. Das bedeutet natürlich nicht, daß er sich die eine oder andere Ansicht wörtlich zu eigen machen müßte. Er kann beide für unzureichend erklären und eine dritte, unter Umständen Elemente beider in sich aufnehmende Meinung äußern. Er kann auch die Fragestellung als solche für sinnlos erklären und stattdessen eine andere Fragestellung wählen.

Aber: in allen diesen Fällen begnügt er sich nicht damit, gegebene Meinungen als solche zu registrieren und nebeneinanderzustellen, sondern er bekennt selbst Farbe: er sagt, was für ihn „wahr" bzw. „falsch" sein soll.

An dieser Stelle muß ein erfahrungsgemäß bei Mathematikern leicht auftretendes Mißverständnis dessen ausgeräumt werden, was wir hier unter dem systematisch gerichteten Anspruch auf eindeutiges Aussprechen von „wahr" und „falsch" verstehen. „Wahr" und „falsch" ist hier für beliebige Stufen auf der Objekt/Meta/Metameta/...-Leiter gemeint. Will sagen: Die Tatsache, daß es etwa speziell in der Mathematik unentscheidbare Probleme gibt, das heißt: Aussagen, von denen wir nicht sagen können, ob sie wahr oder falsch sind, ändert nichts daran, daß in jedem Falle die Mathematik – als systematische Wissenschaft – den Anspruch auf eine nicht historisch relativierbare Bestimmtheit ihrer Aussagen erhebt. So erhebt ja die Meta-Aussage: „In der Mathematik gibt es unentscheidbare Probleme und daher Aussagen, von denen wir nicht sagen können, daß sie wahr oder falsch sind" ihrerseits zweifellos Anspruch darauf, wahr zu sein. Und den gleichen Anspruch würde etwa die Aussage erheben: „Diese Fragestellung ist sinnlos". Es geht also nur darum, daß eine systematische Wissenschaft *überhaupt* ihre Aussagen als „wahr" oder „falsch" in Anspruch nimmt und nicht historistisch einräumt: „Der eine hält eben dies und der andere das für wahr".

1. Der Begriff der historischen Tatsache

Nun ist jedoch klar, daß die Begriffe „wahr" und „falsch" auch im Bereich der historischen Aussagen nicht einfach außer Kraft gesetzt werden können. Das ergibt sich schon aus dem Begriff der historischen *Tatsache*. Eine historische Aussage ist natürlich nur (und immer) dann wahr, wenn sie mit den – quellenkritisch erhobenen – geschichtlichen Tatsachen in Übereinstimmung steht. Daher wären zum Beispiel die folgenden historischen Aussagen eindeutig falsch:

„Bachs ‚Kunst der Fuge' ist zu seinen Lebzeiten nicht zum Druck vorbereitet worden."

„Das Dorf Weihersdorf bei Eichstätt ist nach einem Weiher benannt."

„Eine Frauenkirche ist eine Kirche, die nur von Frauen betreten werden darf."

„Kant hat gesagt: ‚Es gibt keine synthetischen Urteile a priori'."

Nicht nur im systematischen, sondern auch im historischen Bereich gibt es also die Begriffe „wahr" und „falsch". Der Unterschied ist aber folgender: im historischen Bereich beziehen sie sich nur auf die Übereinstimmung mit quellenkritisch-hermeneutisch erhobenen Gegebenheiten, die wir nachträglich nur interpretieren, nicht aber ändern können; im systematischen Bereich hingegen beziehen sie sich auf Entscheidungen über Aussagen, mit denen der Aussagende selbst in seinen Gegenstandsbereich hier und heute gestaltend eingreifen will, die also aktuell gelten sollen.

Wir müssen daher zwischen historisch wahren Aussagen oder *historischen Wahrheiten* und systematisch wahren Aussagen oder *systematischen Wahrheiten* unterscheiden.

Soweit sich historische Wahrheiten nicht nur auf *Ereignisse* oder *Tatsachen* (die Tatsache etwa, daß Bach die „Kunst der Fuge" geschrieben hat), sondern – wie es in der Wissenschaft der Fall ist – auch auf *Aussagen* beziehen, die ihrerseits *systematische Wahrheit* für sich in Anspruch nehmen (also etwa auf Kants quellenkritisch belegbare Behauptung, es gebe synthetische Urteile a priori), kann die historische Wahrheit nur die Form einer Meta-Aussage über jene Aussage haben, die die systematische Wahrheit repräsentiert:

„Kant hat gesagt: ‚Es gibt synthetische Urteile a priori‘ " wäre also eine historisch wahre Aussage über einen Satz, dessen Urheber für ihn die systematische Wahrheit in Anspruch genommen hat.

Wir können daher zusammenfassen:

Die Meta-Aussage: „Kant hat gesagt: ‚Es gibt synthetische Urteile a priori‘ " ist eine *historisch wahre* Aussage genau dann, wenn Kant diesen Satz tatsächlich ausgesprochen bzw. niedergeschrieben hat. Ob dagegen die Objekt-Aussage: „Es gibt synthetische Urteile a priori" eine *systematisch wahre* Aussage ist oder nicht, ist nicht schon dadurch positiv entschieden, daß Kant diese Aussage tatsächlich getan hat – mag Kant auch ein noch so bedeutender Philosoph gewesen sein. Über die Wahrheit oder Falschheit dieser Objekt-Aussage kann vielmehr lediglich die gegenwärtige aktuelle Diskussion dieses Problems entscheiden, in der Argumente vorgetragen und Prüfverfahren angeboten, angenommen oder verworfen werden.

„Historische" und „systematische" Wahrheit sind voneinander unabhängig. Das heißt: der Satz: „Kant hat gesagt: ‚Es gibt synthetische Urteile a priori‘ " ist *historisch wahr* unabhängig davon, ob wir den Satz: „Es gibt synthetische Urteile a priori" als *systematisch wahr* anerkennen oder nicht. – Und umgekehrt: der Satz: „Es gibt synthetische Urteile a priori" bzw. „Es gibt keine synthetischen Urteile a priori" muß auf seine *systematische* Wahrheit oder Falschheit unabhängig von dem *historischen* Tatbestand geprüft werden, welche Ansicht Kant zu diesem Problem geäußert hat.

2. Wie unterscheiden sich historisches und systematisches Denken?

a. Verschiedene Beispiele

Den Unterschied zwischen der historischen und der systematischen Wahrheit kann man auch an folgenden Überlegungen deutlich machen.

(1) In einer wissenschaftlichen Darstellung vertreten *Zitate* und *Referate* dessen, was andere Autoren zu einem Thema gesagt haben, die *historische* Wahrheit. Indem der Autor andere Autoren zitiert oder referiert, sieht er von seiner eigenen Ansicht zu dem fraglichen Gegenstand ab. Er kann an solchen Stellen nicht einfach sagen, was er selbst für richtig hält, sondern er muß das wiedergeben, was andere tatsächlich gesagt haben – mag er es nun billigen oder nicht. Der Wortlaut (oder zumindest der Sinn) der zu machenden Aussagen wird von fremder Seite vorgeschrieben und damit dem Willen und der Willkür des Autors selbst entzogen. Er darf als Meinung eines anderen nur wiedergeben, was dieser wirklich gesagt hat, auch wenn der Referierende es für systematisch falsch hält, da er sich sonst eines Verstoßes gegen die historische Wahrheit schuldig machen würde.

Die *eigenen Ausführungen* des Autors hingegen vertreten die *systematische* Wahrheit – nämlich das, was er selbst nach bestem Wissen und Gewissen, nach eigenem Dafürhalten, über eine Sache zu sagen weiß. Hier braucht er keinerlei Rücksicht auf historisch gegebene Gedankengänge zu nehmen. Er kann sich von ihnen lösen – ja die Beziehung zu ihnen kann ihm völlig gleichgültig sein. Denn hier kommt es nur auf das an, was er selbst denkt – ganz im Sinne der eigenwilligen Äußerung Ludwig Wittgensteins im Vorwort des *Tractatus:* „ [. . .] darum gebe ich auch keine Quellen an, weil es mir gleichgültig ist, ob das was ich gedacht habe, vor mir schon ein anderer gedacht hat."

Der systematisch Denkende macht sich also von der historischen Tatsächlichkeit dessen, was andere gedacht haben, unabhängig: haben sie dasselbe gedacht – nun gut; haben sie nicht dasselbe gedacht – was geht es mich an?

(2) Handgreiflich wird dieser Sachverhalt bei der *Korrektur* eines Textes: Zitate und Referate müssen sorgfältig anhand der *Vor-*

lage verglichen werden, weil es hier auf die Übereinstimmung zwischen dieser Vorlage und ihrer Zitierung und Referierung durch den Autor ankommt – ohne Rücksicht auf die Meinung des Autors.

Seine eigenen Ausführungen hingegen wird wohl kaum ein Autor mit seinem Manuskript vergleichen, sondern unmittelbar in den Fahnen korrigieren. Denn sie bilden einen „systematischen" Sinnzusammenhang, der auf seine Stimmigkeit hin immer neu geprüft wird. Die ursprüngliche Formulierung im Manuskript ist ihm (nicht vielleicht späteren Wissenschaftshistorikern!) gleichgültig, da er seine Formulierungen ohnehin immer neu durcharbeitet und ihn daher nur ihr jeweils neuester Stand, ihre systematische Richtigkeit aufgrund seiner letzten Einsicht interessiert. Nicht auf die „historische" Übereinstimmung mit einem gegebenen Text als solche kommt es hier an, sondern allein auf die „systematisch" angemessenste Formulierung nach dem jeweils letzten Stand der Reflexion des Autors selbst.

Die historische Wahrheit hat es also immer mit einer *Relation* von Aussagen verschiedener Autoren zu tun: der Autor A hat etwas gesagt, das der Autor B „korrekt" wiedergeben oder interpretieren muß. Die systematische Wahrheit dagegen hat es immer nur mit der Aussage eines *einzigen* Autors zu tun, die einen Sachverhalt möglichst zutreffend formulieren will.

Durch das historische Bewußtsein trat also (nicht beim Alltagsmenschen, sondern nur) beim Wissenschaftler eine sonderbare Spaltung des Denkens und Arbeitens ein: er lernte es, genau zwischen dem „historischen" und dem „systematischen" Gesichtspunkt zu unterscheiden.

Hierfür noch weitere Beispiele:

(3) Eindeutig „historisch" arbeitet auch der Übersetzer oder Redakteur, der zum Beispiel einen Lexikon-Artikel für den Druck fertig machen muß. An vielen Stellen wird er spontan denken: „Das würde ich nicht (so) sagen." Trotzdem wird er in der Regel die Meinung des Autors stehen lassen, denn wenn er diese Meinung nicht akzeptieren will, hätte er den Artikel besser von vornherein selbst schreiben sollen. (Etwas anderes ist es natürlich, wenn es sich um eindeutige Tatsachenversehen handelt, oder wenn der Autor seinen Text dem Redakteur ausdrücklich auch für inhaltliche Änderungen freigegeben hat.)

(4) Obwohl es auf den ersten Blick erstaunlich klingt, muß man sagen, daß im Sinne unserer Unterscheidung auch der *Richter* bei der Auslegung eines Gesetzes „historisch" verfährt.

Und zwar aus folgendem Grunde: nach dem rechtsstaatlichen Prinzip des Rechtspositivismus (es gilt alles und nur das, was in den zur Zeit in Kraft befindlichen Gesetzen niedergelegt ist) muß er ein Gesetz auch dann anwenden, wenn er inhaltlich nicht mit ihm einverstanden ist.

Das ist nicht so selbstverständlich, wie es auf den ersten Blick aussieht. Daß Mord schwer bestraft werden muß, darüber sind sich alle einig. Aber wie ist es mit der Abtreibung?

Die augenblicklich geltende gesetzliche Regelung wird von den einen als zu liberal, von den anderen als zu streng angesehen. Trotzdem muß jeder Richter, mag er persönlich noch so konservativ oder progressiv eingestellt sein, das Gesetz so anwenden, wie es lautet. Das heißt: er muß von seiner eigenen Überzeugung absehen und den Gesetzestext „objektiv" vor sich hinstellen, ihn so auslegen, wie er vom Gesetzgeber gemeint ist.

(5) Ein letztes Beispiel: In unserem Alltag gibt es immer wieder kurzfristige (gedruckte) Informationen und (handschriftliche) Aufzeichnungen, die nur für kurze Zeit einen aktuellen Wert haben und dann „wertlos" werden. Beispiele wären etwa die Bahn-Kursbücher, die alle halbe Jahre wechseln, oder Notizkalender, in denen Adressen stehen, die bekanntlich ziemlich schnell veralten und dann unbrauchbar werden.

Wer das alte Kursbuch oder den Kalender mit überholten Aufzeichnungen wegwirft, handelt *systematisch:* ihn interessiert nur das im Augenblick Wahre – mit falschen Abfahrtszeiten von Zügen, so richtig sie noch im letzten Sommer gewesen sein mögen, kann er nichts anfangen.

Trotzdem wird nicht jedermann alte Kursbücher wegwerfen. Kursbuchsammler, manche Bibliotheken und die Bundesbahn selbst tun es ganz gewiß nicht. Warum nicht? Weil man dann hundert Jahre später sehen kann, wie der Fahrplan heute ausgesehen hat. Wie kostbar ist heute ein Kursbuch von 1880, das uns das Streckensystem, die Fahrplanstruktur, die Fahrzeiten und so fort von damals festgehalten hat.

Ähnliches gilt für den Notizkalender: die aktuell uninteressante überholte Adresse des Freundes bildet doch ein Zeugnis von dessen Lebensweg, das historisch interessant sein kann.

b. Architektur und Baugeschichte als Grundbeispiel

Auf wissenschaftstheoretischer Ebene läßt sich der Unterschied zwischen dem historischen und dem systematischen Denken sehr treffend an den beiden Hochschulfächern „Architektur" und „Baugeschichte" zeigen.

Die Architektur ist ein systematisches Fach, in dem die Studenten lernen sollen, nach welchen heute aktuellen Gesichtspunkten man neue, noch nicht existierende Bauten errichten sollte.

Die Baugeschichte hingegen ist ein historisches Fach, das sich damit beschäftigt, bereits vorhandene Bauwerke so zur Kenntnis zu nehmen, wie sie sind, sie zu vermessen, in ihrer Struktur zu begreifen, ihre Entstehungsgeschichte zu erforschen und so fort.

In der Architektur lernt man zum Beispiel, wie der Grundriß einer Wohnung oder eines Einfamilienhauses anzulegen ist. Hier gibt es bestimmte, heute gültige Normen, wie zum Beispiel: Schlafzimmer möglichst nach Osten, Wohnzimmer möglichst nach Süden oder Westen, nach Norden nur Eingang, Küche (auch Eßzimmer) und Bad, gegebenenfalls auch Atelierräume oder ähnliches.

Vor einer ganz anderen Situation steht der Bauhistoriker. Er hat es ja nur mit Gebäuden zu tun, die bereits bestehen, also zum Beispiel mit mittelalterlichen Bürgerhäusern. Er wird dann feststellen, daß sich die Grundrisse dieser Häuser (und noch zahlreicher Häuser auch bis in unser Jahrhundert hinein) keineswegs nach den Himmelsrichtungsnormen der heutigen Architektur richten. Wohnungsgrundrisse richteten sich früher vielfach nach der Lage des Hauses zur Straße, ohne Rücksicht auf die Himmelsrichtung: zur Straße hin lagen die Wohn- und überhaupt „besten" Räume, zum Hof die Nebenräume. Das erfährt noch heute mancher Hotelgast zu seinem Ärger: Gerade die teureren Hotelzimmer liegen oft zur autoverpesteten Straße, weil das früher die beste Lage war – während der Hotelgast heute glücklich ist, wenn er für noch dazu weniger Geld auf einen finsteren, aber ruhigen Innenhof blicken darf!

Die Aufgabe des Bauhistorikers liegt offensichtlich nicht darin, ein altes Wohnhaus nach heutigen Maßstäben umzubauen und zu modernisieren. Da es ihm nur darum geht, „wie es wirklich gewesen", wird er das Haus, wenn es schon saniert werden muß, genau so wieder herrichten, wie es im Mittelalter ausgesehen hat, eben um zu zeigen, wie man damals lebte (man denke etwa an Dürers Wohnhaus in Nürnberg).

Es entsteht also ein klarer Widerspruch zwischen historischer und systematischer Aussage.

Der Architekt sagt: „Das Wohnzimmer soll nach Süden oder Westen liegen."

Der Bauhistoriker sagt: „In historischen Häusern richtet sich der Grundriß nach der Lage zur Straße. Liegt die Straße im Norden, so liegt auch das Wohnzimmer im Norden."

c. Das „Dafürhalten" als Schlüsselbegriff

Sehr fruchtbar scheint es zu sein, den Unterschied zwischen dem historischen und dem systematischen Denken durch den Begriff des „Dafürhaltens" zu verdeutlichen:

Der historisch Denkende sieht von seinem eigenen Dafürhalten ab und will möglichst adäquat historische Gegebenheiten feststellen.

Für die Ereignisse und Zustände der politischen, Sozial- und sonstigen Geschichte, und ebenso für die im Laufe der Geschichte entstandenen Kunst-, Musik- und Literaturwerke, ist das selbstverständlich. Hier können nämlich für den Betrachter keine Konflikte entstehen: er kann alles nebeneinander gelten lassen. Er kann an allem ein „interesseloses Wohlgefallen" haben, er braucht sich nicht für das eine oder andere zu entscheiden. Die Parteikämpfe im alten Rom oder im England des achtzehnten Jahrhunderts können ihn kalt lassen, da er keinerlei Veranlassung sieht, sich auf die eine oder andere Seite zu schlagen. Ebenso braucht er weder für Bach noch für Beethoven Partei zu ergreifen, sondern kann die Musik beider „in ihrer Eigenart" würdigen.

Schwieriger ist dies schon angesichts solcher historischer Gegenstände, die ihrerseits – etwa als wissenschaftliche oder philosophische Sätze – Aussagen darstellen, die dazu auffordern, sie für wahr oder für falsch zu halten. Wer zum Beispiel mit der These

Kants, es gebe synthetische Urteile a priori, konfrontiert wird, wird oft in Versuchung geraten, sich nicht mit diesem Dafürhalten Kants zufriedenzugeben, sondern vielmehr selbst Stellung zu nehmen, diese Behauptung auch selbst für wahr oder für falsch zu halten. In diesem Falle geräte also das bloße Anschauen eines fremden Dafürhaltens mit dem eigenen Dafürhalten in Konflikt – während zum Beispiel kein heutiger Komponist etwas dabei finden würde, Bach gern als Bach zu spielen oder zu hören und trotzdem nach seinem eigenen Dafürhalten zu komponieren.

Dem Systematiker hingegen geht es von vornherein um sein eigenes Dafürhalten. Das heißt: er erklärt alles eindeutig für wahr oder falsch – ohne jede Rücksicht darauf, ob andere diese Ansicht teilen.

3. Historische Aussagen – Systematische Aussagen – Normen

In diesem Zusammenhang wird allerdings deutlich, daß es zwei verschiedene Arten systematischer Aussagen gibt.

Eine Aussage wie „Zweimal zwei ist vier" oder „Jeden Morgen geht die Sonne auf" spricht – genau wie eine historische Aussage – von *Tatsachen,* also von Sachverhalten, die bereits bestehen. Nur sind diese Tatsachen, anders als historische Tatsachen – immer und überall der Fall, sie sind „zeitunabhängig", „zeitlos",„überzeitlich".

Eine systematische Aussage anderer Art ist die des Architekten: „Das Wohnzimmer *soll* nach Süden oder Westen liegen."

Diese Aussage bezieht sich auf einen Sachverhalt, der noch nicht verwirklicht ist (oder jedenfalls noch nicht verwirklicht sein muß); ein Haus, auf das sich dieser Satz bezieht, soll ja erst, nach seiner Maßgabe, gebaut werden.

Einen solchen Satz nennt man eine *Norm.*

Wir können also drei verschiedene Arten von Sätzen unterscheiden:

1. Historische Aussagen ——————————— ⎫
2. Systematische Aussagen   ⎬ = Ist-Aussagen
   a. Systematische Tatsachenaussagen —— ⎭
   b. Normen ——————————————— = Soll-Aussagen

Hierbei lassen sich also die historischen Aussagen (1.) und die systematischen Tatsachenaussagen (2.a.) wiederum zu Ist-Aussagen zusammenfassen – gegenüber den Normen (2.b.) als Soll-Aussagen.

Aber für das Problem „Historisch/Systematisch" ist selbstverständlich die Unterscheidung zwischen 1. und 2. die grundlegende.

Der Wohnhausbau liefert uns Beispiele für jede der drei Aussagenarten:

1. Historische Aussage:

„Der Grundriß richtet sich nach der Lage zur Straße."

2. Systematische Aussagen:

a. Systematische Tatsachenaussage:

„Die Nordwand eines Hauses bekommt sehr wenig Sonne."

b. Norm:

„Das Wohnzimmer soll zur Sonnenseite hin liegen."

Zwischen einer historischen und einer systematischen Aussage besteht in folgendem Sinne ein Widerspruch:

In der historischen Sicht können wir *nicht leugnen,* daß man früher die gute Stube zur Straße hin baute, obwohl dies unserer heutigen und als sinnvoll anerkannten Norm für das Bauen widersprach.

In der systematischen Sicht müssen wir *nicht billigen,* daß man die gute Stube zur Straße hin baut, obwohl dies ehrwürdige Tradition bürgerlicher Architektur ist.

III. Das „Steinbruch"-Prinzip

Eins dürfte bereits aus den bisherigen Erörterungen klar geworden sein: „Systematisches" Arbeiten bedeutet nicht etwa, historische Gegenstände und Sachverhalte völlig zu ignorieren.

Selbst eine Wissenschaft wie die Mathematik hat es offensichtlich mit historischen Objekten zu tun, was schon die große Zahl geschichtlicher Namen andeutet, die in dieser Wissenschaft vorkommen: Vom „Lehrsatz des Pythagoras" über die „euklidische Geometrie" zum „Pascalschen Dreieck" und zur „Gaußschen Kurve".

Darüber hinaus beschäftigen sich die Mathematiker häufig mit Problemen, die historische Mathematiker aufgeworfen haben, die aber bis heute nicht gelöst sind. Beispiele wären die sogenannte „Fermatsche Vermutung", die sich auf eine Verallgemeinerung des Pytharogassatzes bezieht ($x^n + y^n = z^n$) und in deren Bezeichnung wiederum der Name eines historischen Mathematikers aus dem 17. Jahrhundert auftaucht,[11] oder das Problem, ob es ungerade „vollkommene Zahlen" (das heißt Zahlen, die die Summe ihrer echten Teiler sind, wie zum Beispiel $6 = 1 + 2 + 3$) gibt, das bereits aus der pythagoreischen Schule stammt.[12]

Nun – aus unserer Erörterung des Verhältnisses zwischen „historischer" und „systematischer" Wahrheit ist uns längst klar geworden, daß die bloße Beschäftigung mit „historischen" Gegenständen mit „Historismus" als Methode nichts zu tun hat: auch der moderne Empirist liest ja Kant, um ihn zu widerlegen.

So wird derjenige, der einen Mathematiker bei seiner Arbeit beobachtet, sehr bald bemerken, daß er – bei allem selbstverständlichen Umgang mit den großen historischen Namen seiner Wissenschaft – nicht im entferntesten daran denkt, wirklich „historisch" im hermeneutischen Sinne vorzugehen.

Denn: den Mathematiker als systematischen Wissenschaftler (die Tätigkeit des Mathematikhistorikers als solchen, der natürlich nach der historischen Methode arbeitet, steht hier nicht zur Debatte) interessiert nicht der historische Autor als „Einheit", die es historisch interpretierend zu erfassen gälte, sondern nur das systematische Problem, mit dem er sich gerade beschäftigt. Der alte Autor ist für den Mathematiker nur der *Lieferant eines Problems,* das im übrigen rein systematisch und ohne Rücksicht auf jeweils historisch bedingte Hintergründe bearbeitet wird. Begriffe wie „Summe", „echter Teiler" und so fort sind „überhistorisch" jedenfalls in dem Sinne, daß die Zeitgenossen des Pythagoras mit ihnen genau so hantierten wie der gegenwärtige Mathematiker.

Das bedeutet: trotz dauernder Beschäftigung mit Fragen, die Fachgenossen längst vergangener Zeiten aufgeworfen haben, weiß der Mathematiker als solcher von „Geschichte" im Sinne des Historismus nichts.[13]

Historische mathematische Gedankengänge sind für den Mathematiker also nur soweit von Interesse, wie er aus ihnen die Materialien für die Lösung aktueller, und das heißt: systematisch verstandener Probleme entnehmen kann. Wenn ein historischer Mathematiker solche Materialien nicht zu bieten hat, weil seine Probleme längst gelöst, weiterentwickelt oder als falsch gestellt erkannt worden sind, interessiert er auch nicht mehr.

Historische Zeitalter pflegen alte Gebäude, etwa gotische Kirchen oder barocke Schlösser, liebevoll so wieder herzurichten, wie sie ursprünglich einmal ausgesehen haben. Sie stehen unter „Denkmalsschutz", und niemand darf ihrer Fassade auch nur einen Kratzer zufügen. Andere Zeiten jedoch gingen mit alten Gebäuden anders um. Sie ließen sie nicht nur einfach verfallen, statt sie zu restaurieren; wenn sie vielmehr selbst neue Gebäude errichten wollten, holten sie die wertvollen Marmor- und Sandsteinblöcke aus den alten Ruinen, um sie für gegenwärtige Zwecke zu verwenden. Alte Gebäude waren für solche unhistoristischen Zeiten also nichts als *Steinbrüche*.

So erklärt sich unser etwas brutaler Vergleich: historische Schriftsteller sind für einen systematisch arbeitenden Wissenschaftler nur ein Steinbruch, aus dem man sich das für den Bau eines neuen Hauses herausholt, was man verwerten kann; alles andere läßt man liegen, wo es liegt.

IV. Systematisches Fragen und Hermeneutik

Unsere Erörterungen über den Unterschied zwischen der „historischen" und der „systematischen" Fragestellung sollten nicht etwa den Eindruck erwecken, als sei „Hermeneutik" lediglich Angelegenheit des Historisten – der Systematiker habe mit Hermeneutik nichts zu tun.

So ist es nicht. Wie unser erstes „hermeneutisches" Beispiel, nämlich das von der mathematischen Aufgabe mit dem Äquatorseil, bereits zeigte, ist das Phänomen des „hermeneutischen Zuganges" keineswegs auf historische Gegenstände beschränkt.

Auch systematische Probleme können wir als solche nur hermeneutisch erfassen. Denn auch diese Probleme begegnen uns zum Beispiel als Texte in einem mathematischen Buch oder als Diskussionsbeiträge von Gesprächspartnern.

Unsere erste Aufgabe ist es in diesem Falle, zu *verstehen*, was der

Gesprächspartner oder der Autor meinen. Erst wenn wir das geleistet haben, können wir uns sinnvoll mit dem Problem beschäftigen. Über ein Problem nachdenken können wir erst dann, wenn wir eine gegebene Aussagefolge, die sich mit diesem Problem beschäftigt, möglichst genau erfaßt haben.

Die Hermeneutik als Methode des ersten Zuganges zu einem Problem hat also überall in der Wissenschaft ihren Platz – ob wir nun gerade historisch oder systematisch arbeiten. Jedoch ist die Funktion der Hermeneutik, ihr Stellenwert innerhalb der jeweiligen Fragestellung verschieden, je nachdem, ob wir historisch oder systematisch fragen.

Die hermeneutische Erfassung dessen, was ein Autor gesagt hat, muß also auch in den systematischen Wissenschaften am Anfang stehen, da sie sonst gar nicht arbeitsfähig wären. Nur ist das Verstehen hier nicht Selbstzweck als Erfassen der historischen Eigenart des fraglichen Textes, sondern Mittel zum Zweck als Erfassen des Problems.

In diesem Sinne verfahren sogar positivistische oder behavioristische Wissenschaftler „hermeneutisch", ohne von Wort und Sache jemals gehört zu haben: sie müssen ja das, was sie an Fachliteratur lesen, verstehen können. Schon das sprachliche Erfassen eines in einer fremden Sprache geschriebenen Aufsatzes ist ein hermeneutischer Akt.

In den ausdrücklichen Forschungsschritten eines positivistischen Wissenschaftlers ist dann freilich von „Hermeneutik" nichts mehr zu spüren: so etwa, wenn ein Sozialpsychologe versucht, mit Hilfe standardisierter Methoden und der Stichprobenstatistik Problemen auf die Spur zu kommen, die man mit unmittelbar „lebenswissenschaftlichen", etwa phänomenologischen, Methoden viel überzeugender und zudem für den Leser interessanter lösen könnte.

Das Ergebnis unserer Diskussion des Problems der „historischen" und „systematischen" Wahrheit läßt sich wie folgt zusammenfassen.

Die Geschichte ist einmal so geschehen, wie sie geschehen ist. Sie läßt sich nachträglich nicht mehr ändern, sondern nur noch angemessen interpretieren. Die soziale Ordnung des Mittelalters ist so beschaffen gewesen, wie sie nun einmal beschaffen gewesen ist

– ob wir selbst das schätzen oder nicht. Dieser Tatbestand der nachträglichen Unabänderlichkeit der Geschichte gilt aber nicht nur für Ereignisse und Zustände im engeren Sinne, sondern ebenso für Aussagen historischer Wissenschaftler, die seinerzeit Anspruch darauf erhoben haben, wahr zu sein. Kant hat behauptet, es gebe synthetische Urteile a priori. Das ist historisch wahr – unabhängig davon, ob wir den Inhalt dieser Behauptung heute als wahr ansehen oder nicht.

Wie wir bereits wissen, hat es die Geschichtsforschung in der Regel mit dem *„Anderen"* zu tun, das heißt mit Erscheinungen oder Hervorbringungen, mit denen sich der Geschichtsforscher in seiner persönlichen Lebenspraxis nicht identifizieren würde. So hat es der Historiker (oder auch – in der „räumlichen" Dimension – der Ethnologe) etwa mit sozialen Normen, mit Herrschaftsformen, mit Religionen und Lebensauffassungen zu tun, die er persönlich nicht bejahen kann, die er aber erforscht, weil sie in der Geschichte nun einmal verwirklicht worden sind – weil es sie eben „gibt". Wer also die Etrusker erforscht, wird deshalb nicht zum Etrusker, und wer die Polynesier untersucht, wird damit nicht zum Polynesier.

Ebenso wird der Historiker einer Wissenschaft, etwa der Philosophie, der Mathematik oder der Ökonomie, auch solche Lehrmeinungen als historisch nun einmal gegeben anerkennen müssen, die er vor sich selbst für falsch halten muß.

Beispiele: Kant behauptet die Existenz „synthetischer Urteile a priori". Der Philosophiehistoriker muß diese Behauptung als historische Tatsache anerkennen, auch wenn er selbst nicht der Meinung ist, es gebe solche Urteile. Ein Mathematiker, der persönlich Konstruktivist ist, muß anerkennen, daß es in der Geschichte der Mathematik tatsächlich auch Axiomatizisten gegeben hat, und umgekehrt. Ein liberaler Wirtschaftswissenschaftler muß anerkennen, daß es auch marxistische Wirtschaftswissenschaftler gibt, und umgekehrt.

Aus der Tatsache, daß die Geschichtsforschung es jeweils mit dem *Anderen* zu tun hat, folgt die grundlegende These der Wissenschaftstheorie der Geschichte: Wir müssen zwischen dem *historischen* und dem *systematischen* Gesichtspunkt unterscheiden.

Die Geschichte hat immer mehr hervorgebracht als das, womit wir uns persönlich identifizieren. Wir müssen die Existenz des jeweils Anderen anerkennen – und trotzdem dürfen und müssen wir das vertreten, was wir (als Aussage) für wahr oder aber (als Norm) für wünschenswert halten.

Wir dürfen *„das Andere" nicht leugnen* – wir müssen es aber auch *nicht billigen.*

Die Unterscheidung zwischen historischem und systematischem Gesichtspunkt ist also kein Relativismus – denn sie betont ja, daß wir einen eigenen Standpunkt einnehmen können und müssen.

Sie ist aber auch kein Dogmatismus – denn sie erkennt die Existenz auch solcher Lebenswelten und Lehrmeinungen an, mit denen der Betrachter sich nicht identifiziert.

Was in der Geschichte geschehen ist, können wir also nicht leugnen; aber andererseits müssen wir es auch nicht billigen.

Aus dem *Nichtleugnen* dessen, was geschehen ist, erwächst die *historische* Fragestellung. Aus dem *Nichtbilligen* dessen, was gegeben ist, erwächst die *systematische* Fragestellung.

Unsere historische Feststellung, daß man im Mittelalter nach dem „ordo" lebte, schließt nicht ein, daß wir – indem wir das feststellen – ein solches Leben nach dem „ordo" auch für die Gegenwart oder Zukunft wünschen.

Und ebenso: Unsere Feststellung, daß Kant die Existenz synthetischer Urteile a priori behauptet hat, ist nicht gleichbedeutend damit, daß wir selbst ebenfalls die Existenz synthetischer Urteile a priori anerkennen müssen.

Hinsichtlich der Geschichte sind wir an das gebunden, was tatsächlich der Fall gewesen ist. Im Bereich unseres eigenen Denkens können wir prinzipiell selbst bestimmen, was der Fall sein soll. Die „systematische Wahrheit" ist insofern unserem eigenen Denken anheimgegeben, als wir nach eigenem Wissen und Gewissen entscheiden können und müssen, was wir als wahr gelten lassen wollen, ohne dabei an die Aussagen historischer Autoritäten gebunden zu sein. Denn diese Aussagen verpflichten uns nur historisch, nicht aber systematisch. Daß Kant die Existenz von synthetischen Urteilen a priori anerkannt hat, sind wir genötigt festzustellen. Dagegen sind wir nicht genötigt, unsererseits die Existenz synthetischer Urteile a priori anzuerkennen, sondern können diese Frage nach bestem Wissen und Gewissen selber entscheiden. Gelangen wir dann ebenfalls zur Anerkennung der Existenz synthetischer Urteile a priori, so nicht, um mit Kant konform zu gehen, sondern weil uns ein selbständiger systematischer Prüfungsprozeß dazu veranlaßt.

C. Geschichte und Gegenwart

Ein besonders aufschlußreiches Beispiel für das bessere Durchschauen einer gegenwärtigen Situation dank der Einsicht in geschichtliche Zusammenhänge bietet das Sichzurechtfinden in einer *fremden Stadt.*

Wer mit einigem Geschichtsverständis eine normale europäische Stadt betritt, wird sich in ihr auch dann sehr bald orientieren können, wenn er sie noch nie gesehen hat – er braucht hierfür unter Umständen noch nicht einmal einen Stadtplan.

Eine europäische Stadt – soweit sie nicht vor kurzem erst aus einem Dorf entstanden oder eine Neugründung des 19. oder 20. Jahrhunderts ist – besteht nämlich aus einem mittelalterlichen oder frühneuzeitlichen Stadtkern, der von den „Gründer"-Vorstädten der zweiten Hälfte des 19. Jahrhunderts und weiter von den Siedlungen, Gartenvorstädten und Wohnvierteln unseres Jahrhunderts – bis hin zu den Trabantenstädten der Gegenwart – konzentrisch umgeben ist. Der alte Stadtkern ist sehr oft auf Anhieb dadurch zu erkennen, daß er entweder von einem mehr oder weniger kreisrunden, elliptischen oder bohnenförmigen Straßenzug, dem Überbleibsel einer mittelalterlichen Stadtumwallung, oder einer entsprechend geformten, nach außen oft sternförmig gezackten Grünanlage mit oder ohne Gewässer, einer ehemaligen Festungsanlage der letzten Jahrhunderte, umgeben ist.

Der Besucher kann ziemlich sicher sein, daß er innerhalb dieses Stadtkerns die meisten für ihn wichtigen Gebäude finden wird: die alten Kirchen und Profanbauten, die öffentlichen Gebäude, wie Rathaus, Landratsamt, Gerichte, Bezirks- oder Landesregierung, ferner wohl auch die großen Bankniederlassungen, die Warenhäuser, die besten Geschäfte und Lokale.

Der Hauptbahnhof der Stadt liegt in der Regel unmittelbar am Rande des alten Stadtkernes oder wenig davon entfernt. Im zweiten Falle hat sich zwischen dem Bahnhof und dem alten Stadtkern ein neueres Geschäftsviertel entwickelt, das viele der genannten Funktionen des Stadtkerns mit übernehmen kann. Das ist nur dadurch zu erklären, daß im 19. Jahrhundert einerseits die Eisenbahn (*nicht mehr* der Pferdewagen, *noch nicht* das Auto) das Hauptverkehrsmittel war und andererseits die „Stadt" zunächst noch lediglich aus dem alten Kern bestand, so daß jeder, der eine Stadt besuchte, zwangsläufig die Gegend zwischen Bahnhof und Innenstadt passieren mußte. Aus diesem Zusammenspiel zwischen Hauptbahnhof und Stadtkern allein erklärt sich schon weitgehend die „Struktur" einer uns fremden Stadt: das Zentrum des öffentlichen Verkehrs ist entweder der Bahnhofsvorplatz oder ein Platz in der Innenstadt.

Die historisch bedingte Struktur einer europäischen Stadt ist so prägnant, daß jemand, der historisches Fingerspitzengefühl besitzt, bei vielen Straßen schon am Namen ablesen kann, in welcher Gegend der Stadt sie sich befinden muß.

Eine „Bäckerstraße" oder „Schustergasse" ist mit Sicherheit in einem mittelalterlichen Stadtkern zu suchen, da diese Namen auf die zunftweise Niederlassung der Handwerker hinweisen. Eine Straße namens „Contrescarpe" ist im ehemaligen Festungsgelände, also knapp außerhalb des Stadtkernes zu finden. Eine „Augustastraße" wiederum dürfte wahrscheinlich eine Hauptstraße in einem zur „Gründerzeit" des 19. Jahrhunderts erbauten Viertel sein; denn Augusta hieß die Gemahlin des ersten Hohenzollernkaisers Wilhelms I., und daher wird man nach ihr eine in den ersten Jahren des Kaiserreiches von 1871 gebaute repräsentative Straße genannt haben. Auch die „Äußere Bayreuther Straße", die „Weender Landstraße", den „Engelbosteler Damm" oder die „Elbchaussee" wird man außerhalb des alten Stadtkernes suchen; außerdem wird es sich um verkehrsreiche Hauptstraßen handeln, an denen man nicht sehr ruhig schlafen oder wohnen wird, denn Bezeichnungen wie diese deuten auf alte Land- und heutige Ausfallstraßen hin.

Eine „Bebelstraße" werden wir in einer in den zwanziger Jahren, eine „Gorch-Fock-Straße" in einer in den dreißiger Jahren erbauten Siedlung vermuten, während eine „Thomas-Mann-Straße" erst nach 1945 entstehen konnte. Die „Celler Straße" in Hannover heißt so, weil sie nach Celle führt – denn beide Städte stehen in engen geographischen und historisch-politischen Beziehungen. Eine „Komotauer Straße" in einer westdeutschen Stadt hingegen kann nur in einer nach 1945 neugebauten Gegend liegen, da solche Bezeichnungen nicht auf „gewachsenen" Beziehungen beruhen, sondern Ausdruck der politischen Situation nach dem zweiten Weltkrieg sind.

Unsere Beispiele sollen zeigen, wie man sich der Geschichte aus ganz praktischen Belangen bedienen kann: eine „Hermeneutik der Straßennamen" ermöglicht es uns unter Umständen, ein wichtiges Geschäft schnell abzuwickeln oder uns unser Hotel richtig auszusuchen.

Einen charakteristischen Fall der Verwertung des hermeneutisch-geschichtlichen Bewußtseins für die Gegenwartspraxis bietet auch das „Bibliographieren", das heißt der genaue Nachweis von Büchertiteln, die zunächst nur ungefähr bekannt sind. Wie wir oben bereits an einigen Beispielen ausführten, hat der Bibliographie-Fachmann Hans Baer gezeigt, daß man Büchertitel – aufgrund eines in langem Umgang mit der Geistesgeschichte und mit Büchern aller Art erworbenen „Titelgefühls" – oft auf das Jahr genau, einfach aufgrund ihres Wortlautes, zu datieren vermag. So kann ein Buch *Bauern, Bonzen und Bomben* nur um 1930, ein Buch *Und führen, wohin du nicht willst* nur um 1950 erschienen sein. Baer bemerkt hierzu treffend:[14]

„Natürlich ist uns diese Tatsache im größeren, literarhistorischen Zusammenhang durchaus geläufig. Einen Barockromantitel von einem Romantikertitel zu unterscheiden bietet insgemein keine Schwierigkeiten. Doch daß die Lehre daraus auch auf die Gegenwart übertragen werden kann und dem Bibliographierenden in kniffligen Fällen gute Dienste zu leisten vermag, wird übersehen."

DRITTER TEIL

DIE DIALEKTIK

1. KAPITEL

WAS IST DIALEKTIK?

A. Dialektik als „interpretierender Dialog"

Wenn wir verstehen wollen, was „Dialektik" ist, so gehen wir am besten von der Grundbedeutung aus.

„Dialektik" kommt vom griechischen *dialégesthai* = sich unterreden. Mit demselben Wort hängt auch „Dialog" zusammen: „Dialektik" kann man also geradezu erklären als „Kunst, einen Dialog zu führen".

Hierdurch haben wir bereits eine wichtige Begriffsbestimmung gewonnen: „Dialektik" hat es mit der menschlichen *Rede* zu tun, sie scheint eine Erscheinung der Sprache zu sein. In unserer Terminologie können wir also auch sagen: „Dialektik" hat es zunächst mit *Aussagen* zu tun, und – vorsichtig ausgedrückt – nicht mit möglichen *Gegenständen* solcher Aussagen.

Verdeutlichen wir das an einem Beispiel. Das Beispiel selbst stammt in seiner Grundsubstanz von Theodor *Litt,* die spezielle Formulierung und Ausführung für unsere Zwecke von mir.[1]

Zwei Gesprächspartner, A und B, diskutieren über die *Erziehung* und wollen herausbekommen, was man unter Erziehung sinnvollerweise verstehen sollte. Zu diesem Zweck führen beide *Vergleiche* ein.

A sagt: „Die Erziehung ist mit der Tätigkeit des Bildhauers zu vergleichen. Der Erzieher ist der Bildhauer, und der zu Erziehende die Marmorfigur, die der Bildhauer nach seinen Ideen und nach seinem Willen formt."

B sagt: „Nein! Ich finde eher, die Erziehung ist mit dem Gartenbau zu vergleichen. Der Erzieher ist der Gärtner, und der zu Erziehende die Pflanze; denn der Erzieher kann mit dem Kind nicht machen, was er will, sondern nur durch richtige Pflege die Anlagen entwickeln, die in dem Kind bereits gegeben sind."

Nun diskutieren A und B über ihre Thesen. Dabei kommen sie zu diesem Ergebnis:

– Der Vergleich mit dem Bildhauer dürfte aus folgendem Grunde schief sein: Der Bildhauer ist gegenüber seinem Material weitgehend frei; er kann aus ihm gestalten, was er will. (Dabei sehen wir davon ab, daß im Werkstoff bestimmte – in der Materialstruktur liegende – Grenzen gegeben sind: so kann man zum Beispiel aus Marmor sicher keine Fäden formen.) Der Erzieher kann dagegen nicht aus jedem Kind beliebig alles machen, weil jede menschliche Person bestimmte Dispositionen bereits mitbringt.

– Der Vergleich mit dem Gärtner dagegen ist aus dem entgegengesetzten Grunde schief: der Gärtner kann wirklich nur die in einem Pflanzenkeim schon angelegten Dispositionen zur Entfaltung bringen. Er kann durch richtige Ernährung, Beheizung und sonstige Behandlung seiner Pflanzen wohl dafür sorgen, daß sie besonders wohlgeratene „Exemplare" ihrer Gattung werden – aber er kann die gegebenen Eigenschaften dieser Gattung nicht oder nur in geringem Maße beeinflussen. Auch das Kind bringt nun zwar, wie wir sahen, gewisse Dispositionen mit – aber diese Dispositionen bestimmen seine Entwicklung nicht so vollständig, wie das bei der Pflanze der Fall ist: vielmehr hat der Erzieher einen weiten Spielraum, ein Kind in irgendeiner Weise zu beeinflussen.

– Unsere beiden Gesprächspartner einigen sich daher etwa wie folgt:

Einerseits sind im zu erziehenden Menschen bestimmte Dispositionen gegeben. Der Erzieher kann daher nicht – wie der Bildhauer – aus jedem Menschen alles machen. Andererseits aber bieten diese gegebenen Dispositionen einen Spielraum, innerhalb dessen der Erzieher – anders als der Gärtner – die Eigenschaften des Individuums beeinflussen kann.

Was Erziehung ist, läßt sich also nur durch eine „Verschränkung" der Faktoren „Mitgebrachte Disposition" und „Erziehereinfluß" bestimmen.

Wohlgemerkt: es kommt uns bei diesem Beispiel nicht darauf an, ob die *Fragestellung* Theoder Litts angemessen und ob die – von ihm kunstvoll ausgebreitete – Lösung des Problems unseren heutigen Ansprüchen noch genügt (man könnte etwa einwenden: ob „Bildhauer" oder „Gärtner" – in jedem Fall wird der Erziehungsvorgang unzulässigerweise rein individualistisch gesehen, und so fort). Uns kann es ja nur darum gehen, zu erläutern, was man sich unter „Dialektik" vorzustellen hat. Und für diesen Zweck ist es sogar gut, wenn wir Litts Fragestellung und Vergleiche als „veraltet" empfinden. Denn genau dies verweist uns darauf, daß die Dialektik es mit *Interpretationen* von Sachverhalten im Medium menschlicher Rede zu tun hat – unabhängig davon, ob wir diese Interpretationen anerkennen oder nicht.

Wenn A sagt: „Der Erzieher ist ein Bildhauer!", und B sagt dagegen: „Nein, der Erzieher ist ein Gärtner!", und sie einigen sich dann in einem Gespräch auf eine Interpretation, die ihnen beiden annehmbar erscheint – dann ist es unerheblich, ob wir, die wir etwa dieses Gepräch nachträglich auf dem Tonband anhören, mit der ursprünglichen Fragestellung und der Lösung überhaupt einverstanden sind oder nicht.

Mit einem von uns nicht eingeführten, weil uns zu kompliziert und verfänglich erscheinenden (und daher auch in Anführungsstriche gesetzten) Ausdruck könnten wir sagen: die Dialektik bezieht sich nicht auf etwas *„Reales"*, sondern immer nur auf bestimmte *Aussagen,* die als solche in einem Dialog diskutiert werden.

Wie unser Beispiel zeigt, vollzieht sich die Dialektik immer in drei Schritten:

1. A behauptet etwas,
2. B behauptet etwas,
3. in der Diskussion wird nach einer gemeinsamen Lösung gesucht.

B. Thesis – Antithesis – Synthesis

Diese drei Schritte werden herkömmlicherweise[2] als „Thesis", „Antithesis" und „Synthesis" bezeichnet. Also:

1. „Thesis": „Der Erzieher ist ein Bildhauer."
2. „Antithesis": „Der Erzieher ist ein Gärtner."
3. „Synthesis': „Der Erzieher ist weder ein Bildhauer noch ein Gärtner. Vielmehr ist die Erziehung etwas, was nur in der Diskussion der beiden gegensätzlichen Thesen (Thesis und Antithesis) als ‚Verschränkung' der mit beiden Vergleichen gemeinten Sachverhalte zutagetreten kann.'

Die Tatsache, daß in allen drei Wörtern das Wort „Thesis" erscheint, ist ein deutlicher Hinweis darauf, daß es die Dialektik mit *Aussagen* zu tun hat. Denn das griechische Wort *thésis* (wörtlich: „Setzung") hat in der Philosophie die Bedeutung „Satz", „Lehrsatz", „Aussage" bekommen: *antíthesis* heißt daher „Gegenaussage", und *sýnthesis* hatte schon im klassischen Griechisch bezeichnenderweise auch die Bedeutung „Übereinkunft", „Verabredung", „Vertrag". Die *sprachliche* Bedeutung von *thésis* und seiner Komposita ist also unverkennbar.

Diese Feststellung ist deshalb so wichtig, weil wir heute in der Alltagssprache und der Sprache mancher Wissenschaftsdisziplinen diese Wörter auch in nichtsprachlicher Bedeutung benutzen. So sprechen wir zum Beispiel ganz unbefangen von dem „Gegensatz" zwischen Tag und Nacht, zwischen Sonne und Regen und so fort, ohne uns noch bewußt zu sein, daß ein „Gegensatz" (als Übersetzung von *antíthesis*) eigentlich nur eine *sprachliche Gegenäußerung* ist.

Freilich sprechen wir etwa in der Chemie von „Synthese" und meinen damit lediglich die Zusammenfügung von zwei Stoffen zu einem neuen: „synthetische Fasern" sind solche Textilien, die nicht auf natürlichem Wege aus pflanzlichen und tierischen Erzeugnissen (Flachs, Wolle u.ä.), sondern durch chemische Reaktionen in der Retorte gewonnen worden sind.

Dieses Mißverständnis, eine „Synthese" sei ein „realer", das heißt: außersprachlicher Vorgang, wird natürlich noch verstärkt, wenn man, auf der Suche nach Beispielen für den Vorgang der „Dialektik", etwa folgendes Beispiel aus der Chemie nimmt:

Das uns als gewöhnliches Kochsalz bekannte harmlose weiße kristallische Pulver ist, chemisch gesehen, Natriumchlorid, das heißt: eine Zusammensetzung (Verbindung) aus einem grünen, stechend riechenden, giftigen Gas: Chlor, und einem blendend weißen, sich bei Zimmertemperatur an offener Luft von selbst entzündenden Metall: Natrium.

Also: aus der „These" Chlor und der „Antithese" Natrium ergibt sich als „Synthese" das harmlose Kochsalz, das mit keinem seiner beiden etwas problematischen Elemente Ähnlichkeit besitzt. Was an diesem Beispiel besonders irre führt, das ist gerade das, was es so bestechend anschaulich zu machen scheint: daß in der „Synthese", dem Kochsalz, von „These" und „Antithese" äußerlich nichts mehr zu merken ist: wir haben zwei unter sich völlig verschiedene Stoffe A und B, die zu einem dritten, wiederum von beiden verschiedenen Stoff C zusammengesetzt werden. Genau das ist aber mit „Dialektik" nicht gemeint. In der Dialektik bestehen, wenn man so will, Ähnlichkeitsbeziehungen unter allen drei beteiligten Gliedern:

„These" und „Antithese" müssen sich in der Diskussion aufeinander beziehen lassen, es muß ein Gespräch zustandekommen können. Das ist nicht möglich bei Personen, die sich „nichts zu sagen" haben, deren Aussagen nicht aufeinander bezogen werden können.

Ferner hat erst recht die „Synthese" „Ähnlichkeit" sowohl mit der „These" als auch der „Antithese", weil sie ja in der Diskussion aus ihnen beiden entsteht.

Aus der Natur genommene Beispiele für die Dialektik müssen also immer prekär bleiben, weil sie die Tatsache verdunkeln, daß die Dialektik zunächst einmal ein Verhältnis von *Aussagen* untereinander ist.

Interessanterweise ist später Friedrich Engels, der Freund Marx', diesem Mißverständnis unterlegen: Er begründete eine „Dialektik der Natur",[3] aus deren philosophischen Schiefheiten sich dann der Leninismus-Stalinismus speiste.

Hiermit haben wir vorläufig klarzustellen versucht, was *ungefähr* man unter „Dialektik" zu verstehen hat.

Im weiteren Verfolg unserer Bemühungen stoßen wir nunmehr auf eine weitere Besonderheit der Dialektik: Ihre Bedeutung für die gegenwärtige Wissenschaftstheorie ist nur an ihrer *geschichtlichen Entwicklung* – oder vorsichtiger gesagt: durch die Betrachtung der *Autoren*, denen ihre heutige Gestalt und Bedeutung zu danken ist – zu zeigen und zu verstehen.

Natürlich hat *jede* der von uns besprochenen Methoden ihre genau angebbare und bei Bedarf detailliert darstellbare Geschichte. Das gilt für die Induktion wie für die Sprachanalyse, für die Hermeneutik wie für die Phänomenologie. Aber wir haben niemals die Notwendigkeit gespürt, diese Geschichte als solche zu unserem Gegenstand zu machen. Es gibt eine Sprachanalyse, eine Induktion, eine Phänomenologie, eine Hermeneutik. Alle diese Methoden haben ihre „Begründer" oder „Heroen" gehabt und wurden von zahlreichen produktiven Köpfen ausgebildet.

Aber sie können unabhängig von der Nennung eines einzelnen Verfassernamens, als systematische Zusammenhänge, dargestellt werden.

Bei der Dialektik ist das nicht möglich. Zwar haben wir bisher ebenfalls unser bewährtes Verfahren eingeschlagen, nur die Sache selbst, ohne viel Rücksicht auf historische Autoren, zu beschreiben.

Aber nunmehr sind wir an einem Punkt angelangt, an dem wir ohne Blick auf die Geschichte nicht mehr auskommen.

Die Dialektik ist nämlich von zwei ganz bestimmten Autoren entwickelt worden – als ihr höchstpersönliches Werk. An ihrer Person hängt, mit ihnen steht und fällt die Dialektik. Sie bedeuten für die Dialektik weit mehr, als etwa John Stuart Mill für die Induktion, Gottlob Frege für die Logik und Sprachphilosophie, Karl Friedrich Gauß für die heutige Mathematik, Edmund Husserl für die Phänomenologie oder Leopold von Ranke für den Historismus bedeuten.

Denn der Tatbestand „Dialektik" hängt unmittelbar an ihren sprachlichen Formulierungen, ohne deren genaue Beachtung die Zusammenhänge verfälscht werden.

Diese beiden Autoren sind Georg Wilhelm Friedrich *Hegel* (1770–1831) und Karl *Marx* (1818–1883).[4]

Wir stellen das zunächst ohne Wertung fest. Aber schon jetzt dürfen wir andeuten: genau in dieser Bindung an zwei bestimmte „Heilige" und deren „Bibeln", nämlich ihre mit allen Finessen der Editionstechnik in „reiner" Form rekonstruierten Schriften liegt die offensichtliche Schwäche der Dialektik, verstanden als wissenschaftliche Methode. Nach unserem bisherigen Verständnis von „wissenschaftlicher Methode" ist es schon etwas Seltsames, daß eine Methode, die doch losgelöst von bestimmten Personen angewendet werden können muß, so stark an bestimmte einmalige historische Figuren gebunden erscheint. Jedoch – diese Bemerkung geschehe hier zunächst „beiseite" – im Theaterflüstern.

2. KAPITEL

HEGEL

A. Das dialektische Schema in Hegels Werken

„Dialektik" bedeutet (wie wir schon sahen) ursprünglich „Kunst des Gespräches" und bekam dann auch (ähnlich wie „Rhetorik") den negativen Nebensinn des Leeren, Verfälschenden, Trügerischen.[1]

Erst Hegel gab der „Dialektik" einen neuen Sinn. Was bei Hegel Dialektik heißt, zeigt sich schon ganz handgreiflich: Die Schriften Hegels sind in der Regel nach einem durchgehenden Dreierschema aufgebaut. Das heißt: eine ganze Schrift besteht aus drei Teilen, jeder dieser Teile wieder aus drei Abschnitten, jeder dieser Abschnitte wiederum aus drei Unterabschnitten und so fort.

Als Beispiel geben wir das Inhaltsverzeichnis der „Enzyklopädie der philosophischen Wissenschaften":[2]

Erster Teil. Die Wissenschaft der Logik

Vorbegriff. A. . . . B. . . . C. . . .

Erste Abteilung. Die Lehre vom Sein

  A. Die Qualität
    a) Sein
    b) Dasein
    c) Fürsichsein
  B. Die Quantität
    a) Reine Quantität
    b) Quantum
    c) Grad
  C. Das Maß

Zweite Abteilung. Die Lehre vom Wesen

  A. Das Wesen als Grund der Existenz
    a) Die reinen Reflexionsbestimmungen

Das Inhaltsverzeichnis ist nicht vollständig wiedergegeben. Auslassungen von Untergliederungen sind durch Punkte hinter dem Gliederungsbuchstaben gekennzeichnet. Vom Dritten Teil, der Philosophie des Geistes, sind alle diejenigen Überschriften aufgeführt, die für Hegels Philosophie besonders wichtig sind.

Unsere Übersicht ist formal und inhaltlich interessant.

Formal zeigt sie die wirklich bis zum Exzeß getriebene Dreigliederung des gesamten Textes (einige wenige Abschnitte fügen sich nicht in das Schema; auch enthalten nicht immer parallele Abschnitte gleichermaßen Unterabschnitte).

Inhaltlich soll unser Beispiel auch eine Vorstellung von Hegels Terminologie geben. Mit Bedacht haben wir daher das Inhaltsverzeichnis gerade von Hegels „Enzyklopädie", eines kurzgefaßten „Grundrisses" seiner gesamten Philosophie, ausgewählt.

An wichtigen Einteilungen und Einzeltermini finden wir hier: die Großeinteilung der Philosophie in Logik, Naturphilosophie und Philosophie des Geistes;

in der „Logik" Termini wie Sein, Dasein, Fürsichsein;

in der Geistesphilosophie die berühmte Dreiteilung: subjektiver, objektiver, absoluter Geist;

die Einteilung der Lehre vom subjektiven Geist in Anthropologie, Phänomenologie und Psychologie;

die Phänomenologie des Geistes mit: Bewußtsein, Selbstbewußtsein, Vernunft;

die Einteilung des objektiven Geistes in Recht, Moralität und Sittlichkeit;

die Gliederung wiederum der Sittlichkeit in Familie, bürgerliche Gesellschaft und Staat;

endlich die Einteilung des absoluten Geistes in Kunst, Religion und Philosophie.

Es handelt sich hier um Gedankenverknüpfungen, zum Teil auch um Termini, die erst durch Hegel Eingang in die philosophische Diskussion fanden und daher auch in der Weiterentwicklung der Dialektik eine große Rolle spielen.

Schon unser Blick in ein Hegelsches Inhaltsverzeichnis verdeutlicht uns auf neue Weise, wie wenig es die Dialektik mit „Realverhältnissen", mit außersprachlichen Gegebenheiten zu tun hat. Denn offensichtlich sind Hegels in dialektischen Dreierschemata zusammengefaßte Termini als reine Interpretationsbegriffe zu verstehen.

Bewußtsein, Selbstbewußtsein, Vernunft – subjektiver, objektiver, absoluter Geist – das alles „gibt" es offensichtlich nicht in irgend einer „Wirklichkeit", sondern es ist von Hegel konstruiert worden, um etwas zu interpretieren.

Ähnliches gilt selbst für die – unserer naiven Auffassung nach – „konkreteren" Ausdrücke wie Recht, Moralität, Sittlichkeit – Familie, bürgerliche Gesellschaft, Staat – Kunst, Religion, Philosophie. Diese Wörter bezeichnen zwar lauter Gegenstände, die uns zweifellos vertrauter sind, als „Fürsichsein" oder „Bewußtsein" – aber ihre Zusammenordnung als solche, in eine Reihe, ein System, ein Schema, eine Gedankenbewegung ist offensichtlich weitgehend die Angelegenheit des Philosophen Hegel als eines Interpreten der Welt.

B. DIALEKTIK ALS SERPENTINE

Wenn wir uns nunmehr einigen Textbeispielen aus Hegels Schriften zuwenden, wird dieser Eindruck des Dialektischen als einer „Redeweise" noch deutlicher.

Wir zitierten bereits im Hermeneutik-Teil die Sätze, mit denen Hegel selbst seine Dreiheit von Logik, Naturphilosophie und Philosophie des Geistes erläutert:[3]

„I. Die Logik, die Wissenschaft der Idee an und für sich,

II. Die Naturphilosophie als die Wissenschaft der Idee in ihrem Anderssein,

III. Die Philosophie des Geistes, als der Idee, die aus ihrem Anderssein in sich zurückkehrt".

Als Nichtkenner Hegels verstehen wir von diesen Sätzen nicht sehr viel. Aus Wendungen wie „an und für sich", „Anderssein" und „in sich zurückkehren" können wir nur soviel entnehmen, daß Hegel hier den dialektischen Dreischritt als eine Art *Bewegung* von *Gedanken* auffaßt. Auch ein Gespräch kann man ja als eine solche Gedankenbewegung ansehen.

In der Tat sagt Hegel: „Das bewegende Prinzip des Begriffs [. . .] heiße ich die *Dialektik* [. . .]".[4]

Hegels Rede vom „Anderssein" und „in sich zurückkehren" läßt uns an ein anderes Beispiel denken.

Im Verlauf unserer wissenschaftlichen Arbeit lesen wir ein Buch A, das wir in bestimmter Weise verstehen oder auch noch nicht richtig verstehen. Dann lesen wir ein Buch B und darauf, vielleicht nach längerer Pause, wieder das Buch A. Plötzlich sehen wir dieses Buch A „mit ganz anderen Augen": die Lektüre des Buches B hat uns Perspektiven des Buches A eröffnet, die wir vorher nicht wahrgenommen hatten.

In diesem Falle wäre also die „Synthese" das „mit den Augen von B" gelesene Buch A. Der Hinzutritt von B bewirkt, daß wir A sozusagen auf höherer Stufe sehen: wir sind scheinbar am Ausgangspunkt wieder angelangt und doch anderswo. Ein bildlicher Vergleich hierfür wäre eine Serpentine oder eine Straße, die schraubenförmig um den ganzen Berg herumführt: wir stehen wieder am selben Punkt und doch woanders, nämlich eine „Etage" höher.

Auch einen Vergleich aus unserer Lebenspraxis können wir wählen (unter der Voraussetzung, daß wir uns vor dem Mißverständnis hüten, die Dialektik habe es mit „Realverhältnissen" zu tun): das „Anderssein" und „Zurückkehren" können wir an einem Menschen verdeutlichen, der – wie das auch und gerade in akademischen Berufen selbst heute noch häufig der Fall ist – lange Lehr- und Wanderjahre in fremden Städten, Ländern und sogar Erdteilen verbringt, aber in mittleren Jahren in seine Vaterstadt zurückkehrt: er lebt dann äußerlich wieder in den gleichen Verhältnissen wie in seiner Jugend, sieht sie aber mit anderen Augen: er ist einmal um den Berg gegangen, hinter dem andere Leute wohnen.

Hier zeigt sich aber gleich noch etwas anderes: der dialektische Fortgang ist prinzipiell unendlich. Denn es ist ja nicht gesagt, daß man nach einer Schraubendrehung einfach stehen bleibt – man kann sie unbegrenzt fortsetzen.

Greifen wir auf den Ausgangspunkt des Begriffs Dialektik zurück: die wissenschaftliche Diskussion.

Die Einigung, die zwei Gesprächspartner erzielen, ist ja nicht endgültig. Denn die neugewonnenen Einsichten werden sofort wieder in Frage gestellt – entweder von den Gesprächspartnern selber oder von Dritten, Außenstehenden. Auch das ist sehr handgreiflich zu verdeutlichen.

Im Vorwort vieler Bücher finden wir Sätze wie folgende: „Die Gedanken dieses Buches sind aus Diskussionen mit B erwachsen", das heißt: der Autor A hat mit seinem Freunde B diskutiert, so wie wir das dargestellt haben. Das Ergebnis dieser Diskussion, also die „Synthese" aus zwei ursprünglich in bestimmter Weise gegensätzlichen Aussagen oder Aussagenfolgen, wird in einem Buch schriftlich fixiert und gilt nunmehr, obwohl ursprünglich selber Ergebnis eines Gespräches, als die „einseitige" Äußerung eines einzelnen

Autors. Das heißt: die ehemalige „Synthese" wird im Fortgang der Diskussion selber wieder zur „These": sie wird durch Gegner in Form von „Antithesen" bestritten – sei es in mündlicher Diskussion, sei es in schriftlicher Auseinandersetzung. Hier kommt es nun zu neuen, gemeinsam akzeptierten Einsichten als einer „Synthese" und so fort.

Auch auf den Fall der „Schraubenbewegung" wäre diese Überlegung zu übertragen: Nachdem jemand das Buch A wiedergelesen hat, liest er ein Buch C, gewinnt dadurch weitere neue Einsichten und wird nun wiederum das Buch A mit neuem Gewinn lesen (ähnlich der Mann in seiner Heimatstadt, der eine zweite Weltreise unternimmt und danach als wiederum „Anderer" nach Hause kommt).

Das dialektische Schema ist daher darzustellen als eine Folge von Dreierschritten, in denen jedesmal die gewonnene Synthese die These für einen neuen Dreierschritt darstellt:

Oder, um die Tatsache besser darzustellen, daß A auf jeder Stufe verändert wiederkehrt:

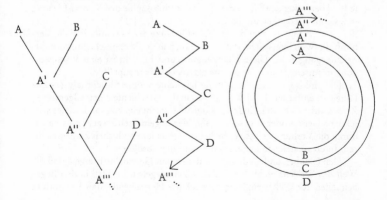

285

Es ist jedoch für unseren Zusammenhang nicht notwendig, das Schema der Dialektik weiter zu vertiefen.

Vielmehr wollen wir Hegels Anwendung der dialektischen Methode an zwei Punkten seiner Philosophie zeigen, die für uns wichtig sind: nämlich an seiner *Geschichts*philosophie und seiner *Gesellschafts*philosophie.

C. Hegels Geschichtsdialektik

Hegels *Geschichtsphilosophie* ist uns aus zwei Gründen wichtig: Einmal erhalten wir dadurch die Ergänzung unserer geschichtsphilosophischen Erörterungen des vorigen Teils, in denen wir Hegel – eben wegen der Einzigartigkeit seines Ansatzes – zunächst aussparen mußten, und zum anderen bietet Hegels Geschichtsphilosophie die ersten Grundlagen zum Verständnis der marxistischen Geschichtsauffassung, der wir uns später zuzuwenden haben werden.

Wir zitieren daher aus der Einleitung von Hegels „Vorlesungen über die Philosophie der Weltgeschichte", die unter dem (offensichtlich bereits bezeichnenden) Titel „Die Vernunft in der Geschichte" veröffentlicht worden ist.

„Ich will über den vorläufigen Begriff der Philosophie der Weltgeschichte [. . .] bemerken, daß [. . .] man [. . .] der Philosophie den Vorwurf macht, daß sie mit Gedanken an die Geschichte gehe [. . .]. Der einzige Gedanke, den sie mitbringt, ist aber der einfache Gedanke der Vernunft, daß die Vernunft die Welt beherrscht, daß es also auch in der Weltgeschichte vernünftig zugegangen ist. Diese Überzeugung und Einsicht ist eine Voraussetzung in Ansehung der Geschichte als solcher überhaupt."[5]

„Die philosophische Betrachtung hat keine andere Absicht, als das Zufällige zu entfernen. [. . .] Wir müssen in der Geschichte einen allgemeinen Zweck aufsuchen, den Endzweck der Welt, nicht einen besondern des subjektiven Geistes oder des Gemüts, ihn [den allgemeinen Zweck] müssen wir durch die Vernunft erfassen, die keinen besondern endlichen Zweck zu ihrem Interesse machen kann, sondern nur den absoluten."[6]

„Den Glauben und Gedanken muß man zur Geschichte bringen, daß die Welt des Wollens nicht dem Zufall anheimgegeben ist. Daß in den Begebenheiten der Völker ein letzter Zweck das Herrschende, daß Vernunft in der Weltgeschichte ist, [. . .] ist eine Wahrheit, die wir voraussetzen; ihr Beweis ist die Abhandlung der Weltgeschichte selbst: sie ist das Bild und die Tat der Vernunft."[7]

„Der Gesichtspunkt der philosophischen Weltgeschichte ist [. . .] nicht einer von vielen allgemeinen Gesichtspunkten, abstrakt herausgehoben, so daß von den andern abgesehen würde. Ihr geistiges Prinzip ist die Totalität aller Gesichtspunkte. Sie betrachtet das konkrete, geistige Prinzip der Völker und seine Geschichte und beschäftigt sich nicht mit einzelnen Situationen, sondern mit einem allgemeinen Gedanken, der sich durch das Ganze hindurchzieht. [. . .] Die Geschichte hat vor sich den konkretesten Gegenstand, der alle verschiedenen Seiten der Existenz in sich zusammenfaßt; ihr Individuum ist der Weltgeist. [. . .] Das Allgemeine [. . .] ist das unendlich Konkrete, das alles in sich faßt, das überall gegenwärtig ist, weil der Geist ewig bei sich ist [. . .]."[8]

Der eben zitierte Abschnitt ist auch bedeutsam für Hegels Verwendung der Termini „abstrakt" und „konkret". Der unbefangene Leser ist natürlich geneigt, Hegels Philosophie des „Weltgeistes" für ein Nonplusultra an „Abstrakt"heit zu halten; demgegenüber betont Hegel, daß das „Allgemeine" gerade das „unendlich Konkrete" sei.

Diese Feststellung ist deshalb wichtig, weil Marx und der Marxismus „abstrakt" und „konkret" in entsprechender Weise verwenden und man ihre Argumentationen daher nicht angemessen versteht, wenn man diese Interpretation der beiden Wörter nicht berücksichtigt. Wir werden im gegebenen Zusammenhang darauf zurückkommen.

„Die Volksgeister sind die Glieder in dem Prozesse, daß der Geist zur freien Erkenntnis seiner selbst komme. [. . .] Der Geist eines Volkes ist [. . .] zu betrachten als die Entwicklung des Prinzips, das in die Form eines dunkelen Triebes eingehüllt ist, der sich herausarbeitet, sich objektiv zu machen strebt. Ein solcher Volksgeist ist ein bestimmter Geist, ein konkretes Ganzes; er *muß* in seiner Bestimmtheit erkannt werden."[9]

Welche Rolle spielen nun aber die „großen Männer" in der Geschichte, wenn der „Geist" das eigentliche Prinzip der Geschichte ist?

„Es sind nun die großen welthistorischen Individuen, die solches höhere Allgemeine ergreifen und zu ihrem Zwecke machen, die den Zweck verwirklichen, der dem höhern Begriffe des Geistes gemäß ist."[10]

„Die welthistorischen Menschen [...] wissen [...] und wollen ihr Werk,
weil es an der Zeit ist. Es ist das, was im Innern schon vorhanden ist.
...Weil sie es [das Allgemeine] aus dem Innern schöpfen, ...scheinen sie es
bloß aus sich selbst zu schöpfen; und die neuen Weltverhältnisse, die Taten,
die sie hervorbringen, erscheinen als ihre Hervorbringungen, ihr Interesse
und ihr Werk. Aber sie haben das Recht auf ihrer Seite, denn sie sind die
Einsichtigen [...] und wissen am besten, um was es zu tun ist; und was sie
tun, ist das Rechte. Die Andern müssen ihnen gehorchen, weil sie das fühlen. [...] So sind die geschichtlich großen Individuen nur an ihrer Stelle zu
verstehen; und nur das ist das Bewunderungswürdige an ihnen, daß sie sich
zu Organen dieses [...] Geistes herausgebildet haben."[11]

„Jene Individuen [...] wußten [...], daß dies selbst, was sie wollten, das
Affirmative sei. [...] jenen welthistorischen Individuen zu widerstreben, ist
ein ohnmächtiges Unterfangen. Sie sind unwiderstehlich getrieben, ihr
Werk zu vollbringen."[12]

Sie sind „die Geschäftsführer eines Zwecks [...], der eine Stufe in dem
Fortschreitungsgange des allgemeinen Geistes bildet."[13]

„Man kann es die List der Vernunft nennen, daß sie die Leidenschaften
für sich wirken läßt [...]."[14]

Wie interpretiert Hegel nun die Weltgeschichte, wie sie tatsächlich abgelaufen ist?

[1.] „Das erste Zeitalter [...], worin wir den Geist betrachten, ist mit dem
Kindesgeiste zu vergleichen. Da herrscht die sogenannte Einheit des
Geistes mit der Natur, die wir in der orientalischen Welt finden. [...]

[2.] Das zweite Verhältnis des Geistes ist das der Trennung, der Reflexion
des Geistes in sich, das Heraustreten aus dem bloßen Gehorsam und
Zutrauen. Dieses Verhältnis spaltet sich in zwei. Das erste ist das Jüng-
lingsalter des Geistes [...]. Dieses ist die griechische Welt. Das andere
Verhältnis ist das des Mannesalters des Geistes [...]. Dieses ist die Rö-
merwelt. [...]

[3.] Viertens folgt dann das germanische Zeitalter, die christliche Welt.
Wenn man auch hier den Geist mit dem Individuum vergleichen könnte, so würde dieses Zeitalter das Greisenalter des Geistes heißen müssen. [...] Im christlichen Zeitalter ist der göttliche Geist in die Welt gekommen, hat in dem Individuum seinen Sitz genommen, das nun vollkommen frei ist, substanzielle Freiheit in sich hat. Dies ist die Versöhnung des subjektiven Geistes mit dem objektiven. [...] – Dieses alles
nun ist das Apriorische der Geschichte, dem die Erfahrung entsprechen
muß [!]. Diese Stufen sind die Grundprinzipien des allgemeinen Prozesses; wie aber jede innerhalb ihrer selbst wieder ein Prozeß ihres Ge-
staltens, wie die Dialektik ihres Überganges ist, dies Nähere ist der
Ausführung vorzubehalten."[15]

Nach unseren Zitaten können wir Hegels Geschichtsphilosophie also etwa wie folgt kurz zusammenfassen:

Das regierende Prinzip der Weltgeschichte ist der „Weltgeist".[16] Durch ihn wird der Ablauf der Geschichte bestimmt. Die handelnden Individuen sind lediglich seine „Geschäftsführer", die durch die „List der Vernunft", indem sie scheinbar ihre eigenen Zwecke verfolgen, dem Fortgang des Weltgeistes dienen; deshalb haben sie immer recht.

Die tatsächliche Geschichte interpretiert Hegel bildlich als „Lebenslauf" des Geistes mit Kindheit, Mannes- und Greisenalter. Hierbei sieht er zugleich wieder das dialektische Schema erfüllt: es gibt drei Zeitalter oder „Welten", die orientalische, die antike und die christliche Welt.

Damit die dialektische Dreiheit erhalten bleibt, werden griechische und römische Welt in einer Stufe zusammengefaßt. Das dritte, das christliche Zeitalter bringt „die Versöhnung des subjektiven Geistes mit dem objektiven" – womit die genaue Parallele zwischen dem Ablauf der Weltgeschichte und dem dialektischen Dreischritt der Hegelschen Geistesphilosophie (subjektiver, objektiver, absoluter Geist) erreicht ist.

Auf den ersten Blick ist Hegels Geschichtsinterpretation also nichts weiter als eine vor- und unhistorische Betrachtungsweise, die nicht jede Epoche „unmittelbar zu Gott" sein läßt, sondern einen „Fortschreitungsgang" nach bestimmten Gesichtspunkten annimmt. Ganz grob läßt sich Hegels Geschichtsphilosophie also unter die „Fortschrittstheorien" einreihen, das heißt also unter diejenigen Geschichtstheorien, die weder einen Abstieg der Geschichte zum immer Schlechteren noch eine zyklische Wiederkehr analoger Entwicklungen annehmen, sondern eine stetige „Verbesserung" des Weltzustandes. Diese „Verbesserung" liegt bei Hegel in dem Gedanken, daß im dialektischen Dreischritt die dritte Stufe die eigentlich vollkommene ist – wie das aus der Interpretation des „christlichen Zeitalters" durch Hegel ja deutlich herausklingt.

Natürlich zögern wir, Hegels gewaltigen Geschichtsentwurf so einzuordnen. Was uns so zögern läßt, ist das Bewußtsein dafür, daß diese Geschichtstheorie nur die Anwendung eines der tiefsinnigsten und genialsten allgemeinphilosophischen Denksysteme auf die Geschichte darstellt. Seine Konzeption der „Dialektik" und des

„Geistes" sind mit so banalen Etikettierungen wie „Fortschritts-theorie" nicht ausgeschöpft – in ihnen steckt ein philosophisches Potential, das weit über sein allerdings etwas naiv wirkendes Ge-schichtsschema hinausweist.

Und diese von uns hier nicht auslotbare Tiefe der Hegelschen Philosophie ist eben der Grund dafür, daß Hegel – über den Mar-xismus – eine so gewaltige und das Gesicht der Welt verwandelnde Wirkung ausüben konnte. Den Marxismus zu widerlegen, ist eben deshalb auch heute noch so unglaublich schwer, weil er sich klu-gerweise von vornherein des bestgearbeiteten und solidesten Werkzeuges versichert hat, dessen er habhaft werden konnte: der kaum zu bewältigenden Tiefe der Hegelschen Gedanken und Denkmethoden.

Man kann diesen Punkt gar nicht ernst genug nehmen. Denn diese Ahnherrschaft Hegels verschaffte dem marxistischen Denken von Anfang an ein Diskussionsniveau, wie es anspruchsvoller nicht vorzustellen ist. Die Affinität des Marxismus und damit der prole-tarischen Bewegung überhaupt zur „Wissenschaft" beruht letzten Endes auf dieser Verbindung zu Hegel. Sie erklärt auch, warum Marxisten mit Recht ungehalten sind, wenn sie wegen ihres „Tota-litarismus" mit dem Faschismus in einen Topf geworfen werden.[17] Denn dem Faschismus fehlt einfach der von Hegel bestimmte wis-senschaftliche Standard.

Das gilt unbeschadet der Tatsache, daß Hegel auch als Ahnherr faschistischer Ideen „entlarvt" worden ist.[18] Denn: was die *Faschi-sten* von Hegel übernommen haben, ist ja im Grunde nur das „Räuspern und Spucken": gewisse inhaltliche Momente seiner Philosophie, die das Obrigkeitliche, Preußische, Christliche beto-nen: „Die Andern müssen ihnen gehorchen" – so hieß es in einem von uns zitierten Satz. In vielem Inhaltlichen war Hegel ein Kind seiner Zeit. Aber wer Hegel liest, bemerkt ja, daß dieses Inhaltliche nicht allein wichtig ist – sondern daß es vor allem auf das „Forma-le", auf die ungeheure Kraft seines philosophischen Reflektierens ankommt.

Schon aus dem Inhaltsverzeichnis der „Enzyklopädie" ersahen wir, daß Hegel den dritten Schritt des „objektiven Geistes", nämlich die „Sittlichkeit", wiederum in die drei Schritte „die Familie", „die bürgerliche Gesellschaft", „der Staat" zerlegt.[19]

Diese dialektische Dreiteilung der „Sittlichkeit" nimmt Hegel in seiner „Philosophie des Rechts" wieder auf.[20]

Schon der Ausdruck „bürgerliche Gesellschaft" wirkt wie eine Vorwegnahme der Marxschen Geschichts- und Gesellschaftstheorie.[21] Hegels Ausführungen können diesen Eindruck nur bestätigen:

„Wenn die bürgerliche Gesellschaft sich in ungehinderter Wirksamkeit befindet, so ist sie innerhalb ihrer selbst in fortschreitender Bevölkerung und Industrie begriffen. – Durch die Verallgemeinerung des Zusammenhangs der Menschen durch ihre Bedürfnisse [...] vermehrt sich die Anhäufung der Reichtümer [...] auf der einen Seite, wie auf der anderen Seite die Vereinzelung und Beschränktheit der besonderen Arbeit und damit die Abhängigkeit und Not der an diese Arbeit gebundenen Klasse [...]."[22]

„Das Herabsinken einer großen Masse unter das Maß einer gewissen Subsistenzweise [...] und damit zum Verluste des Gefühls des Rechts [...] und der Ehre, durch eigene Tätigkeit und Arbeit zu bestehen, – bringt die Erzeugung des Pöbels hervor, die hinwiederum zugleich die größere Leichtigkeit, unverhältnismäßige Reichtümer in wenige Hände zu konzentrieren, mit sich führt."[23]

„Wird der reicheren Klasse die direkte Last aufgelegt, oder [...] wären in anderem öffentlichen Eigentum (reichen Hospitälern, Stiftungen, Klöstern) die direkten Mittel vorhanden, die der Armut zugehende Masse auf dem Stande ihrer ordentlichen Lebensweise zu erhalten, so würde die Subsistenz der Bedürftigen gesichert, ohne durch die Arbeit vermittelt zu sein, was gegen das Prinzip der bürgerlichen Gesellschaft und des Gefühls ihrer Individuen von ihrer Selbstständigkeit und Ehre wäre; – oder sie würde durch Arbeit (durch Gelegenheit dazu) vermittelt, so würde die Menge der Produktionen vermehrt, in deren Überfluß und dem Mangel der verhältnismäßigen selbst produktiven Konsumenten, gerade das Übel bestehet, das auf beide Weisen sich nur vergrößert. Es kommt hierin zum Vorschein, daß bei dem [= trotz des] Übermaße des Reichtums die bürgerliche Gesellschaft nicht reich genug ist, d. h. an dem ihr eigentümlichen Vermögen nicht genug besitzt, dem Übermaße der Armut und der Erzeugung des Pöbels zu steuern."[24]

„Durch diese ihre Dialektik wird die bürgerliche Gesellschaft über sich hinausgetrieben, [und zwar] zunächst diese bestimmte Gesellschaft, um außer ihr [außerhalb ihrer selbst] in anderen Völkern, die ihr an Mitteln, woran sie Überfluß hat, oder überhaupt an Kunstfleiß u.s.f. nachstehen, Konsumenten und damit die nötigen Subsistenzmittel zu suchen."[25]

In diesen vier erstaunlichen Paragraphen sind die wesentlichsten Züge der Marxschen Kapitalismuskritik bereits enthalten:

1. Die bürgerliche Gesellschaft häuft Reichtümer an, vergrößert dadurch aber die „Abhängigkeit und Not der an [...] Arbeit gebundenen Klasse".

2. Das Herabsinken dieser Masse unter das Existenzminimum erzeugt den Pöbel, also das Proletariat – was andererseits wieder die Konzentration der Reichtümer begünstigt.

3. Durch öffentliche Mittel könnte der Unterhalt der Bedürftigen ohne Arbeit gesichert werden; das aber ginge gegen das individualistische Prinzip der bürgerlichen Gesellschaft. Und dann dieser atemberaubende Satz, daß im Grunde „die bürgerliche Gesellschaft nicht reich genug ist", weil sie nämlich von ihren Voraussetzungen aus der Armut nicht steuern kann.

4. So wie die bürgerliche Gesellschaft beschaffen ist, muß sie sich den Weltmarkt erschließen. Hiermit beschreibt Hegel den „Kolonialismus" und den „Imperialismus" der zweiten Hälfte des 19. Jahrhunderts, der dann in der marxistischen Theorie eine so große Rolle spielen wird.

Allein diese beiden aus Hegels Denkgebäude herausgebrochenen Steine, die Philosophie der Weltgeschichte und die Dialektik der bürgerlichen Gesellschaft, vermögen die ungeheure Kraft der interpretierenden Aufschließung der Welt anzudeuten, durch die Hegel – sehr zu Recht und völlig begreiflicherweise – zunächst auf die Philosophie der ausgehenden ersten Hälfte des 19. Jahrhunderts und dann noch einmal – nach einer Periode des Vergessenseins – auf die Philosophie des 20. Jahrhunderts gewirkt hat. Und beide Male war es der Marxismus – zunächst Marx selbst, und später marxistische Philosophen –, der sich speziell der durch diese beiden Bausteine umschriebenen Hegelschen Geschichts- und Gesellschaftsphilosophie angenommen hat.

Nur von Hegel aus können wir Marx und den Marxismus verstehen – und wer weiß, was Hegel gesagt hat, der hat schon ein gut Teil dessen verstanden, was nunmehr Marx sagen wird.

3. KAPITEL

MARX

A. Das Kommunistische Manifest

Den besten Zugang zu Marx' Gedankenwelt bildet nach wie vor eine Lektüre des „Kommunistischen Manifestes" (oder, wie es eigentlich heißt, des „Manifestes der Kommunistischen Partei"), das (nach gemeinsamen Vorarbeiten durch Marx und Engels von Marx allein verfaßt) im Revolutionsjahr 1848 veröffentlicht wurde.[1] Diese Schrift faßt die wesentlichen Gedanken der marxistischen Philosophie zusammen. Wir können uns daher für unsere einführenden Zwecke ganz auf das Kommunistische Manifest konzentrieren und brauchen Auszüge aus anderen Schriften lediglich zur Verdeutlichung von Gedanken heranzuziehen, die auch im Kommunistischen Manifest schon angedeutet erscheinen.

Wir zitieren zunächst die wichtigsten Stellen aus dem Kommunistischen Manifest und versuchen, danach die entscheidenden Punkte herauszuheben.

„Die Geschichte aller bisherigen Gesellschaft ist die Geschichte von Klassenkämpfen.

Freier und Sklave, Patrizier und Plebejer, Baron und Leibeigener, Zunftbürger und Gesell, kurz, Unterdrücker und Unterdrückte standen in stetem Gegensatz zueinander, führten einen ununterbrochenen, bald versteckten, bald offenen Kampf, einen Kampf, der jedesmal mit einer revolutionären Umgestaltung der ganzen Gesellschaft endete oder mit dem gemeinsamen Untergang der kämpfenden Klassen.

In den früheren Epochen der Geschichte finden wir fast überall eine vollständige Gliederung der Gesellschaft in verschiedene Stände, eine mannigfaltige Abstufung der gesellschaftlichen Stellungen. Im alten Rom haben wir Patrizier, Ritter, Plebejer, Sklaven; im Mittelalter Feudalherren, Vasallen, Zunftbürger, Gesellen, Leibeigene, und noch dazu in fast jeder dieser Klassen wieder besondere Abstufungen.

Die aus dem Untergange der feudalen Gesellschaft hervorgegangene moderne bürgerliche Gesellschaft hat die Klassengegensätze nicht aufgehoben. Sie hat nur neue Klassen, neue Bedingungen der Unterdrückung, neue Gestaltungen des Kampfes an die Stelle der alten gesetzt.

Unsere Epoche, die Epoche der Bourgeoisie, zeichnet sich jedoch dadurch aus, daß sie die Klassengegensätze vereinfacht hat. Die ganze Gesellschaft spaltet sich mehr und mehr in zwei große feindliche Lager, in zwei große, einander direkt gegenüberstehende Klassen: Bourgeoisie und Proletariat."[2]

„Die Bourgeoisie hat in der Geschichte eine höchst revolutionäre Rolle gespielt.

Die Bourgeoisie, wo sie zur Herrschaft gekommen, hat alle feudalen, patriarchalischen, idyllischen Verhältnisse zerstört. Sie hat die buntscheckigen Feudalbande, die den Menschen an seinen natürlichen Vorgesetzten knüpften, unbarmherzig zerrissen und kein anderes Band zwischen Mensch und Mensch übriggelassen, als das nackte Interesse, als die gefühllose ‚bare Zahlung'. Sie hat die heiligen Schauer der frommen Schwärmerei, der ritterlichen Begeisterung, der spießbürgerlichen Wehmut in dem eiskalten Wasser egoistischer Berechnung ertränkt. Sie hat die persönliche Würde in den Tauschwert aufgelöst und an die Stelle der zahllosen verbrieften und wohlerworbenen Freiheiten die eine gewissenlose Handelsfreiheit gesetzt. Sie hat, mit einem Wort, an die Stelle der mit religiösen und politischen Illusionen verhüllten Ausbeutung die offene, unverschämte, direkte, dürre Ausbeutung gesetzt.

Die Bourgeoisie hat alle bisher ehrwürdigen und mit frommer Scheu betrachteten Tätigkeiten ihres Heiligenscheins entkleidet. Sie hat den Arzt, den Juristen, den Pfaffen, den Poeten, den Mann der Wissenschaft in ihre bezahlten Lohnarbeiter verwandelt. Die Bourgeoisie hat dem Familienverhältnis seinen rührend-sentimentalen Schleier abgerissen und es auf ein reines Geldverhältnis zurückgeführt."[3]

„Die Bourgeoisie kann nicht existieren, ohne die Produktionsinstrumente, also die Produktionsverhältnisse, also sämtliche gesellschaftlichen Verhältnisse fortwährend zu revolutionieren. Unveränderte Beibehaltung der alten Produktionsweise war dagegen die erste Existenzbedingung aller früheren industriellen Klassen. Die fortwährende Umwälzung der Produktion, die ununterbrochene Erschütterung aller gesellschaftlichen Zustände, die ewige Unsicherheit und Bewegung zeichnet die Bourgeoisepoche vor allen früheren aus. Alle festen eingerosteten Verhältnisse mit ihrem Gefolge von altehrwürdigen Vorstellungen und Anschauungen werden aufgelöst, alle neugebildeten veralten, ehe sie verknöchern können. Alles Ständische und Stehende verdampft, alles Heilige wird entweiht, die Menschen sind endlich gezwungen, ihre Lebensstellung, ihre gegenseitigen Beziehungen mit nüchternen Augen anzusehen."[4]

„Die Bourgeoisie hat in ihrer kaum hundertjährigen Klassenherrschaft massenhaftere und kolossalere Produktionskräfte geschaffen als alle vergangenen Generationen zusammen. Unterjochung der Naturkräfte, Maschinerie, Anwendung der Chemie auf Industrie und Ackerbau, Dampfschiffahrt, Eisenbahnen, elektrische Telegraphen, Urbarmachung ganzer Weltteile, Schiffbarmachung der Flüsse, ganze aus dem Boden hervorgestampfte Bevölkerungen – welch früheres Jahrhundert ahnte, daß solche Produktionskräfte im Schoß der gesellschaftlichen Arbeit schlummerten.

Wir haben aber gesehen: Die Produktions- und Verkehrsmittel, auf deren Grundlage sich die Bourgeoisie heranbildete, wurden in der feudalen Gesellschaft erzeugt. Auf einer gewissen Stufe der Entwicklung dieser Produktions- und Verkehrsmittel entsprachen die Verhältnisse, worin die feudale Gesellschaft produzierte und austauschte, die feudale Organisation der Agrikultur und Manufaktur, mit einem Wort die feudalen Eigentumsverhältnisse den schon entwickelten Produktivkräften nicht mehr. Sie hemmten die Produktion, statt sie zu fördern. Sie verwandelten sich in ebenso viele Fesseln. Sie mußten gesprengt werden, sie wurden gesprengt.

An ihre Stelle trat die freie Konkurrenz mit der ihr angemessenen gesellschaftlichen und politischen Konstitution, mit der ökonomischen und politischen Herrschaft der Bourgeoisklasse.

Unter unsern Augen geht eine ähnliche Bewegung vor. Die bürgerlichen Produktions- und Verkehrsverhältnisse, die bürgerlichen Eigentumsverhältnisse, die moderne bürgerliche Gesellschaft, die so gewaltige Produktions- und Verkehrsmittel hervorgezaubert hat, gleicht dem Hexenmeister, der die unterirdischen Gewalten nicht mehr zu beherrschen vermag, die er heraufbeschwor. Seit Dezennien ist die Geschichte der Industrie und des Handels nur noch die Geschichte der Empörung der modernen Produktivkräfte gegen die modernen Produktionsverhältnisse, gegen die Eigentumsverhältnisse, welche die Lebensbedingungen der Bourgeoisie und ihrer Herrschaft sind. Es genügt, die Handelskrisen zu nennen, welche in ihrer periodischen Wiederkehr immer drohender die Existenz der ganzen bürgerlichen Gesellschaft in Frage stellen. In den Handelskrisen wird ein großer Teil nicht nur der erzeugten Produkte, sondern sogar der bereits geschaffenen Produktivkräfte regelmäßig vernichtet. In den Krisen bricht eine gesellschaftliche Epidemie aus, welche allen früheren Epochen als ein Widersinn erschienen wäre – die Epidemie der Überproduktion. Die Gesellschaft findet sich plötzlich in einen Zustand momentaner Barbarei zurückversetzt; eine Hungersnot, ein allgemeiner Vernichtungskrieg scheinen ihr alle Lebensmittel abgeschnitten zu haben; die Industrie, der Handel scheinen vernichtet, und warum? Weil sie zuviel Zivilisation, zuviel Lebensmittel, zuviel Industrie, zuviel Handel besitzt. Die Produktivkräfte, die ihr zur Verfügung stehen, dienen nicht mehr zur Beförderung der bürgerlichen Zivilisation und der bürgerlichen Eigentumsverhältnisse; im Gegenteil, sie sind zu gewaltig für diese Verhältnisse geworden, sie werden von ihnen gehemmt; und sobald sie dies Hemmnis überwinden, bringen sie die ganze bürgerliche Gesellschaft in Unordnung, gefährden sie die Existenz des bürgerlichen Eigentums. Die bürgerlichen Verhältnisse sind zu eng geworden, um den von ihnen erzeugten Reichtum zu fassen. – Wodurch überwindet die Bourgeoisie die Krisen? Einerseits durch die erzwungene Vernichtung einer Masse von Produktivkräften; andererseits durch die Eroberung neuer Märkte und die gründlichere Ausbeutung der alten Märkte. Wodurch also? Dadurch, daß sie allseitigere und gewaltigere Krisen vorbereitet und die Mittel, den Krisen vorzubeugen, vermindert."⁵

„Die Waffen, womit die Bourgeoisie den Feudalismus zu Boden geschlagen hat, richten sich jetzt gegen die Bourgeoisie selbst.

Aber die Bourgeoisie hat nicht nur die Waffen geschmiedet, die ihr den Tod bringen; sie hat auch die Männer erzeugt, die diese Waffen führen werden – die modernen Arbeiter, die *Proletarier*. In demselben Maße, worin sich die Bourgeoisie, d. h. das Kapital, entwickelt, in demselben Maße entwickelt sich das Proletariat, die Klasse der modernen Arbeiter, die nur so lange leben, als sie Arbeit finden, und die nur so lange Arbeit finden, als ihre Arbeit das Kapital vermehrt. Diese Arbeiter, die sich stückweis verkaufen müssen, sind eine Ware wie jeder andere Handelsartikel und daher gleichmäßig allen Wechselfällen der Konkurrenz, allen Schwankungen des Marktes ausgesetzt.

Die Arbeit der Proletarier hat durch die Ausdehnung der Maschinerie und die Teilung der Arbeit allen selbständigen Charakter und damit allen Reiz für den Arbeiter verloren. Er wird ein bloßes Zubehör der Maschine, von dem nur der einfachste, eintönigste, am leichtesten erlernbare Handgriff verlangt wird. Die Kosten, die der Arbeiter verursacht, beschränken sich daher fast nur auf die Lebensmittel, die er zu seinem Unterhalt und zur Fortpflanzung seiner Race bedarf. Der Preis einer Ware, also auch der Arbeit, ist aber gleich ihren Produktionskosten. In demselben Maße, in dem die Widerwärtigkeit der Arbeit wächst, nimmt daher der Lohn ab."⁶

„Die bisherigen kleinen Mittelstände, die kleinen Industriellen, Kaufleute und Rentiers, die Handwerker und Bauern, alle diese Klassen fallen ins Proletariat hinab, teils dadurch, daß ihr kleines Kapital für den Betrieb der großen Industrie nicht ausreicht und der Konkurrenz mit den größeren Kapitalisten erliegt, teils dadurch, daß ihre Geschicklichkeit von neuen Produktionsweisen entwertet wird. So rekrutiert sich das Proletariat aus allen Klassen der Bevölkerung."⁷

„Die Mittelstände, der kleine Industrielle, der kleine Kaufmann, der Handwerker, der Bauer, sie alle bekämpfen die Bourgeoisie, um ihre Existenz als Mittelstände vor dem Untergang zu sichern. Sie sind also nicht revolutionär, sondern konservativ. Noch mehr, sie sind reaktionär, denn sie suchen das Rad der Geschichte zurückzudrehen. Sind sie revolutionär, so sind sie es im Hinblick auf den ihnen bevorstehenden Übergang ins Proletariat, so verteidigen sie nicht ihre gegenwärtigen, sondern ihre zukünftigen Interessen, so verlassen sie ihren eigenen Standpunkt, um sich auf den des Proletariats zu stellen."⁸

„Aber mit der Entwicklung der Industrie vermehrt sich nicht nur das Proletariat; es wird in größeren Massen zusammengedrängt, seine Kraft wächst, und es fühlt sie mehr. [...] immer mehr nehmen die Kollisionen zwischen dem einzelnen Arbeiter und dem einzelnen Bourgeois den Charakter von Kollisionen zweier Klassen an. [...] Stellenweis bricht der Kampf in Emeuten [= Meutereien] aus.

Von Zeit zu Zeit siegen die Arbeiter, aber nur vorübergehend. Das eigentliche Resultat ihrer Kämpfe ist nicht der unmittelbare Erfolg, sondern die immer weiter um sich greifende Vereinigung der Arbeiter. Sie wird befördert durch die wachsenden Kommunikationsmittel, die von der großen Industrie erzeugt werden und die Arbeiter der verschiedenen Lokalitäten miteinander in Verbindung setzen. Es bedarf aber bloß der Verbindung, um die vielen Lokalkämpfe von überall gleichem Charakter zu einem nationalen, zu einem Klassenkampfe zu zentralisieren. Jeder Klassenkampf aber ist ein politischer Kampf. Und die Vereinigung, zu der die Bürger des Mittelalters mit ihren Vizinalwegen Jahrhunderte bedurften, bringen die modernen Proletarier mit den Eisenbahnen in wenigen Jahren zustande.

Diese Organisation der Proletarier zur Klasse, und damit zur politischen Partei, wird jeden Augenblick wieder gesprengt durch die Konkurrenz unter den Arbeitern selbst."[9]

„Die Lebensbedingungen der alten Gesellschaft sind schon vernichtet in den Lebensbedingungen des Proletariats. Der Proletarier ist eigentumslos; sein Verhältnis zu Weib und Kindern hat nichts mehr gemein mit dem bürgerlichen Familienverhältnis; die moderne industrielle Arbeit, die moderne Unterjochung unter das Kapital, dieselbe wie in England wie in Frankreich, in Amerika wie in Deutschland, hat ihm allen nationalen Charakter abgestreift. Die Gesetze, die Moral, die Religion sind für ihn ebenso viele bürgerliche Vorurteile, hinter denen sich ebenso viele bürgerliche Interessen verstecken."[10]

„Indem wir die allgemeinsten Phasen der Entwicklung des Proletariats zeichneten, verfolgten wir den mehr oder minder versteckten Bürgerkrieg innerhalb der bestehenden Gesellschaft bis zu dem Punkt, wo er in eine offene Revolution ausbricht und durch den gewaltsamen Sturz der Bourgeoisie das Proletariat seine Herrschaft begründet."[11]

Hierzu (aus der Kritik des Gothaer Programms):

„Zwischen der kapitalistischen und der kommunistischen Gesellschaft liegt die Periode der revolutionären Umwandlung der einen in die andre. Der entspricht auch eine politische Übergangsperiode, deren Staat nichts andres sein kann als die revolutionäre Diktatur des Proletariats."[12]

„Sind im Laufe der Entwicklung die Klassenunterschiede verschwunden und ist alle Produktion in den Händen der assoziierten Individuen konzentriert, so verliert die öffentliche Gewalt den politischen Charakter. Die politische Gewalt im eigentlichen Sinn ist die organisierte Gewalt einer Klasse zur Unterdrückung einer andern. Wenn das Proletariat im Kampfe gegen die Bourgeoisie sich notwendig zur Klasse vereint, durch eine Revolution sich zur herrschenden Klasse macht und als herrschende Klasse gewaltsam die alten Produktionsverhältnisse aufhebt, so hebt es mit diesen Produktionsverhältnissen die Existenzbedingungen des Klassengegensatzes, der Klassen überhaupt, und damit seine eigene Herrschaft als Klasse auf.

An die Stelle der alten bürgerlichen Gesellschaft mit ihren Klassen und Klassengegensätzen tritt eine Assoziation, worin die freie Entwicklung eines jeden die Bedingung für die freie Entwicklung aller ist."[13]

Und (wieder aus der Kritik des Gothaer Programms): „[. . .] Mißstände sind unvermeidbar in der ersten Phase der kommunistischen Gesellschaft, wie sie eben aus der kapitalistischen Gesellschaft nach langen Geburtswehen hervorgegangen ist. Das Recht kann nie höher sein als die ökonomische Gestaltung und dadurch bedingte Kulturentwicklung der Gesellschaft.

In einer höheren Phase der kommunistischen Gesellschaft, nachdem die knechtende Unterordnung der Individuen unter die Teilung der Arbeit, damit auch der Gegensatz geistiger und körperlicher Arbeit verschwunden ist; nachdem die Arbeit nicht nur Mittel zum Leben, sondern selbst das erste Lebensbedürfnis geworden; nachdem mit der allseitigen Entwicklung der Individuen auch ihre Produktivkräfte gewachsen und alle Springquellen des genossenschaftlichen Reichtums voller fließen – erst dann kann der enge bürgerliche Rechtshorizont ganz überschritten werden und die Gesellschaft auf ihre Fahnen schreiben: Jeder nach seinen Fähigkeiten, jedem nach seinen Bedürfnissen!"[14]

Aus diesen – möglichst repräsentativ ausgewählten – Ausschnitten einer repräsentativen Marxschen Schrift ergeben sich die Grundgedanken des klassischen Marxismus, knapp skizziert, etwa wie folgt:

1. Die Geschichte wird interpretiert als die Geschichte von Klassenkämpfen.
2. Die Geschichte hat mehrere Epochen durchlaufen, in denen die Klassenkampfsituation jeweils eine andere war. Zu unterscheiden sind: die Epoche der Sklaverei, die Feudalzeit und die Epoche der Bourgeoisie.
3. In dieser bisher letzten, gegenwärtigen Epoche haben sich die Klassengegensätze vereinfacht: Nur zwei Klassen, Bourgeoisie und Proletariat, stehen einander gegenüber.

Kennzeichnend für Marx' feines Geschichtsverständnis ist, daß die Bourgeoisie für ihn nicht einfach ein „Buhmann" ist. Ihre Stellung wird vielmehr relativiert: sie hat selbst ihre Zeit gehabt;

sie hat in bezug auf das Feudalzeitalter revolutionär gewirkt, und sie lebt weiterhin davon, „sämtliche gesellschaftlichen Verhältnisse fortwährend zu revolutionieren". „Veränderung" und „Revolution" betrachtet also auch Marx keineswegs als Tätigkeit, die etwa dem Proletariat vorbehalten seien.

4. Marx interpretiert die Wirtschaftsgeschichte als einen Konflikt zwischen den „Produktionsverhältnissen" und den „Produktivkräften". Die Produktionsverhältnisse sind die gegebenen rechtlichen und sozialen Ordnungen, die Produktivkräfte dagegen die lebendige Initiative der Menschen, die Neues schaffen wollen.

In diesem Sinne wurden zunächst die Produktivkräfte der Bourgeoisie durch die Produktionsverhältnisse des Feudalzeitalters gehemmt; diese mußten daher gesprengt werden. Und nun zeigt sich das gleiche Verhältnis auf der nächsten Stufe: die bourgeoisen Produktionsverhältnisse hemmen wiederum die Produktivkräfte – und diese Produktivkräfte werden repräsentiert durch den Proletarier, den Industriearbeiter, der seine Arbeitskraft wie eine Ware verkaufen muß.

5. Die zunächst vereinzelten Proletarier solidarisieren sich allmählich zu einer Klasse, und das heißt: zur politischen Partei (aus welcher Marxschen Gleichsetzung der sowjetische Marxismus seine Rechtfertigung beziehen wird).

6. Durch die Krise der Bourgeoisie und die Erstarkung des Proletariates kommt es schließlich zur Revolution: das Proletariat „begründet seine Herrschaft", wie Marx im Manifest noch zurückhaltend sagt: später, in der Kritik des Gothaer Programms, heißt es dann: „revolutionäre Diktatur des Proletariats".

7. Diese Diktatur des Proletariats ist eine unerfreuliche, aber unvermeidbare „Übergangsperiode", denn es liegt auf der Hand, daß die Zustände der kapitalistischen Gesellschaft nicht von heute auf morgen verschwinden können.

Daher besteht die kommunistische Gesellschaft aus zwei Phasen; einer Übergangsphase (die man später „sozialistische" Gesellschaft nennen wird) und der zweiten Phase der eigentlichen kommunistischen Gesellschaft, in der dann das Prinzip gilt: „Jeder nach seinen Fähigkeiten, jedem nach seinen Bedürfnissen!" Wir sehen: in der Marxschen Lehre finden sich bereits alle wichtigen Motive des späteren ausgebauten Marxismus beisammen.

Im Zentrum von Marx' Denken, wie es sich im „Manifest" darstellt, steht ersichtlich die Geschichtsphilosophie: der „Marxismus" ist eine Geschichtsinterpretation, aus der sich alle Folgerungen wie von selbst ergeben.

Marx kennt, wie Hegel, eine Abfolge von Geschichtsepochen. Bei Marx sind es vier: die Sklavengesellschaft, das Feudalzeitalter, die Epoche der Bourgeoisie (oder der Kapitalismus), und schließlich die klassenlose Gesellschaft.

Die Rolle der Dialektik hingegen ist eine andere als bei Hegel. Diese Tatsache beschäftigt uns weniger in dem Sinne, daß nach üblicher Auffassung Hegel „Idealist" und Marx „Materialist" gewesen sein soll; das heißt, daß für Hegel der Weltgeist und für Marx die ökonomischen Verhältnisse maßgebend waren.[15] Eine solche Idealismus-Materialismus-Diskussion kann in unserem Rahmen nur in die Irre führen. Denn im Zusammenhang unserer Wissenschaftstheorie haben wir keine Veranlassung, uns mit Wörtern wie „Idealismus" und „Materialismus" überhaupt zu befassen und sie zu definieren; uns geht es hier lediglich um die „Dialektik" als wissenschaftliche Methode.[16]

Wenn wir daher nach der Rolle der Dialektik bei Hegel und bei Marx fragen, so interessiert uns nur die Rolle, die die Dialektik im Verhältnis zur Geschichte spielt.

Bei Hegel bedeutet „Dialektik" in der Geschichte etwa: die Geschichte besteht in einer Abfolge von drei Zeitaltern, die die Glieder eines dialektischen Dreischrittes darstellen; dieser Dreischritt ist gleichzeitig der des „Geistes" als subjektiven, objektiven und absoluten Geistes.[17]

Bei Marx hingegen bilden nicht unmittelbar die Geschichtsepochen selbst die Schritte der dialektischen Bewegung. Sondern: die jeweiligen gesellschaftlich-ökonomischen Konflikte jeder Epoche werden in gewisser Weise parallel gesehen, und erst die Eigenart und die Ergebnisse dieser jeweils analogen Auseinandersetzungen stellen die Dialektik der Geschichte dar.

Das ist folgendermaßen zu verstehen. Jede Epoche ist durch Klassenkämpfe gekennzeichnet. In jeder Epoche gibt es einen

Konflikt zwischen Produktionsverhältnissen und Produktivkräften, und die Lösung dieses Konfliktes bietet jeweils die neue Epoche: Aus dem Konflikt beider Faktoren in der Feudalzeit entstand der Kapitalismus – und aus dem gleichen Konflikt im Kapitalismus entsteht schließlich die klassenlose Gesellschaft. Wir können also sagen: im Sinne des dialektischen Schemas bringt die neue Epoche die Synthese, die aus den Antithesen der alten Epoche entsteht und selbst wieder zur These auf der neuen Stufe wird – indem nämlich der Ausgleich zwischen den Produktionsverhältnissen und den Produktivkräften der vorigen Epoche zu den ihrerseits wieder ausgleichsbedürftigen Produktionsverhältnissen der nächsten Epoche wird.[18]

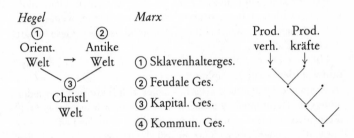

Unsere Zeichnung läßt es sehr anschaulich erkennen: bei Hegel sind die Zeitalter selbst die Glieder der Dialektik, bei Marx dagegen sind die Epochen lediglich die Stufen, auf denen sich jeweils die Dialektik vollzieht.

Bei Hegels wie bei Marx' Geschichtsphilosophie fällt uns nun eines auf: sie sind in sich abgeschlossen. In einem bestimmten Augenblick muß die Geschichte aufhören, weil das Schema eine Fortsetzung nicht vorsieht.

Bei Hegel ist das die Gegenwart. Das christliche Zeitalter ist als letztes Stadium der Dialektik notwendigerweise Abschluß der Geschichte: „der Geist kehrt zurück zu seinen Begriffen" – etwas anderes kann er nun offensichtlich nicht mehr tun, seine dialektische Bewegung ist unwiderruflich zu Ende. Hegels Geschichtsphilosophie ist eine Geschichtsphilosophie ohne Zukunft.[19]

Den gleichen Mangel weist nun aber auch – bei näherer Beleuchtung – Marx' Geschichtskonstruktion auf.

Zwar: eine „Geschichtsphilosophie ohne Zukunft" ist Marx' Lehre keineswegs. Im Gegenteil: bei ihm ist ja alles auf die Zukunft ausgerichtet. Denn diese Zukunft ist die klassenlose proletarische Gesellschaft, die aus der gegenwärtigen kapitalistischen Gesellschaft durch die proletarische Revolution entstehen soll. Aber: diese zukünftige klassenlose Gesellschaft *soll die letzte Stufe*, die letzte Epoche der Geschichte bilden! *Danach* soll *nichts Neues* mehr kommen können.

Das ist nun allerdings auffällig. Denn wenn wir davon ausgehen, daß der Mensch und seine Gesellschaft in die Zukunft hin grundsätzlich *offen* sind, dann kann es offenbar auch keinen Abschluß der Geschichte, kein endgültig letztes Zeitalter geben. Dann muß sich ja der Mensch in unvorhersehbarer Weise immer weiter wandeln können, dann kann unmöglich eine klassenlose Gesellschaft das letzte Ziel sein.

Hier steckt ersichtlich ein Widerspruch in Marx' Geschichtskonzept, der es zur Metaphysik stempelt.

Wenn die Dialektik gesellschaftlicher Konflikte immer wieder neue Geschichtsepochen aus sich heraustreibt – warum soll dann dieser Prozeß nicht grundsätzlich unendlich sein, das heißt: beliebig viele Glieder haben? Warum soll dann ausgerechnet mit der vierten Epoche, der proletarischen, Schluß sein?

Natürlich hat Marx darauf eine einfache Antwort parat: Klassenkämpfe kann es nur solange geben, wie es Klassen gibt. Da es in der klassenlosen Gesellschaft aber keine Klassen mehr gibt, muß die Dialektik hier zum Stillstand kommen, wie ein Elektromotor, wenn man den Stecker aus der Wand zieht. Gerade weil die Geschichte durch Klassenkämpfe definiert ist, muß sie sich selbst aufheben, wenn es keine Klassen und damit keine Klassenkämpfe mehr gibt.

Die marxistische Geschichtsinterpretation geht also von folgenden Voraussetzungen aus:

1. Man kann die Geschichte als Folge von Klassenkämpfen verstehen.

2. Der Kampf zwischen Bourgeoisie und Proletariat ist der letzte Klassenkampf in der Geschichte. Danach kann es keine Klassen-

kämpfe mehr geben, sondern nur noch eine klassenlose Gesellschaft.

3. In der klassenlosen Gesellschaft ist der Mensch wunschlos glücklich; sein Streben nach Veränderung der gegebenen gesellschaftlichen Verhältnisse hat damit aufgehört.

Der Marxismus hat den großen Vorzug, daß er von hochintelligenten Leuten vertreten wird, und daß er innerhalb seiner Voraussetzungen äußerst scharfsinnige Argumentationen ermöglicht. Aber mit allen anderen Weltanschauungen, Glaubenslehren und Doktrinen hat der Marxismus gemeinsam, daß man seine Voraussetzungen akzeptieren muß, wenn man sich mit ihm identifizieren will.

Alle noch so scharfsinnigen Einzelschlüsse werden hinfällig, wenn ihre Grundlage, der Glaube an den Marxismus als an die einzig richtige Interpretation der Geschichte, erschüttert wird.

Wir können daher den drei Thesen der marxistischen Geschichtsinterpretation drei Fragen gegenüberstellen:

1. Warum *muß* man die Geschichte als Folge von Klassenkämpfen deuten? Zwar haben wir gesehen, daß die Interpretation geschichtlicher Gegebenheiten nicht einfach willkürlich ist, sondern sich in gewisser Weise zwingend aus der „Logik der Hermeneutik", der Nötigung, geschichtliche Befunde in bestimmter und nicht beliebiger Weise auszulegen, ergibt. Insofern könnte man der Meinung sein, daß die Marxsche Auslegung der Geschichte sich hermeneutisch an den Zeugnissen nachweisen lassen können müßte.

Nun entsteht aber folgendes Dilemma. Die Hermeneutik der Geschichte geht, wie wir sahen, gerade von der Voraussetzung aus, daß man der Geschichte *unbefangen* gegenübertreten muß – daß sich die Interpretation an das halten muß, was aus den Zeugnissen als „Geist der Zeit" herausgeholt werden kann.

In diesem Sinne sind viele der genialen Deutungen der Geschichte, die sich etwa in den von uns zitierten Ausführungen des Kommunistischen Manifestes finden, zweifellos zutreffend und lassen sich vom historistischen, „bürgerlichen" Historiker nur bestätigen. Aber: Marx will ja mehr. Er will nicht einzelne historische Gegebenheiten möglichst scharfsinnig und doch anschmiegsam auslegen (das Ziel jedes guten Historikers), sondern er will den

Geschichtsverlauf *überhaupt* einer umfassenden Deutung unterwerfen. Diesen Anspruch aber können wir genau genommen gar nicht mehr mit dem Wort „Interpretation" bezeichnen, so wie wir dieses Wort im Hermeneutik-Kapitel bestimmt haben. Mit einiger Vorsicht könnte man vielmehr das, was Marx der Geschichte unterstellen möchte, als umfassendes *Gesetz* bezeichnen. So differenziert Marx' Interpretation der Geschichte klingt, wenn er sie global vorträgt – so schwer dürfte es doch sein, alle Einzelbefunde der Geschichtsforschung dieser Interpretation einzuordnen. Bei näherer Prüfung vermöchte die marxistische Geschichtsdeutung nicht dem Schicksal zu entgehen, das die „bürgerliche" Geschichtswissenschaft nicht nur Autoren wie Spengler oder Toynbee, sondern selbst Hegel bereitet hat: nämlich dem im Detail zu erhärtenden Urteil, hier liege zwar eine höchst geniale, aber in ihrem Anspruch, alles in der Geschichte auf einen Nenner bringen zu wollen, doch auch wieder dilettantische Geschichtstheorie vor.

Natürlich wäre eine solche Kritik auch wieder an eine bestimmte geschichtsphilosophische Voraussetzung gebunden: die Voraussetzung nämlich, daß heilsgeschichtliche, gesetzliche und zyklisch-analogische Geschichtsdeutungen irgend einer Art der prinzipiellen Komplexität und Offenheit des Prozesses der menschlichen Geschichte nicht gerecht werden können: daß speziell also die Reduzierung der Geschichtsvorgänge auf Klassenkämpfe und ökonomische Konflikte unzulässig ist, weil sie den möglichen und tatsächlichen Reichtum menschlicher Selbstverwirklichung verkürzt.

Ein solcher Standpunkt ist historisch – und insofern selber „metaphysisch" – bedingt. Jedoch: wie wir gesehen haben, schließt der historische Standpunkt systematisch-normative Gesichtspunkte nicht aus. Das, was wir wollen (systematische Wahrheit), und das, was tatsächlich geschehen ist (historische Wahrheit), sind insofern unabhängig voneinander, als wir das, was bisher geschehen ist, nicht leugnen dürfen, aber auch nicht zu billigen brauchen.

Wir können also sehr wohl für die *Zukunft* etwas Bestimmtes wollen – etwa die Gesellschaft in bestimmter Weise verändern. Das bedeutet aber noch lange nicht, daß wir auch die Vergangenheit in einer uns beliebigen Weise interpretieren dürfen. Das will sagen: selbst dann, wenn Marx' Theorie normativ, für die Zukunft, richtig wäre (was wir freilich ebenfalls bezweifeln müssen), wäre sie historisch, für die Vergangenheit, eben deshalb zweifelhaft, weil das bereits Geschehene uns nicht erlaubt, es in einer pauschalen, ad hoc erfundenen Theorie zu interpretieren statt hermeneutisch aus dem, was es uns selbst zu verstehen gibt.

2. Woher weiß man so genau, daß die Geschichte in eine klassenlose Gesellschaft einmünden wird?

3. Woher weiß man, daß in einer klassenlosen Gesellschaft die Menschen wunschlos glücklich sein werden, daß sie keine weitere Veränderung der Verhältnisse mehr wollen?

Es ist klar, daß der Marxismus sich gegen Einwände dieser Art von vornherein, wie man heute sagt, „immunisiert" hat: jeden grundsätzlichen Einwand dieser Art tut er ohne weiteres damit ab, daß er sagt: wer so frage, zeige ja nur, daß er ein Bourgeois sei; denn der Bourgeois muß natürlich daran interessiert sein, die marxistische Geschichtstheorie als falsch hinzustellen. Hierauf wäre wiederum zu antworten: wer die marxistische Geschichtsinterpretation mit ihrer Gegenüberstellung der bürgerlichen und der proletarischen Klasse nicht anerkennt, kann auch nicht genötigt werden, sein eigenes Denken als „bourgeois" klassifizieren zu lassen. Denn: der Interpretationsbegriff „Bourgeois" ist als solcher ja überhaupt nur unter der Voraussetzung anwendbar, daß die marxistische Interpretation der Geschichte richtig ist. Niemand jedoch braucht das Schubfach zu akzeptieren, in das ihn ein anderer hineinstecken möchte.

Wir sehen hieraus: die Wirkung des Marxismus hängt letzten Endes von einem Akt des Glaubens ab. Wenn es heute so aussieht, als ob die Geschichtsdeutung des Marxismus in aller Welt immer mehr an Raum gewinnt, so ist der Grund dafür nicht seine theoretische Richtigkeit – die ja immer wieder mit Argumenten in Frage gestellt werden könnte – sondern die Faszination, die er als scharfsinnige und heilsträchtige Lehre zugleich auf Intellektuelle einerseits und auf Mühselige und Beladene andererseits ausübt. Nicht weil man sich dem Marxismus nicht verschließen *könnte,* sondern weil man es weithin gar nicht *will,* gibt man sich ihm hin. Gerade daß man mit dem Andersdenkenden nicht mehr diskutiert, sondern jedes seiner Argumente als Ausfluß bourgeoisen Denkens von vornherein abtut, ohne auf es einzugehen, zeigt ja, daß die theoretische Auseinandersetzung gar nicht gesucht wird. Der ständige

„Bourgeoisieverdacht" immunisiert den Marxismus zwar, verbaut ihm aber auch die Möglichkeit, seine Position überhaupt in vernünftigem Gespräch zu rechtfertigen; eine Lehre, die sich jeder Diskussion, jeder Infragestellung durch den Hinweis auf die Klassendeterminiertheit der Kritik entzieht, muß bei dieser den Verdacht doch erst herausfordern, daß es mit ihrer theoretischen Fundierung nicht weit her sein kann, da sie andernfalls sich der Diskussion ja in aller Unbefangenheit stellen könnte.

Nicht daß der Marxismus die bürgerliche Wissenschaft wirklich widerlegt, macht ihn so gefährlich, sondern daß er zunehmend mehr Menschen dazu verführt, auf diese Widerlegung zu verzichten und die marxistische Geschichtsdeutung einfach unbefragt zu übernehmen und anderen – womöglich mit Gewalt – zu oktroyieren.

4. KAPITEL

MARXISMUS UND KRITISCHE THEORIE

A. Marx und seine Erben

Wie entwickelte sich die Marxsche Lehre nun weiter – was war ihr geschichtliches Schicksal?

Die Zeit um die Jahrhundertwende war erfüllt von der Auseinandersetzung zwischen „orthodoxen" Marxisten und „Revisionisten". Denn natürlich traten sehr bald Autoren auf, die Marx' Lehre in vielem zwar für zutreffend erklärten, jedoch in anderen Punkten Korrekturen anzubringen für richtig hielten – „die Polarisierung der Gesellschaft um Bourgeoisie und Proletariat" oder „die Verelendung der Arbeiterschaft" etwa betreffend.[1]

Da wir es in unserem wissenschaftstheoretischen Zusammenhang nur mit dem „reinen" Marxismus (in einem noch zu klärenden Sinne) zu tun haben, brauchen wir uns mit dem marxistischen Revisionismus hier nicht näher zu beschäftigen.

Sehr viel wichtiger für uns ist, daß – aus dem Schoß der Orthodoxie heraus – im ersten Viertel des 20. Jahrhunderts eine neue und geschichtlich wesentliche wichtigere Differenzierung des Marxismus eintrat: nämlich die in „Leninismus" und „westeuropäischen Marxismus".

Diese Differenzierung ist nicht zu verstehen ohne die Rolle von Friedrich *Engels* (1820–1895) für die Ausbildung der marxistischen Lehre.

Marx und Engels waren nicht nur seit Beginn der 1840er Jahre befreundet, sondern arbeiteten Zeit ihres Lebens eng zusammen.

Darüber hinaus ging Engels als Autor jedoch eigene Wege. Marx hatte (wie Hegel und viele Philosophen gerade der deutschen Tradition) kein besonderes Verhältnis zum naturwissenschaftlichen Denken. Engels dagegen versuchte, in Anlehnung an den zeitgenössischen Positivismus und Materialismus die Marxsche Lehre auch nach der naturwissenschaftlichen Seite hin auszubauen.

Jürgen Habermas geht mit diesem Engelsschen Unternehmen einer „Dialektik der Natur" hart ins Gericht.[2]

> „[...] die objektivistisch verstümmelte Dialektik, die, mit Engels' eigenen Worten, weiter nichts als die Wissenschaft von den allgemeinen Bewegungs- und Entwicklungsgesetzen der Natur, der Menschengesellschaft und des Denkens ist, spricht ein ontologisches Gesetz aus, das alle Seinsbereiche gleichermaßen bestimmen soll. Für den jungen Marx war Dialektik wesentlich historisch, und eine Dialektik der Natur, unabhängig von gesellschaftlichen Bewegungen, undenkbar.
>
> Die Natur hatte Geschichte nur in bezug auf den Menschen, der Mensch Geschichte nur in bezug auf die Natur. Kritik blieb in jedem Betracht auf Revolution bezogen; kein Gegenstand also, der nicht kritisch im Rahmen der Revolutionstheorie des Historischen Materialismus müßte begegnen können, Natur nicht ausgenommen. Engels degradiert dagegen die Dialektik der Geschichte zu einer Disziplin neben den Disziplinen der Dialektik der Natur und der Logik. Die Welt wird als eine in ihrer Materialität begründete Einheit aufgefaßt und als ein Entwicklungsprozeß, dessen Wesen mit Hilfe der dialektischen Methode gedeutet werden kann. Dabei soll die Pseudodialektik des Umschlags von Quantität in Qualität es erlauben, über den Vulgärmaterialismus hinauszugehen und quantitativ [qualitativ?] unterschiedene Seinsweisen für die tote, die lebendige und die bewußtseinsfähige Materie zu setzen, ohne daß dadurch die These der allgemeinen Materialität der Welt aufgegeben werden müßte."

Nun erwuchs aus der Tradition der russischen sozialistischen Intelligenz um die Jahrhundertwende als ihr bedeutendster Kopf Wladimir Iljitsch Uljanow, genannt *Lenin* (1870–1924). Und aus Lenins Lehre und Praxis entwickelte sich schließlich der sowjetische Marxismus, wie wir ihn heute kennen.[3] Die Marx-Engelssche Lehre wurde im „historischen" und im „dialektischen Materialismus" systematisiert. Der „historische Materialismus" entsprach etwa der geschichtsphilosophisch orientierten Theorie von Marx, wie wir sie in den Grundzügen kennengelernt haben;[4] der „dialektische Materialismus" hingegen wurde aus der Engelsschen „Dialektik der Natur" entwickelt.[5]

Die „harte", Leninsche Linie des Marxismus wurde – in eigenständiger Abwandlung – von *Mao* Tse-tung (1893–1976) fortgesetzt.

Etwa seit den zwanziger Jahren bildete sich eine ganz neue Richtung des Marxismus, die inzwischen aber seine geistig und wissenschaftstheoretisch bedeutendste geworden ist: der „westeuropäische Marxismus", wie er vor allem von Georg Lukács, Ernst Bloch, Karl Korsch, Herbert Marcuse, Max Horkheimer, Theodor W. Adorno und Jürgen Habermas geprägt wurde. Auch die französischen Marxisten Henri Lefèbvre, Roger Garaudy und Louis Althusser wären in diesem Zusammenhang zu nennen.

Die Bezeichnung „Kritische Theorie" trifft streng genommen nur auf die „Frankfurter" Horkheimer, Adorno und Habermas, allenfalls noch auf Marcuse zu.

Begriffe wie „orthodox" oder „revisionistisch" sind auf diesen westeuropäischen Marxismus unanwendbar. Er ist gewissermaßen gleichzeitig orthodox und unorthodox.

„Orthodox" ist er insofern, als er die Marxsche Lehre keineswegs widerlegen oder korrigieren, sondern im Gegenteil in ihrem „Selbstverständnis", das heißt: ihrem hermeneutisch wohlzuverstehenden Sinn, tiefer begründen will.

„Unorthodox" ist der westeuropäische Marxismus hingegen insofern, als er zum Zweck der solideren Fundierung des Marxismus sich philosophischer Traditionen und Denkmittel bedient, die dem früheren nachmarxschen Marxismus und dem Sowjetmarxismus fernlagen.

So ist der westliche Marxismus dadurch gekennzeichnet, daß er gleichsam durch Marx hindurch unmittelbar auf *Hegel* zurückgreift. Sowohl dem Marxismus der zweiten Jahrhunderthälfte als auch dem Sowjetmarxismus war Hegel aus dem Blick geraten; man wußte zwar theoretisch, daß Marx starke Impulse von Hegel empfangen hatte, interessierte sich deshalb aber nicht „direkt" für Hegel.

Hegel war nämlich, was man sich heute kaum noch vorstellen kann, in der zweiten Hälfte des 19. Jahrhunderts so gut wie vergessen.[6] Man nahm seine dunkle Sprache nicht ernst. Erst Anfang des 20. Jahrhunderts setzte in Deutschland eine „Hegel-Renaissance" ein, die die „bürgerliche" Philosophie allgemein ergriff und die zunächst speziell mit dem Marxismus gar nichts zu tun hatte.[7] Aber: aus diesem Boden erwuchs das Hegelverständnis der Autoren des westlichen Marxismus.

Schon diese Tatsache, daß nämlich das Interesse westlicher Marxisten an Hegel aus einer allgemeinphilosophischen, „bürgerlichen" Hegel-Renaissance entsprang, ist ein Hinweis auf den geistigen Standort der in Betracht kommenden Autoren. Zumindest die hier genannten deutschen Philosophen (hierzu auch Lukács gerechnet) waren nämlich auch wissenschaftlich durchaus „bürgerlicher" Herkunft, das heißt: sie standen in der breiten und tiefen Tradition abendländischer Bildung, für die Hegel nur Exponent war. Den Initiatoren dieses Marxismus stand eine feine persönliche Bildung und ein Beheimatetsein in der gesamten Geistes- und Philosophiegeschichte zu Gebote, wie sie der philosophische Laie mit dem Wort „Marxismus" normalerweise nicht verbindet. Diesen Autoren konnte daher nichts ferner liegen als eine Dogmatisierung und Primitivisierung des Marxismus, wie sie die östlichen Marxisten, anknüpfend an Engels' Dialektik der Natur, betrieben hatten. Im Gegenteil: erst diese Autoren machten die marxistische Lehre zu einer auch außerhalb des Marxismus ernst zu nehmenden philosophischen Theorie, zu einem höchst reflektierten und differenzierten Zusammenhang, wie ihn nur eine universale „bürgerliche" Bildung hervorbringen konnte; der Laie wird sich das am besten an den faszinierenden, von genialen sachlichen und sprachlichen Einfällen nur so funkelnden Schriften Ernst *Blochs* klarmachen können.

Freilich – wir sagten vorhin: diese marxistischen Denker haben den Marxismus nicht „revidiert", sondern im Gegenteil vertieft und in seinem „Eigentlichen" erst herausgearbeitet. Aber in letzter Konsequenz bleibt natürlich die Frage, ob hier der Marxismus als solcher nicht doch schließlich aufgehoben wird. Für die Leistung unserer Autoren am Marxismus paßt vielleicht am besten das Wort „sublimieren" mit seiner Doppelbedeutung: „verfeinern" und „auflösen". Die universale Feinheit und Freiheit des Denkens speziell der Frankfurter Autoren führt schließlich doch dazu, daß sie den Marxismus in gewisser Weise hinter sich lassen und in eine allgemein abendländische Bildungsphilosophie wieder einmünden.[8]

Und das ist auch der Grund dafür, daß wir die Autoren des westeuropäischen Marxismus in unsere wissenschaftstheoretischen Erörterungen mit einbeziehen. Denn sie haben die Hegel-Marxsche Dialektik zu einem wissenschaftstheoretischen Ansatz entwickelt, der in seiner umfassenden Bedeutung für die wissenschaftliche Arbeit gleichrangig etwa neben die induktive oder die hermeneutische Methode getreten ist und daher ebenso gründlich diskutiert werden muß.

In den letzten Jahren entstand ein neuer „Revisionismus" vor allem in Polen und Jugoslavien, wie er durch einen Namen wie Leszek *Kolakowski* gekennzeichnet werden kann.[9]

Bedingt durch die verschiedene geschichtliche Entwicklung des Marxismus in Ost und West finden wir heute eine merkwürdige Verkehrung der Fronten vor:

Der Marxismus in den „kapitalistischen" Ländern ist, durch seine Rückbeziehung auf Hegel und die klassische Philosophie, strikt geisteswissenschaftlich orientiert und unterhält zur Zeit noch kaum innere Beziehungen zu logischen, mathematisch-naturwissenschaftlichen oder kybernetischen Denkweisen – die vielmehr als „positivistisch" oder „technokratisch" gelten.

Der Marxismus in den „sozialistischen" Ländern hingegen hat – hierin der Engelsschen und Leninschen Tradition einer etwas zu unbefangenen Übernahme jeweils zeitgenössischer naturphilosophischer Vorstellungen folgend – Denkweisen wie die der mathematischen Logik oder der Kybernetik bis zur fast völligen Verdrängung ursprünglich marxistischer Ansätze in sich aufgenommen. In gewisser Weise stehen daher heute der westliche Positivismus und die offizielle Philosophie der Ostblockstaaten einander näher als der westliche und der östliche Marxismus. Bezeichnend für diese Situation ist etwa das *Wörterbuch der Kybernetik* von Georg *Klaus* und Mitarbeitern.[10]

Die beiden für unsere wissenschaftstheoretische Fragestellung wichtigsten westeuropäischen Marxisten sind Georg *Lukács* (1885–1971) und Jürgen *Habermas* (1929–). Ihnen sei daher ein jeweils eigener Abschnitt gewidmet.

Lukács unterscheidet sich von den anderen westeuropäischen Marxisten durch seine deutliche Affinität zur Leninschen Orthodoxie – jedoch nicht in seiner umfassenden Bildung. Habermas, der jüngste der bedeutenden „Frankfurter" Philosophen, dagegen hat sich vom Marxismus in Richtung einer allgemeiner fundierten dialektisch-kritischen Sozialphilosophie in gewisser Weise entfernt.

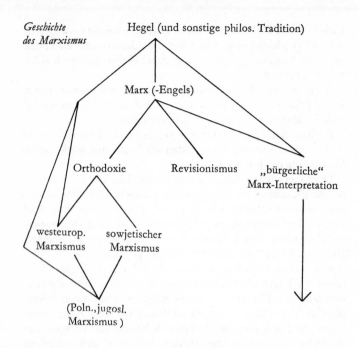

Geschichte des Marxismus

Hegel (und sonstige philos. Tradition)

Marx (-Engels)

Orthodoxie   Revisionismus   „bürgerliche" Marx-Interpretation

westeurop. Marxismus   sowjetischer Marxismus

(Poln., jugosl. Marxismus)

B. GEORG LUKÁCS

Georg Lukács' Buch *Geschichte und Klassenbewußtsein* erschien 1923. Es ist die wohl bedeutendste marxistische Veröffentlichung außerhalb der Schriften von Marx und Engels selbst, weil hier mit einer unnachahmlichen Tiefe, Klarheit und Radikalität zugleich die Begründung eines „orthodoxen" Marxismus aus den Voraussetzungen der Hegelschen Geschichtsphilosophie gegeben wird.

In dem Abschnitt *Was ist orthodoxer Marxismus?* begründet Lukács, warum es sinnlos ist, zu meinen, der orthodoxe Marxismus müsse und könne überwunden werden:[11]

„[...] angenommen – wenn auch nicht zugegeben –, die neuere Forschung hätte die sachliche Unrichtigkeit sämtlicher einzelnen Aussagen von Marx einwandfrei nachgewiesen, so könnte jeder ernsthafte ‚orthodoxe' Marxist alle diese neuen Resultate bedingungslos anerkennen, sämtliche einzelnen Thesen von Marx verwerfen – ohne für eine Minute seine marxistische Orthodoxie aufgeben zu müssen. Orthodoxer Marxismus bedeutet also nicht ein kritikloses Anerkennen der Resultate von Marx' Forschung, bedeutet nicht einen ‚Glauben' an diese oder jene These, nicht die Auslegung eines ‚heiligen' Buches. Orthodoxie in Fragen des Marxismus bezieht sich vielmehr ausschließlich auf die *Methode*. Sie ist die wissenschaftliche Überzeugung, daß im dialektischen Marxismus die richtige Forschungsmethode gefunden wurde, daß diese Methode nur im Sinne ihrer Begründer ausgebaut, weitergeführt und vertieft werden kann. Daß aber alle Versuche, sie zu überwinden oder zu ‚verbessern' nur zur Verflachung, zur Trivialität, zum Eklektizismus geführt haben und dazu führen mußten."

In der Tat – gerade dem Nichtmarxisten, dem jedoch daran gelegen ist, das „Selbstverständnis" des Marxismus möglichst adäquat zu erfassen, ist durchaus nicht ganz wohl, wenn er die Schriften offenbarer „Revisionisten" liest. Denn er versteht sehr gut, daß der Marxismus seine Schlagkraft eben aus dem strengen, die Marxschen Intentionen strikt beizubehalten suchenden Ausbau der „Methode", wie Lukács sagt, zieht. Gerade der Nichtmarxist ist ja als solcher nicht genötigt, in einer innermarxistischen Diskussion selbst Farbe zu bekennen, sich auf eine bestimmte Linie innerhalb des Marxismus festzulegen, sondern vermag sich einem unverfälscht orthodoxen Selbstverständnis gegenüber offenzuhalten. Was den Nichtmarxisten an Lukács so fasziniert, ist ein Marxismus von einer Präzision und Geschlossenheit, die gerade den nichtmarxistischen Leser zu einer Abwandlung des geflügelten Wortes von Alexander über Diogenes animieren können: „Wenn ich nicht Nichtmarxist wäre, so würde meinen intellektuellen Ansprüchen nur ein orthodoxer Marxismus im Sinne Lukács' genügen."

Gerade im Sinne eines solchen orthodoxen Marxverständnisses wird man allerdings die von Lukács in den eben zitierten Sätzen gemachte Unterscheidung zwischen den „einzelnen Thesen" Marx' und seiner „Methode" nicht zu ernst nehmen wollen. Denn eine solche Trennung von Inhalt und Methode wäre unmarxistisch. Auch ist der Gedanke an eine mögliche „sachliche Unrichtigkeit sämtlicher einzelnen Aussagen von Marx" natürlich eher als Gedankenspiel aufzufassen: „angenommen – wenn auch nicht zugegeben –"! Es ist daher selbstverständlich, daß Lukács' Begriff der Marxschen „Methode" auch inhaltliche Momente enthält: so etwa die beiden Grundpfeiler der Marxschen Geschichtsphilosophie, daß die Geschichte durch Klassenkämpfe bestimmt sei, und daß sich in jeder Geschichtsepoche die Auseinandersetzung zwischen Produktionsverhältnissen und Produktivkräften neu vollziehe. Das wird in den weiteren Erörterungen Lukács' unmißverständlich klar:

„Die materialistische Dialektik ist eine revolutionäre Dialektik. Diese Bestimmung ist so wichtig und für das Verständnis ihres Wesens derart ausschlaggebend, daß sie zuerst, noch bevor die dialektische Methode selbst behandelt werden könnte, erfaßt werden muß, um die richtige Einstellung zu der Frage zu erhalten. Es handelt sich dabei um die Frage von Theorie und Praxis."[12]

„Erst wenn das Bewußtwerden den *entscheidenden Schritt* bedeutet, den der Geschichtsprozeß seinem eigenen, sich aus Menschenwillen zusammensetzenden, aber nicht von menschlicher Willkür abhängigen, nicht vom menschlichen Geiste erfundenem Ziele entgegen tun muß; wenn die geschichtliche Funktion der Theorie darin besteht, diesen Schritt praktisch möglich zu machen; wenn eine geschichtliche Situation gegeben ist, in der die richtige Erkenntnis der Gesellschaft für eine Klasse zur unmittelbaren Bedingung ihrer Selbstbehauptung im Kampfe wird; wenn für diese Klasse ihre Selbsterkenntnis zugleich eine richtige Erkenntnis der ganzen Gesellschaft bedeutet; wenn demzufolge für eine solche Erkenntnis diese Klasse zugleich Subjekt und Objekt der Erkenntnis ist und auf diese Weise die Theorie *unmittelbar und adäquat* in den Umwälzungsprozeß der Gesellschaft eingreift: wird die Einheit von Theorie und Praxis, die Voraussetzung der revolutionären Funktion der Theorie möglich.

Eine solche Situation ist mit dem Auftreten des Proletariats in der Geschichte entstanden. [...] Die Theorie, die dies ausspricht, verknüpft sich nicht in mehr oder weniger zufälliger Weise, durch vielfach verschlungene und mißdeutete Beziehungen mit der Revolution. Sondern sie ist ihrem Wesen nach nichts als der gedankliche Ausdruck des revolutionären Prozesses selbst. [...]

Die Klarheit über diese Funktion der Theorie ist zugleich der Weg zur Erkenntnis ihres theoretischen Wesens: der Methode der Dialektik. Das Übersehen dieses schlechthin entscheidenden Punktes hat in die Diskussionen über die dialektische Methode viel Verworrenheit gebracht. [...] [Auch in Friedrich Engels' *Antidühring* „fehlt" „dieses Moment":] [...] er beschreibt die Begriffsbildung der dialektischen Methode im Gegensatz zur ‚metaphysischen'; er betont mit großer Schärfe, daß in der Dialektik die Starrheit der Begriffe (und der ihnen entsprechenden Gegenstände) aufgelöst wird; daß die Dialektik ein ständiger Prozeß des fließenden Übergangs aus einer Bestimmung in die andere, ein ununterbrochenes Aufheben der Gegensätze, ihr Ineinanderübergehen ist; daß demzufolge die einseitige und starre Kausalität von der Wechselwirkung abgelöst werden muß. Aber die wesentlichste Wechselwirkung: *die dialektische Beziehung des Subjekts und Objekts im Geschichtsprozeß* wird nicht einmal erwähnt, geschweige denn in den – ihr zukommenden – Mittelpunkt der methodischen Betrachtung gerückt. Jedoch ohne diese Bestimmung hört die dialektische Methode – trotz aller, freilich letzten Endes doch bloß scheinbarer, Beibehaltung der ,fließenden' Begriffe usw. – auf, eine revolutionäre Methode zu sein. Der Unterschied von der ,Metaphysik' wird dann nicht mehr darin gesucht, daß in jeder ,metaphysischen' Betrachtung das Objekt, der Gegenstand der Betrachtung unberührt, unverändert verharren muß, daß deshalb die Betrachtung selbst bloß *anschauend* bleibt und nicht praktisch wird, während für die dialektische Methode das *Verändern der Wirklichkeit* das Zentralproblem ist. Bleibt diese zentrale Funktion der Theorie unbeachtet, so wird der Vorteil der ,fließenden' Begriffsbildung ganz problematisch: eine rein ,wissenschaftliche' Angelegenheit. Die Methode kann je nach dem Stand der Wissenschaft angenommen oder verworfen werden, ohne daß sich an der zentralen Einstellung zur Wirklichkeit, daran, ob sie als veränderbar oder unveränderlich aufgefaßt wird, das geringste ändern würde."[13]

„Darum führt jeder Versuch, die dialektische Methode ,kritisch' zu vertiefen, notwendig zu einer Verflachung. Denn der methodische Ausgangspunkt einer jeden ,kritischen' Stellungnahme ist eben die Trennung von Methode und Wirklichkeit, von Denken und Sein. Sie betrachtet ja gerade diese Trennung als den Fortschritt, der ihr im Sinne einer echten Wissenschaftlichkeit dem groben, unkritischen Materialismus der Marxschen Methode gegenüber als Verdienst angerechnet werden soll. Dies steht ihr selbstredend frei. Es muß aber festgestellt werden, daß sie sich nicht in der Richtung, die das innerste Wesen der dialektischen Methode ausmacht, bewegt."[14]

„Wenn [. . .] [der] Sinn der dialektischen Methode verdunkelt wird, so muß sie selbst notwendigerweise als überflüssige Zutat, als bloßes Ornament der marxistischen ,Soziologie' oder ,Ökonomie' erscheinen. Ja, sie erscheint geradezu als Hemmnis für die ,nüchterne', ,unbefangene' Erforschung der ,Tatsachen', als leere Konstruktion, um deretwillen der Marxismus den Tatsachen Gewalt antut. [Der Revisionist Eduard] Bernstein hat, teils infolge seiner von philosophischen Kenntnissen gänzlich ungehemmten ,Unbefangenheit', diesen Einwand gegen die dialektische Methode am klarsten ausgesprochen und am schärfsten formuliert. Die realen, die politischen und wirtschaftlichen Folgerungen jedoch, die er aus dieser seiner Stellungnahme, der Befreiung der Methode von den ,dialektischen Fallstricken' des Hegelianismus, zieht, zeigen deutlich, wohin dieser Weg führt. Zeigen, daß gerade die Dialektik aus der Methode des historischen Materialismus entfernt werden muß, wenn eine folgerichtige Theorie des Opportunismus, der revolutionsfreien ,Entwicklung', des kampflosen ,Hineinwachsens' in den Sozialismus begründet werden soll."[15]

Diese Ausführungen zeigen recht deutlich, wie Lukács die dialektische „Methode" verstanden wissen will. In der Tat sind es gerade die „Kritiker" des orthodoxen Marxismus, die Revisionisten, die „die Trennung von Methode und Wirklichkeit, von Denken und Sein" fordern und „gerade diese Trennung als den Fortschritt" gegenüber „dem groben, unkritischen Materialismus der Marxschen Methode" betrachten. Demgegenüber stellt Lukács lapidar fest: „Die materialistische Dialektik ist eine revolutionäre Dialektik" – „die dialektische Methode" also „eine revolutionäre Methode", für die „das Verändern der Wirklichkeit das Zentralproblem ist". Die Dialektik ist eine spezifisch *geschichtliche* Methode:[16]

Die „Beschränkung der Methode auf die historisch-soziale Wirklichkeit ist sehr wichtig. Die Mißverständnisse, die aus der Engelsschen Darstellung der Dialektik entstehen, beruhen wesentlich darauf, daß Engels – dem falschen Beispiel Hegels folgend – die dialektische Methode auch auf die Erkenntnis der Natur ausdehnt. Wo doch die entscheidenden Bestimmungen der Dialektik: Wechselwirkung von Subjekt und Objekt, Einheit von Theorie und Praxis, geschichtliche Veränderung des Substrats der Kategorien als Grundlage ihrer Veränderung im Denken etc. in der Naturerkenntnis nicht vorhanden sind."

C. Jürgen Habermas

Dem Rahmen unserer Darstellung gemäß beschränken wir uns auf Habermas' Stellungnahme zu wissenschaftstheoretischen Fragen.

I. Analytische Wissenschaftstheorie und Dialektik

Hierbei können wir uns vor allem auf Habermas' Aufsatz *Analytische Wissenschaftstheorie und Dialektik* stützen, dessen Titel schon die Bedeutung für unser Thema umschreibt, und zwei weitere Aufsätze. Alle diese Beiträge sind in Habermas' Auseinandersetzung mit der analytischen Wissenschaftstheorie (oder, wie Habermas auch gern sagt, dem „Positivismus") entstanden, vor allem mit Karl R. Popper und Hans Albert. Auf die Äußerungen von Popper und Albert innerhalb der Kontroverse gehen wir im folgenden nicht noch einmal ein, da wir die analytische Wissenschaftstheorie unsererseits ja bereits diskutiert haben.

Habermas setzt mit einem Zitat von Adorno ein und weist dabei auf die Beziehung Adornos zu Hegel hin, womit die von uns betonte Linie von Hegel (über Marx) zu den Frankfurtern von vornherein deutlich ausgezogen wird.

„,Die gesellschaftliche Totalität führt kein Eigenleben oberhalb des von ihr Zusammengefaßten, aus dem sie selbst besteht. Sie produziert und reproduziert sich durch ihre einzelnen Momente hindurch. [Viele von diesen bewahren eine relative Selbständigkeit, welche die primitiv-totalen Gesellschaften sei es nicht kennen, sei es nicht dulden.] So wenig [aber] jenes Ganze vom Leben, von der Kooperation und dem Antagonismus seiner Elemente abzusondern ist, so wenig kann irgendein Element auch bloß in seinem Funktionieren verstanden werden ohne Einsicht in das Ganze, das an der Bewegung des Einzelnen selbst sein Wesen hat. System und Einzelheit sind reziprok und nur in ihrer Reziprozität zu erkennen.' Adorno begreift Gesellschaft in Kategorien, die ihre Herkunft aus der Logik Hegels nicht verleugnen. Er begreift Gesellschaft als Totalität in dem streng dialektischen Sinne, der es verbietet, das Ganze organisch aufzufassen nach dem Satze: es sei mehr als die Summe ihrer Teile; ebensowenig aber ist Totalität eine Klasse, die sich umfangslogisch bestimmen ließe durch ein Zusammennehmen aller unter ihr befaßten Elemente. Insofern fällt der dialektische Begriff des Ganzen nicht unter die berechtigte Kritik an den logischen Grundlagen jener Gestalttheorien, die auf ihrem Gebiete Untersuchungen nach den formalen Regeln analytischer Kunst überhaupt perhorreszieren; und überschreitet dabei doch die Grenzen formaler Logik, in deren Schattenreich Dialektik selber nicht anders scheinen kann denn als Schimäre.
[. . .] Ausdrücke, die sich auf die Totalität des gesellschaftlichen Lebenszusammenhanges beziehen, gelten heute bereits als Ideologie. Soweit das Selbstverständnis der Sozialwissenschaften von der analytischen Wissenschaftstheorie bestimmt ist, wittert die vermeintlich radikale Aufklärung in jedem dialektischen Zug ein Stück Mythologie – vielleicht nicht einmal ganz zu Unrecht; denn die dialektische Aufklärung, deren Stringenz sich die plane zu entwinden sucht, behält vom Mythos in der Tat eine durch den Positivismus preisgegebene Einsicht fest, die nämlich: daß der von Subjek-

ten veranstaltete Forschungsprozeß dem objektiven Zusammenhang, der erkannt werden soll, durch die Akte des Erkennens hindurch selber zugehört. Diese Einsicht setzt freilich Gesellschaft als Totalität voraus, und Soziologen, die sich aus deren Zusammenhang reflektieren."[17]

„Die Forderung indessen, daß sich die Theorie in ihrem Aufbau und der Struktur des Begriffs an die Sache anmessen, daß die Sache in der Methode ihrem eigenen Gewicht nach zur Geltung kommen soll, ist, jenseits aller Abbildtheorie, nur dialektisch einzulösen. Erst der wissenschaftliche Apparat erschließt einen Gegenstand, von dessen Struktur ich gleichwohl vorgängig etwas verstanden haben muß, wenn die gewählten Kategorien ihm nicht äußerlich bleiben sollen. Dieser Zirkel ist durch keine aprioristische oder empiristische Unmittelbarkeit des Zugangs zu brechen, sondern nur in Anknüpfung an die natürliche Hermeneutik der sozialen Lebenswelt dialektisch durchzudenken. Anstelle des hypothetisch-deduktiven Zusammenhangs von Sätzen tritt die hermeneutische Explikation von Sinn; statt einer umkehrbar eindeutigen Zuordnung von Symbolen und Bedeutungen gewinnen undeutlich vorverstandene Kategorien ihre Bestimmtheit sukzessive mit dem Stellenwert im entwickelten Zusammenhang [. . .]. Theorien dieses beweglicheren Typs nehmen noch in die subjektive Veranstaltung der wissenschaftlichen Apparatur reflektierend auf, daß sie selbst Moment des objektiven Zusammenhangs bleiben, den sie ihrerseits der Analyse unterwerfen."[18]

„Die analytisch-empirischen Verfahrensweisen dulden nur einen Typus von Erfahrung, den sie selbst definieren. Einzig die kontrollierte Beobachtung physischen Verhaltens, die in einem isolierten Feld unter reproduzierbaren Umständen von beliebig austauschbaren Subjekten veranstaltet wird, scheint intersubjektiv gültige Wahrnehmungsurteile zu gestatten. Diese repräsentieren die Erfahrungsbasis, auf der Theorien aufruhen müssen, wenn die deduktiv gewonnenen Hypothesen nicht nur logisch richtig, sondern auch empirisch triftig sein sollen. Erfahrungswissenschaften im strikten Sinne bestehen darauf, daß alle diskutablen Sätze mindestens indirekt durch jene sehr eng kanalisierte Erfahrung kontrolliert werden.

Dagegen sträubt sich eine dialektische Theorie der Gesellschaft. Wenn der formale Aufbau der Theorie, die Struktur der Begriffe, die Wahl der Kategorien und Modelle nicht blindlings den abstrakten Regeln einer allgemeinen Methologie folgen können, sondern, wie wir gesehen haben, vorgängig an einen präformierten Gegenstand sich anmessen müssen, darf Theorie nicht erst nachträglich mit einer dann freilich restringierten Erfahrung zusammengebracht werden. Die geforderte Kohärenz des theoretischen Ansatzes mit dem gesamtgesellschaftlichen Prozeß, dem die soziologische Forschung selbst zugehört, verweist ebenfalls auf Erfahrung. Aber Einsichten dieser Art stammen in letzter Instanz aus dem Fond einer vorwissenschaftlich akkumulierten Erfahrung, die den Resonanzboden einer lebensgeschichtlich zentrierten sozialen Umwelt, also die vom ganzen Subjekt erworbene Bildung noch nicht als bloß subjektive Elemente ausgeschieden hat."[19]

Die Grundgedanken der dialektischen Wissenschaftstheorie stellen sich hiernach folgendermaßen dar:
Die Wissenschaft – zumindest die Sozialwissenschaft – hat es mit dem „gesellschaftlichen Lebenszusammenhang" zu tun. Dieser Zusammenhang ist eine „Totalität", das heißt eine Ganzheit. Diese Ganzheit ist aber nicht im Sinne der Gestaltpsychologie zu verstehen, sondern „dialektisch".[20]
Damit ist gleich im ersten Absatz das Zauberwort gefallen. Aber was heißt nun „dialektisch" im Sinne der Frankfurter Schule und speziell Habermas'? Das wird im zweiten Absatz deutlich: „Dialektisch" bedeutet, „daß der von Subjekten veranstaltete Forschungsprozeß dem objektiven Zusammenhang, der erkannt werden soll, durch die Akte des Erkennens selber zugehört. Diese Einsicht setzt [. . .] Gesellschaft als Totalität voraus, und Soziologen, die sich aus deren Zusammenhang reflektieren".[21]
Wir sehen, daß Habermas sich hier der Begrifflichkeit Hegels und des 19. Jahrhunderts überhaupt bedient: „subjektiv", „objektiv", „erkennen".
Wir können den damit formulierten Grundgedanken der Frankfurter Wissenschaftstheorie etwa so „übersetzen": der forschende Wissenschaftler gehört selbst der Gesellschaft an, innerhalb derer er forscht; er steht immer in einer sozialen Situation. Daher kann er die Gesellschaft nicht von außen betrachten, sondern nur als etwas, zu dem er selbst gehört und das die Art seines Betrachtens mit bestimmt. Also zum Beispiel: wir können ein gesellschaftliches Problem wie das der Frauenemanzipation nicht einfach „von außen" betrachten, denn in unsere Forschungen geht unser eigenes Leben von vornherein mit ein – und zwar im Falle unseres Beispiels sogar in doppelter Hinsicht: in Form unserer Vorurteile über „das Wesen der Frau", wie wir sie aus unserer Gesellschaftsschicht, durch unsere Bildungstradition mitbekommen haben – und in Form unseres eigenen Umganges mit Frauen.
Daher: „[. . .] eine dialektische Theorie [. . .] bezweifelt, daß die Wissenschaft in Ansehung der von Menschen hervorgebrachten Welt ebenso indifferent verfahren darf, wie es in den exakten Na-

turwissenschaften mit Erfolg geschieht. Die Sozialwissenschaften müssen sich [...] der Angemessenheit ihrer Kategorien an den Gegenstand versichern [...]."[22] „Dialektisch" ist in diesem Zusammenhang also zunächst etwa wie „hermeneutisch" zu verstehen: Ich muß von dem, was ich als Wissenschaftler erforschen will, schon als „Subjekt" (oder banaler ausgedrückt: als Privatperson) etwas wissen: wir müssen unter Rückgriff auf den hermeneutischen Zirkel „an die natürliche Hermeneutik der sozialen Lebenswelt"[23] anknüpfen. Unsere wissenschaftlichen Einsichten „stammen" somit „in letzter Instanz aus dem Fond einer vorwissenschaftlich akkumulierten Erfahrung, die den Resonanzboden einer lebensgeschichtlich zentrierten sozialen Umwelt, also die vom ganzen Subjekt erworbene Bildung [!] noch nicht als bloß subjektive Elemente ausgeschieden hat".[24]

Nachdem Habermas zunächst seinen Begriff der Dialektik praktisch durch den der Hermeneutik erklärt hat, wendet er sich nunmehr geschichtsphilosophischen Gesichtspunkten zu und differenziert dabei das Verhältnis von Dialektik und Hermeneutik:

„Das Verhältnis von Theorie und Erfahrung bestimmt auch das von Theorie und Geschichte. Die analytisch-empirischen Verhaltensweisen bemühen sich um die Überprüfung von Gesetzeshypothesen stets in gleicher Weise, ob es sich nun um historisches Material oder um Erscheinungen der Natur handelt. In beiden Fällen muß eine Wissenschaft, die auf diesen Titel in striktem Sinne Anspruch erhebt, generalisierend verfahren; und die gesetzmäßigen Abhängigkeiten, die sie fixiert, sind ihrer logischen Form nach grundsätzlich gleich."[25]

„Auch die historischen Wissenschaften bemessen sich, der analytischen Wissenschaftstheorie zufolge, in den gleichen Kriterien; freilich kombinieren sie die logischen Mittel für ein anderes Erkenntnisinteresse. Ihr Ziel ist nicht die Ableitung und Bestätigung universeller Gesetze, sondern die Erklärung individueller Ereignisse. Dabei unterstellen die Historiker eine Menge trivialer Gesetze, meist psychologische oder soziologische Erfahrungsregeln, um von einem gegebenen Ereignis auf eine hypothetische Ursache zu schließen. Die logische Form der kausalen Erklärung ist allemal die gleiche; aber die Hypothesen, um deren empirische Überprüfung es geht, beziehen sich in den generalisierenden Wissenschaften auf deduktiv gewonnene Gesetze bei beliebig gegebenen Randbedingungen, in den historischen Wissenschaften auf diese Randbedingungen selber, die bei pragmatisch vorausgesetzten Regeln der Alltagserfahrung als Ursache eines bezeugten individuellen Ereignisses interessieren. Bei der Analyse bestimmter

Ursachen einzelner Ereignisse mögen Gesetze, auf die man sich stillschweigend stützt, als solche problematisch werden; sobald dann das Interesse der Untersuchung von den hypothetisch singulären Sätzen, die spezifische Ereignisse erkären sollen, abschwenkt und sich auf die hypothetisch-generellen Sätze, etwa auf die bis dahin als trivial einfach unterstellten Gesetze sozialen Verhaltens überhaupt richtet, wird der Historiker zum Soziologen; die Analyse gehört dann in den Bereich einer theoretischen Wissenschaft. Popper zieht daraus die Konsequenz, daß die Überprüfung von Gesetzeshypothesen nicht zum Geschäft der historischen Wissenschaften gehört. Empirische Gleichförmigkeiten, die in Form allgemeiner Sätze über die funktionelle Abhängigkeit kovarianter Größen ausgedrückt werden, gehören einer anderen Dimension an als die konkreten Randbedingungen, die sich als Ursache bestimmter historischer Ereignisse auffassen lassen. So etwas wie historische Gesetze kann es demnach überhaupt nicht geben. Die in den historischen Wissenschaften verwendbaren Gesetze haben den gleichen Status wie alle übrigen Naturgesetze.

Demgegenüber behauptet eine dialektische Theorie der Gesellschaft die Abhängigkeit der Einzelerscheinungen von der Totalität; die restriktive Verwendung des Gesetzesbegriffs muß sie ablehnen. Über die partikularen Abhängigkeitsverhältnisse historisch neutraler Größen hinaus zielt ihre Analyse auf einen objektiven Zusammenhang, der auch die Richtung der historischen Entwicklung mit bestimmt. Dabei handelt es sich freilich nicht um jene sogenannten dynamischen Gesetzmäßigkeiten, die strikte Erfahrungswissenschaften an Ablaufmodellen entwickeln. Die historischen Bewegungsgesetze beanspruchen eine zugleich umfassendere und eingeschränktere Geltung. Weil sie vom spezifischen Zusammenhang einer Epoche, einer Situation nicht abstrahieren, gelten sie keinesfalls generell. Sie beziehen sich nicht auf die anthropologisch durchgehaltenen Strukturen, auf geschichtlich Konstantes; sondern auf einen jeweils konkreten Anwendungsbereich, der in der Dimension eines im ganzen einmaligen und in seinen Stadien unumkehrbaren Entwicklungsprozesses, also schon in Kenntnis der Sache selbst und nicht bloß analytisch, definiert ist. Andererseits ist der Geltungsbereich dialektischer Gesetze auch umfangreicher, gerade weil sie nicht die ubiquitären Beziehungen einzelner Funktionen und isolierter Zusammenhänge erfassen, sondern solche fundamentalen Abhängigkeitsverhältnisse, von denen eine soziale Lebenswelt, eine epochale Lage im ganzen, eben als eine Totalität bestimmt und in allen ihren Momenten durchwirkt ist [. . .]".[26]

„Historische Gesetzmäßigkeiten dieses Typs bezeichnen Bewegungen, die sich, vermittelt durch das Bewußtsein der handelnden Subjekte, tendenziell durchsetzen. Gleichzeitig nehmen sie für sich in Anspruch, den objektiven Sinn eines historischen Lebenszusammenhangs auszusprechen. Insofern verfährt eine dialektische Theorie der Gesellschaft hermeneutisch. Für sie ist das Sinnverständnis, dem die analytisch-empirischen Theorien bloß einen heuristischen Wert beimessen, konstitutiv. Sie gewinnt ja ihre Kategorien zunächst aus dem Situationsbewußtsein der handelnden Individuen selber; im objektiven Geist einer sozialen Lebenswelt artikuliert sich der Sinn, an den die soziologische Deutung anknüpft, und zwar identifizierend und kritisch zugleich. Dialektisches Denken scheidet die Dogmatik der gelebten Situation nicht einfach durch Formalisierung aus, freilich überholt es den subjektiv vermeinten Sinn gleichsam im Gang durch die geltenden Traditionen hindurch und bricht ihn auf. Denn die Abhängigkeit dieser Ideen und Interpretationen von den Interessenanlagen eines objektiven Zusammenhangs der gesellschaftlichen Reproduktion verbietet es, bei einer subjektiv sinnverstehenden Hermeneutik zu verharren; eine objektiv sinnverstehende Theorie muß auch von jenem Moment der Verdinglichung Rechenschaft geben, das die objektivierenden Verfahren ausschließlich im Auge haben.

Wie Dialektik dem Objektivismus, unter dem die gesellschaftlichen Verhältnisse geschichtlich handelnder Menschen als die gesetzmäßigen Beziehungen zwischen Dingen analysiert werden, entgeht, so erwehrt sie sich auch der Gefahr der Ideologisierung, die solange besteht, als Hermeneutik die Verhältnisse naiv an dem allein mißt, wofür sie sich subjektiv halten. Die Theorie wird diesen Sinn festhalten, aber nur, um ihn hinter dem Rükken der Subjekte und der Institutionen an dem zu messen, was sie wirklich sind. Dadurch erschließt sie sich die geschichtliche Totalität eines sozialen Zusammenhangs [. . .]"[27]

„Indem die dialektische Betrachtungsweise die verstehende Methode derart mit den vergegenständlichenden Prozeduren kausalanalytischer Wissenschaft verbindet und beide in wechselseitig sich überbietender Kritik zu ihrem Rechte kommen läßt, hebt sie die Trennung von Theorie und Geschichte auf: nach dem Diktum der einen Seite hätte sich Historie theorielos bei der Erklärung spezifischer Ereignisse zu bescheiden, der hermeneutischen Ehrenrettung zufolge bei einer kontemplativen Vergegenwärtigung vergangener Sinnhorizonte. Damit objektiv sinnverstehend die Geschichte selbst theoretisch durchdrungen werden kann, muß sich, wenn anders die geschichtsphilosophische Hypostasierung eines solchen Sinnes vermieden werden soll, Historie zur Zukunft hin öffnen. Gesellschaft enthüllt sich in den Tendenzen ihrer geschichtlichen Entwicklung, also in den Gesetzen ihrer historischen Bewegung erst von dem her, was sie nicht ist [. . .]"[28]

„Erst in dem Maße, in dem die praktischen Absichten unserer historischen Gesamtanalyse, in dem also die dirigierenden Gesichtspunkte [. . .] ihrerseits dialektisch aus dem objektiven Zusammenhang legitimiert werden können, dürfen wir wissenschaftliche Orientierung im praktischen Handeln überhaupt erwarten. Wir können Geschichte nur in dem Verhältnis machen, in dem sie uns als machbare entgegenkommt. Insofern gehört es zu den Vorzügen, aber auch den Verpflichtungen einer kritischen Sozialwissenschaft, daß sie sich ihre Probleme von ihrem Gegenstand selbst stellen läßt: ‚man würde die Wissenschaft fetischisieren, trennte man ihre immanenten Probleme radikal ab von den realen, die in ihren Formalismen blaß widerscheinen'. Dieser Satz Adornos ist die dialektische Antwort auf das Postulat der analytischen Wissenschaftstheorie: die erkenntnisleitenden Interessen unerbittlich darauf zu prüfen, ob sie wissenschaftsimmanent oder bloß lebenspraktisch motiviert sind."[29]

Habermas charakterisiert also zunächst die analytische Auffassung der Geschichtswissenschaft: ihr zufolge hat der Historiker es mit der „Erklärung individueller Ereignisse" zu tun: „So etwas wie historische Gesetze kann es demnach überhaupt nicht geben. Die in den historischen Wissenschaften verwendbaren Gesetze haben den gleichen Status wie alle übrigen Naturgesetze."[30] Geschichtsspezifische Gesetze gibt es für die Analytiker also nicht.

Diese „restriktive Verwendung des Gesetzesbegriffs" möchte Habermas „ablehnen" – das heißt, er plädiert für die Existenz geschichtsspezifischer Gesetze. An dieser Stelle wird bereits deutlich, daß Habermas' Denken mindestens so stark von Hegel und Marx wie etwa vom Historismus her bestimmt ist.

Diese „dialektischen Gesetze" (wie er selbst sagt) in der Geschichte bestimmt Habermas nun folgendermaßen näher: sie sind zu denken als die Bestimmung eines „objektiven Zusammenhanges", der mehr darstellt als „die partikularen Abhängigkeitsverhältnisse historisch neutraler Größen" (das heißt: mehr als ahistorische, „analytisch" verstandene Faktoren für die Ereignisse). Dieser „objektive Zusammenhang" „bestimmt" „auch die Richtung der historischen Entwicklung mit". Die so charakterisierten „historischen Bewegungsgesetze beanspruchen eine zugleich umfassendere und eingeschränktere Geltung. Weil sie vom spezifischen Zusammenhang einer Epoche, einer Situation nicht abstrahieren [insofern also „hermeneutisch", „historisch" zu verstehen sind!], gelten sie keineswegs generell. Sie beziehen sich nicht auf die anthropologisch durchgehaltenen Strukturen, auf geschichtlich Konstantes [also auf etwas, was man „allgemeine Gesetze" nennen könnte]; sondern auf einen jeweils konkreten Anwendungsbereich, der in der Dimension eines im ganzen einmaligen und in seinen Stadien unumkehrbaren Entwicklungsprozesses, also schon in Kenntnis der Sache selbst [das bedeutet: „hermeneutisch"] und nicht bloß analytisch, definiert ist. Andrerseits ist der Geltungsbereich dialektischer Gesetze (!) auch umfangreicher, gerade weil sie *nicht* die [zwar] *ubiquitären* [das heißt: allgemeingültigen] Beziehungen [jedoch] *einzelner* Funktionen und *isolierter* Zusammenhänge erfassen [also die Welt analytisch interpretieren], *sondern* solche fundamentalen Abhängigkeitsverhältnisse, von denen eine soziale Lebenswelt, eine epochale Lage im ganzen [also genau das, was wir eine „historische Einheit" nannten], eben als eine Totalität bestimmt und in allen ihren Momenten durchwirkt ist [. . .]".[31] „Insofern" also „verfährt eine dialektische Theorie der Gesellschaft hermeneutisch".[32]

Nunmehr distanziert sich Habermas von der Hermeneutik. Die Dialektik „erwehrt" sich nämlich „der Gefahr der Ideologisierung, die solange besteht, als Hermeneutik die Verhältnisse naiv an dem allein mißt, wofür sie sich subjektiv halten. Die Theorie wird diesen [„subjektiv vermeinten"] Sinn festhalten, aber nur, um ihn hinter dem Rücken der Subjekte und der Institutionen an dem zu messen, was sie wirklich sind." Denn: „Die Abhängigkeit dieser Ideen und Interpretationen [der „geltenden Traditionen"] von den Interessenanlagen [. . .] der gesellschaftlichen Reproduktion verbietet es, bei einer subjektiv sinnverstehenden Hermeneutik zu verharren".[33]

Der Dialektiker verläßt sich also nicht – hermeneutisch – auf das, was die geschichtlichen Gegenstände selber von sich sagen, sondern späht gleichsam heimlich durchs Schlüsselloch!

Im folgenden wird nun ganz deutlich, daß Habermas unter der dialektischen Methode in der Wissenschaft in der Tat eine Verschränkung zweier Komponenten versteht: „[. . .] die dialektische Betrachtungsweise" „*verbindet*" „die verstehende Methode [. . .] mit den vergegenständlichenden Prozeduren kausalanalytischer Wissenschaft" und läßt „beide *in wechselseitig sich überbietender Kritik* [das eben ist „Dialektik"!] zu ihrem Rechte kommen".[34] Die dialektische Methode brächte hiernach so etwas wie eine „Synthese" hermeneutischer und analytischer Betrachtungsweisen.

Hierdurch nun hebt die dialektische Betrachtungsweise „die Trennung von Theorie und Geschichte auf:" die einseitig analytische Methode wäre „theorielos", die einseitig hermeneutische Methode hingegen verharrte lediglich „bei einer kontemplativen Vergegenwärtigung vergangener Sinnhorizonte".[35]

Der dialektisch arbeitende Wissenschaftler muß seine Probleme dem „objektiven Zusammenhang" selber entnehmen, wie die Geschichte ihn vermittelt; einen Unterschied zwischen „wissenschaftsimmanent" und „bloß lebenspraktisch" kann man nicht machen.[36]

Damit verläßt Habermas das Problem der Geschichte wieder und geht dem Grundproblem des Verhältnisses von „Wissenschaft und Leben nach, wie es sich im sogenannten „Werturteilsstreit" gestellt hat.[37]

„Das Postulat der sogenannten Wertfreiheit stützt sich auf eine These, die man, Popper folgend, als Dualismus von Tatsachen und Entscheidungen formulieren kann. Die These läßt sich durch eine Unterscheidung von Gesetzestypen erläutern. Auf der einen Seite gibt es die empirischen Regelmäßigkeiten in der Sphäre natürlicher und geschichtlicher Erscheinungen, also Naturgesetze; auf der anderen Seite Regeln menschlichen Verhaltens, also soziale Normen."[38]

„Der Dualismus von Tatsachen und Entscheidungen nötigt zu einer Reduktion zulässiger Erkenntnis auf strikte Erfahrungswissenschaften und damit zu einer Eliminierung von Fragen der Lebenspraxis aus dem Horizont der Wissenschaften überhaupt. Die positivistisch bereinigte Grenze zwischen Erkennen und Werten bezeichnet freilich weniger ein Resultat als ein Problem. Denn des abgeschiedenen Bereichs der Werte, Normen und Entscheidungen bemächtigen sich nun die philosophischen Deutungen eben auf der Basis einer mit der reduzierten Wissenschaft geteilten Arbeit von neuem."[39]

Das bedeutet also: eine Wissenschaft, die es ablehnt, den „Bereich der Werte, Normen und Entscheidungen" als ihren Gegenstand zu betrachten, überläßt diesen Bereich damit außerwissenschaftlichen Instanzen, und das bedeutet: dem Irrationalen.

In die vom Positivismus offengelassene Lücke tritt der „Dezisionismus" ein, das heißt eine Lehre, die die Regelung sozialer Verhältnisse außerwissenschaftlichen „Entscheidungen" anheimgibt:[40]

„Schließlich scheut sich der *Dezisionismus* nicht länger, Normen ganz und gar auf Entscheidungen zurückzuführen. [...] Sobald man bestimmte fundamentale Werturteile als Axiome setzt, läßt sich jeweils ein deduktiver Zusammenhang von Aussagen zwingend analysieren; dabei sind freilich jene Prinzipien ebensowenig wie die den Naturgesetzen entgegengesetzten Normen einer irgend rationalen Erfassung zugänglich: ihre Annahme beruht einzig auf Entscheidung. Solche Dezisionen mögen dann in einem existentialistisch-persönlichen Sinne (Sartre), in einem öffentlich politischen Sinne (Carl Schmitt), oder aus anthropologischen Voraussetzungen institutionalistisch (Gehlen) gedeutet werden, die These bleibt dieselbe: daß lebenspraktisch relevante Entscheidungen, ob sie nun in der Annahme von Prinzipien, in der Wahl eines lebensgeschichtlichen Entwurfs oder in der Wahl eines Feindes bestehen, durch wissenschaftliche Kalkulation niemals ersetzt oder auch nur rationalisiert werden können. – Wenn aber die praktischen, aus der erfahrungswissenschaftlich reduzierten Erkenntnis eliminierten Fragen derart aus der Verfügungsgewalt rationaler Erörterungen überhaupt entlassen; wenn Entscheidungen in Fragen der Lebenspraxis von jeder nur irgend auf Rationalität verpflichteten Instanz losgesprochen werden müssen, dann nimmt auch der letzte, ein verzweifelter Versuch nicht wunder: durch Rückkehr in die geschlossene Welt der mythischen Bilder und Mächte eine sozial verbindliche Vorentscheidung praktischer Fragen institutionell zu sichern (Walter Bröcker). Diese Ergänzung des Positivismus durch *Mythologie* entbehrt, wie Horkheimer und Adorno nachgewiesen haben, nicht eines logischen Zwangs, dessen abgründige Ironie nur Dialektik zum Gelächter befreien könnte.

Redliche Positivisten, denen solche Perspektiven das Lachen verschlagen, behelfen sich mit dem Programm einer ,offenen Gesellschaft‘.“

Zu Habermas' Aufsatz hat Hans *Albert* Stellung genommen, und in seiner Antwort auf Albert verdeutlicht Habermas noch einmal seine Position:

„Meine Kritik richtet sich nicht gegen die Forschungspraxis strikter Erfahrungswissenschaften [...]. Meine Kritik richtet sich ausschließlich gegen die positivistische Deutung solcher Forschungsprozesse. Denn das falsche Bewußtsein einer richtigen Praxis wirkt auf diese zurück. Ich bestreite nicht, daß die analytische Wissenschaftstheorie die Forschungspraxis gefördert und zur Klärung methodologischer Entscheidungen beigetragen hat. Daneben wirkt sich aber das positivistische Selbstverständnis restriktiv aus; es stellt die verbindliche Reflexion an den Grenzen empirisch-analytischer (und formaler) Wissenschaften still. Gegen diese verschleiert normative Funktion eines falschen Bewußtseins wende ich mich. Den positivistischen Verbotsnormen zufolge müßten ganze Problembereiche aus der Diskussion ausgeschlossen und irrationalen Einstellungen überlassen werden, obwohl sie einer kritischen Klärung, wie ich meine, sehr wohl fähig sind. Ja, wenn jene Probleme, die mit der Wahl von Standards und dem Einfluß von Argumenten auf Einstellungen zusammenhängen, kritischer Erörterung unzugänglich wären und bloßen Dezisionen überlassen bleiben müßten, dann wäre die Methodologie der Erfahrungswissenschaften selber um nichts weniger irrational. Weil unsere Chancen, über strittige Probleme eine Einigung auf rationalem Wege zu erzielen, faktisch recht begrenzt sind, halte ich prinzipielle Vorbehalte, die uns an der Ausschöpfung dieser Chancen hindern, für gefährlich. Um mich der Dimension umfassender Rationalität zu vergewissern und den Schein der positivistischen Schranken zu durchschauen, schlage ich freilich einen altmodischen Weg ein. Ich vertraue auf die Kraft der Selbstreflexion: Wenn wir das, was in Forschungsprozessen geschieht, reflektieren, gelangen wir zu der Einsicht, daß wir uns immer schon in einem Horizont vernünftiger Diskussion bewegen, der weiter gezogen ist, als es der Positivismus für erlaubt hält."[41]

„Mir wirft Albert eine recht unwissenschaftliche Strategie vor: Immunisierung und Verschleierung nennt er sie. Wenn man bedenkt, daß ich die Prüfungsbedingungen, auf deren Ausschließlichkeit Albert insistiert, selber zur Diskussion stelle, scheint mir jene Bezeichnung nicht besonders sinnvoll. Ich würde es vorziehen, von Umgehungsstrategie zu sprechen: Man muß dem Positivisten klarmachen, daß man sich bereits hinter seinem Rükken postiert hat. Ob das ein sympathisches Verfahren ist, weiß ich nicht; mir jedenfalls ist es vom Gang der Diskussion vorgeschrieben: Alberts Einwände beruhen auf Voraussetzungen, die ich ihrerseits gerade in Frage gestellt hatte. Alberts Strategie hingegen könnte ich in Symmetrie zum Vorwurf der Verdunkelung als Dummstellen charakterisieren: Man will nicht verstehen, was der andere sagt. Diese Strategie, die den Gegner zwingen soll, die eigene Sprache anzunehmen, ist einige Jahrhunderte alt und seit den Tagen Bacons außerordentlich erfolgreich. Die Fortschritte der exakten Wissenschaften beruhen zu einem guten Teil darauf, daß sie traditionelle Fragestellungen in eine neue Sprache übertragen; sie finden keine Antwort auf Fragen, die sie nicht selbst formuliert haben. Andererseits wird dieselbe Strategie zum Hemmschuh, wenn man über den Status solcher Forschungen im ganzen diskutieren will. Das methodisch geübte Kannitverstan trocknet eine Diskussion aus, die sich schon im Umkreis eines gemeinsam vorausgesetzten Vorverständnisses immer bewegen muß. Auf diesem Wege fördert man allenfalls einen Ethnozentrismus wissenschaftlicher Subkulturen, der die Offenheit wissenschaftlicher Kritik zerstört."[42]

II. Erkenntnis und Interesse

An anderer Stelle[43] faßt Habermas seine wissenschaftstheoretischen Überlegungen in seiner Lehre von den „erkenntnisleitenden Interessen" zusammen.

Er unterscheidet „drei Kategorien von Forschungsprozessen"[44] als Gegenstand der
1. empirisch-analytischen Wissenschaften,
2. historisch-hermeneutischen Wissenschaften,

3. kritisch orientierten Wissenschaften (oder systematischen Handlungswissenschaften).[45]
Diesen drei Wissenschaftsrichtungen ordnet er jeweils ein „Erkenntnisinteresse" zu:
1. das technische (den empirisch-analytischen Wissenschaften),
2. das praktische (den historisch-hermeneutischen Wissenschaften),
3. das emanzipatorische (den kritisch orientierten Wissenschaften).

„Für drei Kategorien von Forschungsprozessen läßt sich ein spezifischer Zusammenhang von logisch-methodischen Regeln und erkenntnisleitenden Interessen nachweisen. Das ist die Aufgabe einer kritischen Wissenschaftstheorie, die den Fallstricken des Positivismus entgeht. In den Ansatz der empirisch-analytischen Wissenschaften geht ein technisches, in den Ansatz der historisch-hermeneutischen Wissenschaften ein praktisches und in den Ansatz kritisch orientierter Wissenschaften jenes emanzipatorische Erkenntnisinteresse ein, das schon den traditionellen Theorien uneingestanden [. . .] zugrunde lag."[46]

Das führt er nun im einzelnen aus.

[1.] „In den *empirisch-analytischen Wissenschaften* legt das Bezugssystem, das den Sinn möglicher erfahrungswissenschaftlicher Aussagen präjudiziert, Regeln sowohl für den Aufbau der Theorien als auch für deren kritische Überprüfung fest. Zu Theorien eignen sich hypothetisch-deduktive Zusammenhänge von Sätzen, die die Ableitung von empirisch gehaltvollen Gesetzeshypothesen gestatten. Diese lassen sich als Aussagen über die Kovarianz beobachtbarer Größen interpretieren; sie erlauben bei gegebenen Anfangsbedingungen Prognosen. Empirisch-analytisches Wissen ist mithin mögliches prognostisches Wissen. Freilich ergibt sich der *Sinn* solcher Prognosen, nämlich ihre technische Verwertbarkeit, erst aus den Regeln, nach denen wir Theorien auf die Wirklichkeit anwenden.

In der kontrollierten Beobachtung, die oft die Form des Experiments annimmt, erzeugen wir Anfangsbedingungen und messen den Erfolg der dabei ausgeführten Operationen. Nun möchte der Empirismus den objektivistischen Schein an den in Basissätzen ausgedrückten Beobachtungen festmachen: darin soll nämlich ein evident Unmittelbares ohne subjektive Zutat verläßlich gegeben sein. In Wahrheit sind die Basissätze keine Abbildungen von Tatsachen an sich, sie bringen vielmehr Erfolge oder Mißerfolge unserer Operationen zum Ausdruck. Wir können sagen, daß Tatsachen und die Relationen zwischen ihnen deskriptiv erfaßt werden; aber diese Redeweise darf nicht verschleiern, daß sich die erfahrungswissenschaftlich relevanten Tatsachen als solche durch eine vorgängige Organisation unserer Erfahrung im Funktionskreis instrumentalen Handelns erst konstituieren.

Beide Momente zusammen genommen, der logische Aufbau der zulässigen Aussagensysteme und der Typus der Prüfungsbedingungen, legen die Deutung nahe: daß erfahrungswissenschaftliche Theorien die Wirklichkeit unter dem leitenden Interesse an der möglichen informativen Sicherung und Erweiterung erfolgskontrollierten Handelns erschließen. Dies ist das Erkenntnisinteresse an der technischen Verfügung über vergegenständlichte Prozesse."[47]

[2.] „Die *historisch-hermeneutischen Wissenschaften* gewinnen ihre Erkenntnisse in einem anderen methodologischen Rahmen. Hier konstituiert sich der Sinn der Geltung von Aussagen nicht im Bezugsystem technischer Verfügung. Die Ebenen von formalisierter Sprache und objektivierter Erfahrung sind noch nicht auseinandergetreten; denn weder sind die Theorien deduktiv aufgebaut, noch werden die Erfahrungen organisiert im Hinblick auf den Erfolg von Operationen. Sinnverstehen bahnt anstelle der Beobachtung den Zugang zu den Tatsachen. Der systematische Überprüfung von Gesetzesannahmen dort entspricht hier die Auslegung von Texten. Die Regeln der Hermeneutik bestimmen daher den möglichen Sinn geisteswissenschaftlicher Aussagen.

An jenes Sinnverstehen, dem die Tatsachen des Geistes evident gegeben sein sollen, hat der Historismus den objektivistischen Schein reiner Theorie geknüpft. Es sieht so aus, als ob sich der Interpret in den Horizont der Welt oder der Sprache hineinversetzte, aus der ein überlieferter Text jeweils seinen Sinn bezieht. Aber auch hier konstituieren sich die Tatsachen erst im Verhältnis zu den Standards ihrer Feststellung. Wie das positivistische Selbstverständnis den Zusammenhang von Meßoperationen und Erfolgskontrollen nicht ausdrücklich in sich aufnimmt, so unterschlägt es auch jenes an der Ausgangssituation haftende Vorverständnis des Interpreten, durch das hermeneutisches Wissen stets vermittelt ist. Die Welt des tradierten Sinnes erschließt sich dem Interpreten nur in dem Maße, als sich dabei zugleich dessen eigene Welt aufklärt. Der Verstehende stellt eine Kommunikation zwischen beiden Welten her; er erfaßt den sachlichen Gehalt des Tradierten, indem er die Tradition auf sich und seine Situation *anwendet.*

Wenn aber die methodischen Regeln in dieser Weise Auslegung mit Applikation vereinigen, dann liegt die Deutung nahe: daß die hermeneutische Forschung die Wirklichkeit unter dem leitenden Interesse an der Erhaltung und der Erweiterung der Intersubjektivität möglicher handlungsorientierender Verständigung erschließt. Sinnverstehen richtet sich seiner Struktur nach auf möglichen Konsens von Handelnden im Rahmen eines tradierten Selbstverständnisses. Dies nennen wir, im Unterschied zum technischen, das praktische Erkenntnisinteresse."[48]

[3.] „Die systematischen *Handlungswissenschaften,* nämlich Ökonomie, Soziologie und Politik, haben, wie die empirisch-analytischen Naturwissenschaften, das Ziel, nomologisches Wissen hervorzubringen. Eine kritische Sozialwissenschaft wird sich freilich dabei nicht bescheiden. Sie bemüht sich darüber hinaus, zu prüfen, wann die theoretischen Aussagen invariante Gesetzmäßigkeiten des sozialen Handelns überhaupt und wann sie ideologisch festgefrorene, im Prinzip aber veränderliche Abhängigkeitsverhältnisse erfassen. Soweit das der Fall ist, rechnet die *Ideologiekritik,* ebenso übrigens wie die *Psychoanalyse,* damit, daß die Information über Gesetzeszusammenhänge im Bewußtsein des Betroffenen selber einen Vorgang der Reflexion auslöst; dadurch kann die Stufe unreflektierten Bewußtseins, die zu den Ausgangsbedingungen solcher Gesetze gehört, verändert werden. Ein kritisch vermitteltes Gesetzeswissen kann auf diesem Wege das Gesetz selbst durch Reflexion zwar nicht außer Geltung, aber außer Anwendung setzen.

Der methodologische Rahmen, der den Sinn der Geltung dieser Kategorie von kritischen Aussagen festlegt, bemißt sich am Begriff der *Selbstreflexion.* Diese löst das Subjekt aus der Abhängigkeit von hypostasierten Gewalten. Selbstreflexion ist von einem emanzipatorischen Erkenntnisinteresse bestimmt. Die kritisch orientierten Wissenschaften teilen es mit der Philosophie."[49]

Im Lichte der vorher besprochenen Ausführungen von Habermas sind diese schwierigen Erörterungen etwa so zu interpretieren:

Das Dreierschema möglicher Wissenschaftsstile und der ihnen zugeordneten Erkenntnisinteressen ist wiederum dialektisch zu verstehen: die „kritisch orientierten" „systematischen Handlungswissenschaften" nehmen Elemente sowohl des Empirisch-Analytischen als auch des Hermeneutischen auf.

Sowohl die empirisch-analytische als auch die hermeneutische Zugangsweise *allein* sind unzulänglich, da beide dem „objektivistischen Schein" ausgeliefert sind:

die empirisch-analytische Methode, indem sie „Basissätze" (das heißt Protokollaussagen) als „Abbildungen von Tatsachen an sich" mißversteht,[50] und die hermeneutische Methode, indem sie glaubt, daß „sich der Interpret in den Horizont der Welt oder der Sprache hineinversetzte, aus der ein überlieferter Text jeweils seinen Sinn bezieht",[51] hier wird das „Vorverständnis des Interpreten" unterschlagen, „durch das hermeneutisches Wissen stets vermittelt ist. Die Welt des tradierten Sinnes erschließt sich dem Interpreten nur in dem Maße, als sich dabei zugleich dessen eigene Welt auf-klärt."[52]

Die systematischen Handlungswissenschaften gehen zwar auf nomologisches (auf Gesetze gerichtetes) Wissen aus, verknüpfen aber ihre Bemühungen mit einer Selbstreflexion, die offenbar, ohne daß Habermas es an dieser Stelle ausdrücklich sagte, wieder nur aus der Hermeneutik erwachsen kann.[53]

Auch in diesem Zusammenhang wird wieder deutlich: Haber-mas' Kritik an der Hermeneutik, seine These, das „Sichhineinver-setzen" „in den Horizont der Welt", mit der man sich historisch beschäftigt, sei Illusion, da hermeneutisches Wissen stets durch Vorverständnis vermittelt sei, ist nur unter der Voraussetzung ei-ner „*systematischen*"Fragestellung sinnvoll. Denn nur in diesem Fall geht der Fragende ausdrücklich von seiner Gegenwartssituation aus, für die er Klärung und Hilfe sucht. Dagegen fragt es sich doch, ob eine „Historie, die nichts als Historie sein will", nicht ge-rade dadurch gekennzeichnet ist, daß sie das „Anderssein" des hi-storischen Gegenstandes von vornherein voraussetzt und im Ver-stehen zu ergreifen sucht.[54]

Eine endgültige Stellungnahme zu Habermas' wissenschafts-theoretischem Konzept, insbesondere zu dem zentralen Problem des Verhältnisses zwischen „analytischer" und „dialektischer" Be-trachtung des sozialen Bereiches, ist im Rahmen dieses Bandes nicht mehr möglich. Ich verweise auf den Band *Marxismus und bürgerliche Wissenschaft.*

ANMERKUNGEN

Stellen aus dem *ersten* Band der vorliegenden *Einführung in die Wissenschaftstheorie* werden nicht nach Seiten, sondern wie folgt nach Abschnitten zitiert: SEIFFERT, III 2: A II 2 b heißt: Seiffert [, Wissenschaftstheorie, 1. Band], Dritter Teil, 2. Kapitel: im Abschnitt A II 2 b. – Punkt oder Semikolon trennen verschiedene Stellenangaben in einer Anmerkung.

EINLEITUNG

1 Ludwig WITTGENSTEIN: Tractatus logico-philosophicus. Logisch-philosophische Abhandlung. Frankfurt: Suhrkamp 1963. (Edit. Suhrkamp. 12.) S. 114 (Satz 6.52). – Zitiert von Jürgen HABERMAS, in: POSITIVISMUSSTREIT, S. 171; vgl. den ganzen Abschnitt ebenda S. 170 bis 175.

2 STEGMÜLLER, Hauptströmungen I, S. 386 f. – STEGMÜLLER referiert hier die Auffassung des frühen Rudolf CARNAP und bemerkt selbst in dem der von uns zitierten Stelle unmittelbar folgenden Satz: „Der hier geschilderte Fassung des empirischen Sinnkriteriums [Sinnkriterium: Maßstab dafür, ob eine Aussage als sinnvoll angesehen werden soll] hat sich als zu eng erwiesen." (S. 387.) – Die pointierte Formulierung STEGMÜLLERS soll uns also hier lediglich als Beispiel für eine mögliche extrem empiristische Einstellung dienen; selbstverständlich soll damit nicht behauptet werden, daß sich der spätere CARNAP oder STEGMÜLLER selbst mit dieser Auffassung indentifizierten. Das wäre eine wissenschaftshistorische Frage, die uns in diesem Zusammenhang nicht zu interessieren braucht; es gilt nur möglichen Mißverständnissen vorzubeugen.

3 Vgl. HABERMAS, in: POSITIVMUSSTREIT, S. 155–170.

ERSTER TEIL. DIE PHÄNOMENOLOGIE

EINLEITUNG. BEHAVIORISMUS UND „LEBENS"WISSENSCHAFT

1 SEIFFERT, III 2: A II 2 b.

2 A II 1. – Zum Begriff des „Konstruktes" vgl. auch SCHNEEWIND, Psychologie.

3 SEIFFERT, III 2: A II 2 b. – Klärung in diesen Erörterungen verdanke ich Diskussionen mit Alfred Hoffmann.

4 Jürgen HABERMAS spricht vom positivistischen „Dualismus von Tatsachen und Entscheidungen"; in: POSITIVISMUSSTREIT, S. 170–175. – Vgl. auch HABERMAS, Theorie und Praxis, S. 316–321.

5 HABERMAS, Theorie und Praxis, S. 318–321. – In: POSITIVISMUSSTREIT, S. 172–175.

1. KAPITEL. DIE INTERSUBJEKTIVITÄT DES SUBJEKTIVEN

1 SEIFFERT, I 1: A I 1 a.

2 A II 3.

3 Vgl. KAMBARTEL, Erfahrung und Struktur, S. 28–30, zu LOCKE. – Eine treffende Formulierung des Problems hat Ludwig WITTGENSTEIN in seinem Vergleich mit dem Käfer in der Schachtel gegeben: „Angenommen, jeder besäße eine Schachtel, in der sich etwas befindet, das wir ‚Käfer' nennen. Keiner sei imstande, in die Schachtel eines anderen zu schauen [...]. Dann könnte es sein, daß jeder ein anderes Ding in der Schachtel hat" – und trotzdem bezeichnen wir jeder unser Ding als „Käfer". (Nach der Erörterung bei Wolfgang STEGMÜLLER, Hauptströmungen, S. 658.)

4 KAMBARTEL, Erfahrung und Struktur, S. 29 f.

5 SEIFFERT, I 1: A I 1 a.

6 Auch an dieser Stelle sei noch einmal auf das Problem hingewiesen, das wir bereits im ersten Band (S. 22 f.) erörterten: die Sprachanalyse ist die *gegenwärtig* entwickelte und herrschende Methode, bestimmte grundlegende Probleme der Philosophie zu bewältigen. Das letzte Wort kann sie sicherlich nicht sein; sie wird dereinst als *ein* Moment mit anderen in einen neuen, umfassenderen Klärungsversuch eingehen müssen.

7 Vgl. WITTGENSTEINS Schmerzproblem; STEGMÜLLER, Hauptströmungen, S. 645–672.

8 Jedes nicht ganz gekonnte Schauspielern wird sich durch bestimmte „Unechtheiten" im Ausdruck über kurz oder lang verraten. Natürlich ist hier „Unechtheit" wieder so ein Wort, das man nur aus der Situation selber verstehen kann. Ohne eine gewisse Lebenserfahrung kommt man bei der Beurteilung, ob eine Bekundung „echt" oder „unecht" ist, nicht aus. Manches, was man bei geringer Erfahrung für „echt" hält, entlarvt man bei größerer Erfahrung als „unecht". Das gilt zum Beispiel für die stereotype Wendung gegenüber Einsendern von Manuskripten oder auch bereits gedruckten Texten: „Ich habe Ihre Ausführungen mit Interesse gelesen." – Aber auch hier gilt natürlich, daß nicht jede Äußerung dieser Art „geheuchelt" sein kann; wie wäre es sonst zu erklären, daß Manuskripte wirklich gedruckt, Bücher wirklich Bestseller werden können?! – In den meisten Fällen werden wir – sofern wir nur über einige Lebenserfahrung verfügen – ein „unechtes" und ein „echtes" Lob

schon an der Formulierung unterscheiden. Gerade wo simuliert wird, durchschauen wir es als Bestandteil einer Situation. Eben dadurch, daß wir Simulation als Möglichkeit einkalkulieren, können wir uns der Aufrichtigkeit einer Bekundung im gegebenen Falle umso sicherer sein.

9 Vgl. Otto Friedrich BOLLNOW, Stimmungen, vor allem S. 33–53. BOLLNOWS Fragerichtung ist allerdings eher individualistisch, weniger auf soziale Situationen bezogen.

10 STRASSER, Phänomenologie, S. 61 f. – Vgl. HUSSERL, Krisis, 1954, S. 128 f. – Die Ähnlichkeit zwischen STRASSERS Kochtopf-Argument und gewissen Gedankengängen der mathematischen Konstruktivisten ist unverkennbar; vgl. SEIFFERT, II 2: A.

2. KAPITEL. WAS IST PHÄNOMENOLOGIE?

1 Zur Einführung in die Phänomenologie auch im „Schul"sinne seien aus unserem Literaturverzeichnis folgende Bücher genannt: BOCHENSKI (Phänomenologie-Abschnitt); BOLLNOW (vor allem *Die Lebensphilosophie, Mensch und Raum, Philosophie der Erkenntnis* und *Das Wesen der Stimmungen);* DIEMER/FRENZEL (Artikel „Phänomenologie"); HUSSERL; PLESSNER, Philosophie; SCHELER; SCHÜTZ; STEGMÜLLER (Kapitel über Brentano, Husserl, Scheler); STRASSER (besonders zu empfehlen). – Wohl der größte Meister „einer schlichten ‚nichtzünftigen' Phänomenologie des Gegebenen" (Joseph KLEIN, in: Die Religion in Geschichte und Gegenwart, 3. Aufl., 3. Band, 1959, Sp. 83) ist Nicolai HARTMANN gewesen, dessen *Problem des geistigen Seins* einer der reichhaltigsten und tiefsten Beiträge zur Lebens- und Geschichtsphilosophie ist, die wir besitzen.

2 BAHRDT, „Die wohnliche Stadt", S. 13. – Bereits zitiert in SEIFFERT, I, S. 243, und erörtert ebenda S. 242–246. – Vgl. die Ausführungen bei Otto Friedrich BOLLNOW, Mensch und Raum, S. 149–154. S. 152: „Alle sog. ‚Wohnkultur' und aller kunstgewerbliche Geschmack reichen nicht aus, der Wohnung jene Wohnlichkeit zu geben, die jeden Eintretenden sogleich gefangen nimmt."

3 BOLLNOW, Mensch und Raum, S. 58 f. – Der Absatz zwischen „habe." und „Ebenso" ist von H. S. eingefügt.

4 PLESSNER, Hochschullehrer I, S. 31–33. – Hierzu auch die klassischen Ausführungen von Max WEBER: „Wissenschaft als Beruf." In: Max WEBER: Gesammelte Aufsätze zur Wissenschaftslehre. 4., erneut durchges. Aufl. Hg v. Johannes Winckelmann. Tübingen: Mohr (1922) 1973. S. 582–613.

5 GOLDSCHMIDT, in: PLESSNER, Hochschullehrer I, S. 46.

6 Vgl. SEIFFERT, III 1: C II; III 2: B II; C III.

7 I 1: A II Beginn u. 1.

8 Ich verdanke das Beispiel dem Buch: Heinz Rutkowsky u. Max Rep-
schläger: Knaurs Hausjurist. Völlig neu bearb. München u. Zürich:
Droemer/Knaur (1972) 1976. S. 138–140. – Vgl. auch Ivan Glaser:
Sprachkritische Untersuchungen zum Strafrecht. Am Beispiel der Zu-
rechnungsfähigkeit. Mannheim u. a.: Bibl. Inst. 1970. (BI-Hochschul-
taschenbücher. 516/516 a.) Vor allem S. 10–14.

9 Strasser, Phänomenologie, Vorwort S. V. – Vgl. auch Günther Buck:
Lernen und Erfahrung. Zum Begriff der didaktischen Induktion. Stuttgart u. a.: Kohlhammer 1967. S. 83–145, vor allem S. 113 bis 122.

10 Vgl. das Interview-Material bei Plessner, Hochschullehrer I,
S. 55–310. – Zu nennen wären hier auch die Äußerungen bei Hans An-
ger: Probleme der deutschen Universität. . . . Tübingen: Mohr 1960.
XV, 675 S.

11 In seinem Vorwort von 1956 distanzierte Plessner selbst sich in gewisser Weise von bestimmten seiner Äußerungen aus dem Jahre 1924: es
„mag manche Wendung des Aufsatzes heute reaktionär und überholt
klingen [. . .]" (S. 14).

ZWEITER TEIL.
DIE HERMENEUTIK UND DIE HISTORISCHE METHODE

Einleitung. Phänomenologie – Hermeneutik – Geschichte

1 Seiffert, II 2: C.

1. Kapitel. „Historie, die nichts als Historie sein will"

1 Geschichte als *res gestae* („vollbrachte Taten"); Robin George Collingwood, Geschichte, S. 15 f. – „Das Geschichtsdenken der Aufklärung [das im Laienverständnis des 20. Jahrhunderts mit entsprechender Verzögerung nachgewirkt hat] war von der Grundidee getragen,
daß der Mensch in allen Zonen und Breiten und unter allen geschichtlichen Bedingungen das gleiche [. . .] Wesen sei, das zwar [. . .] vom
Wege [. . .] abirren könne, aber auch durch eben diese Verirrungen
nur die Unwandelbarkeit seiner Art bestätige." (Theodor Schieder,
Geschichte, S. 198) – Vgl. auch Bultmann, Eschatologie, S. 10–12.

2 Um Mißverständnisse zu vermeiden: unsere Schilderung soll nicht einen etwa gegebenen Geschichts*unterricht* kritisieren, sondern nur das

Bild von der Geschichte beschreiben, das die meisten Menschen heute tatsächlich besitzen. Daß ein guter Unterricht genau die Überlegungen zu seinem Gegenstand machen wird, die wir in dem vorliegenden Teil unseres Bandes anstellen wollen, ist von vornherein selbstverständlich.

3 Der Alltagsgebrauch des Wortes „Geschichte" hilft uns hier nicht viel weiter. Vgl. die Beispiele für die zahlreichen Verwendungsweisen des Wortes und ihre Charakterisierung bei Karl Heussi, Historismus, S. 41–43. – Johan Huizinga, Geschichte und Kultur, S. 5, findet folgende drei Bedeutungen von „Geschichte" in unserem Sprachgebrauch: „1) etwas, was geschehen ist, 2) die Erzählung von etwas, was geschehen ist, 3) die Wissenschaft, die sich bemüht, diese Erzählung geben zu können." Ganz offensichtlich führen die Alltagsbedeutungen 1) und 2) nicht über den *res gestae*-Begriff von der Geschichte hinaus; es bliebe Sache der Geschichtswissenschaft im Sinne von Bedeutung 3), das Bewußtsein dafür zu schärfen, daß das tatsächliche Erleben des „Andersseins" auf den „eigentlichen" Begriff von Geschichte im Sinne des „historischen Bewußtseins" führen könnte. – Vgl. jetzt den Artikel „Geschichte, Historie", in: Brunner/Conze/Koselleck, Geschichtliche Grundbegriffe, Band 2, S. 593–717.

4 „Was [. . .] wirklich historisches Ereignis ist und Epoche bildet, läßt sich immer nur [. . .] nachträglich erkennen." (Hans-Joachim Schoeps, Geistesgeschichte, S. 43.) – Zum Problem der Periodisierung und der „Zeitalter" als durch Interpretation entstehend vgl.: Schoeps, Geistesgeschichte, S. 33–46. – Heimpel, Gegenwart, S. 42–66. – Kamlah, „‚Zeitalter'". – Kamlah, in: Kamlah/Lorenzen, Propädeutik, S. 104 f. – Besson, Geschichte, S. 245–269.

5 Wilhelm Kamlah weist darauf hin, daß das historische Bewußtsein „selbst ein historisches Faktum" ist („‚Zeitalter'", S. 314).

6 Nach Leopold v. Ranke „ist ein Fortschritt anzunehmen in allem, was sich sowohl auf die Erkenntnis als auf die Beherrschung der Natur bezieht" – dagegen nicht hinsichtlich der Moral und auch nicht hinsichtlich der „Produktionen des Genius in Kunst, Poesie, Wissenschaft und Staat" (Epochen, S. 11). – Zum Fortschrittsproblem vgl. ferner u. a.: Heussi, Historismus, S. 77–88. – Collingwood, Geschichte, S. 335–349. – Bultmann, Eschatologie, S. 79–83. – Wittram, Interesse, S. 81–94.

7 Vgl. August Nitschke, in: Besson, Geschichte, S. 253.

8 Oswald Spenglers *Untergang des Abendlandes* beginnt mit dem Satz: „In diesem Buche wird zum erstenmal der Versuch gewagt, Geschichte vorauszubestimmen." ([I,] S. 3.) – Vgl. Schieder, Geschichte S. 26; 37; 82 f. – *Eine* nichthistoristische Geschichtsauffassung haben wir an dieser Stelle noch nicht erwähnt: nämlich die *„heilsgeschichtliche"*. Sie beruht auf der Vorstellung, daß die Geschichte nach einem von Gott

vorherbestimmten „Heilsplan" ablaufe. So unterschied der mittelalterliche Autor Joachim von Fiore (1131–1202) – entsprechend der Trinität – die drei Zeitalter des Vaters, des Sohnes und des Heiligen Geistes. Wie man sieht, ist die heilsgeschichtliche Auffassung insofern mit der Fortschrittsauffassung verwandt, als sie eine „lineare" Entwicklung der Geschichte auf ein bestimmtes Ziel hin annimmt; jedoch ist sie offensichtlich insofern kein Fortschrittsglaube, als die Stationen des Heilsplanes kaum gegeneinander als „schlechter" oder „besser" aufgerechnet werden können: der Heilige Geist ist in diesem Sinne nicht als „Fortschritt" gegenüber dem Sohne oder gar dem Vater denkbar. – Wir sehen: der „heilsgeschichtlichen" Konzeption wohnt eine gewisse Mehrdeutigkeit bei, die die Bestimmung ihres geschichtsphilosophischen Ortes recht schwer macht. Der Heilsplan bezeichnet einerseits einen Fortschritt zu den letzten Stationen, andererseits die Gleichwertigkeit aller Stationen eben als Stationen in Gottes Plan. Die Bedeutung der heilsgeschichtlichen Auffassung für die Fragestellung unseres Bandes liegt darin, daß HEGELS und MARX' Geschichtstheorien in gewisser Weise ihr zuzurechnen sind (und damit ihre Problematik teilen). Wir werden das Problem daher dort wieder aufzugreifen haben.

Hier nur folgende bemerkenswerte Äußerung von Reinhard WITTRAM: „Vergleicht man die beiden Modelle [Zyklen- und Fortschritts- (bzw. heilsgeschichtliches) Modell] miteinander, [. . .] so ist die tiefere Wahrheit u. E. nicht bei der Zyklentheorie, [. . .] sondern beim Kern der Fortschrittsidee." (Interesse, S. 88.)

Zur Heilsgeschichte bzw. zu Joachim von Fiore vgl. LÖWITH, Heilsgeschehen, insbes. S. 136–147. – COLLINGWOOD, Geschichte, S. 60–65. – BULTMANN, Eschatologie, S. 65–72, insbes. 71. – SCHIEDER, Geschichte, S. 81–84. – KAMLAH, „‚Zeitalter'". – Wolfgang MOMMSEN, in: BESSON, Geschichte, S. 322–325.

9 Für den Historismus sind vor allem die Schriften von BULTMANN, HEUSSI, MANNHEIM, MEINECKE, v. RANKE, SCHIEDER, WITTRAM für den Anfang sehr zu empfehlen.

10 v. RANKE, Epochen, S. 7. – Hervorhebung von H. S.

11 Karl Raimund POPPER: „Utopie und Gewalt." (Englische Erstfassung 1947.) (Deutsch.) In: Ahti HAKAMIES (Hg): Logik, Mathematik und Philosophie des Transzendenten. Festgabe für Uuno Saarnio. München, Paderborn u. a.: Schöningh 1977. S. 97–108. Das Zitat S. 106.

12 v. RANKE, Epochen, S. 8.

13 Da man statt „Historismus" gelegentlich auch die Wortform „Historizismus" findet und dieses Wort bei dem analytischen Wissenschaftstheoretiker und Geschichtsphilosophen Karl R. POPPER eine zentrale Rolle spielt, ist hier folgende Klarstellung notwendig.

Was POPPER unter „Historizismus" versteht, hat mit „Historismus" im

Sinne der deutschen geschichtsphilosophischen Tradition überhaupt nichts zu tun. POPPER selbst sagt ja in der Einleitung seines Buches *Das Elend des Historizismus* unmißverständlich, „daß ich unter ‚Historizismus' jene Einstellung zu den Sozialwissenschaften verstehe, die annimmt, daß *historische Voraussage* deren Hauptziel bildet und daß sich dieses Ziel dadurch erreichen läßt, daß man die ‚Rhythmen' oder ‚Patterns', die ‚Gesetze' oder ‚Trends' entdeckt, die der geschichtlichen Entwicklung zugrunde liegen." (S. 2.)

Hiermit ist eindeutig geklärt, daß POPPER gerade an – in unserem Sinne – *nicht*historistische Geschichtsauffassungen denkt; etwa an zyklische und heilsgeschichtliche, und insbesondere auch an Hegel und Marx, wie er sie versteht.

14 Vgl. SCHIEDER, Geschichte, S. 21.

15 Vgl. v. BRANDT, Werkzeug, S. 7; 11–21, insbes. 14–18; 165 f.

16 S. 10.

17 Vgl. Rudolf STADELMANN in seiner Einleitung zu Jacob BURCKHARDTS *Weltgeschichtlichen Betrachtungen:* BURCKHARDTS Leistung bestand darin, daß er an „die Stelle einer fortschreitenden Erzählung [...], wie man es von Voltaire bis Droysen [...] gewohnt war", die „Schilderung und die [...] Analyse der Zeit, ihrer Sitten und Einrichtungen, [...] ihrer [...] Kunstformen, ihres Persönlichkeitsbegriffs und ihres Weltgefühls" setzte und so eine neue Ära der Geschichtsdarstellung, gekennzeichnet durch Namen wie DILTHEY und HUIZINGA, eröffnete (S. 16).

18 v. BRANDT, Werkzeug, S. 62. – Wir werden dieses Problem unten (B III 1) in der Auseinandersetzung mit CARR noch ausführlich erörtern.

19 Ein anschauliches Beispiel für dieses „kriminalistische" Vorgehen des Historikers werden wir unten (D I) in Gestalt des „Privilegium-Majus"-Falles kennenlernen.

20 v. BRANDT, Werkzeug, S. 57.

21 Vgl. S. 61.

22 S. 48–64. – Unabsichtliche Überlieferung: S. 53–54; 56–60. – Absichtliche Überlieferung: S. 54–56; 61–64.

Zur Geschichte der Terminologie sei folgendes angemerkt (vgl. v. BRANDT S. 52 f.): Johann Gustav DROYSEN führte (der Sache nach) die Unterscheidung zwischen unabsichtlicher und absichtlicher Überlieferung ein. Die unabsichtliche Überlieferung nannte er „Überreste", die absichtliche Überlieferung „Quellen". Unter „Denkmälern" (Urkunden, Kunstwerke und ähnliches) verstand er „Dinge, in denen sich beide Formen verbinden" (Historik S. 333; zum Ganzen vgl. S. 332 bis 335 [Kurzformulierung im „Grundriß"] und S. 37–84). Diese Terminologie DROYSENS hatte zwei Nachteile: die Zwischenform „Denkmäler" war unglücklich, und die Bezeichnung „Quellen" für einen

Teilbereich dessen, was wir im weiteren Sinne unter „Quellen" verstehen, unpraktisch. – Beide Nachteile vermied Ernst BERNHEIM. Er ließ „Quellen" als Spezialterminus fallen und bezog die „Denkmäler" (Inschriften, Monumente, Urkunden) als Untergruppe in die „Überreste" mit ein, die er im übrigen etwa wie DROYSEN definierte. Die absichtliche Überlieferung nannte er (statt „Quellen" wie DROYSEN) „Tradition" (BERNHEIM, Lehrbuch, S. 255–259). – Ahasver v. BRANDT schließlich übernahm in die Überschriften seiner Darstellung die BERNHEIMschen Termini „Überreste" (S. 56) und „Tradition" (S. 61), operiert aber im Text selbst mit dem von ihm (in Anlehnung an MIKOLETZKYS Wortpaar „Unwillkürlich" – „Willkürlich" [S. 52], das ebenfalls recht gut ist) eingeführten und m. E. äußerst glücklichen Terminuspaar „Unabsichtlich" – „Absichtlich", das ich für die beste Charakterisierung der Quellen-Großgruppen halte und daher in den Vordergrund stelle.

23 v. BRANDT, Werkzeug, S. 56.

24 S. 54.

25 S. 101 f. – Stapelrecht: das Recht (hier Hamburgs), durchreisende Kaufleute zu zwingen, ihre Ware zum Kauf anzubieten.

26 S. 59 f.

27 So der Untertitel des Buches von SCHOEPS *Was ist und was will die Geistesgeschichte: Über Theorie und Praxis der Zeitgeistforschung.*

28 SCHOEPS, Geistesgeschichte, S. 62. – Hier und in den folgenden Zitaten sind etwaige Hervorhebungen bei SCHOEPS nicht berücksichtigt.

29 S. 62.

30 S. 64.

31 S. 65–94.

32 S. 91.

33 S. 104–121.

34 Vgl. SEIFFERT, III 2: A I.

35 v. BRANDT, Werkzeug, S. 93.

36 S. 96–98.

37 Vgl. BERNHEIM, Lehrbuch, S. 324–561, vor allem 411–447. – QUIRIN, Einführung, S. 160–162.

38 Zur „lectio difficilior" vgl. QUIRIN, Einführung, S. 162. – Zur „Redundanz"theorie vgl. SEIFFERT, Information, S. 52–79.

39 Zu Quellenkritik und Editionstechnik allgemein vgl. BERNHEIM, Lehrbuch, S. 324–561. – QUIRIN, Einführung, S. 157–168. – Otto STÄHLIN: Editionstechnik. Ratschläge für die Anlage textkritischer Ausgaben. Völlig umgearb. 2. Aufl. Leipzig u. Berlin: Teubner 1914. VI, 112 S. – Georg WITKOWSKI: Textkritik und Editionstechnik neuerer Schriftwerke. Ein methodologischer Versuch. Leipzig: Haessel 1924. 169 S. – Paul MAAS: Textkritik. 3., verb. u. verm. Aufl. Leipzig: Teubner 1957. 34 S. (1. Aufl. 1927 als T. 7 v. Gercke-Norden, Einl. . . ., Band I,

3. Aufl.) – Hans Werner SEIFFERT: Untersuchungen zur Methode der Herausgabe deutscher Texte. 2. Aufl. Berlin: Akademie-Verl. (1963) 1969. 222 S. (Deutsche Akademie der Wissenschaften zu Berlin. Veröffentlichungen des Instituts für deutsche Sprache und Literatur. 28.) – Peter SZONDI: Hölderlin-Studien. Mit einem Traktat über philologische Erkenntnis. Frankfurt: Insel-Verl. 1967. 151 S.

Auf ein klassisches Beispiel für philologisch-hermeneutische Quellenprobleme stieß ich zufällig bei den Vorarbeiten für diesen Band. Es ist so instruktiv, daß ich es hier näher ausführen möchte.

Einer der Begründer des Historismus im 18. Jahrhundert, Justus MÖSER (ein brillanter Schriftsteller!), hat in der Vorrede zu seiner *Osnabrückischen Geschichte* eine Äußerung getan, die von geschichtsphilosophischen Autoren gern zitiert wird. Sie findet sich zum Beispiel bei Karl MANNHEIM, bei Hans-Joachim SCHOEPS und bei Theodor SCHIEDER und lautet:

Bei MANNHEIM: „Der Stil aller Künste, ja selbst der Depeschen und Liebesbriefe eines Herzogs von Richelieu steht gegeneinander in einigem Verhältniß. Jeder Krieg hat seinen eignen Ton, und die Staatshandlungen haben ihr Colorit, ihr Costume, und ihre Manier in Verbindung mit der Religion und den Wissenschaften." (Zitiert in: MANNHEIM, Wissenssoziologie, S. 478 f., Anm. 114.)

Bei SCHOEPS: „Der Stil aller Künste, ja selbst der Depeschen und Liebesbriefe eines Herzogs von Richelieu steht gegenseitig in einigem Verhältnis. Jeder Krieg hat seinen eigenen Ton und die Staatsverhandlungen haben ihr Kolorit, ihre Kostüme und ihre Manier in Verbindung mit der Religion und den Wissenschaften." (Zitiert in: SCHOEPS, Geistesgeschichte, S. 18.)

Bei SCHIEDER: „Der Stil aller Künste, ja selbst der Depeschen und Liebesbriefe eines Herzogs von Richelieu steht gegeneinander in einigem Verhältnis. Jeder Krieg hat seinen eigenen Ton, und die Staatshandlungen haben ihr Kolorit, ihre Kostüme und ihre Manier in Verbindung mit der Religion und den Wissenschaften." (Zitiert in: SCHIEDER, Geschichte, S. 87.)

Nehmen wir an, diese drei Zitate seien Abschriften einer verlorengegangenen Quelle, deren ursprünglichen Wortlaut wir aus diesen Abschriften rekonstruieren wollen, so werden wir folgende Schlüsse ziehen.

MANNHEIM und SCHIEDER sind untereinander ähnlicher als beide mit SCHOEPS. Sie haben beide den gleichen Wortlaut (bis auf: *ihr Costume – ihre Kostüme*) und unterscheiden sich lediglich an einigen Stellen in Orthographie und Interpunktion. SCHOEPS dagegen weicht im Wortlaut ab: er hat *gegenseitig* statt *gegeneinander* und *Staatsverhandlungen* statt *Staatshandlungen* der anderen beiden.

Wie ist dieses „Zwei gegen einen" zu beurteilen? Wenn zwei Quellen gegenüber einer dritten den gleichen Wortlaut haben, so kann das einerseits natürlich bedeuten, daß die eine die andere abgeschrieben hat. In diesem Fall besagt die Übereinstimmung nichts für die „Richtigkeit" des Wortlautes. Es kann aber auch bedeuten, daß beide unabhängig voneinander die gleiche Vorlage abgeschrieben haben. In diesem Fall ist die Übereinstimmung umgekehrt ein sehr starkes Indiz dafür, daß beide richtig abgeschrieben haben und wir also den ursprünglichen Wortlaut vor uns sehen. Leider bringen nur MANNHEIM und SCHOEPS, nicht aber SCHIEDER eine Stellenangabe für ihre Zitat-Vorlage, so daß nicht nachzuprüfen ist, nach welcher Vorlage SCHIEDER zitiert hat. Jedoch ist nicht anzunehmen, daß er das Zitat bei MANNHEIM entnommen hat. Die Ähnlichkeit zwischen MANNHEIM und SCHIEDER wird also wohl auf das parallele Abschreiben einer gemeinsamen Vorlage zurückgehen.

Jedoch reicht der bloße Textvergleich für die Bestätigung einer solchen Vermutung nicht aus. Wir gehen daher jetzt einen Schritt weiter und unterziehen die Textabweichungen einer „hermeneutischen" Untersuchung.

Staatshandlungen ist im heutigen Deutsch ungewöhnlicher als *Staatsverhandlungen*. Es ist die „lectio difficilior" und schon deshalb wahrscheinlich richtig. Der Kenner der deutschen Sprache des 18. Jahrhunderts wird zudem wissen, daß gerade das uns ungewöhnliche Wort *Staatshandlungen* gut in die „Landschaft" des 18. Jahrhunderts paßt. Ähnliches wird man für *gegenseitig* und *gegeneinander* annehmen können.

Interessant ist eine Stelle, die SCHOEPS und SCHIEDER gegen MANNHEIM gemeinsam haben. MANNHEIM: *ihr Costume;* SCHOEPS und SCHIEDER: *ihre Kostüme.* Bei SCHOEPS und SCHIEDER wird offensichtlich das französische End-E als deutsches Plural-E mißverstanden und so aus dem eindeutigen Singular (eine Seite vorher heißt es bei MÖSER: *Das [!] Costume der Zeiten)* ganz unnötiger- und sogar irreführenderweise ein Plural gemacht.

Ohne den Originaltext gesehen zu haben, können wir also mit einiger Sicherheit annehmen, daß MANNHEIM die genaueste Wiedergabe des MÖSERschen Textes bietet. Diese Annahme bestätigt sich, wenn wir die von MANNHEIM und SCHOEPS als Vorlage genannte MÖSER-Ausgabe zur Hand nehmen:

Justus MÖSER: Osnabrückische Geschichte. [1768.] Hg von B. R. Abeken. Erster Theil. ... Berlin: Verl. der Nicolaischen Buchhandlung 1843. Vorrede zur ersten Ausgabe des ersten Theils. S. XXII. (Justus MÖSER's sämmtliche Werke. Neu geordnet und aus dem Nachlasse desselben gemehrt durch B. R. Abeken. Sechster Theil.)

Hier finden wir den Text buchstäblich wie bei MANNHEIM – bis auf eine einzige Ausnahme: hinter *Costume* steht bei MANNHEIM ein Kom-

ma, in der ABEKENschen Ausgabe nicht! Das ist insofern überra-
schend, als wir geneigt sein könnten, das Komma vor *und* in Aufzäh-
lungen als die „lectio difficilior" und als typisch für das „Colorit" des
18. Jahrhunderts zu nehmen.

Freilich: Nun haben wir die MÖSER-Philologie immer noch nicht so
weit getrieben, daß wir wiederum die ABEKENsche Ausgabe an den
Originaldrucken oder Manuskripten MÖSERS aus dem 18. Jahrhundert selbst überprüft hätten. Wie zuverlässig der ABEKENsche Abdruck
ist, können wir a priori natürlich auch nicht wissen – braucht uns hier
aber nicht weiter zu interessieren.

Das Beispiel zeigt, wie leicht sich auch bei „Berufs"historikern Un-
stimmigkeiten in den Zitaten einschleichen können – vermutlich verursacht durch Überlassung von Exzerpten oder Zitatkontrollen an
Hilfskräfte.

Unabhängig davon jedoch wird man durchaus darüber streiten können, wieweit eine wörtliche Übernahme von Schreibweisen des Originals in moderne Ausgaben überhaupt nötig ist.

So ist der MÖSERsche Text in der Ausgabe: Justus MÖSERS Sämtliche
Werke. Dritte Abteilung. Osnabrückische Geschichte und historische
Einzelschriften. Bearb. v. Paul Göttsching. Osnabrückische Geschichte. Allgemeine Einleitung. 1768. Oldenburg u. Hamburg: Stalling
1964. (J. M.s Sämtliche Werke. Historisch-kritische Ausg. in 14 Bänden. . . . Band 12,1.) S. 43 orthographisch, interpunktorisch, zum Teil
auch grammatisch normalisiert: „Die von der heutigen Rechtschreibung abweichende Schreibung [MÖSERS] ist nur dort beibehalten, wo
sie auf lautliche Abweichung schließen läßt." (S. 23.)

40 WITTRAM, Anspruch, S. 29.
41 CARR, Geschichte, S. 10 f. – Erster und dritter Absatz von H. S.
42 S. 8 f. – Über das Verhältnis von Tatsachen und Schlüssen vgl. auch
   COLLINGWOOD, Geschichte, S. 142 f.; 187.
43 CARR, Geschichte, S. 16. – WITTRAM, Interesse, S. 22 f.
44 v. BRANDT, Werkzeug, S. 29–38. – CARR, Geschichte, S. 11.
45 v. BRANDT, Werkzeug, S. 37.
46 S. 38. – Regesten sind Auszüge aus Urkunden, die der Übersichtlich-
   keit halber oder zur Raumersparnis statt des vollen Wortlautes veröffentlicht werden. Vgl. QUIRIN, Einführung, S. 115–117.
47 v. BRANDT, Werkzeug, S. 37.
48 SCHIEDER, Geschichte, S. 76.
49 Vgl. Ernst SCHWARZ: Deutsche Namenforschung. II. Orts- und Flur-
   namen. . . . Göttingen: Vandenhoeck & Ruprecht 1950. S. 15.
50 Vgl. SCHIEDER, Geschichte, S. 37. – WITTRAM, Anspruch, S. 28 f.
51 CARR, Geschichte, S. 8–10. – COLLINGWOOD, Geschichte, S. 142 f.;
   187.
52 Vgl. WITTRAM, Interesse, S. 22 f.: „Der Historismus hat das Faktum

anspruchsvoller, hintergründiger und interessanter gemacht, zugleich freilich auch empfindlicher und anfälliger" – weil nämlich in eine gesicherte Tatsache die Deutung schon eingegangen ist. – Und umgekehrt: „Keine Aussage ohne Deckung, ohne überzeugenden Nachweis"! (WITTRAM, Anspruch, S. 29.) – Schon Friedrich MEINECKE hatte gesagt, man vergesse oft, „daß man den alten verachteten Spezialwissenschaften nicht nur das Tatsachenmaterial zu danken hat, mit dem die neuen kühnen ‚Synthesen‘ des geschichtlichen Lebens gezimmert werden, sondern auch die Verfeinerung und Vergeistigung des historischen Blickes, [...] dessen man sich jetzt rühmt." (MEINECKE, Werke IV, S. 184; mit Bezug auf Autoren wie Oswald SPENGLER.)

53 KIRN/LEUSCHNER, Einführung, S. 19 f.

54 BERNHEIM, Lehrbuch, S. 205 f. – Vgl. auch WITTRAM: „[...] bei scharfem und genauem Hinsehen kann das Detail, wenn uns die Überlieferung günstig ist, soviel Farbe und Gestalt gewinnen, daß wir sagen mögen: dies kann nicht falsch sein." (Interesse, S. 23.)

55 BERNHEIM, Lehrbuch, S. 7 f.

56 WINDELBAND, Präludien 2, S. 154.

57 Theodor LESSING, Sinngebung, S. 23.

58 Vgl. SCHIEDER, Geschichte, S. 102–104.

59 MARX, Kapital I, S. 269 f.

60 Vgl. SCHIEDER, Geschichte, S. 37. – WITTRAM, Anspruch, S. 28 f.

61 Eine ausgezeichnet orientierende, kritische Charakterisierung der „Oral History" bietet der Beitrag von Thomas SCHMID: „‚Oral History‘ und Kultur der Unterschichten. Der Historiker als Produzent von Quellen." In: Merkur 397 (Juni 1981). S. 613–620. – Lutz NIETHAMMER (Hg): Lebenserfahrung und kollektives Gedächtnis. Die Praxis der ‚Oral History‘. Unter Mitarb. v. Werner Trapp. Frankfurt: Syndikat 1980.

62 Bereits im ersten Band erörterten wir das Problem der Hermeneutik, insbesondere des hermeneutischen Zirkels, kurz: SEIFFERT, II 2: C. Vgl. auch SEIFFERT, Information, S. 95–124. – Zum Verstehen: SEIFFERT, II 1: B; II 2: Einl.

63 In der historischen Sprachwissenschaft kennzeichnet der Stern eine erschlossene, nicht durch Überlieferung belegte Wortform.

64 Vgl. GADAMER, Wahrheit und Methode, S. 250–290. – KÜMMEL, Vorverständnis. – KAMLAH/LORENZEN, Propädeutik, vor allem S. 15 bis 27. – Eins der bedeutendsten Grundwerke für die historisch-philologische Methode des „Verstehens" ist nach wie vor die „Enzyklopädie" von August BOECKH, deren Lektüre reichen Gewinn für das Verständnis gerade der „handwerklichen" Verwendung der hermeneutischen Methode in konkreten Forschungsfällen – die manchem nichtgeisteswissenschaftlichen Wissenschaftstheoretiker ein Buch mit sieben Siegeln zu sein scheint – bietet. – So etwa S. 108 Bemerkungen über jenen

„Cirkel", nach dem „Structur" und „Flexionsform" sich gegenseitig bedingen.

65 BOECKH, Enzyklopädie, S. 109 f.

66 BERNHEIM, Lehrbuch, S. 592.

67 TACITUS, Annalen, I 3. – Vgl. z. B. folgende Übersetzungs-Ausgabe: TACITUS: Annalen. Deutsch v. August Horneffer. M. e. Einl. v. Joseph Vogt und Anmerkungen v. Werner Schur. . . . Stuttgart: Kröner 1964. XLII, 611 S. (Kröners Taschenausgabe. 238.) S. 4.

68 Nach BERNHEIM, Lehrbuch, S. 592. – Die Übernahme und Abwandlung der BOECKHschen Interpretation durch BERNHEIM ist übrigens selbst ein Beispiel für die Situation, vor der wir in der Quellenkritik oft stehen: ein späterer Autor gibt den Text eines früheren ungefähr, aber nicht genau wieder, und wir müssen die Abweichungen genau registrieren und interpretieren. – Aus Raumgründen können wir den Text BOECKHS leider nicht hierhersetzen.

69 Andreas GRYPHIUS: Dichtungen. Hg v. Karl Otto Conrady. (Reinbek:) Rowohlt 1968. (Rowohlts Klassiker . . . . 500/501.) S. 20.

70 (Johann Wolfgang GOETHE:) Gedichte Goethes aus den Jahren 1766–1784. Hg v. Otto Olzien. Göttingen: Vandenhoeck & Ruprecht 1947. (Göttinger Lesebogen zur Deutschen Lit.gesch. 2. Reihe. 4.) S. 15 (Fassung a).

71 „Unsere klassische Literatur, die Zeit um und nach 1800, hat die Sprache geschaffen, in der wir uns einigermaßen verständigen. Schiller, Goethe und Kleist können im Ganzen doch noch von uns und von unseren Schulkindern im unbewußten Einklang mit unserer Sprache aufgefaßt werden." So Hermann HEIMPEL (Gegenwart, S. 16). Reinhard WITTRAM dagegen meint: „In vielen Stücken ist auch uns das 19. Jahrhundert schon ferngerückt, so daß wir Gefahr laufen, den Gleichklang der Worte für Übereinstimmung in der Sache zu nehmen und damit den genauen Sinn des Gemeinten zu verfehlen. Das gilt ohne Zweifel bereits für die Sprache Goethes, die Ranke in seiner Jugend noch als ‚zu modern‘ empfand, während wir uns des Altertümlichen in ihr bewußt werden." (Interesse, S. 33.) – Für die heute über Dreißigjährigen wird man HEIMPEL recht geben wollen; für die heutigen Schüler und Studenten hingegen dürfte die Selbstverständlichkeit der GOETHEschen „Bildungssprache" in Frage gestellt sein. – Davon unabhängig besteht jedoch die Frage des hermeneutischen „Sicheinarbeitens"; vgl. das im Haupttext Folgende.

72 Der Interpretierende setzt zunächst voraus, daß auch etwas, was er nicht auf Anhieb versteht, „wahr" und damit im Endergebnis auch für ihn verständlich ist: vgl. GADAMER, Wahrheit und Methode, S. XXVIII; 252–254; 278. – KRAUSSER, Vernunft, S. 20–22.

73 Zum Problem der Relativität der Sachkenntnis vgl. SEIFFERT, Information, S. 103–108; 144–150.

74 Burckhardt, Weltgeschichtliche Betrachtungen, S. 41; Kröner S. 19.

75 [Johann Sebastian Bach:] Schriftstücke von der Hand –s. Vorgelegt und erläutert von Werner Neumann und Hans-Joachim Schulze. Kritische Gesamtausgabe. Kassel u. a.: Bärenreiter-Verl. 1963. (Bach-Dokumente. ... I.) S. 67. (Der ganze Brief S. 67–68; Erläuterungen dazu S. 68–70.) Daß es allein schon ein Problem ist, „andersartige" Verhältnisse der Vergangenheit zu erfassen, zeigt zum Beispiel die Tatsache, daß der Leipziger Thomaskantor im 18. Jahrhundert keineswegs (wie man sich das – heutige Gegebenheiten in die Vergangenheit projizierend – vorstellen könnte) nur Kirchenmusiker war, sondern außerdem einerseits Lehrer an der Thomasschule (mit der Verpflichtung, auch Lateinunterricht zu erteilen!), andererseits städtischer Musikdirektor. – Vgl. Friedrich Blume, in: Die Musik in Geschichte und Gegenwart. ... Band I. ... Kassel u. Basel: Bärenreiter-Verl. 1949–1951. Sp. 983–985.

76 Seiffert, I 1: B II 1, hierzu die Anm. – Kamlah/Lorenzen, Propädeutik, S. 128–135.

77 Bach, Schriftstücke (Anm. 75), S. 67: „[...] werde genöthiget werden mit des Höchsten Beystand meine *Fortun* anderweitig zu suchen."

78 v. Brandt, Werkzeug, S. 78. – Das folgende Zitat S. 121. – Der berühmte klassische Philologe Ulrich v. Wilamowitz-Moellendorff hat gesagt (die Stelle kann ich zur Zeit nicht nachweisen): „Wer zwischen Varianten, also der fließenden Überlieferung [...], und Schreibfehlern nicht unterscheiden kann, ist der Aufgabe des Herausgebers nicht gewachsen."
Auch diese Bemerkung ist ein Beitrag zum Problem des in einem bestimmten historischen Zusammenhang „Möglichen" und „nicht Möglichen". Denn: Varianten fallen in den Bereich des für die jeweilige Quelle „Möglichen", Schreibfehler sind, weil sinnlos, auch in einem von dem uns Gewohnten abweichenden Text „nicht möglich". Eine erfahrene Sekretärin und ein guter Setzer werden bei der Bearbeitung ihnen anvertrauter Vorlagen stets zwischen vom Autor beabsichtigten, weil „historischen" Abweichungen und bloßen Versehen zu unterscheiden wissen und daher erstere gewissenhaft übernehmen, letztere stillschweigend verbessern. Wer in einem mit der Schreibmaschine geschriebenen Text statt des Wortes ‚nötig' die Wortform ‚nöthig' findet, wird sich darüber klar sein, daß es sich dabei um eine historische, früher übliche Schreibweise für ‚nötig' handelt, die um der philologischen Akribie willen übernommen werden muß; findet er dagegen die Wortform ‚nözig', so wird er mit Recht vermuten, daß hier ein schlichter Tippfehler vorliegt, verursacht durch die benachbarte Lage von ‚t' und ‚z' auf der Schreibmaschine.

79 Vgl. Hans Baer: Bibliographie und bibliographische Arbeitstechnik. Eine Einführung. Frauenfeld: Huber 1961. (Bibliothek des Schweizer

Buchhandels. 3.) S. 144–149. – Die zitierten Beispiele: S. 148 f.; 147 f.; 149.

80 a) HEGEL, Phänomenologie des Geistes, Vorrede, S. 24. – Das Wort „[das]" steht so (mit eckigen Klammern) in Hoffmeisters Text. – b) HEGEL, Enzyklopädie der philosoph. Wissenschaften, Einleitung. § 18, S. 51. – Hegels Hervorhebungen sind in beiden Zitaten nicht berücksichtigt.

81 Vgl. SEIFFERT, I 1: B II 2 Beginn; B II 2 e.

82 KAMLAH/LORENZEN, Propädeutik, S. 23.

83 Ein solches Bild vermittelt zum Beispiel Heinz QUIRINS *Einführung in das Studium der mittelalterlichen Geschichte.* Wir werden darauf zurückkommen. – Nunmehr steht auch Hartmut BOOCKMANNS vorzügliche *Einführung in die Geschichte des Mittelalters* zur Verfügung.

84 BERNHEIM, Lehrbuch, S. 340–345. – Vgl. auch QUIRIN, Einführung, S. 81.

85 SEIFFERT, III 1: B I u. II 1 u. 2.

86 B III 2.

87 STEGMÜLLER, Einheit, S. 9 f.

88 S. 10 f.

89 S. 9. – Eine ausführlichere, aber in der Tendenz ähnliche Darstellung seiner Auffassung vom „Verstehen" gibt STEGMÜLLER jetzt in seiner großen Wissenschaftstheorie *(Probleme und Resultate),* Band I, S. 360–375.

90 SEIFFERT, III 2: B V. – III 1: B III 2; hierzu Anm. 22.

91 COLLINGWOOD (Geschichte, S. 140) bemerkt treffend: Die im 19. Jahrhundert neu ausgebildete historische Methode „bestand in einer [. . .] gründlichen Tatsachenforschung, die sich nicht um die Aufforderung des Positivismus kümmerte, von dieser Tatsachenforschung sich alsbald einer zweiten (vom Positivismus angenommenen) Stufe, der Auffindung allgemeiner Gesetze, zuzuwenden."

92 APEL, „Entfaltung", S. 255 f.

93 Johann Wolfgang GOETHE: Faust. Der Tragödie Erster Theil. Nacht. Vers 577–579. [Gespräch mit Wagner.] GOETHES Werke. Hg im Auftrage der Großherzogin Sophie von Sachsen. 14. Band. Weimar: Böhlau 1887. S. 35.

94 Vgl. GADAMER, Wahrheit und Methode, S. 250–290; bes. 252–254, 275–283. – Vgl. auch die Bemerkung über die „Andersartigkeit" des Kantorenamtes im 18. Jahrhundert, oben Anm. 75.

95 QUIRIN, Einführung, S. 22; 24.

96 So bemerkt Peter WAPNEWSKI, in: KOLBE, Ansichten, S. 105, mit vollem Recht: „Alle historische Wissenschaft hat konservierenden Charakter. Das ist ihr Wesen. Sie zeichnet sich zudem aus durch konservative Haltung. Das braucht ihr Wesen nicht zu sein."

97 CARR, Geschichte, S. 14.

98 v. BRANDT, Werkzeug, S. 62 f.

99 Vgl. auch August NITSCHKE, Mittelalter, S. 201: „Im frühen und hohen Mittelalter war das soziale Leben weitgehend durch die Geistlichkeit bestimmt." Eine solche Aussage kann offensichtlich durch ideologiekritische Einwände gerade nicht widerlegt, sondern nur bestätigt werden!

100 Zur Erläuterung der Termini „Objekt-" und „Meta-" vgl. SEIFFERT, I, I 1: B II 2 d.

101 Vgl. unten (D IV 1).

102 KAMLAH/LORENZEN, Propädeutik, S. 105. – Vgl. auch KAMLAH, „,Zeitalter'".

103 Vgl. Ulfert RICKLEFS, „Hermeneutik", S. 292: „Wahre Auslegung zeichnet sich dadurch aus, daß sie den Text für den Leser stärker, reicher, unendlicher werden läßt, nicht ihn zu ersetzen sucht."

104 Vgl. HABERMAS, Protestbewegung, vor allem die Einleitung, S. 9–50.

105 Zum historistischen „Perspektivismus" vgl. HEUSSI, Historismus, S. 56–59. – BULTMANN, Eschatologie, S. 131–137. – Zum Problem des Relativismus vgl. MEINECKE, Werke III und IV. – HEUSSI, Historismus, S. 65–77. – BULTMANN, Eschatologie, S. 10–12; 95.

106 Theodor W. ADORNO, Eingriffe, S. 41.

107 WITTRAM, Interesse, S. 35–43.

108 Schon Justus MÖSER spricht von der „[…]Geschichte einzelner Worte, welche immer von Jahrhundert zu Jahrhunderte einen andern Sinn erhalten haben […]." MÖSER, Osnabrückische Geschichte, hg v. B. R. Abeken (Anm. 39), S. IX.

109 WITTRAM, Interesse, S. 36.

110 S. 35–37.

111 S. 37.

112 S. 37.

113 S. 38.

114 KAMLAH/LORENZEN, Propädeutik, S. 89.

115 Vgl. WITTRAM, Interesse, S. 35–43.

116 S. 43.

117 Diese Wendung habe ich gebildet, angeregt durch René KÖNIG, der (KÖNIG, Soziologie, S. 8) „eine Soziologie" fordert, „die nichts als Soziologie ist".

118 WITTRAM, Interesse, S. 45 f.

119 Zu comes: Karl BOSL: Staat, Gesellschaft, Wirtschaft im deutschen Mittelalter. München: Deutscher Taschenbuch Verlag (Stuttgart: Klett 1970) 1973. (Gebhardt: Handbuch der deutschen Geschichte. 9., neu bearb. Aufl. Taschenbuchausg. 7.) (dtv. Wissensch. Reihe. 4207.) S. 52–57. – Über die Entwicklung des Wortes Graf allgemein unterrichtet jedes größere Lexikon. – Zu mansus: BOSL, S. 60. – Friedrich-Wilhelm HENNING: Das vorindustrielle Deutschland 800 bis 1800.

3. Aufl. Paderborn: Schöningh (1974) 1977. (F.-W. Henning: Wirtschafts- und Sozialgeschichte. 1.) (UTB. 398.) S. 43.

120 Umfassende Information bietet der Sammelband: Heide WUNDER (Hg): Feudalismus. Zehn Aufsätze. München: Nymphenburger Verl.-handlung 1974. (Nymph. Texte zur Wissenschaft. Modelluniversität. 17.) – Einen klaren „quellensprachlichen" Standpunkt nimmt ein: Otto BRUNNER: Sozialgeschichte Europas im Mittelalter. Göttingen: Vandenhoeck & Ruprecht 1978. (Kleine Vandenhoeck-Reihe. 1442.) Vor allem S. 5 f.; 30–35. – BOOCKMANN, Mittelalter, S. 26 f.

121 Die Grundzüge von MARX' Geschichtstheorie werden sehr anschaulich sichtbar im Kommunistischen Manifest, wie es unten im 3. Teil (Dialektik), im 3. Kapitel (Marx) dargestellt wird.

122 MITTERAUER, in: KOCKA, Theorien, S. 13–54 (mit Diskussion). – Ähnlich BOOCKMANN, Mittelalter, S. 26 f.

123 Vgl. Hermann AUBIN und Wolfgang ZORN: Handbuch der deutschen Wirtschafts- und Sozialgeschichte. Band 1. Nachdruck. Stuttgart: Klett-Cotta (1971) 1978. S. 98.

124 Wilhelm ABEL, in: AUBIN/ZORN (Anm. 123), S. 97–105. – BOSL (Anm. 119), S. 60. – HENNING (Anm. 119), S. 40–48.

125 Vgl. BOOCKMANN, Mittelalter, S. 101.

126 FABER, Geschichtswissenschaft, S. 159–161. – Es wäre denkbar, daß der eine oder andere Leser zwischen den Erörterungen des Abschnittes C, vor allem der Besprechung des Briefes von Bach, und der Behandlung des Problems der Quellenbegriffe in den vorstehenden Abschnitten einen Widerspruch empfindet. Die Ausführungen über den Bachbrief betonen nämlich, daß er im Grunde unübersetzbar sei, während soeben die Auffassung vertreten wurde, daß jeder Quellenbegriff auch in modernem Deutsch genau dargestellt werden könne und müsse. Bei genauerem Hinsehen besteht hier kein Widerspruch. Man muß sich vielmehr folgendes vor Augen halten: Der Bachbrief ist kein anderssprachiger Text (wie das schon etwa ein mittelhochdeutscher und erst recht ein lateinischer oder englischer Text wäre), sondern nach einigem Einlesen dem heutigen Deutschsprechenden ohne weiteres verständlich. Gerade deshalb, weil es sich um ein älteres Stadium der eigenen Sprache handelt, empfindet der Leser das „atmosphärisch Andere", den „altfränkischen" Klang des Ganzen, den teilweise anderen Wortgebrauch. Dieses „Atmosphärische" muß bei einer „Übersetzung" in das heutige Deutsch unweigerlich verlorengehen. Es ist eben *nicht* möglich, ein Wort des Bachtextes wie „anständig" durch *ein einzelnes Wort* und doch *genau* in heutigem Deutsch wiederzugeben; weder „standesgemäß", noch „passend", noch „angemessen" können ganz befriedigen. Aber: mehrfach wiesen wir ausdrücklich darauf hin, daß wir zu adäquaten Erläuterung eines Quellenwortes oft vieler Sätze bedürfen. Dies gilt – wenn vielleicht auch in geringerem Maße –

zweifellos auch für eine frühere Stufe unserer neuhochdeutschen Sprache wie für das Bachdeutsch. Wir können also mit Hilfe einer – unter Umständen längeren – Äußerung genau erläutern, wie das „Quellenwort" *anständig* im Zusammenhang des Bachtextes zu verstehen ist. Damit haben wir dann aber eben das getan, was in der Erörterung über Quellenbegriffe als jederzeit möglich und notwendig erwiesen wurde. Man kann den Unterschied also etwa auf folgende Formel bringen: es ist nicht möglich, einen Quellentext zu *übersetzen* und dabei das „Atmosphärische" zu erhalten (was bei fremdsprachigen Texten offensichtlich ohnehin ausgeschlossen ist). Dagegen kann man jeden Quellentext in heutigen Worten so *erklären*, daß der Quellensachverhalt ganz deutlich wird.

127 Koselleck, Einleitung, in: Brunner/Conze/Koselleck, Geschichtliche Grundbegriffe, Band 1, S.XIV.

128 S.XVII. – Koselleck, Art. Geschichte V 1 a, Band 2, S.647 bis 653, vor allem 647 f.

129 Band 1, S.XXII und XXIII.

130 Bernheim, Lehrbuch S.344.

131 Nitschke, in: Besson, Geschichte, S.135; vgl. 149.

132 Bernheim, Lehrbuch, S.331.

133 S.338.

134 v. Brandt, Werkzeug, S.98 f.

135 S.100.

136 Vgl. Seiffert, III 1: B II u. III; III 2: B. – Ferner unsere Auseinandersetzung mit Stegmüller, oben (D II 1). – Die wohl schärfste Formulierung der Funktion empirischer Forschung im Rahmen der analytischen Wissenschaftsauffassung hat Ralf Dahrendorf gegeben: „Die Intention der Erfahrungswissenschaft ist [...] stets theoretisch. Empirische Forschung hat ihren logischen Ort strenggenommen nur als Kontrollinstanz der aus Theorien abgeleiteten Hypothesen. [...] Prinzipiell [...] kann eine Erfahrungswissenschaft mit einem Minimum an empirischer Forschung auskommen: sie bedarf nur der experimenta crucis." (Pfade, S.35; zitiert in Seiffert, III 2: B V 2.

137 Vgl. Seiffert, III 2: B V.

138 Vgl. Habermas, Zur Logik, S.29–47.

139 Zum Problem der Voraussage vgl. Seiffert, III 1: C III.

140 Dilthey, Gesammelte Schriften VI, S.57.

141 Spengler, Untergang I, S.3. – Vgl. oben Anm.8.

142 Wittram, Anspruch, S.83.

143 Wittram, Interesse, S.45.

144 Zum Begriff des „Typus" vgl. u.a. folgende Literatur: Max Weber, Methodologische Schriften. – Schieder, Geschichte, S.46–50. – Wittram, Interesse, S.54–58.

145 In diesem Sinne gebrauchen wir das Adjektiv ‚typisch' auch im Alltag.

Wir sagen etwa: „Er ist ein typischer Hamburger", oder: „Das ist eine typisch fränkische Landschaft". ‚Typisch' ist hier hermeneutisch gemeint: es bezeichnet eine Äußerung einer „historischen Einheit", die wir als solche „verstehen".

146 Vgl. v. BRANDT, Werkzeug, S. 63. – QUIRIN, Einführung, S. 169–180. – BERNHEIM, Lehrbuch, S. 186 f.; 401–403; 412 f.; 582–584.

147 Vgl. SCHOEPS, Geistesgeschichte, S. 15–32. – SCHIEDER, Geschichte, S. 87–90. – Schon Justus MÖSER hatte dieses Phänomen der historischen Stileinheit gesehen: „Der Stil aller Künste, ja selbst der Depeschen und Liebesbriefe [...] steht gegeneinander in einigem Verhältniß. Jeder Krieg hat seinen eignen Ton, und die Staatshandlungen haben ihr Colorit, ihr Costume und ihre Manier in Verbindung mit der Religion und den Wissenschaften." MÖSER, Osnabrückische Geschichte, hg v. B. R. Abeken (Anm. 39), S. XXII. – Vgl. Anm. 39. Zitiert auch bei MANNHEIM, Wissenssoziologie, S. 478 f. Anm. 114; SCHOEPS, Geistesgeschichte, S. 18; SCHIEDER, Geschichte, S. 87.

148 SEIFFERT, III 1: B III.

149 B III 3 Ende.

150 III 2: B III 1 Ende.

2. KAPITEL. DIE „KRITISCHE GESCHICHTSWISSENSCHAFT" DER SIEBZIGER JAHRE: KRITIK IHRER THESEN

1 KOSELLECK/MOMMSEN/RÜSEN, Historik 1, S. 11 f. – Reinhard RÜRUP, in: RÜRUP, Hist. Sozialwiss., S. 8 f.

2 S. 5.

3 MOMMSEN, ... jenseits, S. 33.

4 RÜRUP, Hist. Sozialwiss., S. 5.

5 KOSELLECK/MOMMSEN/RÜSEN, Historik 1, S. 11 f. Hervorhebung von H. S.– Vgl. auch RÜRUP, in: RÜRUP, Hist. Sozialwiss., S. 8 f.

6 Vgl. Hans-Ulrich WEHLER, in: WEHLER, Sozialgeschichte, S. 9.

7 In einem Bild könnten wir den in einer bestimmten geschichtlich-zeitlichen Situation gegebenen Kosmos aller existierenden Sachgebiete mit einem Stück *Marmorkuchen* vergleichen, das eine bestimmte Oberflächenstruktur aufweist. Jedermann weiß, daß das zweidimensionale „Bild", das ein Stück dieses Kuchens bietet, nur ein Querschnitt aus der dreidimensionalen Teigstruktur des gesamten Marmorkuchens ist, deren Bild sich, wenn wir uns vorstellen, den Kuchen längs entlangzuschreiten, langsam verändert. – Schneidet man nun den ganzen Kuchen auf, so bilden die Oberflächen der einzelnen Stücke, nebeneinandergelegt, so etwas wie die Bilder eines Trickfilms, den wir – etwa über Photoaufnahmen der einzelnen Kuchenstücke – auch zeitlich ablaufen las-

sen könnten, wobei dann eine kontinuierliche Bewegung innerhalb der Teigstruktur entsteht. – Diese Bewegung wäre ein anschauliches Abbild des geschichtlichen Wandels der einzelnen Sachgebiete in sich und zueinander.

8 Im Hinblick auf das *Wort „Geschichts*wissenschaft" ganz konsequent, angesichts der tatsächlichen Gegebenheiten aber irrtümlich, unterstellt Reinhart KOSELLECK, die Geschichtswissenschaft habe das geschichtliche Prinzip für *alle* Wissenschaften zu verwalten: „Die Enthistorisierung der Einzelwissenschaften hat zwar das einigende Band einer historischen Weltsicht zerschnitten, sie hat aber nirgends die historischen Implikationen einer jeden Wissenschaft ausräumen können. Insofern bleibt die Historie als Forschungsmethode – dort mehr, da weniger – ein unentbehrliches Hilfsmittel im Kosmos unserer Wissenschaften." (KOSELLECK, in: BAUMGARTNER/RÜSEN, Seminar, S. 20 f.) Hier wird die „Historie" unversehens vom *Fach* Geschichtswissenschaft zur „Forschungsmethode" und damit angeblich zur Grundlage aller Wissenschaften mit historischer Dimension überhaupt. – In Wahrheit ist doch die historisch-philologische Methode gleichzeitig in Philosophie, Fachwissenschaften und Geschichtswissenschaft entwickelt worden – erinnert sei nur an Namen wie August BOECKH oder Wilhelm DILTHEY, die auf ihre Weise zur Herausbildung der historischen Methode ebenso Grundlegendes beigetragen haben wie etwa die Fachhistoriker RANKE oder DROYSEN.

9 HOLBORN, in: WEHLER, Sozialgeschichte, S. 95.

10 Thomas MANN: Erzählungen. Frankfurt: S. Fischer 1958. (Stockholmer Gesamtausgabe.) S. 251.

11 NIPPERDEY, Aufsätze, S. 16 f.

12 So sagt denn auch Reinhart KOSELLECK: „Die Soziologie hat es in ausgezeichneter Weise mit der Gesellschaft, die politische Wissenschaft mit dem Staat, der Verfassung und der Politik allgemein zu tun. Die Sprachwissenschaften mit der Sprache und den Sprachen; die Ethnologie und Anthropologie mit dem Menschen und den Kulturen; die Ökonomie mit der Wirtschaft und so fort. Die methodische Verwandlung der Erfahrungsbestände in Erkenntnisobjekte scheint im Zuge der Enthistorisierung derartig komplett, daß für die Historie als solche kein genuines Erkenntnisobjekt übrig bleibt." (KOSELLECK, in: BAUMGARTNER/ RÜSEN, Seminar, S. 19.) Aber, so argumentiert KOSELLECK – wie wir aus Anm. 8 wissen – weiter: als Wächterin des historischen Prinzips bleibe die Historie weiterhin unentbehrlich. Jedoch das ist eben die Illusion: in Wahrheit verwalten alle hier genannten Fachgebiete ihre historische Dimension von jeher selber; erinnert sei nur an die Wirtschaftswissenschaft.

13 RÜRUP, in: RÜRUP, Hist. Sozialwiss., S. 8 f.

14 KOSELLECK, in: BAUMGARTNER/RÜSEN, Seminar, S. 18 f.

15 Koselleck, in: Koselleck, Semantik, S. 15.
16 Vgl. oben 1. Kap. D II 1: „Verstehen ist nicht ‚Sicheinfühlen'".
17 Rürup, in: Rürup, Hist. Sozialwiss., S. 9.
18 Kocka, in: Kocka, Theorien, S. 10 f.
19 Wehler, in: Wehler, Geschichte und Soziologie, S. 11.
20 König, in: König, Handbuch, Band 5, S. VII f.
21 S. XIII.
22 Band 14, S. 362. – Die zuerst zitierte Passage wurde von R. K. selbst hervorgehoben.
23 Tilly, in: Wehler, Soziologie und Geschichte, S. 97.
24 Lipset, ebenda, S. 132.
25 S. 134.
26 Wehler, ebenda, S. 17 f. Die Absätze hinter „angehalten" und „erstarrt" von H. S.
27 S. 18 f.
28 S. 19.
29 S. 20.
30 S. 21.
31 Lipset, ebenda, S. 132. Oben zitiert; siehe Text bei Anm. 24.
32 Basis GWS, S. 37.
33 S. 96 f. Der Absatz hinter „erhoben" von H. S.
34 S. 97. Hervorhebung von H. S.
35 S. 38.
36 Iggers, Deutsche Gesch.wiss., S. 29. Hervorhebungen von H. S.
37 S. 25.
38 S. 27.
39 Nipperdey, Aufsätze, S. 66 f.
40 Wehler, in: Wehler, Geschichte und Soziologie, S. 17.
41 Nipperdey, Aufsätze, S. 67.
42 Kuhn, . . . des Neuen, S. 31 und 46. – Kuhn, Struktur, Titelseite, Titel-Rückseite, S. 236.
43 S. 219 f. Hervorhebungen von H. S.
44 Rüsen, . . . erneuerte Historik, S. 45.
45 S. 46 und 234 Anm. 7.
46 Kuhn, . . . des Neuen, S. 392 f.
47 Kuhn, Struktur, S. 162.
48 Rüsen, . . . erneuerte Historik, S. 46.
49 König, in: König, Handbuch, Band 5, S. XII. Hervorhebungen von H. S.
50 Wilhelm Ehmann: Erbe und Auftrag musikalischer Erneuerung. Kassel u. Basel: Bärenreiter-Verl. 1950. S. 12. Hervorhebungen von H. S.
51 Vgl. Michael Erbe, Sozialgeschichtsforschung, S. 27. – Das umfassend, sorgfältig und sehr klar gearbeitete Buch von Erbe vermittelt die zur Zeit wohl beste deutschsprachige Einführung in die „Annales". – Die

wichtigsten einführenden Veröffentlichungen über die „Annales" (in ungefähr chronologischer Reihenfolge) sind: WÜSTEMEYER, ‚Annales' (1967). – GROH, Kritische Gesch.wiss. (1973). – Volker RITTNER, in: GEISS/TAMCHINA, Ansichten, S.153–172 (1974). – Friedrich J. LUCAS, in: Marc BLOCH, Apologie, S.7–23 (1974). – SCHULZE, Soziologie und Gesch.wiss., S.72–83 (1974). – IGGERS, Neue Gesch.wiss., S.55–96 (1974; 1975; 1978). – HONEGGER, Schrift (1976; 1977). – ERBE (diese Anm.) (1979).

52 ERBE, Sozialgeschichtsforschung, S.44.

53 Als beliebiges Beispiel unter hunderten möglicher seien hier nur die beiden akademischen Qualifikationsschriften Max WEBERS aufgeführt. Seine (erweiterte) Doktordissertation führte den Titel „Zur Geschichte der Handelsgesellschaften im Mittelalter" (1889), und seine Habilitationsschrift hieß „Die römische Agrargeschichte in ihrer Bedeutung für das Staats- und Privatrecht" (1892). (Nach Dirk KÄSLER: Einführung in das Studium Max Webers. München: Beck 1979. (Beck'sche Elementarbücher.) S.13f.)

54 FURET, in: BAUMGARTNER/RÜSEN, Seminar, S.104f.

55 Oben 1. Kap. B III 3.

56 BRAUDEL, in: WEHLER, Geschichte und Soziologie, S.192.

57 Georg G. IGGERS, Neue Gesch.wiss., S.56. – Siehe auch SCHULZE, Soziologie und Gesch.wiss., S.73f.

58 BRAUDEL, in: WEHLER, Geschichte und Soziologie, S.200.

3. KAPITEL. HISTORISCHE UND SYSTEMATISCHE FRAGESTELLUNG

1 Vgl. Karl VORLÄNDER: Philosophie des Altertums. Geschichte der Philosophie I. . . . Reinbek: Rowohlt 1963. (Rowohlts Deutsche Enzyklopädie. 183.) S.11. – Wolfgang RÖD: Die Philosophie der Antike 1. Von Thales bis Demokrit. München: Beck 1976. (Geschichte der Philosophie. 1.) (Beck'sche Elementarbücher.) S.15–19.

2 Vgl. Hans-Ulrich WEHLER, in: WEHLER, Sozialgeschichte, S.9.

3 Hans Dieter SCHMITZ, in: (BUNDESASSISTENTENKONFERENZ [Hg]:) Forschendes Lernen, Wissenschaftliches Prüfen. Ergebnisse der Arbeit des Ausschusses für Hochschuldidaktik. Bonn: (BAK) 1970. (Schriften der Bundesassistentenkonferenz. 5.) S.38.

4 PLESSNER, Zwischen Philosophie und Gesellschaft, S.30.

5 Immanuel KANT: Kritik der reinen Vernunft. Darmstadt: Wissensch. Buchges. 1956. (Werke in sechs Bänden. Hg v. Wilhelm Weischedel. II.) S.54; 55ff. – Zum Folgenden vgl. SEIFFERT, Information, S.117–124.

6 STEGMÜLLER, Hauptströmungen, S.XXVII; vgl. auch S.355–359.

7 KANT (Anm.6), S.55; 56; 57.

8 S. 52 f.; 56; 57.
9 STEGMÜLLER, Hauptströmungen, S. 357 f.
10 Vgl. Paul LORENZEN: „Nicht-empirische Wahrheit". = VI. Kapitel von KAMLAH/LORENZEN, Logische Propädeutik, 1. Aufl. 1967, S. 189–234.
11 Vgl. BEHNKE, Mathematik I, S. 90.
12 KAMLAH/LORENZEN, Propädeutik, S. 207–209.
13 Daß die pythagoreischen Zahlenspielereien als „Zahlenmystik" (vgl. KAMLAH/LORENZEN, Propädeutik, S. 208) einen zeitbedingten Hintergrund haben und *insoweit* auch historisch zu interpretieren sind, interessiert den Mathematiker als solchen nicht.
14 BAER (1. Kapitel Anm. 79), S. 149. – Vgl. oben (1. Kapitel C 4).

DRITTER TEIL. DIE DIALEKTIK

1. KAPITEL. WAS IST DIALEKTIK?

1 Theodor LITT: Führen oder Wachsenlassen. . . . (1927; 1921.) 4. durchges. u. erw. Aufl. Stuttgart: Klett 1949. (Erziehungswissenschaftliche Bücherei.) 13. Aufl. 1967. Reprint 1976. Anhang, S. 83–99.
2 Die Terminologie in FICHTES Wissenschaftslehre. Vgl. z. B. Johann Gottlieb FICHTE: Werke 1793–1795. . . . Stuttgart-Bad Cannstatt: Frommann (Holzboog) 1965. (Ges. ausg. der Bayer. Akad. der Wissenschaften. I, 2.) S. 273 ff.
3 Vgl. unser Literaturverzeichnis. – Zur Kritik an ENGELS' Naturphilosophie: Jürgen HABERMAS, Theorie und Praxis, S. 394–397.
4 Die für unsere Fragestellung wichtigsten Schriften von HEGEL und MARX sind im Literaturverzeichnis aufgeführt. Sekundärliteratur ist nur für MARX, nicht für HEGEL genannt.

2. KAPITEL. HEGEL

1 Zur ersten Einführung seien der „RGG"-Artikel von KNITTERMEYER und die Bücher von HEISS und von BARION: Ideologie, Wissenschaft, Philosophie, vor allem S. 166–236, genannt.
2 HEGEL, Enzyklopädie, Inhalts-Anzeige, S. 29–32.
3 HEGEL, Enzyklopädie, Einleitung, § 18, S. 51.
4 HEGEL, Philosophie des Rechts, Einleitung, § 31, S. 47. – An anderer Stelle spricht HEGEL von der „dialektischen Bewegung des Satzes selbst" (Phänomenologie des Geistes, Vorrede, S. 53).
5 HEGEL, Die Vernunft in der Geschichte, S. 28. – Hier und im folgenden werden HEGELS Hervorhebungen in der Regel nicht berücksichtigt.

6 S. 29.

7 S. 29.

8 S. 32 f.

9 S. 64.

10 S. 97.

11 S. 98.

12 S. 99.

13 S. 99 f.

14 S. 105.

15 S. 156 f. Die Unstimmigkeit, daß unserem „[3.]" im HEGELschen Text „Viertens" entspricht, erklärt sich daraus, daß HEGEL seines dialektischen Schemas wegen das griechische und das römische Zeitalter in einer Stufe zusammenfaßt, beide jedoch für sich zählt; vgl. das in unserem Text Folgende.

16 S. 60.

17 Hierzu vgl. Arnhelm NEUSÜSS, in: NEUSÜSS, Utopie, S. 37–39. – HOFMANN, Stalinismus, S. 131–134. – HELMS, Fetisch, S. 82–88.

18 Vgl. TOPITSCH, Die Sozialphilosophie Hegels.

19 Enzyklopädie, Inhalts-Anzeige, S. 32. – Vgl. oben und Anm. 2.

20 Philosophie des Rechts, Dritter Teil, S. 142–297.

21 Vgl. auch Karl KORSCH, Karl Marx, S. 5. – Robert HEISS, Dialektik, S. 73–79.

22 Philosophie des Rechts, § 243, S. 200.

23 § 244, S. 201.

24 § 245, S. 201.

25 § 246, S. 202.

3. KAPITEL. MARX

1 Vgl. die in unserem Literaturverzeichnis genannten Ausgaben des „Manifests". Wir zitieren hier nach der Studienausgabe von FETSCHER. – Zur Verfasserfrage vgl.: Iring FETSCHER, in: MARX/ENGELS, Studienausgabe III, S. 9 f. – Theo STAMMEN, in seiner Ausgabe des „Manifests", S. 12–17.

2 Studienausgabe III, S. 59 f.

3 S. 61.

4 S. 62.

5 S. 63 f. – Eine noch klarere Darstellung der „Dialektik" von Produktionsverhältnissen und Produktivkräften gibt MARX in dem Vorwort seiner Schrift *Zur Kritik der Politischen Ökonomie:* „In der gesellschaftlichen Produktion ihres Lebens gehen die Menschen bestimmte, notwendige, von ihrem Willen unabhängige Verhältnisse ein, Produktionsverhältnisse, die einer bestimmten Entwicklungsstufe ihrer mate-

riellen Produktivkräfte entsprechen. Die Gesamtheit dieser Produktionsverhältnisse bildet die ökonomische Struktur der Gesellschaft, die reale Basis, worauf sich ein juristischer und politischer Überbau erhebt, und welcher bestimmte gesellschaftliche Bewußtseinsformen entsprechen. Die Produktionsweise des materiellen Lebens bedingt den sozialen, politischen und geistigen Lebensprozeß überhaupt. Es ist nicht das Bewußtsein der Menschen, das ihr Sein, sondern umgekehrt ihr gesellschaftliches Sein, das ihr Bewußtsein bestimmt. Auf einer gewissen Stufe ihrer Entwicklung geraten die materiellen Produktivkräfte der Gesellschaft in Widerspruch mit den vorhandenen Produktionsverhältnissen oder, was nur ein juristischer Ausdruck dafür ist, mit den Eigentumsverhältnissen, innerhalb deren sie sich bisher bewegt hatten. Aus Entwicklungsformen der Produktivkräfte schlagen diese Verhältnisse in Fesseln derselben um. Es tritt dann eine Epoche sozialer Revolution ein. Mit der Veränderung der ökonomischen Grundlage wälzt sich der ganze ungeheure Überbau langsamer oder rascher um." (MARX/ENGELS, Ausgewählte Schriften I, S. 335 f.)

6 S. 64 f.

7 S. 65 f.

8 S. 68.

9 S. 66 f.

10 S. 68.

11 S. 69.

12 Studienausgabe III, S. 186.

13 (Manifest,) S. 77.

14 (Kritik des Gothaer Programms,) S. 179 f.

15 Vgl. Karl MARX, im Nachwort zur zweiten Auflage des ersten Bandes des „Kapitals" von 1873: „Meine dialektische Methode ist der Grundlage nach von der Hegelschen nicht nur verschieden, sondern ihr direktes Gegenteil. Für Hegel ist der Denkprozeß, den er sogar unter dem Namen Idee in ein selbständiges Subjekt verwandelt, der Demiurg [Schöpfer] des Wirklichen [...]. Bei mir ist umgekehrt das Ideelle nichts andres als das im Menschenkopf umgesetzte und übersetzte Materielle." – Die Dialektik „steht bei ihm [Hegel] auf dem Kopf. Man muß sie umstülpen, um den rationellen Kern in der mystischen Hülle zu entdecken." (MARX/ENGELS, Werke Band 23, S. 27.)

16 „Idealismus" und „Materialismus" sind typische Wörter der „Bildungssprache". Vgl. KAMLAH/LORENZEN, Propädeutik, S. 23 f.; 84. – SEIFFERT, II 2: B.

17 Vgl. HEGEL, Die Vernunft in der Geschichte, S. 157.

18 Vgl. Jürgen HABERMAS, Theorie und Praxis, S. 441. – Helmut FLEISCHER, Marxismus und Geschichte, S. 45–52.

19 Vgl. COLLINGWOOD, Geschichte, S. 128 f.

1 Vgl. Iring FETSCHER, Karl Marx, S. 60–65. – Das Zitat S. 63.

2 Theorie und Praxis, S. 395 f. – HABERMAS bezieht sich hier u. a. auf einen Aufsatz von Iring FETSCHER, der in dessen *Karl Marx und der Marxismus,* S. 123–144, wieder abgedruckt worden ist. – Vgl. auch Georg LUKÁCS, Geschichte und Klassenbewußtsein, S. 173 f. und 175 Anm. (zitiert unten B).

3 Vgl. FETSCHER, Karl Marx. – MARCUSE, Die Gesellschaftslehre des sowjetischen Marxismus. – WETTER, Sowjetideologie heute I. – LEONHARD, Sowjetideologie heute II.

4 Darstellung bei WETTER, Sowjetideologie heute I, S. 150–273, insbes. 150–161.

5 Darstellung bei WETTER, S. 13–149. – Vgl. HABERMAS, Theorie und Praxis, S. 391–397. – FETSCHER, Karl Marx, S. 132–144.

6 FETSCHER, Karl Marx, S. 60–65.

7 Vgl. z. B. Wilhelm WINDELBAND, Präludien 1, S. 273–289. – Georg LUKÁCS, Geschichte und Klassenbewußtsein, S. 23.

8 Vgl. die Schriften von HORKHEIMER, ADORNO und HABERMAS. – Interessant ist in diesem Zusammenhang etwa die Kritik von HELMS, Fetisch, S. 77–95. – Vgl. ferner die Kritik an ADORNO in SCHOELLER, Die neue Linke nach Adorno.

9 Zu KOLAKOWSKI vgl. Jürgen HABERMAS, Theorie und Praxis, S. 445–450. – Vgl. auch die in unserem Literaturverzeichnis genannten Schriften KOLAKOWSKIS und der jugoslavischen Marxisten MARKOVIĆ und PETROVIĆ.

10 Georg KLAUS (Hg): Wörterbuch der Kybernetik. Band 1; 2. (Lizenzausg. nach der 2. Aufl. Berlin: Dietz.) Frankfurt: Fischer Bücherei 1969. XII, 398 S.; S. 399–741. (Fischer Handbücher. 1073; 1074.)

11 Georg LUKÁCS, Geschichte und Klassenbewußtsein, S. 171. – In seinem Vorwort von 1967 zur Luchterhand-Werkausgabe identifiziert sich LUKÁCS ausdrücklich mit diesen Sätzen und gibt sie sogar eigens noch einmal wieder (S. 28). – Eine etwas abweichende, kürzere Fassung der hier und im folgenden zitierten Gedanken zum orthodoxen Marxismus und zur dialektischen Methode brachte LUKÁCS bereits in der früheren Schrift *Taktik und Ethik* (1919), die im gleichen Band der Luchterhand-Werkausgabe abgedruckt ist; vgl. dort S. 61–69, vor allem S. 61–63.

12 S. 172.

13 S. 172–174.

14 S. 174.

15 S. 175.

16 S. 175 Anm. – HEGEL verwendet für die Erklärung der Dialektik etwa das Beispiel „Knospe – Blüte – Frucht" (Phänomenologie des Geistes,

Vorrede, S. 10) – ein Bild, das in der Tat jeden, der sich ein Verständnis der Dialektik mühsam anzueignen im Begriff ist, aufs höchste verwirren muß. Eben aus diesem Grunde sind wir im HEGEL-Kapitel selbst auch mit Absicht nicht auf mißverständliche Äußerungen HEGELS eingegangen; wir tragen die Bemerkung nur aus Anlaß von LUKÁCS' Kritik hier nach.

17 Jürgen HABERMAS, in: POSITIVISMUSSTREIT, S. 155 f. (Das ADORNO-Zitat im Original ebenda S. 127. – Die eckigen Klammern bezeichnen Stellen bei ADORNO S. 127, die bei HABERMAS S. 155 ausgelassen sind.)

18 S. 158 f.

19 S. 159 f.

20 Im Rahmen unserer *Wissenschaftstheorie* können wir die Gestaltpsychologie nicht erörtern. Vgl. SEIFFERT, Information, S. 65–69.

21 HABERMAS, in: POSITIVISMUSSTREIT, S. 156.

22 S. 157.

23 S. 158.

24 S. 159 f.

25 S. 161.

26 S. 162 f.

27 S. 164.

28 S. 165.

29 S. 168. (Das ADORNO-Zitat im Original ebenda S. 129.)

30 S. 162; 163.

31 Alles S. 163. – Hervorhebungen von H. S.

32 S. 164.

33 S. 164.

34 S. 165. – Hervorhebung von H. S.

35 S. 165.

36 S. 168.

37 Vgl. S. 169 f.

38 S. 170.

39 S. 171.

40 S. 172 f. – Hervorhebungen von J. H.

41 S. 235 f.

42 S. 265 f.

43 In den *Aufsatz* „Erkenntnis und Interesse" des Sammelbändchens „Technik und Wissenschaft als ‚Ideologie'", dort S. 146–168. – Dieser Aufsatz ist nicht zu verwechseln mit dem *Buch* „Erkenntnis und Interesse". Der Aufsatz ist in unsere Thematik wesentlich unmittelbarer einschlägig als das mehr philosophiehistorisch ausgerichtete Buch.

44 HABERMAS, Technik, S. 155.

45 „systematische Handlungswissenschaften": S. 158.

46 S. 155. – Hervorhebungen nicht immer berücksichtigt.

47 S. 155–157.

48 S. 157 f.
49 S. 158 f.
50 S. 156.
51 S. 157.
52 S. 157 f.
53 S. 158 f. – Vgl. etwa HABERMAS, Zur Logik, S. 193.
54 HABERMAS, Zur Logik, S. 193, spricht von dem „emanzipatorischen Erkenntnisinteresse" einer Soziologie, die „nicht [...] in geistesgeschichtlicher Hermeneutik aufgeht".

ABKÜRZUNGEN ZUM TITELVERZEICHNIS

1. Verlagsorte

B	Berlin	L	London
Ba	Basel	Lp	Leipzig
Be	Bern	M	München
Br	Braunschweig	Mh	Mannheim
Ddf	Düsseldorf	Nw	Neuwied
Dst	Darmstadt	NY	New York
F	Frankfurt am Main	P	Paris
Fb	Freiburg im Breisgau	Rb	Reinbek bei Hamburg
G	Göttingen	S	Stuttgart
H	Hamburg	T	Tübingen
Ha	Hannover	W	Wien
Hd	Heidelberg	Wb	Wiesbaden
K	Köln	Z	Zürich
Kst	Königstein im Taunus		

2. Verlage, Reihen, Sonstiges

BE	Beck'sche Elementarbücher (Beck)
BI	Bibliographisches Institut, Mannheim
BS	Beck'sche Sonderausgaben (Beck)
BSR	Beck'sche Schwarze Reihe (Beck)
dtv	Deutscher Taschenbuch Verlag, München
EBü	Erziehungswissenschaftliche Bücherei (Klett)
EdF	Erträge der Forschung (Wissenschaftl. Buchgesellsch.)
EG	Die Einheit der Gesellschaftswissenschaften (Mohr)
EgA	Enzyklopädie der geisteswissensch. Arbeitsmethoden (Oldenbourg)
es	Edition Suhrkamp (Suhrkamp)

EVA	Europäische Verlagsanstalt, Frankfurt am Main
FBS	Frankfurter Beiträge zur Soziologie (Europ. Verl.anst.)
FL	Fischer Lexikon (Fischer Taschenbuch Verlag)
Flex Tb	Flexibles Taschenbuch (Enke/Thieme)
FT	Fischer Taschenbuch (Fischer Taschenbuch Verlag)
GG	Geschichte und Gesellschaft (Zeitschr.; Vandenhoeck & Ruprecht)
Ht	Hochschultaschenbücher (Bibliographisches Institut)
KI	Kritische Information (Fink)
KPh	Kolleg Philosophie (Alber)
KTA	Kröners Taschenausgabe (Kröner)
KVR	Kleine Vandenhoeck-Reihe (Vandenhoeck & Ruprecht)
K&W	Kiepenheuer & Witsch, Köln
Nachdr.	Nachdruck, Nachdrucke
nds	Neue Deutsche Schule, Essen
NF	Neue Folge
npb	Neue Pädagogische Bemühungen (Neue Deutsche Schule)
NWB	Neue Wissenschaftliche Bibliothek (Kiepenheuer & Witsch, später Athenäum)
PhB	Philosophische Bibliothek (Meiner)
PP	Piper Paperback (Piper)
Q&M	Quelle & Meyer, Heidelberg
rde	Rowohlts Deutsche Enzyklopädie (Rowohlt)
RH	Reihe Hanser (Hanser)
sb	(rororo) Sachbuch (Rowohlt)
SE	Soziologische Essays (Luchterhand)
SG	Sammlung Göschen (de Gruyter)
SL	Sammlung Luchterhand (Luchterhand)
SP	Serie Piper (Piper)
SR	Sammlung Rombach (Rombach)
ST	Soziologische Texte (Luchterhand)
st	Suhrkamp Taschenbuch (Suhrkamp)
stw	Suhrkamp Taschenbuch Wissenschaft (Suhrkamp)
TV	(Fischer) Taschenbuch Verlag (Fischer)
U	Urban-Taschenbücher (Kohlhammer)
UTB	Uni-Taschenbücher (Verschiedene Verlage)
V&R	Vandenhoeck & Ruprecht, Göttingen
VSWG	Vierteljahrsschrift für Sozial- und Wirtschaftsgeschichte
WR	Wissenschaftliche Reihe (Deutscher Taschenbuch Verlag)

ADORNO, Theodor W.: Eingriffe. F: Suhrkamp 1963 u. Nachdr. (es 10)

ALBERT, Hans: Traktat über kritische Vernunft. 4., verb. Aufl. T: Mohr (1968) 1980. (EG 9)

APEL, Karl-Otto: „Die Entfaltung der ‚sprachanalytischen' Philosophie und das Problem der ‚Geisteswissenschaften'." In: Philos. Jahrb. 72 II (1965). S. 239–289.

BAHRDT, Hans Paul: „Die wohnliche Stadt." In: Die Kunst zu Hause zu sein. M: Piper 1965. (PP) S. 9–24.

BARION, Jakob: Ideologie, Wissenschaft, Philosophie. Bonn: Bouvier 1966.

BARION, Jakob: Was ist Ideologie? 3. erw. Aufl. Bonn: Bouvier (1964) 1974.

BASIS GWS: Historie zwischen Ideologie und Wissenschaft. 2. Aufl. Hamburg: Spartakus (1970) 1970.

BAUMGARTNER, Hans Michael; RÜSEN, Jörn (Hg): Seminar: Geschichte und Theorie. F: Suhrkamp 1976. (stw 98)

BEHNKE, Heinrich u. a.: Mathematik 1. F: Fischer TV 1964. (FL 29/1)

BERNHEIM, Ernst: Lehrbuch der Historischen Methode und der Geschichtsphilosophie. Unv. Abdr. d. 5. u. 6. Aufl. M u. Lp: Duncker & Humblot (1889) 1914.

BESSON, Waldemar (Hg): Geschichte. F: Fischer TV 1961. (FL 24)

BLOCH, Marc: Apologie der Geschichte oder Der Beruf des Historikers. (Aus dem Franz.) (1949.) S: Klett 1974. (Anmerkungen u. Argumente 9)

BOECKH, August: Enzyklopädie und Methodenlehre der philologischen Wissenschaften. Hg v. Ernst Bratuscheck. Unv. reprogr. Nachdruck. (1886.) Dst: Wissensch. Buchges. 1966.

BOLLNOW, Otto Friedrich: Mensch und Raum. 4. Aufl. S: Kohlhammer (1963) 1980.

BOLLNOW, Otto Friedrich: Das Wesen der Stimmungen. (3. durchges. u. erw. Aufl. 1956.) 6. Aufl. F: Klostermann (1941) (1956) 1980.

BOOCKMANN, Hartmut: Einführung in die Geschichte des Mittelalters. M: Beck 1978. (BE)

v. BRANDT, Ahasver: Werkzeug des Historikers. 9., erg. Aufl. S: Kohlhammer (1958) 1980. (U 33)

BRUNNER, Otto; CONZE, Werner; KOSELLECK, Reinhart (Hg): Geschichtliche Grundbegriffe. Historisches Lexikon zur politisch-sozialen Sprache in Deutschland. S: Klett-Cotta. – Band 1. A–D. (1972) 1979. – Band 2. E–G. (1975) 1979. – Band 4. Mi–Pre. 1978.

BULTMANN, Rudolf: Geschichte und Eschatologie. (Aus der engl. Originalfass.) 3. fotomech. Aufl. T: Mohr (1958) 1979.

BURCKHARDT, Jacob: Weltgeschichtliche Betrachtungen. T: Reichl 1949. (Leuchter-Ausg. Hg u. eingel. v. Rudolf Stadelmann.) *Hiernach zitiert.* –

Neuere Ausgabe: J. B.: Weltg. Betr. Erläut. Ausg. Hg v. Rudolf Marx. S: Kröner 1978. (KTA 55)

CARR, Edward Hallett: Was ist Geschichte? (Aus dem Engl.) (1961.) 6. Aufl. S: Kohlhammer (1963) 1981. (U 67)

COLLINGWOOD, R(obin) G(eorge): Philosophie der Geschichte. (Aus dem Engl.) S: Kohlhammer 1955.

DIEMER, Alwin; FRENZEL, Ivo (Hg): Philosophie. Neuausgabe. F: Fischer TV (1958) 1967 u. Nachdr. (FL 11)

DROYSEN, Johann Gustav: Historik. Hg v. Rudolf Hübner. 8., unv. Aufl. M u. W: Oldenbourg (1937) 1977.

ENGELS, Friedrich: Dialektik der Natur. In: Karl Marx; Friedrich Engels: Werke. Band 20. – *Die Einleitung auch in:* Karl Marx; Friedrich Engels: Ausgewählte Schriften in zwei Bänden. Band II. S. 51–67.

ERBE, Michael: Zur neueren französischen Sozialgeschichtsforschung. Die Gruppe um die ‚Annales‘. Dst: Wissensch. Buchges. 1979. (EdF 110)

FABER, Karl-Georg: Theorie der Geschichtswissenschaft. 4., erw. Aufl. M: Beck (1971) 1978. (BSR 78.)

FETSCHER, Iring: Karl Marx und der Marxismus. M: Piper 1967. (PP)

FLEISCHER, Helmut: Marx und Engels. 2., um ein Nachw. erw. Aufl. Fb u. M: Alber (1970) 1974. (KPh)

FLEISCHER, Helmut: Marxismus und Geschichte. 5. Aufl. F: Suhrkamp (1969) 1975. (es 323)

FRIEDRICH, Wolf-Hartmut: „Philologische Methode.“ In: FRIEDRICH/KILLY, Literatur II 2, S. 408–422.

FRIEDRICH, Wolf-Hartmut: „Textkritik. I. Klassische Philologie.“ In: FRIEDRICH/KILLY, Literatur II 2, S. 549–558.

FRIEDRICH, Wolf-Hartmut; KILLY, Walther (Hg): Literatur II. 1.; 2. Teil. F: Fischer TV 1965 u. Nachdr. (FL 35/1; /2)

GADAMER, Hans-Georg: Wahrheit und Methode. 4. Aufl. (Unv. Nachdr. d. 3., erw. Aufl.) T: Mohr (1960) 1975.

GEISS, Imanuel; TAMCHINA, Rainer (Hg): Ansichten einer künftigen Geschichtswissenschaft 1. M: Hanser 1974. (RH 153)

GROH, Dieter: Kritische Geschichtswissenschaft in emanzipatorischer Absicht. S: Kohlhammer 1973. (U 846)

HABERMAS, Jürgen: Erkenntnis und Interesse. M. e. neuen Nachw. 5. Aufl. F: Suhrkamp (1968) (1973) 1979. (stw 1)

HABERMAS, Jürgen: Protestbewegung und Hochschulreform. F: Suhrkamp 1969 u. Nachdr. (es 354)

HABERMAS, Jürgen: Technik und Wissenschaft als ‚Ideologie‘. F: Suhrkamp 1968 u. Nachdr. (es 287)

HABERMAS, Jürgen: Theorie und Praxis. Sozialphilos. Studien. F: Suhrkamp (1963) (1971) (1978) 1980. (stw 243) – *Nachdr. der 4., durchges., erw. u. neu eingel. Aufl. 1971.*

HABERMAS, Jürgen: Zur Logik der Sozialwissenschaften. T: Mohr 1967.

195 S. (Philos. Rundschau. Beiheft 5) – *Neuausgabe:* J. H.: Z. L. d. S. Materialien. F: Suhrkamp 1973. – *Zitiert nach der Erstausgabe.*

HEGEL, Georg Wilhelm Friedrich: Enzyklopädie der philosophischen Wissenschaften im Grundrisse. (1830.) Hg v. Friedhelm Nicolin u. Otto Pöggeler. 7., dchges. Aufl. Ern. durchges. Nachdr. H: Meiner (1870) (1969) 1975. (PhB 33)

HEGEL, Georg Wilhelm Friedrich: Grundlinien der Philosophie des Rechts. 4. Aufl. (Nachdr.) H: Meiner (1955) 1967. (PhB 124 a)

HEGEL, Georg Wilhelm Friedrich: Phänomenologie des Geistes. . . . Hg v. Johannes Hoffmeister. 6. Aufl. H: Meiner 1952. (PhB 114)

HEGEL, Georg Wilhelm Friedrich: Die Vernunft in der Geschichte. Hg v. Johannes Hoffmeister. Unv. Nachdr. d. 5. Aufl. (1955). Unter Hinzufügung v. Lit.-Hinweisen. H: Meiner (1917) (1955) 1970. (Vorlesungen über die Philos. der Weltgesch. 1. Hälfte) (PhB 171 a)

HEIMPEL, Hermann: Kapitulation vor der Geschichte? 3., verm. Aufl. G: V & R (1956) 1960. (KVR 27)

HEIMPEL, Hermann: Der Mensch in seiner Gegenwart. 2., erw. Aufl. G: V & R (1954) 1957.

HEISS, Robert: Wesen und Formen der Dialektik. K: K & W 1959.

HELMS, Hans G.: Fetisch Revolution. Nw: Luchterhand 1969. (SE)

HEUSSI, Karl: Die Krisis des Historismus. T: Mohr 1932.

HOFMANN, Werner: Stalinismus und Antikommunismus. F: Suhrkamp 1967. (es 222)

HONEGGER, Claudia (Hg): Schrift und Materie der Geschichte. [Aufsätze von] M. Bloch, F. Braudel, L. Febvre u. a. (Aus dem Franz.) (1976.) F: Suhrkamp 1977. (es 814).

*HUSSERL, Edmund: Die Krisis der europäischen Wissenschaften und die transzendentale Phänomenologie. Eine Einleitung in die phänomenologische Philosophie. Hg v. Walter Biemel. Den Haag: Nijhoff 1954. XXII, 559 S. (Husserliana. VI.) – *Teilausg.* als: [Verf., Titel, Untertitel wie eben. Dann:] Hg, eingel. u. m. Registern verseh. v. Elisabeth Ströker. H: Meiner 1977. XXXII, 119 S. (PhB 292)

IGGERS, Georg G.: Deutsche Geschichtswissenschaft. (Aus dem Engl.) (1968.) M: dtv 1971. (dtv WR 4059)

IGGERS, Georg G.: Neue Geschichtswissenschaft. (Aus dem Engl.) (1975.) M: dtv 1978. (dtv WR 4308)

KAMBARTEL, Friedrich: Erfahrung und Struktur. F: Suhrkamp 1968 u. Nachdr. (Theorie 2)

KAMLAH, Wilhelm: „‚Zeitalter‘ überhaupt, ‚Neuzeit‘ und ‚Frühneuzeit‘." In: Saeculum 8 (1957). S. 313–332.

KAMLAH, Wilhelm; LORENZEN, Paul: Logische Propädeutik. 2., verb. u. erw. Aufl. Mh: BI (BI Wissensch.sverl.) (1967) 1973. (BI Ht 227)

KIRN, Paul; LEUSCHNER, Joachim: Einführung in die Geschichtswissenschaft. 6. Aufl. B: de Gruyter (1968) 1972. (SG 270)

Klaus, Georg (Hg): Wörterbuch der Kybernetik. Bd 1;2. Überarb. Neuaufl. F: Fischer TV (1969) 1979. (FT Allg. Reihe 4503/4)

Kocka, Jürgen (Hg): Theorien in der Praxis des Historikers. G: V & R 1977. (Geschichte u. Gesellsch. Sonderheft 3.)

Kolakowski, Leszek: Der Mensch ohne Alternative. (Aus dem Poln.) Neuausg. M: Piper (1960) (1967) 1976. (SP 140)

Kolbe, Jürgen (Hg): Ansichten einer künftigen Germanistik. 3. Aufl. M: Hanser (1969) 1970. (RH 29)

Korsch, Karl: Karl Marx. 2. unv. Aufl. F: EVA (1967) 1969. (Politische Texte) – Taschenbuchausgabe: Rb: Rowohlt 1981. (roro sb 7429)

Korsch, Karl: Marxismus und Philosophie. 6. Aufl. F: EVA (1966) 1975. (Politische Texte)

König, René (Hg): Handbuch der empirischen Sozialforschung. Band II. 2., völlig neubearb. Aufl. als Band 5–14 der Taschenbuch-Ausg. S: Enke (1969) 1976–1979. (Band 5–14) (Flex Tb)

Koselleck, Reinhart (Hg): Historische Semantik und Begriffsgeschichte. S: Klett-Cotta 1979. (Sprache u. Geschichte 1)

Koselleck, Reinhart; Mommsen, Wolfgang J.; Rüsen, Jörn (Hg): Objektivität und Parteilichkeit. M: dtv 1977. (Beiträge zur Historik 1) (dtv WR 4281)

Krausser, Peter: Kritik der endlichen Vernunft. F: Suhrkamp 1968.

Kümmel, Friedrich: Verständnis und Vorverständnis. Essen: nds 1965. (npb 22)

Kuhn, Thomas S.: Die Entstehung des Neuen. Hg v. Lorenz Krüger. (Aus dem Engl.) (1977.) F: Suhrkamp 1977.

Kuhn, Thomas S.: Die Struktur wissenschaftlicher Revolutionen. 2. revid. u. um d. Postskr. v. 1969 erg. Aufl. (Aus dem Engl.) (1962, 1970.) F: Suhrkamp (1967) (1973) 1976. (stw 25)

Leonhard, Wolfgang: Sowjetideologie heute. II. Die politischen Lehren. F: Fischer TV 1962

Lessing, Theodor: Geschichte als Sinngebung des Sinnlosen. (M: Beck 1916.) Nachw. v. Christian Gneuss. H: Rütten & Loening 1962.

Löwith, Karl: Weltgeschichte und Heilsgeschehen. (Aus dem Engl.) 7. Aufl. S: Kohlhammer (1953) 1979. (U 2)

Lukács, Georg: Geschichte und Klassenbewußtsein. Nw: Luchterhand 1968. (Werke. 2. Frühschriften II)

Mannheim, Karl: Ideologie und Utopie. (Teilweise aus dem Engl.) 3., verm. Aufl. F: Schulte-Bulmke 1952.

Mannheim, Karl: Wissenssoziologie. Auswahl aus d. Werk. Eingel. u. hg v. Kurt H. Wolff. Nw: Luchterhand 1964. (ST 28)

Marković, Mihailo: Dialektik der Praxis. (Aus dem Serb.) F: Suhrkamp 1968. (es 285)

Marx, Karl: Manifest der kommunistischen Partei. (In: Karl Marx; Friedrich Engels: Werke. Band 4.) Auch in: Karl Marx; Friedrich Engels:

Ausgewählte Schriften in zwei Bänden. Band I. S. 17–57. Ferner in: Karl Marx; Friedrich Engels: Studienausg. in vier Bänden. Hg v. Iring Fetscher. Band III. S. 59–87.

MARX, Karl: Manifest der kommunistischen Partei. Hg, eingel. u. erl. v. Theo Stammen. M: Fink 1969. (Studientexte 4)

MARX, Karl: Das Kapital. Erster Band. Buch I: Der Produktionsprozeß des Kapitals. Berlin: Dietz 1962. (Karl Marx; Friedrich Engels: Werke 23)

MARX, Karl; ENGELS, Friedrich: Ausgewählte Schriften in zwei Bänden. Berlin: Dietz 1951; 1952.

MARX, Karl; ENGELS, Friedrich: Studienausg. in vier Bänden. Hg v. Iring Fetscher. F: Fischer TV 1966. I. Philosophie. – II. Politische Ökonomie. – III. Geschichte und Politik. 1. – IV. Geschichte und Politik. 2.

MEINECKE, Friedrich: Zur Theorie u. Philos. der Geschichte. 2. Aufl. S: Koehler (1959) 1965. (Werke IV)

MEINECKE, Friedrich: Die Entstehung des Historismus. 4. Aufl. (2. Aufl. i. Rahm. der ‚Werke‘.) M: Oldenbourg (1959) 1965. (Werke III)

MOMMSEN, Wolfgang J.: Die Geschichtswissenschaft jenseits des Historismus. Ddf: Droste 1971. (Antrittsvorlesung Düsseldorf 1970)

NEUSÜSS, Arnhelm (Hg): Utopie. Hg u. eingel. v. – . Nw: Luchterhand 1968. (ST 44)

NIPPERDEY, Thomas: Gesellschaft, Kultur, Theorie. Ges. Aufs. G: V & R 1976. (Krit. Stud. z. Gesch.wiss. 18)

PETROVIČ, Gajo: Wider den autoritären Marxismus. (Aus dem Jugosl.) F: EVA 1969.

PETROVIČ, Gajo (Hg): Revolutionäre Praxis. Jugoslawischer Marxismus der Gegenwart. (Aus dem Jugosl.) Fb: Rombach 1969. (SR NF 3)

PLESSNER, Helmuth: Zwischen Philosophie und Gesellschaft. Ausgew. Abh. u. Vortr. Be: Francke 1953. – Jetzt auch: F: Suhrkamp 1979. (st 544) – *Zitiert nach der Ausg. v. 1953.*

PLESSNER, Helmuth (Hg): Untersuchungen zur Lage der deutschen Hochschullehrer. Band I. G: V & R 1956.

Der POSITIVISMUSSTREIT in der deutschen Soziologie. Von Th. W. Adorno, Hans Albert u. a. 9. Aufl. Nw: Luchterhand (1969) (1972) 1981. (SL 72)

QUIRIN, Heinz: Einführung in das Studium der mittelalterlichen Geschichte. 3. verm. Aufl. Br: Westermann 1964.

v. RANKE, Leopold: Über die Epochen der neueren Geschichte. (1854.) Gedächtnisausg. Reprograph. Nachdruck. Dst: Wissensch. Buchges. (1954) 1980.

RICKLEFS, Ulfert: „Hermeneutik." In: FRIEDRICH/KILLY, Literatur II 1, S. 277–293.

RÜRUP, Reinhard (Hg): Historische Sozialwissenschaft. G: V & R 1977. (KVR 1431)

RÜSEN, Jörn: Für eine erneuerte Historik. Studien z. Theor. d. Gesch.wiss. S-Bad Cannstatt: Frommann-Holzboog 1976. (Kultur u. Ges. 1)

Spengler, Oswald: Der Untergang des Abendlandes. (M: Beck 1923.) [Zwei Bde in einem.] 6. Aufl. M: dtv (1972) 1980. (dtv 838)

Scheler, Max: Wesen und Formen der Sympathie. 5. Aufl. F: Schulte-Bulmke 1948.

Schieder, Theodor: Geschichte als Wissenschaft. 2., überarb. Aufl. M u. W: Oldenbourg (1965) 1968.

Schneewind, Klaus A.: Methodisches Denken in der Psychologie. Be: Huber 1969.

Schoeller, Wilfried F. (Hg): Die neue Linke nach Adorno. M: Kindler 1969. (Kindler Paperback.)

Schoeps, Hans-Joachim: Was ist und was will die Geistesgeschichte. Üb. Theor. u. Prax. d. Zeitgeistforschung. 2. Aufl. (1959) 1970.

Schütz, Alfred: Der sinnhafte Aufbau der sozialen Welt. 2., unv. Aufl. W: Springer (1932) 1960.

Schulze, Winfried: Soziologie und Gesch.wiss. M: Fink 1974. (KI 8)

Stegmüller, Wolfgang: Einheit und Problematik der wissenschaftlichen Welterkenntnis. M: Hueber 1967. (Münchner Univ.reden. NF 41)

Stegmüller, Wolfgang: Hauptströmungen der Gegenwartsphilosophie. Band I. 6. Aufl. S: Kröner 1978. (KTA 308)

Stegmüller, Wolfgang: Hauptströmungen der Gegenwartsphilosophie. Band II. 6., erw. Aufl. S: Kröner (1975) 1979. (KTA 309)

Stegmüller, Wolfgang: Probleme und Resultate der Wiss.theorie und Analyt. Philos. Band I. Wissensch. Erklär. u. Begründ. Verb. Nachdr. B: Springer (1969) 1974.

Strasser, Stephan: Phänomenologie und Erfahrungswissenschaft vom Menschen. B: de Gruyter 1964. (Phänomenol.-Psycholog. Forsch.en 5)

Topitsch, Ernst: Die Sozialphilosophie Hegels als Heilslehre und Herrschaftsideologie. M: Piper (1967) 1981. (SP 156)

Wehler, Hans-Ulrich (Hg): Geschichte und Soziologie. K: K & W (1971) 1976. (NWB 53)

Wehler, Hans-Ulrich (Hg): Moderne deutsche Sozialgeschichte. 5. Aufl. K: K & W 1976. (NWB 10)

Wetter, Gustav A.: Sowjetideologie heute. I. Dial. u. hist. Materialismus. F: Fischer TV (1962)

Windelband, Wilhelm: Präludien. Aufsätze und Reden zur Philos. und ihrer Gesch. 9., photo-mech. gedr. Aufl. 1.; 2. Band. T: Mohr 1924.

Wittram, Reinhard: Anspruch und Fragwürdigkeit der Geschichte. G: V & R 1969. (KVR 297–299)

Wittram, Reinhard: Das Interesse an der Geschichte. 3. Aufl. G: V & R (1958) 1968. (KVR 59–61)

Wüstemeyer, Manfred: „Die ‚Annales'. Grundsätze und Methoden ihrer neuen Geschichtswissenschaft." In: VSWG 54 (1967). S. 1–45.

Zeller, Hans: „Textkritik. II. Neuere Philologie." In: Friedrich/Killy, Literatur II 2, S. 558–563.

DER AUTOR

Helmut Seiffert, geb. 1927, studierte in Göttingen verschiedene historisch-philologische Fächer, war dann einige Jahre in der Wirtschaft tätig, wobei er sich in die theoretischen Grundlagen der Wirtschafts- und Sozialwissenschaften einarbeitete. 1964 bis 1965 Forschungsassistent bei Hans Paul Bahrdt in Göttingen. Seit 1965 an der Universität Erlangen, beschäftigte er sich hier, teilweise auch in Zusammenarbeit mit Personen aus dem Kreis um Wilhelm Kamlah und Paul Lorenzen, mit Fragen der Logik, der Sprachtheorie, der mathematischen Grundlagenforschung und der analytischen Wissenschaftstheorie. Das Ergebnis dieser Arbeit in allen drei Hauptbereichen der Wissenschaft war die *Einführung in die Wissenschaftstheorie* (1. Band 1969, 2. Band 1970). Seit 1977 Honorarprofessor an der Gesamthochschule Kassel. Wichtigste weitere Buchveröffentlichungen: Information über die Information 1968; Marxismus und bürgerliche Wissenschaft 1971; Einführung in die Logik 1973; Sprache heute 1977 (alle C. H. Beck, München). In Vorbereitung: Handlexikon zur Wissenschaftstheorie (Hrsg., mit G. Radnitzky, Ehrenwirth, München).